Wilhelm Schmidt:
Bochumer Pfarrer in dramatischer Zeit
Eine biografische Dokumentation

Günter Brakelmann

In Erinnerung an Erna Schröer

und als Dank für jahrzehntelange Freundschaft

mit Edith und Horst Bartel

Evangelische Perspektiven
Eine Schriftenreihe des Kirchenkreises Bochum

In der Schriftenreihe sind bisher erschienen:
Heft 1:
Günter Brakelmann, Hitler und Luther 1933
1. Auflage Oktober 2008
ISBN 978-3-8370-7124-5

Heft 2:
Günter Brakelmann, Helmuth James von Moltke –
Briefe und Tagebücher aus den Gefängnissen in Berlin und Ravensbrück 1944
1. Auflage November 2009
ISBN 978-3-8391-3233-3

Heft 3:
Günter Brakelmann, Der Kirchenkampf in Harpen 1933 – 1945
mit Originalaufnahmen von 1942 auf CD
1. Auflage Januar 2011
ISBN 978-3-8423-2854-9

Heft 4:
Nachdenken über das Böse
Stiepeler Lektionen I
1. Auflage September 2012
ISBN 978-3-8482-1900-1

Heft 5:
Evangelische Kirche in Bochum 1933
Zustimmung und Widerstand
1. Auflage Juli 2013
ISBN 978-3-7322-4504-8

Heft 6:
Wilhelm Schmidt: Bochumer Pfarrer in dramatischer Zeit
Eine biografische Dokumentation

Herausgeber:
Evangelischer Kirchenkreis Bochum
Westring 26a, D-44787 Bochum
Telefon 0234/962 904-0
http://www.kirchenkreis-bochum.de

In Kooperation mit der Evangelischen Stadtakademie Bochum
http://www.stadtakademie.de
office@stadtakademie.de
Redaktion: Arno Lohmann

Wilhelm Schmidt:
Bochumer Pfarrer in dramatischer Zeit
Eine biografische Dokumentation

Günter Brakelmann

Verlag Books on Demand GmbH, Norderstedt

Bibliographische Information der Deutschen Bibliothek:
Die Deutsche Bibliothek verzeichnet diese Publikation in der Deutschen
Nationalbibliographie; detaillierte bibliografische Daten sind im Internet
unter www.dnb.de abrufbar.

1. Auflage September 2015
© beim Herausgeber
Umschlag/Satz: Q3 design, Dortmund, www.Q3design.de

ISBN 978-3-7386-4039-7

Herstellung und Verlag:
BoD – Books on Demand GmbH
In de Tarpen 42
D-22848 Norderstedt
Telefon (+49) 0 40 / 53 43 35-0
Telefax (+49) 0 40 / 53 43 35-84
Web: www.bod.de
e-Mail: info@bod.de

Inhalt

Teil 2: Die Jahre 1945–1955

Vorwort

Es gibt nur wenige historisch-kritische Biografien über Gemeindepfarrer. Die Zahl der Arbeiten über Bischöfe, Präsides, Theologieprofessoren, über Synoden und über evangelische Verbände ist demgegenüber beachtlich. Auch über Bochumer Pfarrer aus der Zeit des Kaiserreiches, der Weimarer Republik, des Nationalsozialismus und der Nachkriegszeit existieren bislang nur die über Hans Ehrenberg und Walter Engelbert. Es gäbe aber noch viele Pfarrer in Bochum, die es verdient hätten, mit ihren Lebensläufen in dramatischer Zeit dargestellt zu werden.

Hier wird nun der Versuch gemacht, den Werdegang des Hilfspredigers und Pfarrers des Melanchthonbezirks der Gemeinde Wiemelhausen Wilhelm Schmidt aufzuzeichnen. Die ersten Kapitel geben Einblicke in seine Jugend- und Studentenzeit wie in seine Vikarszeit bis 1938. In diesem Jahr kommt Schmidt in die Gemeinde Wiemelhausen, die durch den Gemeindekirchenkampf zwischen den beiden Lagern der Deutschen Christen und der Bekennenden Kirche gekennzeichnet ist. Seine Zeit als Frontsoldat und als Kriegsgefangener nimmt einen breiten Raum ein. In der Nachkriegszeit ist er in seinem Gemeindebezirk bis 1950 der einzige Pfarrer, der einen Neuaufbau der zerrissenen Gemeinde versucht. Unsere Untersuchung geht zeitlich bis zu seinem Weggang aus Bochum nach Paderborn 1955.

Es existiert im Gemeinde- wie im Synodalarchiv ein sehr umfangreicher Nachlass, der es ermöglicht, die Phasen und Positionen seiner Pfarrerexistenz quellenorientiert zu rekonstruieren. Es existieren vor allem rund 500 handschriftliche Predigtentwürfe, dazu Stellungnahmen zu theologischen und kirchlichen Sachproblemen. Von größter Wichtigkeit sind Dutzende von Rundbriefen an verschiedene Gemeindegruppen und Briefe an einzelne Gemeindeglieder. Briefwechsel mit Kirchenbehörden und Rundbriefe aus seiner Jugendarbeit kommen hinzu. Es dürfte eine einmalige Sammlung von rund 25 Aktenordnern sein.

Dass dieser Nachlass existiert, verdanken wir dem engagierten Gemeindeglied Erna Schröer (gest. 1994), die im engen Kontakt mit Schmidt gesammelt hat, was an verschiedenen Stellen und bei verschiedenen Zeitgenossen zu finden war. Sie hat durch Jahre hindurch eine asketische Leistung vollbracht, ohne die dieses Buch nicht hätte verfasst werden können. Leider hat sie nicht mehr alles archivgerecht einordnen können, so dass genauere Beleg-angaben nicht gemacht werden können. Auch existiert ein ausführlicher Briefwechsel, den sie mit ihrem langjährigen Gemeindepfarrer bis zu seinem Tod geführt hat.

Ich meine Gründe zu haben, diese biografische Dokumentation der Erna Schröer widmen zu sollen. Sie gehört in die Reihe der Gemeindeglieder, für die die Vergegenwärtigung der Geschichte ihrer Gemeinde ein fundamenta-ler Bestandteil des eigenen gegenwärtigen Gemeindelebens gewesen ist. Sie hat als Bochumerin nicht nur die eigene Gemeindegeschichte gekannt, son-dern zugleich auch die Synodalgeschichte und die kirchliche Zeitgeschichte. Sie hat zu ihrer Zeit nicht immer Verständnis bei Pfarrern und Presbytern für ihre Geschichtsarbeit und für die daraus erwachsenen Kenntnisse und Er-kenntnisse gefunden. Die jeweils aktuellen Probleme ließen für viele kirch-liche Amtsträger keine Zeit übrig, sich intensiv mit komplizierter Vergan-genheit zu beschäftigen und der Gemeinde ihre eigene Geschichte zuzumuten.

Es ist deshalb Absicht, dass viele Dokumente, auch längere, abgedruckt sind. Der Leser möge sich die Zeit und Ruhe nehmen, sich in das Schreiben und Denken damaliger Zeitgenossen einzuarbeiten. Vor allem hat er die Möglichkeit, sich ein eigenes Urteil über den Geist und die Inhalte der Texte zu bilden.

Wenn ich gleichzeitig dieses Buch Edith und Horst Bartel widme, so hat das Gründe, die auch mit der Geschichte der Melanchthon-Kirchengemeinde zusammenhängen. Beide haben zusammen mit ihren Familien die Vorkriegs-, Kriegs- und Nachkriegszeit in engster Beziehung zur Gemeinde erlebt. Der Vater von Edith Bartel war Heinrich Winkelmann, der einzige BK-Presbyter, der zugleich im CVJM eine wichtige Rolle gespielt hat. Mit seiner Frau Ger-trud und ihren vier Kindern waren sie eng mit dem Hilfsprediger und dann Gemeindepfarrer Wilhelm Schmidt verbunden. Winkelmann kam bei dem Großangriff am 4. November 1944 auf dem Bochumer Verein zu Tode.

Die Eltern von Horst Bartel Andreas und Bernhardine Bartel waren als Mitglieder der Stadtmission der Gemeinde ebenso verbunden. Andreas Bartel, der im Kriege Bochumer Feuerwehrmann war, hat mir vor Jahren anschaulich erzählt, was Leben und Sterben unter den Bedingungen des Bombenkrieges bedeutet haben. Auch diese Familie hat zur Bekenntnisgemeinde des Wilhelm Schmidt gehört.

Ein weiterer Dank gilt dem Pfarrer em. Dr. Georg Braumann, der in vielen umfangreichen Bänden Zeitungsberichte über die Alltagsgeschichte Bochumer Gemeinden von 1830–1970 herausgegeben hat. Diese im Rahmen der „Hans-Ehrenberg-Gesellschaft" in jahrelanger Archivarbeit erstellten Bände geben einen lebendigen Eindruck vom kirchlichen Leben in der Bochumer Synode. Es gibt kein vergleichbares Werk in der evangelischen Kirchengeschichtsschreibung! Ihm sei auch an dieser Stelle Dank für seine fundamentale Vorarbeit gesagt, ohne die die eigene Weiterarbeit nicht zu denken ist.

Dank auch der Synode Bochum unter ihrem Superintendenten Dr. Gerald Hagmann und der Stadtakademie unter ihrem Leiter Arno Lohmann für die Aufnahme in die Reihe „Evangelische Perspektiven" (Schriftenreihe des Kirchenkreises Bochum) und Dank der Melanchthongemeinde für ihren Druckkostenzuschuss.

Dank sei auch der Tochter von Wilhelm Schmidt Dr. Dorothea Stichel für ihre Anteilnahme an dieser Dokumentation gesagt. Und erinnert sei an seine beiden verstorbenen Söhne Klaus und Frieder, die mir junge Freunde gewesen sind.

Bochum, im Herbst 2015
Günter Brakelmann

Wilhelm Schmidt, vor dem Pfarrhaus in Paderborn (nach 1955)

Teil 1: Die Jahre 1911–1945

Eine Jugend in Lübbecke/Westfalen (1911–1930)

Es war der 3. Februar 1911, als in der Kreisstadt Lübbecke in Westfalen, gelegen am Nordhang des Wiehengebirges, Frau Luise Schmidt, ihrem Ehemann Karl Schmidt einen Sohn gebar, der im Blick auf die beiden preußischen Könige und deutschen Kaiser den Vornamen Wilhelm bekam. Die meisten Lübbecker standen treu zur preußischen Monarchie und gehörten seit Jahrhunderten zur lutherischen Konfession. Luthers Kleiner Katechismus bestimmte die Inhalte des evangelischen Glaubens und war Richtschnur für das lebenspraktische ethische Denken und Verhalten. Einen großen Einfluss auf die Inhalte des kirchlichen Glaubens und auf die Struktur der Frömmigkeit im Ravensberger Land hatte der lutherische Erweckungsprediger Heinrich Volkening (1796–1877). Ein stark pietistisch geprägtes Luthertum formte die evangelische Bevölkerung in ihrem Glauben und in ihrer weltlichen Lebenspraxis.

Wenige Tage nach seiner Geburt wurde der Junge wie üblich getauft und später an gleicher Stelle in der St. Andreas Kirche konfirmiert. Seine Eltern hatten mit ihrer lutherisch geprägten Religiosität und Moralität einen prägenden Einfluss auf ihren Sohn, der unter den wirtschaftlichen, sozialen und kulturellen Bedingungen einer kleinbäuerlichen Familie groß wurde.

Sein Geburtsjahr 1911 – drei Jahre vor dem Ausbruch der europäischen Katastrophe – signalisierte politische Grundprobleme der Epoche. Der Imperialismus und Kolonialismus der europäischen Mächte führten wie die 2. Marokkokrise zu immer neuen Konflikten unter den europäischen Mächten. Die Rüstungspolitik wurde angeheizt und führte zu immer höheren Staatsausgaben für die Vergrößerung und Modernisierung der Armeen. Im Jahre 1911 ermordete ein Anarchist den russischen Ministerpräsidenten und in China wurde die Mandschu-Dynastie gestürzt. Diese und viele andere Ereignisse signalisierten eine unruhige internationale Zukunft.

Der Junge in der Wiege wurde in eine sich abzeichnende Katastrophenzeit hineingeboren. Als er Ostern 1917 in die Evangelische Bürgerschule eingeschult wurde, stand der Eintritt der USA in den Weltkrieg zuvor. Der Krieg wurde ohne Rücksicht auf das Völkerrecht zum totalen Krieg organisiert und das Jahr 1917 brachte das Ende des Zarismus in Russland durch zwei

Revolutionen. Im zweiten Schuljahr erlebte der Junge das Ende des preußischen Königtums und des deutschen Kaisertums wie den Beginn einer demokratischen Republik. Auch wenn er alles noch nicht bewusst miterlebt hat, so wurde ihm beim Älterwerden immer mehr deutlich, dass er in einer Zeit von politischen und wirtschaftlichen Turbulenzen lebte. 1921 wechselte er in die örtliche „Höhere Stadtschule", die er Ostern 1926 verließ, um jeden Tag bis Ostern 1930 mit dem Zuge zum Städtischen Realgymnasium in der Zigarrenstadt Bünde zu fahren. Er muss ein guter Schüler gewesen sein, so dass seine Eltern bereit waren, die Opfer für den Schulbesuch in Bünde auf sich zu nehmen.

Schon vor seiner Konfirmation 1925 durch seinen Gemeindepfarrer Ernst Güse (1871–1954), der von 1901 bis 1946 in Lübbecke amtiert hat, war er seit 1921 Mitglied des Jungmännervereins. Diese „erweckliche" und gleichzeitig praktisch-pädagogische Jugendarbeit hat ihn neben seinem Elternhaus stark in seinem Glauben und in seiner persönlichen Lebensführung geprägt. Der unter den Bedingungen einer bescheidenen kleinbäuerlichen Existenz groß werdende Junge erlebte deren Abhängigkeit von der Natur, von den Ernteerträgen und von einem gesunden Viehbestand. Das Bewusstsein, von der Schöpfung und hinter ihr von ihrem Schöpfer abhängig zu sein, entwickelte sich sehr früh bei dem Schüler, für den die Mitarbeit auf dem Hof und auf den Feldern selbstverständlich war. Er erlebte das Werden und das Vergehen von Pflanzen im Rhythmus der Jahreszeiten. Er erlebte das Geborenwerden des Viehs im Stall, er erlebte ihre Nutzung für den Erhalt der Familie und er erlebte ihre Abnutzung und ihr Ende. Er wusste sehr früh, was „Schicksalsschläge" im Leben sind. Ein irrealer Optimismus über das Leben hatte hier keinen Raum, alles war Einübung in lebensnahen Realismus. Spekulatives und utopisches Denken hatten hier keine Chance.

Und von Kindesbeinen an übte er sparsamen Umgang mit dem wenigen Geld ein und wusste früh, was verantwortlicher Umgang mit dem durchschnittlichen Mangel ist. Bescheidenheit in der Lebensführung, schonender Umgang mit der Kleidung und das Meiden von Alkohol und Nikotin wurden selbstverständliche Verhaltensweisen. Und was er auf einem Bauernhof noch eingeübt hat, ist Disziplin in der Bewältigung der Tagesaufgaben. Man lernte, hart gegen sich selbst zu sein. Die Pflicht stand als die zentrale Tugend über allem, was dem Leben Struktur und Inhalt gab.

Die Eltern hatten den höchsten Respekt des Jungen. Er kannte sie nur als hart arbeitende Eheleute, die traditionellen Landbau betrieben. Landwirtschaftliche Großtechnik hat bei ihnen nie Einzug gehalten. Trecker, Mähmaschinen und Mähdrescher oder Melkmaschinen gab es nicht. Die Spanndienste verrichteten die Kühe. Die einzigen Ruhepausen erlebte man beim sonntäglichen Gottesdienst oder auf Gemeindeveranstaltungen. Und hin und wieder gab es einen vom Pfarrer organisierten Ausflug in die nähere Umgebung.

Der Junge hat bis in sein Alter hinein diese seine Herkunft nie verleugnen können und wollen. Sie hat seinem Charakter, seiner Lebensauffassung und Lebensführung die Kontinuität gegeben. Der Junge machte dann am 13. März 1930 in Bünde etwas, was es in der Familie noch nie gegeben hatte: das Abitur. Das war nicht nur die persönliche Leistung eines begabten und zielstrebigen Jungen, sondern hatte zur Voraussetzung die familiäre Großleistung asketisch lebender Eltern. Im Dezember 1929 zur Vorbereitung des Abiturs Ostern 1930 kam die Klassenkonferenz der Lehrer der Oberprima zusammen und erstellte Gutachten über die einzelnen Schüler. Über Wilhelm Schmidt ist zu lesen:

„ist auch Fahrschüler aus weiterer Ferne. Er ist ernster in seiner Lebensauffassung, beteiligt sich mit großer Hingabe an der christlichen Jugendbewegung und ist daher ganz besonders interessiert für religiöse, psychologische Fragen, für Fragen der Weltanschauung und der Lebensführung. Auch literarische Fragen vermögen ihn stärker zu fesseln. Mit Eifer beteiligt er sich am Sport und zeitigt gute Leistungen. Er ist reifer und selbständiger im Urteil. Sein Streben ist gleichmäßig und zeugt von Willensfestigkeit".

In seinem Zulassungsgesuch zum Abitur hatte der Schüler geschrieben:
„Als Sohn des Landwirtes Karl Schmidt wurde ich, Heinrich Friedrich Wilhelm Schmidt, am 3. Februar 1911 in Lübbecke geboren. Von Ostern 1917 bis Ostern 1921 besuchte ich die evangelische Bürgerschule zu Lübbecke. Dann war ich bis Ostern 1926 Schüler der Höheren Stadtschule in Lübbecke. Nach der Übergangsprüfung trat ich Ostern 1926 in die Untersekunda des Realgymnasiums in Bünde ein. Nachdem ich von Ostern 1926 – Ostern 1930 die Sekunda und Prima durchgemacht habe, möchte ich bitten, mich zur Reifeprüfung Ostern 1930 zuzulassen. Als vierte schriftliche Arbeit möchte ich Latein wählen. Ich bitte, in der mündlichen Prüfung mich in Deutsch besonders zu prüfen. Als Beruf habe ich Theologie in Aussicht genommen. Meine Mitarbeit in der christlichen Jugendbewegung ließ in mir den Wunsch aufkommen, meine Lebensarbeit der Jugendbewegung zu widmen. Ein Hinweis auf mein Religionsbekenntnis ist mir erwünscht." (In: Schularchiv)

Das Klassengutachten der Lehrer dürfte eine richtige Einschätzung des Fahrschülers sein, der schon in der Schule als eigenständige Person mit besonderen religiösen und literarischen Interessen erkannt worden ist. In der Lehrerbeurteilung wie im eigenen Lebenslauf spielt nun seine Zugehörigkeit zur christlichen bündischen Bewegung in der Form der Christlichen Pfadfinderschaft (CP) eine besondere Rolle.

Das Abiturzeugnis bestätigte seine besonderen Interessen. Gut hat er in Religion, Deutsch (in der mündlichen Prüfung sogar ein sehr gut) sowie in Musik und Kunstunterricht. In Leibesübungen wird ihm ein sehr gut gegeben. Alle übrigen Fächer verzeichnen ein befriedigend. Bei der Würdigung dieses Abiturs, das so erfolgreich absolviert worden ist, darf nicht übersehen werden, dass es ein kleiner Triumph von Charakterstärke und Willensfestigkeit gewesen ist, sich unter seinen Lebensbedingungen die Voraussetzungen für ein Studium zu erarbeiten.

Beginn des Studiums der Evangelischen Theologie (1930–1935)

Vorgesehen war der Beginn des Studiums in Münster im Sommersemester 1930, aber aus finanziellen Gründen wurde daraus nichts. Aber der angehende Student nutzte die Zeit, um sich im Selbststudium mit Hilfe von Ortspfarrern die noch fehlenden Eingangsbedingungen zum Theologiestudium zu erarbeiten: am 2. März 1931 bestand er das Hebraicum und am 14. April 1931 das Graecum. Das war wieder eine intellektuelle und willensmäßige Leistung. Beide Prüfungen bestand er in Münster. Hier hatte er inzwischen im Wintersemester 1930/31 sein Studium begonnen. Die folgenden Semester (SS 1931, WS 1931/1932 und SS 1932) studierte er in Münster, um dann im WS 1932/1933 und SS 1933 nach Tübingen zu gehen, um im WS 1933/1934, im SS 1934 und im WS 1934/1935 an der Heimatuniversität Münster sein Studium zu beenden.

In einem Lebenslauf vom 22. 8. 1934 schrieb er:

„Meine bisherige theologische Entwicklung sei kurz angedeutet: in den ersten Semestern hat der wissenschaftliche Ausbildungsgang mir ernste Schwierigkeiten bereitet. Das Erbe meines frommen Elternhauses und die Zeit der Vereinstätigkeit machten sich in einem Widerstreben gegen die wissenschaft-

liche Behandlung kirchlicher Dinge bemerkbar. Durch Professor Schmitz lernte ich die Berechtigung theologischer Arbeit als Wissenschaft im Raum der Kirche begreifen und bejahen. Meine ernsthafte theologische Arbeit begann erst mit dem 4. Semester. Von Bedeutung für die Stellung zur Theologie wurde auch mein Wechsel von der vereinsmäßig betriebenen zur bündisch geformten kirchlichen Jugendarbeit. Die Einordnung der Bibelarbeit in den Zusammenhang des bündisch-pfadfinderisch gestalteten jungenhaften Lebens lockerte die Einseitigkeit vereinsmäßiger Frömmigkeit und brachte den lebendigen Zusammenhang aller Lebensäußerungen und ihre Einheit in der biblischen Bewertung. Von daher bekam auch die Theologie ihre Bedeutung für mich. Gefördert wurde diese Entwicklung durch Schlatter. Die Dogmatik von Piper und auch Heim blieben mir wegen ihrer philosophisch-spekulativen Gestaltung fremd. " (In: Landeskirchliches Archiv)

Der junge Student, geprägt durch Teilnahme am traditionell kirchlichen Gemeindeleben und zum Theologiestudium motiviert durch aktive Teilnahme am religiös-pädagogischen Leben in einer bündisch orientierten evangelischen Pfadfinderschaft, kam in eine akademische Welt, die ihm zutiefst fremd war. Er wollte sich vorbereiten lassen auf praktische Jugend- und Gemeindearbeit und wurde stattdessen mit wissenschaftlichen Methoden der Textauslegung alt- und neutestamentlicher Schriften im Sinne der historisch-kritischen Forschung traktiert. Das Sammeln exegetischer Kenntnisse hatte den Vorrang vor der Aneignung von lebensnahen und praktischen Erkenntnissen. Die Bekenntnisse der Kirche rückten an den Rand des wissenschaftlich-theologischen Betriebs. Philologie dominierte vor persönlicher und gemeinsamer Spiritualität. Nicht alle damaligen Professoren konnten das Fremdartige des Theologiestudiums für viele engagierte junge Menschen verstehen. Den Sinn theologischer Kleinarbeit als notwendige Voraussetzung verantwortlicher Lehre und Verkündigung hat Schmidt vor allem Otto Schmitz (1883–1957) eröffnet. Dieser war Neutestamentler mit starker kirchlicher Verankerung. Ähnlich bedeutsam unter den Universitätslehrern war für ihn Wilhelm Stählin, in Münster von 1925–1946 Prof. für Praktische Theologie. Er kam aus der Jugendbewegung und war Bundesleiter des evangelischen *„Bundes Deutscher Jugendvereine"*. Er war ein bekannter Interpret jugendbewegter Theorien und Praktiken. Innerkirchlich ging es ihm um geistliche und liturgische Erneuerung der Kirche, er war führendes Mitglied im Berneuchener Kreis und in der Michaelsbruderschaft. Diese beiden Professoren wurden später Mitglieder der Bekennenden Kirche. Der junge Schmidt stand in vielen Positionen den Berneuchenern und der Michaelsbruderschaft sehr nahe, aber ist nie ihr Mitglied geworden. Sie waren ihm in vielem zu akademisch und zu exklusiv gegenüber Christen aus anderen Schichten. Sie betrieben keine Jugendarbeit mit Handwerkern und Arbeitern. Er hielt seine Pfadfinderschaft als eine Erziehungs- und Erlebnisgemeinschaft von Jugendlichen mit verschiedenen Herkünften auf dem Weg zur Mitverantwortung in Wirtschaft, Gesellschaft, Staat und Kirche. Hier sah er seine ureigene Aufgabe.

Jugendarbeit in der Christlichen Pfadfinderschaft (1929–1937)

Schmidt hatte in seinem Lebenslauf geschrieben, dass er 1929 innerhalb des Lübbecker Jungmännervereins eine Gruppe der CP gegründet habe und 4 Jahre ihr Führer gewesen sei. Von Januar 1932 bis Oktober 1933 war er zudem Gauführer des Gaues Minden-Ravensberg und Lippe. Die Mitgliedschaft in der bündischen christlichen Jugendbewegung in der Form der Christlichen Pfadfinderschaft bedeutete für den Schüler Schmidt eine Hinwendung zu einer besonderen Prägung des Denkens und Lebens. Verpflichtend wurden für ihn die *„Grundsätze der Christlichen Pfadfinderschaft"*, die aus dem Jahre 1921 stammten. Sie enthalten die Programmatik für ein selbständiges Jungenleben in pfadfinderischer Disziplin und christlicher Bindung:

„Wir wollen mit allen Kräften danach streben, Christen der Tat zu werden, an Gott gebunden, dem Nächsten zum Dienst.

Wir wollen Gottes Willen aus der Bibel kennen lernen und alles treulich benutzen, was uns in dieser Erkenntnis fördern kann.

Wir wollen mit allen Brüdern im christlichen Jugendwerk treue Kameradschaft halten.

Wir wollen uns üben in allen Fertigkeiten, die Leib und Geist fördern und dadurch allzeit bereit sein, unsern Mitmenschen zu helfen.

Wir wollen in freigewählter Zucht uns verbinden, unseren Führern gehorchen, treu zueinander halten und überall daran denken, dass wir Christliche Pfadfinder sind.

Wir wollen streben, mit Gottes Hilfe Herr über uns selbst zu werden, in höflichem, ritterlichem, fröhlichem Wesen unsere Freude suchen, in Gedanken, Wort und Tat alles Unreine meiden.

Wir wollen uns helfen, über schlechte Launen und Gewohnheiten, über alle Trägheit und Unwahrhaftigkeit hinwegzukommen.

Wir wollen lernen, auch Andersdenkende zu verstehen und Lieblosigkeit und Ungerechtigkeit in uns und um uns zu bekämpfen.

Wir wollen lernen, über alle Unterschiede des Lebens hinweg den wahren Wert des Menschen zu erkennen und uns von gesellschaftlichen, politischen und wirtschaftlichen Vorurteilen frei zu machen.

Wir wollen Tiere und Pflanzen liebevoll betrachten und verstehen lernen und aller Rohheit mannhaft entgegentreten.

Wir wollen die Liebe zu Heimat und Volkstum pflegen, von allem volksverhetzenden Treiben uns fernhalten und danach trachten, treue, tatbereite Bürger unseres Landes zu werden.

Wir wollen Frohsinn uns bewahren und Sonne und Liebe auch um uns her verbreiten.

Wir wollen mitwirken im Jugendkampf gegen Schmutz und Schund, gegen Volkslaster und Unzucht. Wir wollen darum bei allen unseren Veranstaltungen uns des Alkohols und Rauchens enthalten und unermüdlich aufklären helfen über die volksverwüstenden Gefahren von Alkohol und Nikotin, mit dem Ziel, möglichst Viele zum bewussten Kampf gegen diese Volkslaster zu führen.

Wir wollen für den Gedanken des christlichen Pfadfindertums unter der Jugend um uns her unermüdlich werben.

Wir wollen das Pfadfinderkreuz tragen als ein Zeichen der Verbundenheit, als Mahner zu treuem Wandel, als Bekenntnis zu unserem Herrn."

Es ist ein durch und durch jugendpädagogisches Programm, das zum Ziel ein verantwortliches Leben in der Gemeinschaft und Gesellschaft wie mit der Natur hat. Dieses Leben muss zielgerichtet eingeübt werden. Es ist ein Konzept, das Selbstverantwortung und Mitverantwortung verbindet und verschränkt.

Ein junger Autor in der NS-Zeit

Es war für den Jungen- und Männerbund der CP selbstverständlich, sich mit der politischen und weltanschaulichen Situation nach der Machtübergabe an den *„Volks- und Reichskanzler"* Hitler auseinander zu setzen und Stellung zu beziehen. Der junge Theologiestudent in Tübingen schrieb im Mai 1933 einen Rundbrief *„An die Stammes- und Siedlungsführer"* seines Gaues:

„Kameraden!

Es ist wohl kaum notwendig, Euch etwas über den Weg des Bundes in den gegenwärtigen Tagen zu sagen; der Rundbrief des Bundesführers im Anschluss an das Bundesosterntreffen ist ganz eindeutig und besagt, dass die Arbeit in unseren Stämmen und Siedlungen in gleicher Weise wie sonst getan werden soll. Auch der Reichsführer hat im Pfad eindeutig gesprochen. Ich hoffe, dass aus den Grundforderungen überall die richtigen Entscheidungen in den bewegten Tages des Geburtstages unseres Reichskanzlers und des Tages der nationalen Arbeit gefunden worden sind. Das ist nicht sehr leicht gewesen und mancher ist nicht den zweiseitigen Forderungen gerecht geworden. Wir müssen wissen: Alles, was von der Reichsregierung ausgeht, ist Sache des Staates und des Volkes. In solchen Fällen ist es selbstverständlich, dass wir marschieren. Und da sollte uns niemand an innerer Freudigkeit und äußerer Zucht übertreffen. Es ist uns Geschenk, Tage großen nationalen Geschehens zu erleben und wir dürfen und sollen uns willig von den Kräften tragen und heben lassen, die jetzt frei werden. Wir sollen selbst die Kräfte nationalen Wollens in uns regen und mitschwingen in der Welle des Volkwerdens, die durch unser Volk geht. Wir bekennen uns nicht nur zu unserm Volk, das haben wir stets getan und braucht nicht betont zu werden. Wir Christlichen Pfadfinder bekennen uns auch zum Staat der nationalen Revolution. Weil wir glauben, dass Gott uns durch diese Zeit und ihre Führer zu neuer Arbeit gerufen hat, können wir nicht anders als ja zu sagen zu der von Adolf Hitler geführten Regierung. Und wir wären keine Christlichen Pfadfinder, wenn auf dieses Ja-sagen nicht der freudige Wille zur aufbauenden Tat Platz griffe.

Mancher von uns hätte sich in dieser Zeit gewiss gern zu denen geordnet, die als die braunen Soldaten Adolf Hitlers die große Wendung vorbereitet und ermöglicht haben. Es muss anerkannt werden, dass die Entscheidung nicht durch Diskussion mit dem Ziel der politischen Überzeugung gefallen ist, sondern die, die sich die Straße erobert haben in einer Zeit, als es lebensgefährlich war, wenn man national dachte, die haben die kommunistische Gewalt mit der Faust niedergezwungen. Das empfinden wir alle. Und darum möchte so mancher gern dabei sein. Und doch ist es nicht möglich, dass unsere Späher und Kreuzpfadfinder Parteimitglieder und S.A. Leute werden. Nicht, weil wir etwa zu schade dafür wären. Aber deshalb weil die Gaben und Aufgaben verschieden sind. Mancher unserer Älteren, der bei uns in den Sippen wertvolle Erziehungsarbeit tun kann, wird im S.A. Sturm nur eine Nummer sein. Das liegt in der Natur der Dinge. Es ist unmöglich, dass in der S.A. die Erziehungsar-

*beit geleistet werden kann, die bei uns getan wird. S.A. will Wehrertüchtigung,
wir wollen wirken für Leib, Seele und Geist. Was wir tun, kann die S.A. nicht
tun. Was die S.A. tut, können wir nicht tun. Beides ist notwendig. Darum soll
beides getan werden, aber von denen, die dazu berufen sind. Darum gilt nach
wie vor: Keiner unserer Leute kann aktiv in der N.S.D.A.P. stehen. Kreuz und
Lilie schließen die Parteizugehörigkeit aus. Es gilt auch den notwendigen Abstand zu halten. Bei großen und nationalen Veranstaltungen treten wir als
Christliche Pfadfinder auf. Hitlergruß und Horst-Wessel-Lied sind Partei-
rechte und gebühren uns nicht. Ich bitt Euch dringend, diese Dinge zu durchdenken und dann recht zu handeln! ...*

*Es ist von der Hitlerjugend wiederholt versucht worden, zwecks „Gleich-
schaltung" die Auflösung unserer Stämme zu erwirken. Weist solche Anliegen
entschieden zurück! Wir haben mit den Unterführern nichts zu tun! Lasst
Euch auch keine Haussuchungen von solchen Organen gefallen, die nicht po-
lizeiliche Vollmacht haben. Wir wehren uns entschieden gegen Eingriffe von
Unterführern, die nicht im Sinne ihrer Reichsführung handeln!"*

Schmidt berichtet dann darüber, dass die CP-Hochschulgruppe in Tübingen an Wehrsportübungen teilnehmen und deshalb S.A.-Dienst machen musste. Das bedeutete aber nicht, offizielles Mitglied in der SA zu werden. Und dann:
*„Nach wie vor halte ich daran fest, dass keiner unserer Mannen und Jung-
mannen aktiver Nationalsozialist sein kann, ohne sich dadurch aus dem Bund
auszuschließen."* (Archiv Kassel)

Ja zum neuen System des Führerstaates, Ja zur Mitarbeit im neuen Staat
und Ja zum staatlich verordneten Wehrdienst – das war in den ersten Monaten nach der Machtübergabe breiter Konsens in der CP und in der Evangelischen Jugend. Auf der anderen Seite aber Betonung der selbständigen Arbeit
evangelischer und bündischer Erziehungsarbeit – das war ein Nein zur Gleichschaltung der Jugendarbeit mit den Jugendorganisationen der NSDAP. Seinen Auftrag zur christlichen Erziehung im Rahmen der evangelischen Kirche
will man sich nicht nehmen lassen. Im Sinne einer klaren Unterscheidung von
Staat und Kirche schließen sich Mitgliedschaft in der Christlichen Pfadfinderschaft und in der Partei und ihren Organisationen aus. Hakenkreuz und
Lilie schließen sich aus. Man fragt sich: wer hat das in dieser Eindeutigkeit
im Mai 1933 sonst noch gesagt? Hier kündigt sich schon ein Grundzug des
Denkens und Handelns des späteren Vikars und Pfarrers an: er sagt ein vom

nationalen Denken getragenes Ja zum Führerstaat und gleichzeitig fordert er die Autonomie der kirchlichen Jugendarbeit in diesem Staat. Seine persönliche Leidenschaft ist die Sache der Kirche, die keiner Befehlsgewalt des Staates unterliegen kann. Es ist deshalb konsequent, wenn er in der Bundeszeitschrift „Auf neuem Pfad" 1934 einen ausführlichen Reflexionsartikel über „Staat und Kirche" schreibt:

Er stimmt eingangs der neuen „Volkwerdung" und „Staatswerdung" zu, versucht dann eine systematische Aufarbeitung dieses Grundproblems nach dem 31. Januar 1933. Dieser Artikel ist eine vertiefende Fortsetzung dessen, was er in seinem Gaubrief gesagt hatte. Er charakterisiert das Dritte Reich als „organisch gewachsene politische Größe, es ist das politisierte deutsche Volk." (S. 186)

Sein Staat will totaler Staat sein:
– Er will das gesamte öffentliche Leben und private Leben überwachen und regeln.
– Es gibt keine Pressefreiheit mehr, kein Versammlungsrecht, keine Freiheit von Kunst und Wissenschaft.
– Das Privateigentum ist nicht unbedingt gesichert.
– Das persönliche Leben unterliegt dem Zugriff des Staates.
– Durch die Arbeitsdienstpflicht macht der Staat seinen Anspruch auf die junge Mannschaft geltend.
– Das Familienleben steht unter der Aufsicht des Staates, er bestimmt, wer heiraten und sich vermehren darf.
– Erziehung ist ein Vorrecht des Staates.
– Auch gegenüber der Kirche stellt der Staat Forderungen.

Das Fazit: Der totale Staat gestaltet tatsächlich und sehr konkret die Totalität des individuellen und des gemeinschaftlichen Lebens gemäß der Kriterien, die er sich auf dem Grund seiner Weltanschauung und seiner politischen Ziele setzt. Mit diesem totalen Staat setzt sich nun der 23-jährige Student auseinander. Die erste Aussage:

„Wir haben uns als Christen nicht für oder gegen den totalen Staat zu entscheiden. Wir werden Front machen gegen ihn, wenn er die Verkündigung hindert. Wir werden ihn freudig bejahen, wenn er sich beschränkt auf sein Gebiet staatlicher Wirksamkeit und der Botschaft des reinen Evangeliums ungehindert Raum lässt."

Schmidt interessiert vorrangig, wie sich der totale Staat zur Verkündigungsaufgabe der Kirche verhält. Diese Konzentration auf das Staat-Kirche-Verhältnis bedeutet aber die Ausklammerung der Schicksale der von den Ausgrenzungs- und Unterdrückungsmechanismen betroffenen Bürger. Die bürgerlichen individuellen Freiheitsrechte, vor allem die Gewissens- und Glaubensfreiheit, werden randständig durch die zentrale Frage des Verhältnisses des totalen Staates zur Institution der Kirche. In diesen Monaten der Anfangszeit des NS-System drängt der Staat auf eine Neuordnung der Kirche. Dazu Schmidt: *„Es ist selbstverständlich, dass die Kirche als eine innerstaatliche Größe unter den Staat geordnet wird. Der Staat hat ein Recht darauf, dass die Kirche nicht gegen den Staat arbeitet ... Der Staat kann entscheidend mitreden, wenn Verfassung und Ordnung der Kirche zu ordnen sind."*

Wichtiger aber als die staatskirchenrechtliche Ordnung ist ihm eine andere Größe: die Gemeinde: *„Wo Gottes Wort gehört wird, wo Gottes Wille geschieht, da ist Gemeinde. Gemeinde ist Leben, Kraft, Wirkung, ist Leben in Gott."*

Und hier gilt: *„Die Gemeinde als Schar der Gotthörigen ist dem Staat entzogen... Darum findet der Staat an der Gemeinde seine einzige Grenze. Die Totalität des Staates wird nur durch Gott durchbrochen. Wo Gott wirkt in seiner Gemeinde und in seiner Kirche, da wo die Gemeinde ist, hört der Staat auf. Wo Menschen auf Gott hören, gehorchen sie auch dem Staat. Aber sie gehorchen Gott und besonders dann, wenn Gott gegen den Staat ist. Gemeinde ist dort, wo der Staat nicht ist . ... Gemeinde ist auch dann noch, wenn alle Staaten längst nicht mehr sind. Gemeinde ist auch dann noch, wenn das Dritte Reich längst vergangen ist."*

Die Gemeinde, die die göttliche Wahrheit verkündigt, ist berufen, sie gegenüber dem Staat zu verkündigen: *„Die Kirche verkündigt das ewige Wort in einem vergänglichen Staat. Darum hat sie sich freizuhalten von staatlichen Bindungen und hat Abstand zu halten von dem Vergänglichen. Die Kirche als Organisation steht im Schutz des Staates, darum leistet sie ihm in freier Weise den Dienst an den Gliedern, den der Staat nicht leisten kann. Die Kirche als Gemeinde steht in Gottes Schutz, darum wagt sie das Wort der Wahrheit und erfüllt ihre Aufgabe."*

Kirche als Gemeinde, Gemeinde als Kirche wird das Thema. (Die folgenden Seiten sind eine gekürzte Übernahme aus dem Buch des Autors *„Kreuz und Hakenkreuz"*, S. 137–142.)

Der eigentliche Raum, in dem Kirche sich ereignet, ist die Gemeinde. Gemeinde ist staatsfrei, sie ist die Grenze des Staates. Hier gelten nicht staatliche Erwartungen und Ansprüche, nur die Wahrheit des verkündigten Wortes. Die Inhalte der Predigt und der Gebete in der Gemeinde wie die Feier des gemeindlichen Gottesdienstes unterliegen allein der geistlichen und theologischen Verantwortung der in der Gemeinde Verantwortlichen. Staat und Kirchenbehörden mögen ihre Verfassungen ausarbeiten, sie sind in jedem Fall in erster Linie geleitet von dem Prinzip der Staatsräson auf der einen und des Anpassungsinteresses von kirchlichen Behörden auf der anderen Seite. Schmidt musste sehen, dass die Neuordnung der Kirche im Juli 1933 nicht von den Gemeinden ausgegangen war, nicht das Ergebnis theologischer und ekklesiologischer Neuorientierung war, sondern sich entlang von kirchenpolitischen Machtinteressen des Staates und von institutionellen Überlebensstrategien von Kirchenbeamten entwickelt hatte. Die empirische Kirche hatte einen gewaltigen Überbau mit großen Behördenapparaten und entsprechend begrenzten Kontakten zu lebendigen Gemeinden vor Ort. Viele Studenten und junge Pfarrer hatten deshalb ein großes Unbehagen mit der Kirchenreform von Staats wegen. Die Machtfülle des Reichsbischofs und seiner DC-Getreuen hatte der Kirche die letzten presbyterial-synodalen Elemente genommen zugunsten einer *„Führerkirche"* mit einem *„Reichsbischof"* an der Spitze und mit Bischöfen, die sich *„Kirchenführer"* nannten.

Dass eine solche Stimme wie von Schmidt in *„Auf neuem Pfad"* (Zeitschrift der CP) vernommen werden konnte, zeigt wieder, dass sich hinter der immer wieder behaupteten Staats- und Reichstreue ein kritisches Potential bei der Frage des Kircheseins der Kirche in der Gemeinde ansammelte.

Für den jungen Theologen Schmidt hat die Kirche in der Vergangenheit versagt, aber auch in dem revolutionär-nationalen Geschehen ist sie eine *„belanglose Angelegenheit"* geblieben: *„Die charakterlose Schwäche dem Weimarer Staat gegenüber und die kriecherische Haltung dem neuen Staat gegenüber zeigen in bedenklicher Deutlichkeit, wie wenig unsere Kirchen sich als Kirchen wussten, mit göttlichen Vollmachten ausgerüstet und unter Gottes Schutz gestellt. ‚Nationale' Predigten, politische Symbole an den Gotteshäusern, allerlei Huldigungstelegramme, die eifrig übermäßige Betonung des ‚national' zeigen, wie wenig die ewige Wahrheit gilt und wie wenig der Abstand von dem wechselnden und zeitbedingtem Geschehen inne gehalten werde … und die nervöse Hast, in der alles geschieht, verrät zu deutlich, dass auch die Kirche im Zeitalter der Gleichschaltung lebt."*

Das sind Sätze, die es bisher im „*Pfad*" nicht gegeben hatte. Weder die Kirche im Weimarer noch im neuen Staat hat sich als Kirche gezeigt, die aus eigener innerer Vollmacht geredet hätte. Schmidt hatte sehen und davon hören müssen, was alles im Raum der Kirche inszeniert worden war: Dankgottesdienste für die Wende, SA- und Stahlhelmgottesdienste, Massentrauungen von SA-Leuten und Feldgottesdienste für die nationalen Verbände. Hinzu kam, dass Kirchenleitungen, Kirchenzeitungen und evangelische Verbände in Fülle geliefert haben: Dankadressen mit Schwüren ewiger Gefolgschaft und Hymnen auf Hitler als den neuen Luther. Von Kirchtürmen flatterten Kirchenfahnen und Hakenkreuzfahnen. Auf Altären standen Hitlerbilder und um sie herum SA-Leute mit Sturmriemen, Sturmgepäck und Fahnen.

Der Theologiestudent Schmidt kann sich nur wundern, wie seine Kirche jede Distanz zum Zeitgeschehen aufgibt. Für ihn ist das eine Form der Selbstgleichschaltung der Kirche. Denn niemand hatte sie bis dahin zu dieser Identifikation mit dem neuen Staat und seiner Partei gezwungen. Auf diesem Hintergrund wird ihm klar geworden sein, dass allein die Gemeinden mit ihrer Bindung an Schrift und Bekenntnis sich dem Sog des verkehrten Verhaltens von Kirchenoberen entziehen können. Die vom Wort Gottes lebende Gemeinde wird für ihn die Grenze des Staates.

Misstrauen hat er gegenüber religiösern Gefühlen. Gefordert ist nüchterner Gehorsam. Seine Unterscheidungen formuliert Schmidt in klarer Sprache: „*Staat ist Macht, Kirche ist Liebe*", und:

„*Kirche bedeutet Abgrenzung. Ins Volk wird man hineingeboren. In den Staat wird man hineingezwungen. Zur Kirche gehört man nach eigener freier Entscheidung … . Es ist eine bittere Erfahrung, dass Volk und Gemeinde sich nicht decken; so decken Staat und Kirche sich auch nicht. Schon aus dem Grunde, mehr aber noch aus der wesensmäßig verschiedenen Bestimmung ist die fein säuberliche Trennung von Staat und Kirche gefordert. Und das sollte uns, die wir von Luther her kommen, die Grundlage des politischen Denkens und aller Aufbauarbeit an der Kirche sein.*"

Es zeigt sich bei diesem jungen Autor, dass die lutherische Unterscheidungslehre eine Hilfe ist, die Unterschiedlichkeit der Aufgaben von Staat und Kirche zu sehen und auch entsprechend in eine staatskirchenrechtliche Ordnung einzubringen. Die bewussten Christen haben ihre Aufgaben in „*beiden Reichen*", aber in der Kirche bildet sich im Hören auf Gesetz und Evangelium ihr Gewissen und entwickeln sie die Kräfte, die dann für den Staat segensreich sein können. Die Menschwerdung des Christen geschieht in der Kirche,

23

aber Mensch sein muss er auch im Staat. In der Person des Einzelnen und seinem Gewissen begegnen sich dann Kirche und Staat.

Man beachte diese theologische Denkfigur: für die Menschwerdung des Menschen hat die Kirche die absolute Priorität. Durch sie und in ihr entscheidet sich, wer ich bin und wie ich mich rüste, dann die Aufgaben in der Welt zu übernehmen. So sehr der Staat seine ihm zugeordneten Aufgaben hat, er selbst kann nicht die Gewissen bilden und formen. Das wäre seine Grenzüberschreitung. Es ist die Aufgabe der Kirche, den Staat bei seiner Weltlichkeit zu behaften und ihn vor Überschritten in einen Weltanschauungsstaat mit religionsähnlichen Ansprüchen an den Bürger zu warnen. Es kann bei diesem Denken in klaren Unterscheidungen der beiden Ordnungen Gottes deutlich werden, dass durch diese Fundamentalunterscheidungen die Kirche die Freiheit bekommt, ihr Wächteramt gegenüber dem staatlichen Handeln wahrzunehmen. Jede Vermischung von Staat und Kirche zwingt die Kirche zu politischen Rücksichtnahmen und macht sie dadurch unfrei, ihr geistliches und moralisches Amt in eigener Verantwortung einzubringen.

Beim Lesen und Durchdenken eines solchen Textes eines jungen Christen kann es deutlich werden, wie abgrundtief enttäuscht viele aus der jungen Mannschaft über das Verhalten der Mehrzahl ihrer Kirchenoberen gewesen sein müssen. Diesen ging es überwiegend nicht um das Kirchesein der Kirche, sondern vorrangig um die Gestaltung ihrer Kombattantenschaft mit dem neuen Staat. Ihn zu unterstützen entsprang nicht einer theologischen Neubesinnung, sondern der politischen Zustimmung zur Zerschlagung des Liberalismus, der Demokratie und des neuzeitlichen Pluralismus im Denken und Leben der Menschen. Die Kirchenpolitiker waren dem Staat dankbar, dass er der Kirche einen neuen Raum für ihre „*Volksmission*" geben wollte. Sie hofften, dass die „*nationale Revolution*" den Weg frei gemacht habe für die Renaissance einer deutschen Kirche im Dritten Reich.

Schmidt und andere durchschauten, dass dieser religiöse Aufbruch nicht aus dem inneren Leben der Kirche heraus kam, also nicht echte Mission war, sondern hier nur von politischen Kräften eine günstige Situation geschaffen worden war, die es auszunutzen galt. Es wurde die Stunde der Kirchenpolitiker, nicht der an Schrift und Bekenntnis gebundenen Theologen, Missionare, Gemeindeglieder und kirchlichen Mitarbeiter.

Nur wenige Theologen haben in der Anfangszeit des Dritten Reiches so klar gedacht und so verständlich formuliert wie dieser Theologiestudent.

Auf dem Wege zum 1. Examen (1934–1935)

Seit 1933 hatte sich die kirchliche Lage in Westfalen völlig verändert. Am 16. März 1934 hatte die Erste Westfälische Bekenntnissynode in Dortmund stattgefunden. Sie erklärte sich zur *„kirchlich rechtmäßigen Synode der Provinz Westfalen".* An der Spitze stand Präses Karl Koch (1876–1951). Gewählt wurde ein Bruderrat, zu dem unter anderen die Pfarrer Karl Lücking (1893–1976), Martin Heilmann (1893–1979) und Ludwig Steil (1900–1945) gehörten. Dem Konsistorium in Münster – so heißt es in einer Erklärung – *„fehlt in seiner jetzigen Zusammensetzung das für eine kirchliche Behörde erforderliche Vertrauen."* Das ging gegen den DC-Bischof Bruno Adler (1896–1954) und die neuen konsistorialen Referenten aus seinen Reihen. Schon im August 1934 bildete der Bekennende Bruderrat ein eigenes Prüfungsamt, für das auch Prof. Schmitz vorgesehen war. Dieser aber wurde schon im SS 1934 auf Grund des Berufsbeamtengesetzes in den Ruhestand versetzt.

Diese nur kurz geschilderte Situation existierte, als der Student Schmidt sich in einem Brief vom 1. August 1935 an Präses Koch wandte:

„Hochverehrter Herr Präses! Da ich die Absicht habe, meine 1. theologische Prüfung vor den Beauftragten der Westfälischen Bekenntnissynode abzulegen, möchte ich Sie bitten, mir zur notwendigen Zeit (?) die Aufforderung zur Examensmeldung mit den erforderlichen Unterlagen zukommen zu lassen. Ich habe soeben meine 8 Semester beendet, komme also für den Termin Frühjahr 1935 in Frage. Mit vorzüglicher Hochachtung!"

Schmidt hatte zuvor am 18. Juli an die Leitung des Bruderrates geschrieben: *„Ich unterstelle mich der Leitung des Bruderrates der Westfälischen Bekenntnissynode als meiner rechtmäßigen kirchlichen Behörde."*

Ludwig Steil antwortete unter dem 8. August 1934:

„Lieber Herr Schmidt! Auf Ihr Schreiben an Herrn Präses D. Koch teile ich Ihnen folgendes mit: Wir halten uns in Bezug auf die theologischen Prüfungen an das Gesetz über die Vorbildung der Geistlichen von 1927–1928. Zur Meldung zum Frühjahrsexamen 1935 haben Sie umgehend bei Herr Präses D. Koch einzureichen: eine Bewerbung um Zulassung zur Prüfung, einen Lebenslauf und Zeugnisabschriften. Die Themen der Arbeiten gehen Ihnen dann bis zum 15. Oktober zu. Für die Arbeiten bekommen Sie 3 Monate Zeit. Mit den besten Wünschen Ihr. L. Steil, Pfr."

Der Lübbecker Ortspfarrer Ernst Güse schickte unter dem 1. September 1934 der Prüfungskommission ein „*pfarramtliches Zeugnis*":

„*Der stud. theol. W. Schmidt ist mir von seiner frühesten Jugend an gut bekannt. Er stammt aus einem christlichen Hause und ist von seinen Eltern christlich erzogen. Schon früh ist der Gedanke in ihm lebendig geworden, Theologie zu studieren. An unsern Gottesdiensten und an der Feier des heiligen Abendmahls hat er immer teilgenommen. In seiner Lebensführung war er, soweit mir bekannt, stets einwandfrei. Mit besonderem Eifer hat er sich schon als Gymnasiast an der christlichen Jugendarbeit beteiligt und auf die jungen Menschen einen starken segensreichen Einfluss gehabt. Wenn er als Student in den Ferien zu Hause war, stellte er sich zur Mithilfe im Kindergottesdienst zur Verfügung … .*"

Am 8. Oktober 1934 schickte ihm der Pfarrer Karl Lücking die Zulassung und die Themen der drei schriftlichen Prüfungen zu:
1. Das Gewissen im Neuen Testament
2. Predigt: Matth. 20, 1–16
3. Katechese: 1. Gebot (mit Luthers Erklärung)

Am 29. März und 18. April 1935 wurden ihm die Termine zur Prüfung vom 2. – 4. Mai 1935 mitgeteilt. Die Klausurarbeiten sollten am 2. Mai geschrieben werden. Und es hieß: „*Vor Beginn der Klausur ist die Prüfungsgebühr von 50 RM an den die Aufsicht führenden Beamten des Konsistoriums gegen Empfangsschein zu entrichten.*"

Mitgeschickt wurde dem Kandidaten eine auf drei Seiten eng geschriebene Anweisung zur Vorbereitung auf das Pfarramt. Da hieß es eingangs:
„*1. Die Zeit der praktischen Vorbildung soll dem Kandidaten zur Vertiefung in Gottes Wort, zur Pflege seines inneren Lebens und zur lebendigen Erfassung der kirchlichen Aufgaben dienen.*
2. Tägliches Lesen der Bibel zur eigenen Förderung, täglich Gebetsgemeinschaft mit Gott, regelmäßige Teilnahme am Gottesdienst der Gemeinde und der Feier des Heiligem Abendmahls muss dem Kandidaten ebenso Pflicht wie Bedürfnis sein.
In seiner ganzen Lebensgestaltung hat er sich vor und in der Gemeinde als untadelig zu erweisen (Tit 1, 7-8)
Im geselligen Verkehr sind die Gebote christlicher Sittlichkeit und die Gren-

zen guter Sitte zu wahren und Orte und Gesellschaften streng zu meiden, wo diese Grenzen überschritten werden. Auf Gesundhaltung des Körpers und auf Umgangsformen ist ebenso wie auf Angemessenheit der Kleidung zu achten.

Bei Ausübung seiner staatsbürgerlichen Rechte hat bereits der Kandidat die Rücksichten zu nehmen, die sich aus der für das Pfarramt notwendigen Vertrauensstellung zu allen Gliedern der Gemeinde ergeben.

3. *Der Kandidat hat dass gesamte Neue Testament nebst ausgewählten Abschnitten des Alten Testaments in der Ursprache kursorisch zu lesen und einige Schriften mit wissenschaftlichen Kommentaren durchzuarbeiten; dabei sind im Alten Testament die Eisenacher Lektionen zu berücksichtigen.*

4. *Mit den im Vorspruch zur kirchlichen Verfassungsurkunde genannten Bekenntnisschriften, mit einer Dogmatik und einer theologischen Ethik hat der Kandidat sich eingehend zu beschäftigen. Er hat sich um eine gegründetes Verständnis der Geistesströmungen der Gegenwart zu bemühen. Den Biographien christlicher Persönlichkeiten ist Beachtung zu schenken.*

5. *Auf das Vertrautsein mit Luthers Bibel ist Wert zu legen. Der Kandidat hat sich eine ausgedehnte wortgetreue Kenntnis von Bibelsprüchen anzueignen, vornehmlich solcher, die zur Verwendung im Unterricht und in der Seelsorge geeignet sind. Ebenso sind ganze Gesangbuchlieder wie einzelne Strophen und der Katechismus aus dem Gedächtnis fest einzuprägen ... .“*

Zum Lehrvikariat hieß es einleitend: „*Die besondere Aufgabe des Lehrvikariats ist es, dem Kandidaten eine erste Einführung in das kirchliche Gemeindeleben und in die pfarramtliche Tätigkeit zu vermitteln. Zu diesem Zweck wird er vom Konsistorium einem Geistlichen zugewiesen, dessen Anordnungen sich der Kandidat willig zu fügen hat.*“

Der Kandidat hat Gottesdienste, Kindergottesdienste und Bibelstunden zu halten, soll sich am Konfirmandenunterricht beteiligen, soll Amtshandlungen durchführen, hat Kranken- und Gemeindebesuche zu machen, hat Einblick zu nehmen in die Kranken- und Armenpflege, in die Arbeit der Inneren Mission, der weltlichen Wohlfahrtspflege und sich an der kirchlichen Jugendarbeit zu beteiligen. Auch soll er an den Sitzungen der verschiedenen kirchlichen Körperschaften teilnehmen wie die Pfarrkonferenzen und die Kreissynode besuchen. Und über seine ganze Tätigkeit soll er ein Buch führen.

Aber zunächst musste Schmidt das Examen bestehen. Er erreichte die Gesamtzensur „*Im ganzen gut*“.

Stationen der Vikarsausbildung (1935–1937)

Unter dem 14. Juni 1935 wurde Schmidt durch das Konsistorium dem Pfarrer Enno Hartmann (1891–1964) in Gehlenbeck in der Synode Lübbecke zugewiesen. Der Bruderrat bestätigte am 2. Juli 1935 diese Einweisung, um die er gebeten hatte. Sein zuständiger Superintendent war der Pfarrer Martin Möller (1873–1941) aus Preußisch Oldendorf. Die Bedingungen des Vikariats waren: freie Unterkunft und Verpflegung im Pfarrhaus und Entrichtung eines „Ausbildungsbeitrags" von 40 RM im Monat. Letztere brauchte der neue Vikar aber nicht zu entrichten, da er im elterlichen Haus wohnte. Schmidt ist Vikar vom 22. Juni 1935 – 31. Oktober 1936. Interessant dürfte der Bericht des Vikarsvaters vom 19. Juni 1937 über dessen Lehrvikariatszeit sein:

„Die Tätigkeit des Vikars umfasste während der 1½ Jahre in Gehlenbeck, von den ½ Jahr für Krankheit abzuziehen ist: 12 Gottesdienste, 7 Christenlehren, 1 Passionsandacht, 2 Beerdigungen, 1 Jahr zweistündig in der Woche Katechumenunterricht, wöchentlich Knabenbibelschar, 14-tägig Jungenbibelstunde, 1 Konvertitenunterricht, vertretungsweise Jungmänner-, Jungmädchen- und Männerbibelstunden, Mitarbeit im Posaunenchor, Teilnahme an Presbytersitzungen, Pfarrkonferenzen, Krankenbesuche, Katechumenbesuche, regelmäßige Mitarbeit in Verwaltungs- und Kirchenbuchsachen.

Daneben hat sich der Vikar sehr eifrig seiner wissenschaftlichen Fortbildung gewidmet, er hat ca. 35 größere und kleinere wissenschaftliche Werke durchgearbeitet aus dem Gebiet der Exegese, Dogmatik, Ethik, Katechese, Kirchen-, Dogmen- und Profangeschichte, Homiletik und Mission, ferner Lebensbeschreibungen. Seine Ausarbeitungen für Predigt, Katechese, Amtshandlungen etc waren bibel- und bekenntnisgemäß, gründlich und gediegen, anfangs etwas trocken, später recht lebendig. Besondere Begabung hat er in der Behandlung der Jugend. Er ist ein Mensch von klaren Begriffen, schneller Auffassung, zartem Wahrheitsempfinden, gutem Takt und einer tief gegründeten Frömmigkeit. Sein gesellschaftliches Auftreten war im Anfang befangen, später frei und von angenehmer Natürlichkeit.

Er war mehr als ein Vikar."

Nach der Beurteilung seines Vikarsvaters hat er fast alles, was in der Anweisung für die Kandidaten gestanden hat, getan. Der Kontakt zwischen dem Vikarsvater und seinem Vikar scheint sehr eng gewesen zu sein. Die ganze Breite pfarramtlicher Tätigkeit lernte er über das hinaus, was er schon kannte, vertieft kennen. Beachtlich dürfte die Zahl und die Inhalte der gelesenen Bücher und Schriften sein. Eine Eigenart seines Vikars dürfte der Beurteiler auch richtig angedeutet haben: er gehörte zu denen, die eine gewisse Anlaufzeit gebrauchen, um dann ihre Sache gekonnt zur Sprache zu bringen und eine hohe Kommunikationsfähigkeit zu entwickeln. Jetzt und auch später hat er nie den eitlen Pfau und Blender gespielt.

Während seiner Vikarszeit erhielt Schmidt zum 29. Juli 1936 eine Vorladung zur Vernehmung in *„Polizeisachen"* beim Bürgermeister der Stadt Lübbecke, und es folgte zum 4. Juni 1937 eine Vorladung bei der Oberstaatsanwaltschaft in Bielefeld. Leider konnten die Vernehmungsprotokolle nicht gefunden werden. Der Hintergrund war dieser: Schmidt hatte in einer öffentlichen DC-Versammlung scharfe Kritik an dem Hauptredner geübt. Er wurde bei der Gestapo denunziert. Für sie stand eine innerkirchliche Opposition gegen die DC, die sich voll mit dem NS-System identifizierte, in dem Verdacht, insgeheim Opposition gegen den Nationalsozialismus und seinen Staat zu sein. Irgendwelche strafrechtlichen Folgen haben diese Verhöre für Schmidt nicht gehabt.

Am 9. November 1936 überwies der Bruderrat den jungen Vikar für den 15. November *„zur weiteren Ausbildung"* an das *„Sozialtheologische Seminar"* im Bodelschwinghhaus in Dortmund. Leiter war der Pastor Lic. Lothar Przybylski (1891–1972), der in den zwanziger Jahre als Theologe und Sozialethiker im Verband der Evangelischen Gesellenvereine mitgearbeitet hat. Am 4. März 1937 urteilte er über seinen Seminarteilnehmer:

„Herr Wilhelm Schmidt ist vom 15.11.1936 bis 27.2.1937 im Sammelvikariat zu Dortmund gewesen. Genannter beweist eine geistige und sittliche Reife, die in der Lebensstufe in ihrer Ausprägung selten ist. Die besondere wissenschaftliche Begabung liegt auf dem Gebiet der theologischen Systematik und der biblischen Exegese. Dabei zeigt Herr Schmidt auch die Fähigkeit in der praktischen Arbeit; seine seelsorgerliche Betreuung ist psychologisch und pädagogisch sicher, nüchtern sachlich und frei von jeglichem Enthusiasmus. Seine besondere Neigung geht auf eine pfarramtliche Tätigkeit auf dem Lande."

Biblische und systematische Theologie, biblische Verkündigung und kirchliche Lehre bilden die Zentren seines theologischen Interesses. Seine Studien auf diesen Gebieten sind nicht getragen von spekulativen Interessen, sondern sind ihm Teil seines kirchenpraktischen Interesses. Die theologische Wissenschaft steht für ihn im Dienst der fundamentalen Aufgaben der Kirche: der textorientierten Predigt und der bekenntnisgebundenen Lehre.

Die Beurteilungen der Person von Schmidt dürften eine Charakter- und Verhaltensbewertung sein, die schon jetzt für die kirchenleitenden Organe offen zu Tage lagen: Nüchternheit und Könnerschaft sind bei ihm verschwistert. Wenn des Kandidaten Absicht gewesen sein soll, in eine Landgemeinde zu gehen, so ist das von seiner bäuerlichen Herkunft her nicht überraschend. Jedenfalls deutet bis jetzt nichts darauf hin, dass er sich mit Fragen und mit den Menschen in einer Industrieregion intensiv beschäftigt und nach den Aufgaben der Kirche in einer Industriestadt gefragt hätte. Dass er später 17 Jahre Pfarrer in der Kohle- und Eisen-Stadt Bochum als Hilfsprediger und als Pfarrer einen unverwechselbaren kirchlichen Dienst tun sollte, sollte ein Bruch in seiner bisherigen Lebenslinie werden. Hier betrat er Neuland.

Noch während seiner Dortmunder Zeit erreichte ihn Ende Dezember 1937 durch den Oberkonsistorialrat Dr. Paul Winckler (1889–1970) die Absicht des Konsistoriums, sich etwa ab Mitte Januar 1938 für einen Lehrgang im Predigerseminar Soest unter Leitung des Lüdenscheider Pfarrers Dr. Bartelheimer (1903–1967) bereit zu halten. Schmidts Antwort vom 4. Januar 1937 deutet auf den Beginn eines Konfliktes hin, der in der folgenden Zeit eskalieren sollte:

„Auf Ihre Anfrage teile ich Ihnen mit, dass ich grundsätzlich gern bereit bin, an einem Kursus in Soest teilzunehmen, weil mir die Person des Dr. Bartelheimer die Gewähr dazu gibt, dass bekenntnismäßig gearbeitet werden wird. Nun bin ich aber seit dem 16.11.36 durch Einweisung vom Bruderrat im Sammelvikariat Dortmund und möchte auch den laufenden Kursus nicht verlassen. In einem Gespräch mit P. Stallmann-Dortmund habe ich mich schon bereit erklärt, nach Beendigung des laufenden Kursus, der vielleicht Mitte Februar beendet sein wird, noch an einem vierwöchigen Lehrgang in Soest teilzunehmen. Im März gedenke ich mich zum 2. Examen zu melden. Wenn bis dahin vom Konsistorium eine Prüfungskommission ohne DC. aufgestellt worden ist, habe ich die Absicht, mich beim Konsistorium zu melden, weil mir die Prüfungskommission des Bruderrates nicht den Anforderungen des lutherischen Bekenntnisses genügt. Ich wäre Ihnen sehr dankbar, wenn Sie mir eine Antwort in Bezug auf Ihre Prüfungskommission zukommen lassen.“

Hier vollzog sich für Schmidt eine kirchenpolitische Weichenstellung. Er selbst verstand sich seit dem Beginn des Kirchenkampfes als Mitglied der Bekennenden Kirche und hatte sich dem Bruderrat der Westfälischen Kirche unterstellt. Ohne die komplizierten kirchenpolitischen Verhältnisse der Jahre von 1934 – 1937 hier nachzeichnen zu können, stand der examensbereite Vikar vor der Frage, sich vor der Kommission des Bruderrates oder vor einer Kommission des Konsistoriums prüfen zu lassen. Gegenüber der Zusammensetzung der Prüfungskommission des Bruderrates hatte er bekenntnismäßige Vorbehalte. In ihr dominierten die überzeugten Unionsleute, durchsetzt mit reformierten Theologen. Selbstverständlich konnte er die Entwicklung der Unionskirche unter dem Reichsbischof und Landesbischof Ludwig Müller wie die Entwicklung nach seiner Entmachtung nicht akzeptieren. Aber auch gegenüber den theologischen Positionsbestimmungen und ihren kirchenpolitischen Konsequenzen der BK geriet er immer mehr in die Distanz. Mit der Barmer Theologischen Erklärung vom Mai 1934 hatte er von seiner lutherisch-reformatorischen Theologie her seine Schwierigkeiten und Teile der Dahlemer Erklärungen hielt er für sehr problematisch. Bei vielen BK-Vertretern in Westfalen sah er in ihrem berechtigten Widerstand gegen das DC-Regiment und gegen die Reichskirchenregierung Ansätze einer exklusiven Radikalität, die sich nicht nur gegen die DC orientierten Pfarrer und Christen wandte, sondern auch im Sinne eines Entweder-Oder gegen die in der kirchenpolitischen Mitte Stehenden und auch gegen die BK-Mitglieder, die den Dahlemitischen Kurs nicht akzeptieren konnten. Schmidt war auch maßlos enttäuscht von dem autoritären Gehabe und dem militanten kompromisslosen Auftreten vieler BK-Pfarrer. Auch hatte er wenig Verständnis für die ununterbrochenen Machtkämpfe im Konsistorium, die in der Tat nicht frei waren von persönlichen Aufstiegsmotivationen und fein gesponnenen Intrigen.

Viele Erfahrungen und Beobachtungen kamen bei ihm zusammen, dass sich bei ihm angesichts seiner Meldung zum 2. Examen eine Alternative entwickelte, die nicht alltäglich war: da der Bruderrat sein Vertrauen verloren hatte, war er bereit, sich von einer konsistorialen Prüfungskommission unter der Bedingung prüfen zu lassen, dass kein DCer ihr angehöre.

Winckler forderte Schmidt in seinem Antwortbrief vom 7. Januar 1937 auf, nach Soest zu gehen und stellt in Aussicht, dass Präses Koch der Versitzende der Prüfungskommission sein werde.

Schmidt schrieb am 14. Januar 1937 zurück:

„Auf Ihre erneute Anfrage wegen meiner Teilnahme am Seminarlehrgang in Soest möchte ich Ihnen antworten, dass ich noch nicht die Absicht habe, den

laufenden Lehrgang im Bodelschwinghhaus Dortmund zu verlassen. Durch eine eingehende Rücksprache mit Herrn Pfarrer Lücking habe ich die gegründete Hoffnung gewonnen, dass es bald zu einer Klärung zwischen dem Konsistorium und dem Bruderrat kommen wird, so dass ich zur Zeit nichts unternehmen möchte, was als eine Stellungnahme gegen den Bruderrat erscheinen könnte. Ich möchte, weil ich so lange und treu zur Bekennenden Kirche gestanden habe, nun nicht kurz vor einer zu hoffenden Einigung einen Bruch mit dem Bruderrat herbeiführen, so gern ich auch bereit bin, mich den Bemühungen des Konsistoriums um die Neuordnung Westfalens zur Verfügung zu stellen."

Es wird deutlich, dass Schmidt der Aufforderung des Konsistoriums, von Dortmund nach Soest zu wechseln, als eine Desavouierung des Bruderrates, der ihn ja nach Dortmund geschickt hatte, verstanden hat. Das will er nicht. Er zeigt vor dem Oberkonsistorialrat Dr. Winckler Rückgrat. Er will nicht formal gehorchen, sondern Herr seiner Entscheidung sein. Er bleibt in Dortmund und meldet sich von dort bei dem Prüfungsamt der Westf. Bekenntnissynode am 15. März 1937 zum 2. Examen. Karl Lücking schickte ihm unter dem 22. April 1937 die schriftlichen Examensthemen zu:

1. Reich Christi und das Reich der Welt nach den lutherischen Bekenntnisschriften. (Die Lehre der lutherischen Bekenntnisschriften ist darzustellen und am Neuen Testament zu überprüfen).
2. Predigt: Lucas 15, 1–10
3. Katechese: Die zweite Bitte des Vaterunsers (mit Luthers Erklärung)

Bis zum 25. Juli sollen die Arbeiten zugeschickt werden. Das geschah, aber die Lage veränderte sich, als Schmidt am 30. Oktober folgenden Brief an das Prüfungsamt des Konsistoriums zu Münster schickte:

„Nachdem ich das Prüfungsamt der westf. Bekenntnissynode veranlasst habe, meine für das 2. theol. Examen angefertigten Arbeiten zurückzugeben und an das Konsistorium zu leiten, bitte ich nun das Prüfungsamt des Konsistoriums, mich zu einer vom Konsistorium veranstalteten legalen Prüfung zuzulassen und mich von einer Kommission unter dem Vorsitz von Herrn Oberkonsistorialrat Dr. Winckler zu prüfen. Wenn eine legale Kommission unter dem Vorsitz von Herrn Präses D. Koch gebildet werden sollte, bitte ich von dieser Kommission geprüft zu werden.

Mein Gesuch ist nicht nur durch den Erlass des Reichsführers SS betr. Prü-
fungen der BK veranlasst, sondern durch meine seit längerer Zeit bestehende,
durch meine Bindung an das lutherische Bekenntnis verursachte Kritik an der
Haltung der BK den kirchlichen Behörden gegenüber. Ich habe schon im Ja-
nuar dieses Jahres eine Anfrage an das Konsistorium bezüglich des Examens
gerichtet. Die von Tag zu Tag erhoffte Einigung zwischen den Beauftragten der
Westf. Bekenntnissynode und dem Konsistorium hat mich jedoch bewogen,
meine Meldung dem Herr Präses D. Koch einzureichen. Ich sehe mich jedoch
nun nicht mehr in der Lage, den Ordnungen der BK Folge zu leisten. Darum
bitte ich das Konsistorium, meine Meldung anzunehmen und meine Prüfung
zu veranlassen."

Ein erstaunlicher Vorgang: ein Vikar hat die BK-Prüfungskommission gebeten, die inzwischen nachgesehenen und benoteten Unterlagen an das Prüfungsamt des Konsistoriums zu schicken. Er bittet um eine legale Prüfung,
nicht nur im Blick auf den so genannten Himmler-Erlass, der am 29. August
1937 ergangen war und der die von der BK gegründeten *„Ersatzhochschulen,*
Arbeitsgemeinschaften und die Lehr-Studenten- und Prüfungsämter aufgelöst
und sämtliche von ihnen veranstalteten theologischen Kurse und Freizeiten"
verboten hatte. (KJ 205f).

Nach diesem Erlass war die BK-Prüfungskommission in Westfalen ille-
gal. Als die schon länger angestrebte Einigung in der Prüfungsfrage nicht zu-
stande gekommen war, zog Schmidt endgültig einen kirchenregimentlichen
Trennungsstrich zwischen sich und der BK. Hinzu kamen fundamentale
Zweifel an der theologischen und kirchlichen Gesamtstrategie der BK im
Reich und beim westfälischen Bruderrat.

Das 2. Examen und die erste Hilfsdienstzeit in Bochum (1937–1938)

Am 20.–22. Dezember 1937 hat Schmidt seine zweite theologische Prüfung in Münster hinter sich gebracht. Vor den eigentlichen mündlichen Prüfungen musste er *„eine praktische Katechese in der Konfirmandenstunde des*
Propstes von Herrn Probst Funke" (Münster) in der Erlöserkirche halten. In
der Prüfungskommission unter dem Vorsitz des Oberkonsistorialrates Lic. D.
Hymmen (1878–1951) stellten BK-Mitglieder die Mehrheit. Ein DCer war

nicht dabei. Schmidt wurde wie im ersten Examen als Gesamtresultat wieder ein *„Im ganzen gut bestanden"* attestiert. Vom 1. Januar bis 31. März 1938 ist der *„legal"* Examinierte Hilfsprediger in seiner Heimatstadt Lübbecke. Der Konsistorialrat Lic. August Krieg (1877 – ?) berichtet in einer Aktennotiz, dass der Pfarramtskandidat Schmidt darum gebeten habe, *„vom Hilfsdienst auf 1 Jahr zurückgestellt zu werden, er möchte als ehemaliger Pfadfinder gern zu Pfarrer Duensing in Hannover, der kirchliche Jugendarbeit treibt und theologisch im Sinne einer wirklichen Begründung des Bekenntnisses arbeite. Er wird aufgefordert, sein Anliegen schriftliche vorzutragen und ihm die Erfüllung desselben zugesagt, da wir ja an Hilfskräften in Westfalen keinen Mangel leiden."*

Mit kurzen Worten reicht Schmidt den Antrag beim Konsistorium ein, sein Hilfsdienstjahr *„in der hannoverschen Landeskirche abzudienen."* Und er schickt eine Ummeldung *„an die Hannoversche Kirchenregierung"*. Landesbischof August Marahrens (1875 – 1950) hatte ihn in einem Brief vom 9. Februar 1938 dazu ermuntert, diesen Antrag zu stellen.

Am 19. Februar stellte Schmidt beim Konsistorium den Antrag, von Superintendent Möller ordiniert zu werden, da *„ich den Wunsch habe, in meiner Heimat ordiniert zu werden."* Und er legt eine übliche *„Erklärung über meine Stellung zu Schrift und Bekenntnis"* bei:

„Ich bekenne mich zu der Lehre, welche gegründet ist in Gottes lauterem und klarem Worte, verfasst in der heiligen Schrift Alten und Neuen Testaments, unserer alleinigen Glaubensnorm, und bezeugt in den drei christlichen Hauptsymbolen., dem Apostolischen, Nicänischen und Athanasianischen und in den Bekenntnisschriften unserer evangelisch-lutherischen Kirche, nämlich den beiden Katechismen Luthers, der Augsburgischen Konfession, der Apologie und den Schmalkaldischen Artikeln."

Auf dem Brief befindet sich eine Randnotiz: *„Schmidt hat sein Beurlaubungsgesuch fernmündlich zurückgezogen; er möchte nach Wiemelhausen gehen. Er bat um seine Ordination. Ich habe sie ihm zugesagt."*

Über diese neue Entwicklung berichtete Schmidt dem Hannoverschen Bischof. Marahrens schrieb umgehend am 22. Februar 1938 zurück:

„Herzlichen Dank für Ihre heutigen Zeilen. Um Sie noch zu erreichen, möchte ich ein kurzes Grußwort schreiben. Fühlen Sie sich bitte völlig frei. Von Hannover aus brauchen Sie nicht den leisesten Druck zu empfinden, so gern

wir Sie übernommen hätten. Sie gehören zunächst der Not der Heimatkirche.
Gott segne Ihre Entschließung und gebe Ihnen immer von neuem Anlass,
seine Barmherzigkeit und Güte zu preisen. In aufrichtiger Verbundenheit ..."

Getröstet mit diesem bischöflichen Wort konnte Schmidt am 6. März
1938 seine Ordination in Lübbecke feiern. Am 20. Februar 1938 schrieb
Gerhard Niedermeier (1902–1974), Pfarrer im Petribezirk der Kirchengemeinde Bochum-Wiemelhausen, den ersten uns erhaltenen Brief an Schmidt.
Er war es, der sich einen Tag zuvor in Münster bei den Konsistorialbeamten
Steckelmann und Krieg für Schmidts Einweisung nach Wiemelhausen eingesetzt hatte. Es ist (bis jetzt) nicht zu ermitteln, ob Niedermeier Schmidt persönlich gekannt hat. Vermuten darf man, dass Paul Winckler aus Münster und
Martin Stallmann (1903–1980) aus Dortmund ihren Freund Niedermeier
auf diesen eindeutigen Lutheraner hingewiesen haben.

Schon am 7. März 1938 bekam der Hilfsprediger Schmidt durch Dr.
Thümmel die Einweisung in den Dienst der Kirchengemeinde Wiemelhausen.
Er wird aufgefordert, sich mit dem Vorsitzenden des Presbyteriums Pfarrer
Hans Bertelsmann (1899–1974) in Verbindung zu setzen, sich dem Syno-
dalassessor Pfarrer Walter Kraemer (1897–1970) vorzustellen und den Su-
perintendenturverwalter Heinrich Fortmann (1886–1983) zu besuchen. Und
am Schluss hieß es: *„Wir hegen das Vertrauen, dass Sie sich in Wort und Wan-*
del als rechter Diener und echter Jünger Jesu erweisen und in gewissenhaf-
ter Beachtung der Bekenntnisse und Ordnungen unserer Kirche Ihr Amt ver-
walten werden."

Es ist Niedermeier, der in einem Brief vom 13. März Schmidt einige Informationen über seine praktischen und monetären Arbeitsbedingungen gibt
und ihm rät, bei den Gesprächen mit den beiden Amtsbrüdern Dr. Klein und
Bertelsmann *„höflich und fest"* zu bleiben. (Jetzt und für die späteren Jahre
haben wir eine große Zahl von Briefen von Niedermeier an Schmidt, aber
nicht umgekehrt.)

Der Vorsitzende des Presbyteriums der Kirchengemeinde Wiemelhausen
Bertelsmann, der Pfarrer im Petribezirk der Kirchengemeinde war, schrieb am
15. März 1938 einen Brief an seinen künftigen Amtsbruder:

„Lieber Bruder Schmidt! Für Ihre Karte dank ich Ihnen herzlich. Ich bitte
um Entschuldigung, wenn meine Antwort sich etwas verzögerte. Sie werden auf
Kohlen sitzen! Inzwischen ist auch Ihre Einweisung vom Konsistorium an mich

gekommen. Ich heiße Sie herzlich in Wiemelhausen willkommen. Viel Arbeit wartet auf Sie. Manche Schwierigkeiten werden Sie überwinden müssen. Ich setze voraus, dass Ihnen die besonderen innerkirchlichen Nöte in unserer Gemeinde bekannt sind. Das große Vertrauen, dass Ihnen und ihrer Arbeit Lic. Krieg entgegenbringt, möchte ich Ihnen auch persönlich entgegenbringen. Sie haben eine ausgesprochene Bekenntnisgemeinde zu betreuen. Ich möchte wünschen, dass es Ihnen auch gelänge, die kirchenpolitisch Andersstehenden und Denkenden Ihres Pfarrbezirks zu gewinnen. Mein Kollege Niedermeier gehört der BK an. Dr. Klein und ich sind DC. Pfr. Engelbert hatte eine reine Personalgemeinde. Der Bezirk ist nicht sehr groß. Sein Bezirk ist teilweise ein so genannter vornehmer Bezirk. Seine neu gegründete Frauenhilfe werden Sie betreuen müssen. Ebenso die weibliche Jugendarbeit und den Kindergottesdienst. Ich bitte Sie, Ihren Dienst am 1.4. anzutreten. Es ist zweckmäßig, wenn Sie am 28.3. schon kommen. Dr. Klein, Ihr engerer Kollege, wird mit Ihnen dann alles besprechen und mich herzuziehen. Dr. Klein ist vom 1.4. an Vorsitzender des Presbyteriums. Melden Sie sich bitte bei ihm vorher an. Sollen wir Ihnen zwei Zimmer mieten, oder wollen Sie sich selbst eine Wohnung suchen? Ein besonderes Amtszimmer mit Telefon wird Ihnen in dem Gemeindehaus angewiesen. Pfr. Engelbert hält am 27.3. seine Abschiedspredigt. Ich überlasse es Ihnen, ob Sie mit ihm noch vorher in Verbindung treten. Das Presbyterium und die beiden DC-Pfarrer haben keine Verbindung mit Pfr. Engelbert. Und nun wünsche ich Ihnen noch schöne Tage daheim. Kommen Sie getrost und ohne Vorurteile. Dem Aufrichtigen lässt Gott es gelingen. Mit herzlichem Gruß! Heil Hitler! Ihr Hans Bertelsmann“.

Schon aus den ersten Briefen wird deutlich, in welche Situation Schmidt kommt. Die Gemeinde ist tief gespalten. Auf der einen Seite stehen die beiden DC-Pfarrer Dr. Otto Klein (1891–1974) und Bertelsmann, der erste im Melanchthonbezirk, der andere im Petribezirk. Auf der anderen Seite stehen die BK-Pfarrer Gerhard Niedermeier in Petri und Walter Engelbert in Melanchthon. Das Presbyterium war seit 1933 ein von den DCern dominiertes Presbyterium. Engelbert gab seine Stelle auf und ging 1938 nach Detmold. Seine Stelle besetzte nun der Hilfsprediger Schmidt.

Im Protokoll der zweiten Märzsitzung des Presbyteriums hieß es:

„Das Presbyterium ist damit einverstanden, dass zur Versorgung der den B.K. Kreisen zuzuzählenden Gemeindeglieder des Pfarrbezirks Engelbert ein Hilfsprediger entsandt wird, der aber alle Weisungen eines ungesetzlichen Kir-

chenregiments insbesondere bezgl. Kanzelabkündigungen und Kollekten ablehnen muss, der sich dem Presbyterium unterstellt und arischer Abstammung ist." Und in der nächsten Sitzung wurde protokolliert: *„Presbyterium beschließt, dem Hilfsprediger Schmidt ein Gehalt von monatl. 150,– RM zuzüglich Wohnungsgeld von 46,97 RM zu bewilligen."*

Ein Antrag von Schmidt auf Beihilfe wird vertagt, aber Januar 1939 wird ihm *„ein Wohnungsgeld von 75,– RM sowie eine einmalige Beihilfe von 25,– RM bewilligt. Die Einrichtung eines 2. Tel. Anschl. wird abgelehnt."* Der Hausmeister soll ihn bei eiligen Telefongesprächen benachrichtigen.

Der Hilfsprediger versah den Dienst eines Pfarrers, wurde aber gehaltlich und in Fragen der Ausstattung für den Dienstbetrieb nicht den drei anderen Pfarrern gleichgestellt. So hieß es im Beschluss vom 17. März 1939:

„Der Hilfsprediger Schmidt erhält rückwirkend für das R'jahr 1938 als Dienstaufw.entschädigung die Hälfte der den übrigen Pfarrern gewährten nicht ruhegehaltsfäh. Zulage von 300,– RM = 150,– RM und für das Rechnungsjahr 1939 vorweg denselben Betrag."

Der Hilfsprediger nahm laut den Protokollen pflichtgemäß an den Sitzungen des Presbyteriums teil, die sich vornehmlich mit Finanz- und Organisationsfragen befassten. Theologische Grundsatzfragen wurden nicht einmal verhandelt. Es ist bis in den Krieg hinein das Verwaltungsorgan des bestimmenden Pfarrers Dr. Klein, unterstützt von seinem Amtsbruder Bertelsmann und von seinen beiden Kirchmeistern. Die Zahl der protokollierten Sitzungen nimmt unter den Kriegsbedingungen immer mehr ab. Ab Januar 1940 nimmt auch Niedermeier nach zwei Jahren Abwesenheit wieder an den Sitzungen teil und löst im März 1940 Dr. Klein als Vorsitzenden ab, von Oktober 1941 bis Februar 1942 hat Bertelsmann den Vorsitz, dann übernahm wieder Niedermeier bis April 1943 den Vorsitz, dem dann wieder Dr. Klein bis zu seinem Ausscheiden 1944 folgte und kurzfristig dazwischen auch wieder Bertelsmann. Von 1933 bis 1945 dominierten im Presbyterium unangefochten die Deutschen Christen, nur ab 1940 durch die beiden BK-Leute Pfarrer Niedermeier und den Presbyter Heinrich Winkelmann ergänzt.

Schmidt hatte den ausscheidenden Engelbert am 19. März 1938 besucht und von ihm eine lange Liste mit den Namen der *„Knaben und Mädchen"* des Katechumenenunterrichts und die Namen der Konfirmanden und Konfirmandinnen des Jahrgangs 1938 bekommen. Engelbert wird ihm ausführlich über die Lage im Gemeindebezirk Melanchthon berichtet haben. Auch nimmt Schmidt am 20. März an seiner Abschiedsfeier teil. Diese eröffnet Niedermeier mit einer Begrüßung, es folgen Grußworte im Namen der BK von Prof. Schloeßmann, von einem Repräsentanten der „Bibelstundengemeinde" und des Kirchenchors. Der Bochumer Amtsbruder Rudolf Hardt (1900–1959) sprach Abschiedsworte und weitere Grußworte sprachen Frau Sassenberg für die Frauenhilfe und der Sekretär Reinecke für den CVJM. Nach Abschiedsgedichten des Mädchenkreises und der Kindergottesdiensthelferinnen folgte ein „Abschiedsgruss des Vertreters der Pfarrbruderschaft". Ein Abschlusswort des scheidenden Engelbert mit einem Schlussgebet schloss diese Feier. Schmidt hatte die Möglichkeit, hier einen Teil des Kerns der Bekenntnisgemeinschaft in Melanchthon kennen zu lernen. Später hat er Engelbert angeschrieben, um Auskünfte über bestimmte Personen und Gruppen in der Gemeinde zu bekommen. Er hat immer ausführliche Antworten bekommen.

Mit einer Karte lud Bertelsmann den nach der Verabschiedung von Engelbert wieder nach Lübbecke zurückgekehrten neuen Hilfsprediger zu einem Gespräch mit Klein und ihm ins Ernst-Moritz-Arndt-Haus ein. Schmidt hatte nun seine Kollegen im Amt und etliche Gemeindeglieder kennen gelernt, als er offiziell am 1. April 1938 seinen Hilfspredigerdienst in Wiemelhausen im Melanchthonbezirk aufnahm. Am 26. April wurde ihm vom Vorsitzenden des Presbyteriums eine „Dienstanweisung" zugestellt, die inhaltlich mit dem Konsistorium abgestimmt war:

„1. Der Hilfsprediger hat in regelmäßigem Wechsel mit dem Pfarrer der beiden Melanchthonpfarrbezirke den sonntäglichen Gottesdienst in der Melanchthonkirche zu halten. In der Petrikirche hat er durchschnittlich alle 8 Wochen den Hauptgottesdienst zu halten.

2. Der Hilfsprediger hat im jährlichen Wechsel mit dem Pfarrer den Kindergottesdienst in der Melanchthonkirche zu übernehmen.

3. Der Hilfsprediger hat sich um die Pflege der Jugend zu bekümmern.

4. Der Hilfsprediger hat die sich bei ihm zum Unterricht anmeldenden Kinder zu unterrichten und zu konfirmieren.

5. Der Hilfsprediger hat die hier bestehende Frauenhilfe der Bekenntnisgemeinde geistlich zu betreuen.

6. Der Hilfsprediger hat nach Bedarf und auf Verlangen eine öffentliche Bibelstunde zu halten.

7. Sämtliche Amtshandlungen, die von ihm begehrt werden, hat er zu übernehmen.

8. Der Hilfsprediger hat sich der Seelsorge an den Gliedern der Bekenntnis-
gemeinde oder wo er sonst berufen wird, anzunehmen.
9. Im Krankenhaus Bergmannsheil hat er die von Pfr. Engelbert betreuten
Stationen zu übernehmen und im Wechsel mit den übrigen Pfarrern, die
dazu berufen sind, den Gottesdienst zu halten."

Das sieht nach einem schiedlich-friedlichen Verhältnis innerhalb der zerstrittenen Gemeinde aus. Der Hilfsprediger wird der Pfarrer der Bekenntnisgemeinde. Die Existenz zweier Gemeindegruppen in der einen Kirchengemeinde wird damit kirchenamtlich festgeschrieben. Dass es ganz anders
kam, zeigen sehr ausführliche Eingaben von Niedermeier an den Oberkirchenrat in Berlin und an das Konsistorium in Münster. In Kürze: im Juli 1933
war das Presbyterium gewählt worden. Im Laufe der folgenden Jahre hatte
sich eine Bekenntnisgemeinde gebildet, die immer stärker wurde. Sie ver-
langte, nun auch anteilig (*„paritätisch"*) an den Sitzen im Presbyterium beteiligt zu werden. Aber Dr. Klein lehnte das entschieden ab und ließ bei einer Ersatzwahl wieder drei ihm in Politik und Kirchenpolitik nahe stehende
Männer wählen. Dagegen ging Niedermeier in seinen Schreiben an die
Kirchenbehörden auf vielen Seiten an. Mit kirchenrechtlichen Argumenten
versuchte er die Illegalität der Zusammensetzung des Presbyteriums zu erweisen, das in keiner Weise mehr der tatsächlichen Gemeindewirklichkeit ent-
spreche. Auch er selbst und Engelbert als die beiden BK-Pfarrer hatten seit
Jahren nicht mehr an den Sitzungen teilgenommen.

Schmidt, der von außen Kommende, aber gut informiert über die Spannungen in der Gemeinde, hatte den Willen, vermittelnd zu wirken. Vor Dienstan-
tritt schrieb er an den Vorsitzenden des Presbyteriums Bertelsmann: „*... werde*
ich mit viel Freude und Einsatzwilligkeit kommen. Ich werde trotz großer
Spannungen und Gegensätze bemüht sein, die Einheit im Geist durch das Band
des Friedens festzuhalten und durch treue Fürbitte zu stärken."

Aber schon am 30. Mai 1938 schrieb Schmidt einen längeren Brief an Dr.
Klein. Auch wenn er ihn – wie ein handschriftlicher Vermerk nahe legt – nicht
abgeschickt hat, so gibt er Auskunft über die geistige und seelische Lage des
jungen Hilfspredigers. Es ist ein erregender Brief, der in voller Länge zitiert sei:
    „Lieber Bruder Klein. Wenn ich dieses Mal den schriftlichen Weg wähle,
nachdem ich bisher stets alle Sie und mich angehenden Fragen mit Ihnen per-
sönlich und mündlich besprochen habe, dann tue ich es deswegen, weil ich be-

fürchte, dass wir die vorliegende Materie nicht in Ruhe werden miteinander bereden können.

Sie haben mich gebeten, auf Bruder Niedermeier dahingehend einzuwirken, dass er seinen Einspruch gegen die Ergänzungswahl des Presbyteriums zurückziehen möchte. Ich habe diese Dinge seit einigen Tagen mit ganzem Ernst durchdacht und habe es auch jetzt noch wieder getan, nachdem Sie mit aller Deutlichkeit allerlei schwerwiegende Folgen angedeutet haben, die dann eintreten werden, wenn der Einspruch nicht zurückgezogen wird. Nach reiflichem Überlegen und im Bewusstsein der Verantwortung, die ich damit übernehme, muss ich Ihnen nun mitteilen, dass ich die Vermittlerrolle, die zu übernehmen Sie mich gebeten haben, nicht übernehmen, und dass ich sie auch in keiner Weise wünschen kann.

Es ist seit einigen Wochen meine Absicht gewesen, mit Ihnen über manche Dinge zu reden, die mir große Not bereiten. Besonders nach der Presbytersitzung, an der ich teilgenommen habe, und nach der Feier des Tages der Nationalen Arbeit, die von der Kirchengemeinde veranstaltet wurde, und an der ich mich ebenfalls unter schweren Bedenken beteiligt habe, war es mein Wunsch, Ihnen meine Bedenken zu sagen; ich habe aber bis heute davon Abstand genommen, weil Sie durch die schwere Krankheit Ihrer Tochter Annemarie notvolle Tage zu durchleben hatten. Ich ertrage es nun nicht mehr, dass wir weiter so miteinander verkehren, als läge in keiner Weise irgendetwas zwischen uns, wo doch wir beide, Sie sowohl als auch ich, durch die Situation in der Gemeinde Wiemelhausen gezwungen sind, gegeneinander zu arbeiten. Ich gedenke auch in Zukunft den Kampf um die Kirche nur mit geistlichen Waffen zu führen. Aber ich muss es Ihnen doch mal sagen, dass der Kirchenkampf zwischen uns steht, und dass ich nunmehr, bei aller Bereitschaft zum brüderlichen Miteinanderreden, von der Art Ihres Kämpfens und vor allem von Ihrer und des Presbyteriums Arbeit in der Gemeinde abrücken muss, so schwer es mir wird, dass dadurch das bisher zwischen uns stehende Einvernehmen beeinträchtigt wird.

Ich will Ihnen zunächst sagen, dass ich von der Mehrzahl der Presbyter den Eindruck habe: Männer, die nicht wissen, was Kirche Jesu Christi ist. Diesen Eindruck hatte ich mit so erschreckender Deutlichkeit, dass ich dem derzeitigen Presbyterium alle kirchlichen Qualitäten abzusprechen mich veranlasst sehe.

Sie haben mir gegenüber erklärt, dass Sie den letzten Nationalkirchler (Thüringer DC) aus Ihrer Gemeinde entfernt hätten. (Nun nennt Schmidt einige Namen von Nationalkirchlern.)

Auf der Gemeindefeier des Tages der nationalen Arbeit habe (ich) beson-
ders die Erfahrung machen müssen, dass Glieder des Presbyteriums jede
geistliche Haltung vermissen lassen, ohne die ein Presbyter zur Karikatur ei-
nes kirchlichen Vertreters wird. Aufs Ganze gesehen ist für eine Anzahl Pres-
byter und durch diese für die Gesamtheit des Presbyteriums diese kirchliche
Vertretung lediglich ein kirchen- und machtpolitisches Instrument, das mit
Rücksichtslosigkeit gegen die Bekenntnisgemeinde, die den echten Kern der
Gemeinde darstellt und zu Gunsten der deutschen Christen gehandhabt wird.

Im Blick auf die kirchliche Unterrichtsarbeit lassen Sie die nötige Ver-
antwortung vermissen. Sie haben mir gegenüber erklärt, dass Sie in den bei-
den Unterrichtsjahren nur den Katechismus behandeln, keine Lieder und Bi-
belsprüche. Wenn die Lieder und Bibelsprüche, die für die Schule vorgesehen
seien, nicht gelernt würden, könnten Sie sich nicht daran stören. Das ist mir
wiederum unverständlich. Ich kann diesen Tatbestand mir nur als kirchenpo-
litische Kampfmassnahme erklären. Jedes Kind in Wiemelhausen weiß, dass
man in Ihrem Unterricht nicht so viel zu lernen braucht. Und wie mir Eltern
aus der Gemeinde gesagt haben, hat Ihre Tochter für Ihren Unterricht ge-
worben mit dem Hinweis darauf, dass bei Ihnen im Unterricht nicht so viel ge-
lernt zu werden brauche.

Ihr Artikel auf Seite 11 der Nr. 21 der Evangelischen Nachrichten stellt eine
im höchsten Maße ungeistliche Diffamierung der Bekenntnisgemeinde und des
Pfarrers Niedermeier dar. Ich erkenne aus diesem Artikel, dass Sie den Kampf
um die Gestaltung der Kirche nicht geistlich, sondern machtpolitisch führen.
Das muss notwendigerweise zur Zerstörung der Kirche führen.

In mancherlei Gesprächen mit Gemeindegliedern unserer Bekenntnisge-
meinde und auch mit vielen so genannten Neutralen habe ich wiederholt die
Feststellung machen müssen, dass die friedliche Aufbauarbeit in unserer Ge-
meinde durch das Wesen des Presbyteriums und auch durch Ihre Tätigkeit
ernstlich bedroht ist. Insbesondere lasten manche vergangene Dinge so sehr
auf der Gemeinde, dass ich eine friedliche Entwicklung der Gemeinde und ein
neues Zusammenwachsen unserer Bekenntnisgemeinde mit den wirklich ech-
ten und treuen Gemeindegliedern, die auch noch in Ihren Reihen stehen, erst
dann für möglich, wenn auch Sie, nachdem P. Engelbert eine neue Gemeinde
übernommen hat, ebenfalls einen neuen Wirkungskreis antreten, in dem Sie
ohne alle Vorbelastungen kirchlich arbeiten können.

Es wird mir schwer, Ihnen das zu sagen. Aber um der Gesamtgemeinde wil-
len muss es einmal ausgesprochen werden. Der Weg der Buße auf beiden Sei-

41

ten könnte manche Wunden heilen. Aber ich sehe, dass Sie diesen Weg nicht gehen können. Die Art, wie Sie mich auf die Folgen für mich aufmerksam machten, wenn der Einspruch nicht zurückgezogen würde, zeigt mir, dass Sie nur den brutalen Machtweg kennen. Ich bitte Sie aber herzlich, sich anders zu besinnen um der Gemeinde willen. Mit brüderlichem Gruß und Heil Hitler!"

Schmidt hatte die DC-Kirchenpolitik, ihren Anspruch auf die Alleinherrschaft in der Kirche seit 1933 erlebt. Er konnte die Deutschen Christen nur einschätzen als machtbewusste, auf Herrschaft ausgerichtete Kampftruppe in Analogie zur NSDAP und ihren Gruppierungen. Die DC war für ihn die nationalreligiöse Kampftruppe der Partei innerhalb der Kirche. Ihr Ziel war die Gleichschaltung der Kirche mit dem Dritten Reich. Vor Ort bildete sie kampfbereite Gruppen für ein Kirchenwesen, das sich zum Preis der Umdeutung des biblischen und reformatorischen Glaubens voll mit dem NS-System, seinen politischen, kulturellen und volkspädagogischen Zielen identifizierte. Und Dr. Klein war in Bochum und in Westfalen ein prominenter Vertreter der Kirchenpolitik im Sinne einer Synthese von Staat und Kirche. Auf Ortsebene betrachtete er die Gemeinde als ein das NS-System tragendes und stabilisierendes Element. Schmidt hingegen wollte die Gemeinde als Kirche, die ihren Gründungsurkunden des Alten und Neuen Testaments, ihren altkirchlichen und reformatorischen Glaubensbekenntnissen verpflichtet war. Er wollte Kirche vor Ort als Bruderschaft der auf Gottes Wort Hörenden und miteinander Abendmahl feiernden Christen. Er dachte konsequent von der lutherischen Unterscheidung des Reiches Gottes und des Reiches der Welt her. Für ihn war es unmöglich, dass Kirche sich instrumentalisieren ließ für politische Zwecke und Ziele. Sie unterlag in ihrem Binnenleben als Gemeinde den eigenen aus Schrift und Bekenntnis gegebenen Kriterien des Zusammenlebens. Für ihn standen die Deutschen Christen nicht mehr in der Traditionslinie des reformatorischen Christentums, sondern hatten sich zu einer völkisch-religiösen Sekte im Dienst eines totalen Staats entwickelt.

Der Brief zeigt, dass er sich zu Niedermeiers Eingaben in voller Übereinstimmung befand. Er scheut sich nicht, das amtierende Presbyterium als parteipolitische Filiale zu bezeichnen und den DC-Pfarrer Klein zu bitten, sich eine andere Aufgabe zu suchen. Presbyterium und Pfarrer sind für ihn dabei, die Gemeinde zu zerschlagen. Eine Gemeinde, die seit 1934 nur noch in ihren gegensätzlichen Gruppen existierte und in der es keine Anzeichen gab, miteinander zu reden und vielleicht neu anzufangen. Auch die vielen Kirchenaustritte von ca 3000 (!) Gemeindegliedern gaben den Pfarrern und ihren Parteigenossen im Presbyterium keinen Anlass zu selbstkritischer Analyse der kirchengemeindlichen Lage. Jede Seite meinte die Wahrheit, die Redlichkeit und bessere Moralität auf ihrer Seite zu haben. Schmidt selbst war anfangs und auch später zu *„brüderlichen Gesprächen"* bereit. Er tendierte auf theologische und ekklesiologische Themen hin und wollte die politischen und vor allem parteipolitischen Kontroversen als Fragen der weltlichen Verantwortung und vernünftiger Entscheidungen außen vorlassen. Damit unterschätzte er aber die grundlegende Bedeutung politischer Entscheidungen im Bewusstseinshaushalt der Deutschen Christen. Wenn sie in Hitler ein Geschenk Gottes an das deutsche Volk sahen, so wurde das Bekenntnis zu diesem gottgesandten Führer ein integraler Bestandteil ihres religiösen Selbstverständnisses. Mit den Kriterien einer lutherischen Unterscheidungslehre war der deutschchristlichen Vermischung von Religion und Politik nicht beizukommen. Was blieb: unendlicher Kampf gegeneinander.

Vor Ort wurde Schmidt Leiter des Bruderrates Melanchthon, der anfangs aus 15 Männern bestand. Es gibt einen kleinen Handzettel, auf dem in Thesenform das Selbstverständnis dieses Laienrates formuliert ist: *„Einem konfessionslosen Staat gegenüber kann die Kirche nur Verkündigung treiben ... Ein achristlicher Staat kann nicht christlich handeln."*

Hier wird der NS-Staat als a-christlich charakterisiert, noch nicht als anti-christlich. Die Kirche hat angesichts des nach eigenen weltanschaulichen Kriterien handelnden Staates nicht die Aufgabe, sich mit ihm in irgendeiner Weise zu arrangieren, wie es ununterbrochen die Kirchenleitungen versuchten. Sie hat sich auf ihr eigentliches Mandat zu konzentrieren: die schrift- und bekenntnisgebundene Verkündigung. Schmidt gehört zu den *„jungen Brüdern"*, die von den Kirchenleitungen nichts Entscheidendes mehr erwarteten. Für diese war der *„Apparat"* Kirche und seine Erhaltung in staatskirchenrechtlich abgesicherter und zugesicherter Form das Hauptinteresse.

Die eigene Zukunft in dem Auf und Ab wechselnder Machtverhältnisse in den Kirchenapparaten und in der Kirchenpolitik staatlicher Behörden formuliert Schmidt so: *„Das Martyrium ist in der Welt etwas durchaus Selbstverständliches. Nur die Kirche, die es mit Freudigkeit gegen Gott als Seine Fügung hinnimmt, darf sich eine Bekenntniskirche nennen ... . In der weltanschaulichen Lage ganze Klarheit! Unerbittlich in der Aufdeckung der Irrtümer und Verführungen. Barmherzig mit den Unwissenden und Verführten."*

Christenverfolgungen hat es immer gegeben. Aber Märtyrer sind nicht gestorben, weil sie die Macht im Staate haben wollten, sondern weil sie vor den Mächtigen ihren Glauben bekannt haben. Das apostolische Glaubensbekenntnis und seine Weiterentwicklungen in der Glaubensgeschichte der Kirche sind die Fundamente ihrer Verkündigung. Die Bekenntnisse enthalten Wahrheiten über Gott, den Menschen, über die Schöpfung, über das gegenwärtige und zukünftige Heil des Menschen und seiner Welt, die gegenüber allen modernen Weltanschauungen normativ-kritisch einzubringen sind. Zur Bekenntnisgemeinde zu gehören, ist nicht Rückzug in eine in sich ruhende religiöse Privatexistenz, sondern führt in offen geführte Konfrontationen mit den Irrtümern der Epoche oder mit gegenwärtigen Verirrungen. Das Bekenntnis entfaltet kritische und antagonistische Potentiale gegen zeitgeistige Irrtümer. In der nationalsozialistischen Weltanschauung gilt es deshalb nach Schmidt nicht irgendwelche Anknüpfungspunkte zu suchen, sondern diesem neuzeitlichen und neuheidnischen Entwurf gegenüber Flagge zu zeigen. Das nationalsozialistische weltanschauliche Selbstverständnis steht zur Debatte, nicht unmittelbar die Politik des Dritten Reiches. Natürlich weiß Schmidt, dass vom nationalsozialistischen Absolutheitsanspruch her gesehen jede vom christlichen Bekenntnis fundierte Auseinandersetzung mit ihm ein Politikum ist, das in die Nähe des Widerstandes gegen ihn rückt. Christliches Bekennen ist in jedem Fall für den Nationalsozialismus eine Form politischer Widerständigkeit im angestrebten geschlossenen NS-System. Schmidt wusste seit langem, dass allein das christliche Bekenntnis und die Existenz von bekennenden Gemeinden für die NS-Führung immer mehr die größte Provokation wurden. Mit Kommunisten, Demokraten und anderen Gegnern wurde man schnell fertig, aber bei bekennenden Christen traf man auf Menschen, die sich weigerten, sich an selbst gemachte Götter und Götzen zu versklaven. Schmidt selbst ist über diese Position einer Ablehnung der Weltanschauung des NS etwa in Richtung eines politischen Widerstands gegen das NS-System im Ganzen nie gegangen. Die staatliche Politik hat er akzeptiert, aber dem Griff des totalen Staates auf die Gewissen hat er widerstanden. Verschränkt war diese Position mit einem klaren Nein gegen die Theorie und Praxis der Deutschen Christen, die Politik und Religion, Staat und Kirche in eine Bewusstseins- und Handlungseinheit bringen wollten. Dieses Nein gegen Irrlehre und Irrtum bedeutete für ihn aber kein endgültig richtendes Verhalten gegenüber den verführten und irrenden Menschen. Der zwischenmenschliche Kontakt zu den „irrenden Brüdern" sollte nicht abgerissen werden. Und was eben in der praktischen Gemeindearbeit gemeinsam zu machen war, sollte getan werden. Der Bruderrat in Melanchthon war unter ihrem Vorsitzenden Schmidt nach den Jahren eines erbitterten Gemeindekirchenkampfes bereit, die Spaltung der Gemeinde zu mildern und zu überwinden.

Aber auch in diesem Bruderrat gab es Auseinandersetzungen um den richtigen Weg in der Gemeindearbeit. So machte Schmidt den Vorschlag, seine Hilfspredigerstelle in eine Pfarrverweserstelle umzuwandeln. Dahinter stand natürlich die Erfahrung, dass er von den zwei DC-Pfarrern als Hilfsprediger zum clerus minor gerechnet wurde. Auch im Bruderrat wurde keine einmütige Position beschlossen, so dass Schmidt vorschlug, die Sitzungen bis zur Klärung durch das Presbyterium und das Konsistorium auszusetzen.

Am 18. Oktober 1938 wird dem Hilfsprediger in einem Brief des Presbyteriums an das Konsistorium gekündigt:

„Der zur Betreuung der hiesigen Bekenntnisgemeinde am 1.4.1938 überwiesene Pfarramtskandidat Schmidt beendet am 1.11.1938 sein Hilfsdienstjahr. Sowohl das Presbyterium in jeder Weise Herrn P. Schmidt entgegen gekommen ist und ihm seinen Dienst so leicht und angenehm wie möglich gestaltet hat, lehnt Herr P. Schmidt die Unterstellung unter das Presbyterium grundsätzlich ab, obwohl er s.Z. ausdrücklich darauf hingewiesen war, dass er das Presbyterium anzuerkennen habe. Da das Presbyterium aus Entgegenkommen das Hilfsdienstjahr des Herrn P. Schmidt nicht zerreißen wollte, hat es bisher stillgeschwiegen. Nun aber erklärt es einstimmig die Dienstzeit des Hilfspredigers Schmidt zum 1.11.1938 als beendet.

Das Presbyterium bittet zugleich um Entsendung eines anderen Hilfspredigers zur Betreuung der hiesigen Bekenntnisgemeinde, der vorher das bindende Versprechen abgibt, mit dem Presbyterium zusammenzuarbeiten und die geltenden Gesetze und Verordnungen zu beachten. Für das Presbyterium gez. Dr. Klein, Pfr. u. Vors."

Kämpfe in der Gemeinde während der zweiten Hilfsdienstzeit (1939 – 1942)

Dieser Brief wurde dem Bruderrat durch Niedermeier bekannt gemacht. Dieser schlug vor, sich am 31. Oktober abends im EMA-Haus zur Aussprache zu treffen. Die Lage änderte sich aber sehr schnell, als das Konsistorium in einem kurzen Schreiben vom 21. Oktober an Schmidt beschied:

„Wir beauftragen Sie, nach Ablauf Ihres Hilfsdienstjahres vom 1. November 1938 ab weiter wie bisher Hilfspredigertätigkeit in der Kirchengemeinde Bochum-Wiemelhausen zu leisten."

Und wenige Tage später schickte man ihm das *„Wahlfähigkeitszeugnis"*. Das Konsistorium hatte sich gegen den Antrag des Presbyteriums entschieden. Schmidt, der inzwischen ein Büro mit Telefon in der Schellstr. 2 hatte, blieb in Bochum. Der Kirchenkampf in der Gemeinde aber ging weiter. Am 2. November bat er das Presbyterium, für den Abend des 6. November die Melanchthonkirche für einen Reformationsvortrag von Prof. Stählin aus Münster über das Thema *„Die Kirche in der Sprache des Neuen Testaments"* benutzen zu dürfen. Und er lud zum Festgottesdienst am Morgen mit einer Predigt von Stählin in die Petrikirche ein. In der Melanchthonkirche fand am gleichen Tag aus Anlass ihres 25-jährigen Jubiläums ein Festgottesdienst statt, den Dr. Klein bis in die Einzelheiten hinein in den *„Evangelischen Nachrichten"* beschrieben hat (Brau I, 440f).

Klein rief auf *„zur Treue zu Glauben und Kirche, aber nicht minder zum Führer und unserm Volk und Vaterland. Martin Luther stand vor uns auf. Der Mann, der aus seinem deutschen Gewissen heraus und aus deutscher Innerlichkeit nicht nur der Vater unserer Kirche wurde, sondern auf dessen Tat sich auch geistig und kulturell die Geschichte unseres Volkes in den letzten vier Jahrhunderten aufbaut. Die Feier klang machtvoll aus im Lutherlied, das so deutsch und evangelisch zugleich ist wie kein anderes."*

In welchem Geist Dr. Klein und seine Deutschen Christen in diesen Jahren gedacht, geredet, geschrieben und entschieden haben, gibt eine Denkschrift wieder, die unter dem Titel *„Grundsätzliche Erklärungen zu den kirchlichen Aufgaben unserer Zeit"* auf dem 1. Westfälischen Gautag vom 31. März und 1. April 1936 in Bochum entstanden war. Dr. Klein war ein führender Theologe der Westf. Deutschen Christen und hat ihre Theologie und Kirchenpolitik entscheidend mitbestimmt. Die Erklärungen sind eine Auseinandersetzung vor allem mit der Barmer Erklärung. Es heißt dort:

„Die Barmer Synode verneint im Gegensatz zu der bisher unbestrittenen Lehre unserer lutherischen Kirche,

1. dass es die allgemeine Offenbarung Gottes gibt,
2. dass auch im Volks- und Staatesleben Gottes Gesetz Gestalt gewinnt,
3. dass der Herr der Kirche auch in den Zeichen der Zeit zu ihr redet,

4. *dass die Kirche die Freiheit besitzt, ihre Verfassung und Ordnung den Bedürfnissen der Zeit entsprechend zu gestalten,*

5. *dass die Kirche dem Volk und Staat als Gottesordnungen zum Dienst verpflichtet ist."*

Weiter heißt es:

„Das Barmer Bekenntnis lässt ein tieferes Verständnis für das mit dem Dritten Reiche dem deutschen Volk zuteil gewordene Geschenk Gottes nicht aufkommen:

1. *Die erste Barmer These verhindert es, den Anbruch des Dritten Reiches als Gottes Werk zu würdigen.*

2. *Dieser Anbruch wird nur als „Wechsel der jeweils herrschenden, weltanschaulichen und politischen Überzeugungen" bezeichnet und damit entwertet. Man verkennt die in ihm vollzogene Rückkehr zum echten Staat.*

3. *Die auf die Erhaltung und Gesundung des Volkes abzielende Gesetzgebung des Dritten Reiches wird nicht im Zusammenhang mit der göttlichen Offenbarung gesehen.*

4. *Die Ordnungsgewalt des Staates über die Kirche wird nicht anerkannt.*

5. *Der Totalitätsanspruch des Staates wird falsch gedeutet und daher mit Unrecht abgelehnt."*

(s. Text bei Kampmann, Kirchliches Jahrbuch, Bd. 92, 281ff)

Es ist ein sehr langes Positionspapier der Deutschen Christen, das sich mit folgenden Einzelthemen befasst: *„Zum Verhältnis von Staat und Kirche", „Die Trennung geistlicher und weltlicher Gewalt", „Der Auftrag Christi an die Kirche", „Der Auftrag Gottes an den Staat", „Der totale Staat und die Kirche", „Der Dienst des Staates an der Kirche in der Gegenwart", „Der evangelische Christ und sein Volk", „Der Christ und seine Kirche", „Ein Volk, ein Reich, eine Kirche", „Kirche und Schule", „Die deutsche evangelische Kirche und die Judenfrage".* Diese Erklärungen der Westfälischen DC stellen die ausführlichste Darstellung der DC-Theologie in Westfalen dar.

Auch der *„Westfälische Kirchentag"* der DC in Dortmund mit 10.000 Teilnehmern am 6. März 1938 zeigte mit seinem Oberthema *„Die Vollendung der deutschen Reformation in der Gegenwart – unsere Aufgabe und unsere Verantwortung"* mit dem Untertitel *„Wir wollen, dass unser Volk ein heilig christliches Volk sei und bleibe"* an, worum es ihnen ging: e i n Volk, e i n Reich, e i n e Kirche. Wie das politische Klima im Wiemelhausener Presbyterium war, zeigt folgende Eintragung:

„Da durch die Absicht des Pfr. Niedermeier, den von der vorläufigen Leitung der D.E.K. zum 30.9.38 angeordneten Bittgottesdienst abzuhalten, klar geworden ist, dass er dadurch offensichtlich bekundet hat, sich in die Front der als volksverräterisch gebrandmarkten Kreise einzuordnen, steht das Presbyterium vor der Frage, ob es dem Antrag des Pfr. Niedermeier auf Einrichtung von Nebengottesdiensten entsprechen kann."

Der Amtsbruder im Petribezirk Bertelsmann hatte zuvor folgenden Brief an den Vorsitzenden des Presbyteriums Amtsbruder Dr. Klein geschrieben:

„Die unterzeichneten Pfarrer und Presbyter des Petribezirks wenden sich mit Abscheu von dem zu den Volksschädlingen zählenden Pfr. Niedermeier wegen seines verwerflichen Verhaltens durch seine Absicht, am 30.9.38 einen Sondergottesdienst in der Petrikirche abzuhalten und Beunruhigung in das Volk zu tragen. Wir beantragen in der nächsten Presbytersitzung diese Angelegenheit auf die Tagesordnung zu setzen und nunmehr endgültig Beschluss zu fassen über die nicht durch das Presbyterium genehmigten Sondergottesdienste."

Der Hintergrund: angesichts drohender Kriegsgefahr hatte die *„Vorläufige Leitung"* der BK einen Gebetsgottesdienst angeordnet, in der für den Frieden gebetet werden sollte. (KJ 256ff) Die nationalsozialistische Presse interpretierte diese Gebetsliturgie als politischen Affront gegen die Politik des Führers. Das Presbyterium übernahm ohne große Diskussion die nationalsozialistische Polemik gegen den Bittgottesdienst für den Frieden. Wer in der Kirche diesen Text übernahm, war für die DCer im Presbyterium ein *„Landesverräter"*. Mit ihm weiter auf gemeindlicher Ebene zusammenzuarbeiten, war für das Presbyterium ein Problem. Dieser Fall zeigt überdeutlich, wie die beiden Amtsbrüder mit ihrem BK-Amtsbruder umgegangen sind. Man kann in dieser Zeit von Amtsbrüderlichkeit nicht mehr sprechen. Die Pfarrerschaft war zutiefst gespalten und nur noch wenig dialogfähig.

Das Jahr 1939 beginnt für Schmidt am 3. Januar mit der Vermählung mit Else Bokelheide (geb. 1907) aus Lübbecke. Sie beziehen eine kleine Wohnung in der Bülowstraße. In einem sehr ausführlichen Brief vom 6. August 1939 an Dr. Steckelmann bittet der durch seinen besonderen Lebensweg an finanziellen Benachteiligungen gewöhnte Vikar und Hilfsprediger um eine Erhöhung seiner Bezüge, die sich damals auf 175–180 RM beliefen. Faktisch machte er schon lange als Hilfsprediger die volle Arbeit eines Gemeindepfarrers. Und in der Tat bewilligte ihm das Konsistorium vom 1. Januar 1940 an ein *„Pfarreranfangsgehalt"*.

Schmidt verstärkt seine Arbeit im Bruderrat, der alle kirchenrelevanten Probleme durchdiskutiert und bei allen Kontroversen einen brüderlichen Konsens sucht. Die beiden Bekenntnispfarrer Niedermeier und Schmidt haben in ihren Gemeindebruderräten die Stützen für ihr pfarramtliches Wirken. So schrieb Schmidt am 8. März an die Herren des Bruderrates im Melanchthonbezirk:

„Am Sonntag, den 12. März, 15 Uhr, findet die Prüfung der diesjährigen Konfirmanden statt. Da das Presbyterium der Gemeinde Wiemelhausen von uns als geistliche Leitung der Gemeinde abgelehnt wird, bitte ich Sie, die Aufgabe des Presbyteriums zu übernehmen. Besetzen Sie bitte die Presbyterbänke zu beiden Seiten der Kirche."

Neben dem Bruderrat hat Schmidt in der BK-Frauenhilfe wie im BK-Männerwerk und in Mädchen- und Jungengruppen seine Mitstreiter. Eine ganz intensive Beziehung hat er zum CVJM-Haus in der Oskar-Hoffmann-Straße 14. Mit dem Sekretär Reinicke hatte er eine besondere theologische Nähe. Auf Einladung des CVJM sprachen im Mai 1938 der bekannte Baron Fr. von der Ropp in der Christuskirche über die Themen: *„Der Christus, wie ihn ein Laie sieht", „Weltgewalten im Kampf gegen Christus", „Was steht zwischen Gott und mir?", „Das neue Leben mit Christus"* und die *„Erneuerung der Gemeinde".* Schmidt sprach im CVJM-Heim an mehreren Abenden über *„Religion oder Offenbarung?",* an acht Abenden über *„Irrlehrer der ersten Christenheit",* an vier Sonntagen über *„Das Martyrium in der Frühkirche".* Und viele Bibelarbeiten kamen hinzu. Alle diese Vorträge hätte er in gemeindeeigenen Räumen nicht halten können. Sie waren ihm verwehrt. Mit den Männern vom CVJM hat er bis Kriegsende brüderliche Kontakte gehabt.

In der gespaltenen Gemeinde hat es einen ständigen Streit um die Benutzung der Kirchen und der Gemeindehäuser und über die Zeiten der Veranstaltungen zwischen den beiden Gemeindegruppen gegeben. Aber auch innerhalb der Gruppen gab es harte Diskussionen über den richtigen Weg. Der Ausbruch des Krieges am 1. September 1939, der bei allen Zeit- und Kirchengenossen eine tiefe Zäsur des Lebens bedeutete und Fragen nach der persönlichen und gemeinsamen Zukunft aufwarf, brachte zunächst eine gewisse Beruhigung in die Gemeindekämpfe.

Angesichts des Kriegsausbruchs ist in einigen Bochumer Gemeinden der Gedanke eines gemeinsamen Gottesdienstes der beiden gegensätzlichen Gruppen von DC und BK diskutiert worden. Da Schmidt als Mann der

„*Mitte*" galt, dem an einer Überwindung des gemeindlichen Kirchenkampfes lag und für verantwortbare Kooperation offen war, fragte die Gemeinde Bochum-Harpen bei ihm nach einem gemeinsamen Gottesdienst an. Die beiden Pfarrer Karl Leich (1871–1953) und Alfred Paulmann (1894–1945) waren DCer und der Hilfsprediger Deußen bekenntniskirchlich orientiert. Schmidt schrieb am 9. September 1939 an Leich, der als Mensch und Pfarrer in Bochum große Anerkennung genoss und der vor allem unter der Trennung unter den Amtsbrüdern litt, einen längeren Brief, der leider sehr beschädigt ist. Schmidt gibt dem älteren Bruder den Rat, nicht zu schnell zum gemeinsamen Gottesdienst zurückzukehren, bevor nicht grundlegende theologische und ekklesiologische Übereinstimmungen wieder gewonnen wären. Er hielt einen gemeinsamen Predigtturnus noch nicht für möglich. Im konkreten Fall schrieb er am Schluss seines Briefes:

„*Und nun bitte ich Sie um Ihrer Gemeinde und um der ganzen Synode willen: Machen Sie vollkommen reine Bahn mit Deußen. Geben Sie der BK Raum, dann dürfen Sie vom Frieden reden. Es liegt mir sehr viel daran, auch um meiner Mitarbeit an dem Frieden willen. Sie wollen doch auch bald Ihr 40-jähriges Jubiläum feiern. Es ist ein Jammer und Elend um unsere zerrissenen Gemeinden!*"

Schmidt ist einer der wenigen in der Bochumer Synode, der eine klare theologische BK-Position mit der Bereitschaft zu Friedensgesprächen verbindet, um den Kirchenkampf in eine neue Kirchengemeinschaft zu überführen. Er drängt auf eine kritische Neubesinnung beider Parteien. Für ihn hat „*die BK den Existenzkampf der Kirche gekämpft. Dass auch menschliches Eifern und abwegige Theologie untermischt war, brauche ich nicht erst heute zuzugeben.*"

Er hofft auf die dialogische Mithilfe von Leich, da dieser sich von der „*Godesberger Erklärung*" der „*Nationalkirchlichen Einung Deutsche Christen*" (Siegfried Leffler) ausdrücklich distanziert hatte. Die radikale deutsch-christliche Bewegung (Thüringer DC) hatte im April 1939 formuliert:

„*1. Mit allen Kräften des Glaubens und des tätigen Lebens dienen wir dem Manne, der unser Volk aus Knechtschaft und Not zur Freiheit und herrlicher Größe geführt hat. Wir bekämpfen unerbittlich alle Elemente, die politische Feindschaft religiös tarnen.*
2. Im Kirchenstreit wird sichtbar ein Stück des großen religiösen und religionspolitischen Ringens, das in unserer Zeit durch unser ganzes Volk geht. Die Formen des Kirchenstreites sind unwürdig, die Machtkämpfe ver-

werflich, das Ringen selbst aber bejahen wir als Zeichen neu wachsenden religiösen Lebens.

3. *Die Kernfragen der religiösen Auseinandersetzungen sind folgende:*
   a) Wie verhalten sich Religion und Politik, wie verhalten sich nationalsozialistische Weltanschauung und christlicher Glaube zueinander?
   Auf diese Fragen antworten wir:
   Indem der Nationalsozialismus jeden politischen Machtanspruch der Kirchen bekämpft und die dem deutschen Volke artgemäße nationalsozialistische Weltanschauung für alle verbindlich macht, führt er das Werk Martin Luthers nach der weltanschaulich-politischen Seite fort und verhilft uns dadurch in religiöser Hinsicht wieder zu einem wahren Verständnis des christlichen Glaubens.
   b) Wie ist das Verhältnis von Judentum und Christentum? Ist das Christentum aus dem Judentum hervorgegangen und also eine Weiterführung und Vollendung oder steht das Christentum im Gegensatz zum Judentum?
   Auf diese Frage antworten wir:
   Der christliche Glaube ist der unüberbrückbare religiöse Gegensatz zum Judentum.
   c) Ist das Christentum wesentlich überstaatlich und international?
   Auf diese Frage antworten wir:
   Überstaatliches und internationales Kirchentum römisch-katholischer oder weltprotestantischer Prägung ist politische Entartung des Christentums. Echter christlicher Glaube entfaltet sich fruchtbar nur innerhalb der gegebenen Schöpfungsordnungen.

4. *Aus unserer Grunderkenntnis vom Sinn der religiösen Auseinandersetzungen ergibt sich von selbst, dass nicht Konstruktionen, Verfassungen oder Gesetzgebungen weiterhelfen. Der Kampf muss vielmehr innerlich ausgefochten werden.*

5. *Voraussetzung für eine solche religiöse Auseinandersetzung sind Ordnung und Toleranz in der Kirche. Die soeben erschienenen Verordnungen der Evangelischen Kirche der altpreußischen Union begrüßen wir als einen wesentlichen Beitrag dazu.*

6. *In der durch diese Sätze bestimmten Haltung werden wir eine gemeinsame Arbeit beginnen."*

Pastor Bertelsmann stand voll auf dieser Linie, Dr. Klein in abgemilderter Form. In den Auseinandersetzungen der Wiemelhauser Pfarrer ging es nicht um beliebige Randfragen pastoraler und gemeindlicher Existenz, sondern immer um Kernfragen des Glaubens. Für Schmidt waren die beiden DCer *„Irrlehrer"*, aber blieben zugleich *„irrende Brüder"*.

Die *„Godesberger Erklärung"* zeigt im Vergleich zu Texten der BK überdeutlich, wie prinzipiell und hart die Gegensätze in der Verkündigung und in den theologischer Positionen gewesen sind. Wenn für die DC – häufig behauptet – die BK mit ihrer Theologie und Kirchenauffassung eine Form von verschleiertem politischen Widerstand in religiöser Tarnung gewesen sein soll, so musste diese Interpretation auf schärfsten Widerstand der BK stoßen. Denn auch sie hatte überwiegend den neuen Hitlerstaat dankbar begrüßt, hatte seine innenpolitischen Maßnahmen gegen Demokratie und Demokraten und vor allem gegen die Kommunisten als Bolschewisten für notwendig gehalten, hatte die Außenpolitik des Volkskanzlers gegen Versailles voll unterstützt wie die Einführung der allgemeinen Wehrpflicht gefeiert. Geschwiegen hat sie bis auf einzelne Ausnahmen von Pfarrern über die Novemberereignisse 1938. Auch den bald kommenden Feldzug gegen Polen hat die Mehrheit der BK für nationalpolitisch gerechtfertigt gehalten. Man sollte diese Tatsache nicht übersehen: DC und BK haben eine große Schnittmenge der Übereinstimmungen mit der Politik des Kanzlers gehabt. Aber eben auch klare Gegensätze zur NS-Weltanschauung und die von ihr bestimmte Politik, wie die *„Denkschrift der Vorläufigen Leitung der DEK an den Führer und Reichskanzler"* vom 28. Mai 1936 zeigen kann. (KJ, S. 132 ff)

Sie wies hin auf die *„Gefahr der Entchristlichung"*, auf die *„Zerstörung der Kirchlichen Ordnung"* und auf die Entkonfessionalisierung Deutschlands. Und im Abschnitt *„Nationalsozialistische Weltanschauung"* hieß es dann:

„Von den evangelischen Angehörigen der NS-Organisationen wird gefordert, sich uneingeschränkt auf die nationalsozialistische Weltanschauung zu verpflichten. Diese Weltanschauung wird vielfach als ein positiver Ersatz des zu überwindenden Christentums dargestellt und ausgegeben.

Wenn hier Blut, Rasse, Volkstum und Ehre den Rang von Ewigkeitswerten erhalten, so wird der evangelische Christ durch das erste Gebot gezwungen, diese Bewertung abzulehnen. Wenn der arische Mensch verherrlicht wird, so bezeugt Gottes Wort die Sündhaftigkeit aller Menschen.

Wenn den Christen im Rahmen der nationalsozialistischen Weltanschauung ein Antisemitismus aufgedrängt wird, der zum Judenhass verpflichtet, so steht für ihn dagegen das christliche Gebot der Nächstenliebe. ..."

Und unter *„Recht und Sittlichkeit"* stand der Satz:

„Das evangelische Gewissen, das sich für Volk und Regierung mitverantwortlich weiß, wird aufs härteste belastet durch die Tatsache, dass es in Deutschland, das sich selbst als Rechtsstaat bezeichnet, immer noch Konzentrationslager gibt und dass Maßnahmen der Geheimen Staatspolizei jeder richterlichen Nachprüfung entzogen sind."

Diese Denkschrift dürfte das klarste Wort der Bekennenden Kirche gegen Teile der nationalsozialistischen Politik gewesen sein. Zugleich zeigte sie den tiefsten Gegensatz zu aller DC-Theologie und aller nationalreligiösen Mentalität. Deutlich wird, dass es sich in den Unterschieden zwischen den kirchlichen Lagern nicht um *„Pastorengezänk"* handelte, sondern dass es sich bei den kirchlich-theologischen Kontroversen auch immer um eine Wertung gegenwärtigen politischen Geschehens handelte. Die DC-Theologie aller Schattierungen hatte immer zum Ziel, die Identität mit der NS-Weltanschauung zu bekennen, während es der BK-Theologie um ihre kritische Beurteilung ging, die bis zum klaren Nein führen konnte. Die BK hatte immer zwei Fronten: gegen die NS-Weltanschauung und die DC-Programmatik. Aber das führte nicht zur fundamentalen Infragestellung des NS-Systems selbst, sondern immer nur zur partiellen Kritik und Abwehr. Die Legalität und Legitimität des NS-Staates im Ganzen hat auch die BK bis zum Kriegsende nicht infrage gestellt. Das haben nur einige Christen getan, die in den bewussten politischen Widerstand gegangen sind und am Galgen endeten. Kein höherer kirchlicher Amtsträger ist Opfer der NS-Justiz geworden. Auch gegen den Angriffskrieg gegen Polen und die Sowjetunion und gegen den Vernichtungskrieg gegen Slawen und Juden hat es keinen hörbaren Aufschrei von Kirchenleitungen gegeben. Massenhaft aber sind die solidarischen Kundgebungen und Worte von Kirchenleitungen und evangelischen Verbänden für die Politik des Führers.

Im Schatten der staatlichen Kriegspolitik ging die Gemeindearbeit vor Ort weiter. Zu den alten Belastungen in der Gemeindearbeit kamen neue kriegsbedingte Erschwernisse hinzu.

Schmidt versuchte, nach den Irritationen der Vorjahre eine neue Phase des Bruderrates zu beginnen. Unter dem 1. Februar 1940 schrieb er an die *„Bruderratsmitglieder der B. K. Melanchthon"* diesen Brief:

„Nach langer Pause wollen wir uns am Mittwoch, den 7.2. um 20.15 Uhr im Arndthaus wieder zu einer Besprechung versammeln. Gegenstand der Be-

sprechung sind Fragen des kirchl. Unterrichtes, der Konfirmation, Lage unserer BK-Gemeinde und Beiträge für die BK Westfalens.

Ich lade alle Herren zu dieser Besprechung herzlich ein. Wir sind uns wohl alle darin einig, dass wir die Aussprache über strittige kirchenpolitische Fragen nicht fortzuführen brauchen. Manches hat sich inzwischen von selbst geklärt, und was heute noch innerhalb der BK verschiedener Beurteilung unterliegt, kann morgen durch den Gang der Ereignisse schon erledigt sein.

Aber ganz abgesehen von allen verschieden beurteilten kirchenpolitischen Dingen gibt es für uns in unserer Gemeinde mancherlei Aufgaben, die ich nicht allein anzufassen gedenk, für die ich Ihren Rat und Ihre Mitverantwortung erbitte. Besonders für den Fall meiner Einberufung halte ich es für unerlässlich, dass ein verantwortlicher Mitarbeiterkreis vorhanden ist, der das Gemeindeleben mit trägt.

Wer unter Ihnen sich nicht in der Lage sieht, in dem von mir seit meinem Hiersein verfolgten Sinne unbeschadet seiner kirchenpolitischen Meinung mitzuarbeiten, der mag mir das mitteilen. Auch wenn sonst jemand unter Ihnen aus zeitlichen oder anderen Gründen an künftig wieder regelmäßigen, vielleicht monatlichen Besprechungen nicht teilnehmen kann, ist gebeten, mich davon in Kenntnis zu setzen."

Zum Schluss schlug Schmidt als Nachfolger eines umgezogenen Mitglieds den *„Presbyter Winkelmann"* vor.

Die Reaktion einiger Mitglieder zeigt deutlich, dass der vor zwei Jahren gegründete Bruderrat nicht mehr in der alten Besetzung weitermachen konnte. Einige Briefwechsel zwischen dem Pfarrer und Mitgliedern des Bruderrates zeigen, dass im gemeindlichen Bruderrat keine gemeinsame Linie und eine gedeihliche Zusammenarbeit mehr möglich waren. Unter Angabe verschiedener, teils persönlicher, teils sachlicher Natur, ziehen sich einige mit Entschuldigungen zurück, andere kündigen ihre Mitgliedschaft auf.

Sehr ausführlich antwortete auf Schmidts Brief der als Emeritus im Melanchthonbezirk lebende Schwelmer Superintendent a. D. Emil Sassenberg (1864–1943), der zusammen mit seiner Frau eine Stütze der BK war. Er bestreitet dem BK-Bruderrat Melanchthon seine Daseinsberechtigung. Und seinem Vorsitzenden sagt er: *„Sie selbst sind weder Mitglied der B.K. Gemeinde noch des Pfr. N. B. (Pfarrernotbund) der Synode"*. Hier spricht Sassenberg die schwierige kirchenpolitische Position von Schmidt an: er verstand sich selbst als bekennender Lutheraner als Glied der Bekennenden Kirche, ohne formal ihr Mitglied zu sein. In kirchenpolitischen Fragen stand er in

Distanz zum Dahlemitischen Flügel der BK und ihren Vertretern im Westfälischen Bruderrat. Die dort vertretene *„unierte Theologie"* und die radikale Ablehnung einer mittleren Linie im Verhältnis von Staat und Kirche machten ihm Schwierigkeiten, ohne aber seine grundsätzliche Nähe zur Bekennenden Kirche aufzugeben. Sie bestand für ihn nicht nur aus Anhängern des Kurses von Martin Niemöller in Berlin und von Karl Lücking in Westfalen. Es gab eben auch die lutherischen Bischöfe Theophil Wurm, August Marahrens und Hans Meiser, die für ihn auf Grund ihrer Bindung an die lutherischen Bekenntnisschriften im Ganzen die bessere Theologie hatten und auch die sachgerechtere Kirchenpolitik betrieben. Auf der anderen Seite war Schmidt aber auch bereit, mit den sog. Neutralen und mit Deutschen Christen punktuell zusammen zu arbeiten.

Sassenberg drückte das in seinem Brief so aus:

„Ihre neutrale Haltung, ja Vorliebe zu den sog. Neutralen, hat Ihnen die Bek. Gemeinde entfremdet, so dass manche sich abgewöhnt haben, als Seelsorger am Grabe, Konfirmator und (unleserlich) die zu wählen, die ihnen genehm sind. Das ist Zerstörung der Gemeinde. Darum halte ich eine erspriebliche Mitarbeit im Br. Rat unter Ihrer Führung nicht mehr für möglich."

Nach Auffassung der bruderrätlichen BK galt man nur als Bruder, wenn man sich den offiziellen Brüderräten ein- und unterordnete. Sie waren in ihrer Mentalität den alten Kirchenbehörden nicht unähnlich. Schmidt und etliche jüngere Pfarrer – dazu gehörten Niedermeier, Winckler und Stallmann – waren nicht bereit, sich dem neuen *„Papsttum"* zu unterwerfen. Für Schmidt war die Gemeinde vor Ort der Ort, an dem sich bekenntnisgebundene Gemeinde zu ereignen hatte. Von seinen Erfahrungen her hatte er Gründe, allen obrigkeitlich-autoritär agierenden Kirchenleitungen kritisch gegenüberzustehen, wenn sie ihrerseits sich nicht eindeutig auf die lutherischen Bekenntnisse stellten und sich nicht als bekennende Bekenntniskirche verstanden. Das Zusammensein von reformierten und lutherischen Gemeinden in der staatlich verordneten Preußischen Union war ihm eine innere Unmöglichkeit. Aber das schloss Gespräche miteinander nicht aus. So hat Schmidt auf einer Bochumer Pfarrkonferenz (Pfarrbruderschaft) am 6. Mai 1940 einen Vortrag über sein Amtsverständnis gehalten, der sehr kontrovers diskutiert wurde. Wenige Tage später schrieb er im Mai *„An alle Brüder der BK in der Synode Bochum"*. Dieser ausführliche Brief bringt einen Einblick in seine Situation und in sein Selbstverständnis in dieser Zeit:

„Liebe Brüder!

In der Besprechung meines Referates über das Amt auf der Pfarrkonferenz am 6. Mai wurde von einigen Amtsbrüdern meine Argumentation bez. der kirchl. Ordnung und des Kirchenregimentes in Frage gestellt. Zur Fortsetzung der Besprechung habe ich einen Brief an Bruder Bach geschrieben, dessen Inhalt ich Ihnen auf Wunsch einiger Amtsbrüder zur Besprechung auf der nächsten Pfarrkonferenz mitteilen will:

‚Es geht um die 3. nota ecclesiae, speziell um das Kirchenregiment. Die Tendenz, Verfassungsfragen der Lehre neben- und gleich zu ordnen, kann immer wieder beobachtet werden. Ich habe mehr als einmal von Brüdern die Ansicht vertreten hören, dass Lehre und Ordnung gleichen Ranges sind. Der Beschluss von Oeynhausen besagt, dass Luk. 10,16 vom Kirchenregiment auch für Ordnungsfragen in Anspruch genommen werden kann. Der Ungehorsam gegenüber den Bruderräten wird dadurch zum Abfall von Christus. Diese Meinung ist tief in das Denken unserer Laien und mancher Amtsbrüder eingegangen. Ich darf einige Erfahrungen berichten, die das beweisen.

1. *BK-Brüder wurden wegen ihres legalen Examens aus der Bruderschaft ausgeschlossen mit der Begründung, dass Zugehörigkeit zur Bruderschaft und Gehorsam gegenüber dem Bruderrat sich gegenseitig bedingen. Der Ausschluss ist weithin als Aufkündigung der Kirchengemeinschaft verstanden worden. Auf kleinen und großen Bruderschaftstreffen wurde von dem „Abfall" geredet. Wenn man in den kirchenregimentlichen Anordnungen der BK nur Weisungen de iure humano sieht, ist solch ein Ausschluss nicht gerechtfertigt. Man meinte aber für die Weisungen des BR (= Bruderrat) ein Mandat Christi zu haben, dadurch war der Ausschluss folgerichtig.*
2. *Ein in meinem Bezirk i. R. lebender BK-Amtsbruder hat mir wegen meiner kirchenpol. Stellung die Hilfe bei meinem Konfirmandenabendmahl verweigert. Die allein mögliche und erträgliche Erklärung für dieses Verhalten ist die Ansicht, dass ich nach seiner Meinung nicht mehr zur BK gehöre und darum kein Anrecht auf brüderliche Hilfe habe. Als Mitglied meines Bruderrates hat er mir denn auch kürzlich schriftlich mitgeteilt, dass ich nicht zur BK gehöre, dass in Melanchthon die BK nicht mehr existiere, und dass der Bruderrat in Mel. seine Existenzberechtigung verloren habe. Meine Arbeit ist nach seiner Auffassung Zerstörung der mir anvertrauten Gemeinde.*

3. *Einige Mitglieder meines BR haben mir die Mitarbeit versagt, weil ich nicht dem westf. BR zugehöre und ein legales Examen abgelegt habe. Diese BR-Mitglieder besuchen nicht meine Gottesdienste, Abendmahlsfeiern, Bibelstunden usf. Meine gesamte Gemeindearbeit lehnen sie ab. BK ist für sie nur in der Gefolgschaft des westf. BR.*

4. *Auf der syn. AG hat ein Mitglied meines Bruderrates eine flammende Protestrede gegen mich gehalten mit der Aufforderung um Fürbitte für die verführte BK in Melanchthon. In der Diskussion wurde ihm von einigen Laien zugestimmt. Ein kirchl. gebildeter Laie begründete seine Forderung nach scharfer Scheidung zwischen BK einerseits, DC und Neutralen andererseits mit dem Worte Jesu: ‚Wer nicht für mich ist, der ist wider mich.‘ Das ist ganz allgemein die Ansicht unter den Laien.*

5. *In unserer Synode und auch sonst in der Provinz wird nicht der Fleiß und der Einsatz der Brüder in der ihnen aufgetragenen Gemeindearbeit gewertet, sondern ihre Zuverlässigkeit gegenüber den Anordnungen des BR. Nach dieser Wertung wird Bruderschaft gewährt oder versagt. Das Vertrauen der Laien zu den Pfarrern ist ebenso abhängig von der Stellung der Brüder zum westf. BR. Abweichende Haltung wird nicht mit kirchl.-theologischen Gründen erklärt, sondern als schwach, mutlos und abtrünnig verurteilt.*

6. *Der Herr Praeses, einer der ganz wenigen Männer von kirchl. Ruf und Vertrauen in der Provinz, wird von vielen Pfarrer- und Laienkreisen als schwach, mutlos und abtrünnig verschlissen. Was sich in dieser Hinsicht Laien an vernichtendem Urteil erlauben, ist ungeheuerlich. Seit Jahr und Tag geht es wie eine verheerende Seuche durch unsere BK, dass nicht kirchl.-theologische Gründe für abweichendes Handeln als Ursache angenommen werden, sondern Charakterdefekte. Die Renitenz steht im Lichte ungebrochener bekennender Haltung, alles andere ist Verrat.*

7. *Die Nachprüfungen der Brüder vor der Behörde können theologisch nicht gerechtfertigt werden, sie erscheinen als eine leider unumgängliche Notwendigkeit, für die das gute Gewissen fehlt. Als allein bekenntnismäßige gilt nach wie vor die vor der Kommission des BR. Es sind immer wieder Versuche unternommen, den Gang nach Münster zu verhindern mit der Begründung der Bekenntniswidrigkeit. Die Renitenz, die zu Dahlem und Oeynhausen steht, nimmt sich dazu das Recht, weil sie für die Anordnungen des BR göttliches Mandat zu haben meint.*

8. *Um einer vermeintlich rein bekenntnismäßigen Ordnung willen, in der ein*

Kirchenregiment für alle seine Handlungen Luk. 10,16 in Anspruch nehmen will, wird die Freikirche erstrebt. Alle Reste einer volkskirchlichen Ordnung werden leichtfertig gefährdet und preisgegeben. Die Kirchl. Behörden werden in einer unverantwortlichen Weise abgetan., so dass dadurch gutwilligen und durchaus bekenntnistreuen Männern schweres Unrecht zugefügt wird.

9. *Seit der Rückkehr in die legalen kirchl. Instanzen ist es unterlassen worden, die Laien von der neuen Beurteilung des kirchlichen Wesens in Kenntnis zu setzen und sie darüber theologisch zu unterrichten. Unsere Laienkreise sind in der Hand und Gefolgschaft der Renitenz! Der Widerspruch zwischen der seit Barmen und Dahlem von den Laien eingenommenen Haltung und der inzwischen neu orientierten Stellung in der überwiegenden Mehrzahl der Amtsbrüder führt notwendig zu immer neuen Enttäuschung und zu einer permanenten Vertrauendskrise bei den Laien gegenüber allen Pfarrern, die nicht den Weg der Renitenz gehen. Die Freudigkeit zur kirchlichen Mitarbeit wird dadurch in hohem Maße gemindert.*

10. *Summa: Die Aufrichtung der 3. nota und ihre Praktizierung im Kirchenregiment de iure divino hat zu schweren Erschütterungen brüderlicher Bindungen und gemeindlichen Vertrauens geführt. Darin ist die bisher stärkste Schwächung der kirchlichen Substanz in der BK zu sehen.'*

Soweit mein Brief an Bruder Bach. Nach diesen Darlegungen geht es nicht mehr an, den vorliegenden Tatbestand mit ein paar verharmlosenden und abstreitenden Worten zu erledigen. Die von mir in Mel. gemachten Erfahrungen sind in gleicher oder ähnlicher Weise in Hunderten von Gemeinden unserer Kirchenprovinz gemacht worden. Die Zahl der verärgerten und vereinsamten Brüder ist enorm, die Gemeinden, in denen Spaltungen und Gegensätzlichkeiten innerhalb der BK um der Hörigkeit gegenüber Dortmund entstanden sind und zu übelsten Diffamierungen geführt haben, ist nicht gering. Freudigkeit und Zuversicht sind allenthalben gelähmt. Unsere Laien, die den Kampf um die Durchsetzung der kirchenregimentlichen Ansprüche des west. BR als aussichtslos ansehen müssen, haben kein kirchliches Ziel mehr und stehen enttäuscht beiseite.

Ein neuer Ansatz ist nur da zu finden, wo ganz und gar Ernst gemacht wird mit der Erkenntnis, dass Kirche Jesu Christi überall da zu suchen und zu finden ist, wo das Amt des Wortes und des Sakramentes getrieben wird.

Mit brüderlichem Gruß!"

Dieser Brief dokumentiert, was häufig zu wenig gesehen wird: auch die BK vor Ort war in sich gespalten. Die Atmosphäre zwischen den Brüdern – Pfarrern wie Laien – war durch die kirchenpolitischen Entwicklungen sehr gereizt. Zwischen einzelnen Brüdern gab es Gespräche und Briefwechsel (Schmidt etwa mit dem Altstadtpfarrer Wienacker), aber einen Konsens herzustellen, darin versuchte sich der Vorsitzende der Pfarrkonferenz Robert Bach (1891–1971) meistens vergeblich. Der Riss ging aber nicht nur durch die Pfarrerschaft, sondern durch die Presbyter und durch die aktiven Laien.

Um die Ausführungen von Schmidt zu verstehen, ist ein kurzer Rückblick auf die Jahre zuvor in der Bochumer kirchlichen Szene zu geben. Die Einheit der Bochumer BK geriet in eine Krise, als Hitler dem „*Reichsminister für die kirchlichen Angelegenheiten*" Hanns Kerrl (1887–1941) den Auftrag gab, „*geordnete Zustände*" in der Deutschen Evangelischen Kirche wiederherzustellen. Ein Reichskirchenausschuss und ein Landeskirchenausschuss sollten die Kirchenleitung übernehmen. (KJ 105ff). Der Reichsbruderrat empfahl den Mitgliedern der BK, sich nicht in die vorgesehenen Kirchenausschüsse berufen zu lassen. Am 17. Oktober 1935 erließ der unter dem Vorsitz des alten westfälischen Generalsuperintendenten Wilhelm Zoellner (1860–1937) gebildete Reichskirchenausschuss einen Aufruf, in dem es hieß:

„Wir haben … durch staatlichen Auftrag als Männer der Kirche die Leitung und Vertretung der deutschen Evangelischen Kirche und der evangelischen Kirche der altpreußischen Union übernommen. Wir wissen uns als Treuhänder für eine Übergangszeit, an deren Ende eine in sich geordnete selbständige Evangelische Kirche stehen soll.

Die unantastbare Grundlage der Deutschen Evangelischen Kirche ist das Evangelium von Jesus Christus, wie es uns in der heiligen Schrift bezeugt und in den Bekenntnissen der Reformation neu ans Licht getreten ist … .

Aus dieser Glaubensgebundenheit ermahnen und bitten wir die evangelischen Gemeinden, in Fürbitte, Treue und Gehorsam zu Volk, Reich und Führer zu stehen. Wir bejahen die nationalsozialistische Volkwerdung auf der Grundlage von Rasse, Blut und Boden. Wir bejahen den Willen zur Freiheit, nationaler Würde und sozialistischer Opferbereitschaft bis zur Lebenshingabe für die Volksgemeinschaft. Wir erkennen darin die uns von Gott gegebene Wirklichkeit unseres deutschen Volkes." (KJ 108)

Ziel ist die Überwindung der „*zerstörenden Folgen des Kirchenstreites*". Einige Bochumer BK-Pfarrer, darunter Engelbert, Niedermeier und der Gerther Gottfried Strümpfel (1891–1965) positionierten sich in einem öffentlichen Brief vom 3. Dezember 1935 und empfahlen die Mitarbeit der BK in den Reichskirchenausschüssen, um

„den Kampf um die Erneuerung der Verkündigung der Kirche und ihrer Ordnung zu führen. Wir können es nicht verantworten, die durch die staatlichen Maßnahmen gegebene Möglichkeit zur Erfüllung unseres kirchlichen Auftrages an das ganze Volk auszuschlagen ... Mit der Tatsache, dass die Kirchenausschüsse vom Staate ernannt sind, ist nicht gegeben, dass das Handeln dieser Ausschüsse unter kirchenfremden Gesichtspunkten geschieht. Unsere Mitarbeit können wir nicht abhängig machen von der Art ihrer Einsetzung. Entscheidend ist ihr deutlich bekundeter Wille, ihr Handeln vor dem Bekenntnis der Kirche zu verantworten. Das verpflichtet uns zu ihrer Unterstützung. Diese Überzeugung nötigt uns, den Bruderrat zu verpflichten, seine Mitarbeit bei der Bildung des Provinzialkirchenausschusses für Westfalen nicht länger zu versagen und im Bruderrat der altpreußischen Union im gleichen Sinne zu wirken."

Die offizielle BK verweigerte ihre Mitarbeit und das baldige Desinteresse des Staates an kirchenpolitischen Fragen machte dem Reichskirchenausschuss Ende 1936/Anfang 1937 ein Ende.

Als Schmidt in die Gemeinde kam, hatte er natürlich von der abweichenden Haltung seiner Amtsbrüder gehört. Der Schwerpunkt seiner Kritik richtete sich von Anfang an vehement gegen den Anspruch der bekennenden bruderrätlichen Organe, die westfälische Kirche und die Gemeinden unter ihre Kirchenregierung zu bringen. Hier dürften bei ihm mehrere Einstellungen und Motive eine Rolle gespielt haben. Gegen die Bindung der BK an Schrift und Bekenntnis hatte er natürlich nichts einzuwenden – in zentralen theologischen und kerygmatischen Aussagen stand er voll auf ihrer Seite und fühlte sich ihr immer verbunden –, aber er hatte Probleme mit ihrem Verständnis von Kirchenordnung und Kirchenregiment. Die Politik ihrer Organe, rigoros auszuschließen, was nicht zu ihrem engen Kirchenverständnis passte, ging ihm in die Nähe papstähnlicher Praxis. Ihm gab es zu wenig theologische Auseinandersetzung und zu viele letztgültige Verurteilungen von der Generallinie abweichender Geister. Was ihm auch Sorge machte, war der Einfluss reformierter Theologen, deren Eindeutigkeiten im dogmatischen Denken wenig offen waren für andere Positionen in Glaubensfragen und in praktischer Frömmigkeit. So sehr er selbst für Eindeutigkeiten in Fragen der Lehre und des Bekenntnisses war, so war er aber nicht bereit, andere bekennende Christen als *„Irrlehrer"* aus der Gemeinschaft der Kirche auszuschließen. Den Anspruch der Dahlemitischen BK, die sich im Besitz der vollen Wahrheit wusste und einen kirchenregimentlichen Anspruch auf bedingungslose Gefolgschaft erhob – diese Vollmacht konnte er dem *„kirchlichen Notregiment"* nicht zugestehen.

Weiterarbeit im Gemeindebruderrat

Nach den in der Bochumer Pfarrbruderschaft ausgetragenen Konflikten konzentrierte Schmidt sich auf die Leitung und Profilierung des krisengeschüttelten Gemeindebruderrats. In der Einladung zur nächsten Sitzung am 10. April 1940 schrieb er anfangs:

„Die verschiedene Beurteilung des kirchenpolitischen Weges unserer BK, wie sie seit 1935 durch die teilweise Rückkehr in die legalen landeskirchlichen Instanzen erfolgt, hat in den Besprechungen des Bruderrates Melanchthon fast regelmäßig zu erheblichen Auseinandersetzungen geführt; die sachliche Arbeit ist dadurch in hohem Maße unmöglich gemacht worden."

Er schlägt vor:

„Damit nun ein ersprießliches Zusammenarbeiten für die Zukunft gewährleistet wird, beschließt der Bruderrat folgendes:

1. *Der Bruderrat Melanchthon vollzieht eine Umbildung seiner selbst, er führt künftig den Namen „Mitarbeiterkreis des Melanchthonbezirks der BK".* (Er führt dann elf Namen von Laien auf, die dazu gehören.)

2. *Es finden regelmäßig Besprechungen statt in einem Abstand von etwa 4 – 6 Wochen. Gegenstand der Besprechungen sind alle Gemeindefragen sowie die Lage und Aufgaben der Gesamtkirche.*

3. *Die Zuordnung des Mitarbeiterkreises zur BK-Kreissynode und zur westf. BK bleibt in vollem Umfang bestehen. ...*

4. *Der Mitarbeiterkreis weiß sich für die BK Melanchthon verantwortlich und vertritt sie nach außen hin."*

Aus dem Gemeindebruderrat wird der gemeindliche Mitarbeiterkreis der BK. Zu beachten ist, dass man sich nicht autonom macht, sondern bewusst Teil der BK der Synode und Teil der Westfälischen BK sein will. Aber in eigener Verantwortung und nicht von außen fremd geleitet will man sowohl die

Gemeindeprobleme behandeln wie auch die jeweiligen kirchenpolitischen Situationen beurteilen. Schmidt bat einige neue Herren um Mitarbeit.

Die Tagungsordnungen der nächsten Sitzungen zeigen, dass alle Punkte und Probleme des gemeindlichen Lebens erörtert wurden. Fragen des Konfirmationsunterrichtes, der Bibelstunden, der Frauenhilfe, des Männerdienstes, der Jugendarbeit, der Schwierigkeiten mit den Schulen und mit den NS-Jugendverbänden, der Gottesdienstpläne und des Verhältnisses zu Dr. Klein und zu den DC-Gruppen und vieles mehr mussten geklärt werden. Die gesamte BK-Arbeit der Helferinnen und Helfer bedurfte der Neuordnung und die Bezirksfrauen mussten neu bestimmt und verteilt werden. Es existieren Namenslisten von Frauen und Männern, die im Dienst der BK-Gemeinde gestanden haben. Und immer wieder musste sich Schmidt mit Dr. Klein arrangieren, wenn es um praktische Probleme ging. Eine besondere Schwierigkeit bestand darin, dass in beiden Bezirken Deutsche Christen und Christen der Bekenntnisgemeinde wohnten. Deren pastorale Versorgung führte immer zu Konflikten zwischen den Pfarrern. Schmidt hielt die volle Überwindung der Spaltung der Kirche auf absehbare Zeit nicht für möglich, aber er machte eine Reihe von Vorschlägen, wie man wenigstens punktuell zusammen arbeiten könne. Neben seiner Härte in prinzipiellen Fragen hatte er auch immer eine irenische Seite.

Kampf um die zweite Pfarrstelle im Melanchthonbezirk (1939–1942)

Noch war Schmidt vom Rechtsstatus her Hilfsprediger. Es war folgerichtig, dass er sich bemühte, die Pfarrstelle im Bezirk Melanchthon der Gemeinde Wiemelhausen zu erhalten. Das sollte aber ein aufregender Prozess werden. Schmidt beriet sich mit seinem alten Lübbecker Freund Karl Honemeyer (1913–1972), der inzwischen Inspektor im Berliner Domkandidatenstift war und dadurch zur obersten Behörde der Altpreußischen Union (ApU) Zugang hatte. Dieser erklärte sich bereit, ihm beim EOK zu helfen. Zuständig war der Oberkirchenrat Friedrich Buschtöns (1895–1962), der wiederum als ehemaliger westfälischer Pfarrer im Westfälischen Konsistorium Einfluss ausüben konnte. Da dieser Vorgang Einblick gibt in die damals verzwickte Kirchenpolitik, sei er dokumentiert. Honemeyer schreibt unter dem 6. Januar 1940 einen Brief an Schmidt:

„Lieber Willi! In der von uns beredeten Sache möchte ich Dir kurz einiges mitteilen. Ich habe heute mit OKR Buschtöns über die Frage Deiner Pfarrstelle gesprochen. B. ließ sich ohne weiteres davon überzeugen, dass es angebracht sei, hier etwas zu tun. Nur ist es schwierig, zu einem Anfang zu kommen, d. h. die Sache in den Geschäftsgang des E.O. (= Evangelischer Oberkirchenrat) zu bringen. Folgender Weg wurde unter den gegebenen Umständen als der beste angesehen: Du schreibst an mich persönlich einen Brief, in dem Du mir von Deinem Ergehen in Wiemelhausen, d. h. in erster Linie von der Tatsache berichtest, dass Du nun soundsolange Hilfsprediger seist und dass Deine Einberufung zur Wehrmacht in Aussicht stünde, dass Du gerade deshalb den Wunsch hättest, in die Pfarrstelle, die jetzt schon eine geraume Zeit unbesetzt sei, eingewiesen zu werden. Du hättest jedoch allem Anschein nach von Bochum aus nicht mit Entgegenkommen und Förderung zu rechnen, obwohl das Presbyterium, das die Wahl habe, nach der ruhigen Gemeindeentwicklung, die deiner besonnenen Arbeit zu danken ist, eigentlich moralisch verpflichtet sei. Du bittest mich dann, mich einmal in dieser Angelegenheit beim E.O. zu orientieren.

Der Skopus des Briefes muss sein: so macht man es mit den „Legalen"! Wir haben gerade darüber ja auch in Lübbecke gesprochen und das müsste in Deinem Brief zum Ausdruck kommen, wie Du und andere den legalen Weg gegangen sind in einer Zeit, in der das Verleumdung und „Exkommunikation" zur Folge hatte wie nun das Opfer, das von uns aus echter Verantwortlichkeit heraus gebracht wurde, vergessen wird, ja, wie wir ständig benachteiligt sind, da keine der kirchenpolitischen Parteien sich für uns einsetzt, sondern uns weiterhin zu verdrängen sucht. Deine auf eindringlichste Bitten hin abgebrochene Laufbahn im hannoverschen Kirchendienst und Deine Bemühungen zur Sammlung von Kandidaten, die sich – aus Bindung an das lutherische Bekenntnis – auf den Weg der „Legalität" damals gewiesen wussten, müsstest Du auch erwähnen, auch Alter und Familienstand. Ich glaube, Du weißt ungefähr Bescheid, wenn auch meine flüchtigen Zeilen nicht allzu abgewogen die Einzelheiten des Schrittes beschreiben. Ich möchte Dir aber möglichst schnell Nachricht geben.

Den Brief werde ich dann mündlich oder schriftlich an Buschtöns weiterreichen. Wahrscheinlich hat er zur Folge, dass Münster berichten muss, warum die Stelle nicht längst besetzt ist, und dass der E.O. die Stelle freigibt. Hoffentlich klappt die Sache, ohne dass Klein Gegenversuche unternimmt. Am günstigsten für eine wirkliche Inangriffnahme der Besetzung wäre es, wenn Du eingezogen würdest. (Mit diesem Satz wiederhole ich eine Bemerkung B.'s ; – also hier referiere ich nur!") – Eine andere Möglichkeit wäre gewesen, Prof. (unleserlich) hätte an den E.O. geschrieben. Sie wäre Dir vielleicht angenehmer gewesen als der von mir vorstehende erbotene Weg, aber mit Deinem Brief, der ganz oder auszugsweise von B. verwertet werden soll, lässt es sich nach B.'s Meinung doch am besten in Gang bringen. –

Übrigens sprach ich bei meinem Besuch in Münster mit OKR Kupsch, der gerade auf Urlaub war, über die Frage. Er meinte, es wäre an sich gar keine Möglichkeit zu einer rechtlichen Handhabe vorhanden, um hier von Dir aus etwas zu tun, oder auch, um von Dir aus die Sache anzurühren. Das wird ja freilich stimmen, wenn man nicht den obigen Versuch unternimmt.

So, nun hoffe ich, Dich fürs erste hinreichend informiert zu haben. Grüß bitte Deine liebe Frau herzlich von mir und sei selbst in alter Freundschaft gegrüßt von Deinem Karl."

Schmidt schrieb als Antwort am 10. Januar 1940 den vorgeschlagenen Brief, der noch deutlicheren Einblick gibt in seine damalige Situation am Anfang des Krieges:

„Lieber Karl! Es war mir eine große Freude, dass wir uns in den Tagen nach Weihnachten in Lübbecke sprechen konnten. Wir hatten ja lange nichts voneinander gehört. Ich möchte Dir noch sagen, dass ich mich sehr über Deine Arbeit im Domkandidatenstift freue und Dir von Herzen für diesen Dienst alles Gute wünsche. Die Zeit im Stift wird für Dich von großem Gewinn sein. Lass mich gelegentlich einiges Weitere aus Deiner Arbeit hören.

Seit dem Neujahrstage bin ich wieder in meiner Arbeit. Die 5 Tage Ruhe bei den Eltern und Schwiegereltern in Lübbecke haben mir gut getan. Nun bin ich mitten in den Vorbereitungen für die Konfirmation, die schon am 26.1. sein wird. Anfang Januar muss ich mit meiner Einberufung zum Heeresdienst rechnen. Es kann aber auch sein, dass eine Reklamation unseres Superintendenturverwalters mir noch Zeit gibt bis Anfang April. Doch das ist unbestimmt. Meine Frau ist gestern aus Lübbecke mit dem Jungen zurückgekommen, sie hatte sich noch eine Woche länger genommen. Wenn ich Soldat bin, wird meine Frau wohl wieder zu den Eltern nach Lübbecke übersiedeln, im Mai hoffen wir auf ein Schwesterchen für unseren Klaus, was soll dann meine Frau dann allein hier in B. machen.

Im März werden es nun schon 3 Jahre, dass ich hier in der Gemeinde arbeite. Ich weiß selbst nicht, wo die Zeit geblieben ist. Aber ich schaue mit großer Freude zurück und bereue es keineswegs, dass ich damals aus Hannover zurückgekehrt bin, obwohl ich in der hannov. Landeskirche sehr gern geblieben wäre. Die klare lutherische Bekenntnisgrundlage, dazu die bischöfliche Führung eines Marahrens, und – wie mir Duensing wiederholt versicherte –, das brüderliche Verhältnis unter den Pastoren, lockten mich sehr. Der Bischof und das Landeskirchenamt hatten ja auch schon meine Übernahme in den hannov. Kirchendienst vollzogen, nachdem Konsistorialrat Lic. Krieg mich aus Westfalen beurlaubt hatte, da kam der Ruf aus Bochum. Große Lust nach Westfalen verspürte ich nicht. Was hatte ich auch alles erlebt! Man hatte den Kampf mitgetragen, und als man nicht mehr den Bruderräten folgte, verkündigte Thimme plötzlich: „Gehorsam gegenüber den Bruderräten und Zugehörigkeit zur Bruderschaft bedingen sich gegenseitig." Prompt waren Sandmann und ich ausgeschieden. Auf allen kleinen und großen Tagungen wurden wir als die Abgefallenen verschlissen. Als dann unser guter P. Güse in Lübbecke, dem ich aushalf, hinter meinem Rücken mit Dortmund wegen eines Ollegaslen (?) verhandelte, – nun, Du kannst Dir denken, was ich von der bruderrätlich regierten westf. Provinzialkirche noch hielt. Und es war doch niemand da, der unsere hieb- und stichfeste theologische Begründung umstoßen konnte. Und was für ein Geschrei erhob sich, als wir die Legalen sammelten und bewiesen, dass wir aus ernster, kirchlicher Verantwortung und mit klarer theologischer Grundlage handelten.

Ich kann es wohl mit Genugtuung vermerken, dass alte BK-Freunde, die sich damals mit groben Briefen von mir lossagten, mit freundlichen Briefen zu mir zurückkehrten, als sie ebenfalls den Weg nach Münster gingen und ihn auch theologisch zu rechtfertigen wussten. Am interessantesten aber sind die Erfahrungen, die jetzt einige Freunde von mir machen, die bis vor einem Jahre selbst renitent waren und nun als legale in Gemeinden neben renitenten Brüdern arbeiten. Mein Freund Schibylski, der vom Präses nach Witten eingewiesen ist, erlebt es jetzt doch, dass die renitente Gemeinde Witten unter Busch und dem alten Rektor Schluckebier ihm erklärt: „Wir müssen Sie ablehnen und die Gemeinde vor Ihnen warnen!" Er bekommt Drohbriefe aus der Gemeinde und wird regelrecht boykottiert. Aber er setzt sich durch. Sein Urteil ist heute: ‚Diese Kirche ist nur noch wert, zerschlagen zu werden.' Vor einem Jahr schrieb er mir auch noch einen groben Brief! Wohin doch die Theologie der 3. nota ecclesiae führt!

Das war ja schon vor 3 Jahren deutlich zu sehen. Lücking sagte 1937: ‚Wir brauchen einige legale Leute, die vom Konsistorium in solche Gemeinden geschickt werden können, in denen ein Illegaler nicht arbeiten kann.' Solch ein Fall ist Wiemelhausen. Das Presbyterium damals ganz deutsch-christlich, ein Beamtenbezirk mit all seinen Schwierigkeiten, ein Illegaler hätte hier nicht arbeiten können. Und ich war damals der einzige legale BK-Hilfsprediger! Sandmann erging es ebenso. Er arbeitete in der ihm lieb gewordenen Arbeitergemeinde Hüls und musste dann nach Plettenberg geschickt werden, wo die Verhältnisse ähnlich lagen wie in Wiemelhausen. Heute ist ein Renitenter eigentlich in keiner Gemeinde mehr tragbar, abgesehen auch von der Fragwürdigkeit renitenter Theologie. Interessant ist ja, wie all die damals Illegalen den Anschluss gefunden haben. Sie fahren auch ganz gut dabei. Der Praeses dirigiert seine Leute mit großem Geschick in die Pfarrstellen, Fiebig steht ihm darin nichts nach. Und inzwischen stehen wir ohne geistliche Leitung und kirchliche Vertretung. Ich merke das ja selbst sehr deutlich, denn sonst säße ich jetzt nicht immer noch als Hilfsprediger in dieser Gemeinde, die zu den reichsten Gemeinden der Provinz gehört. Wenn ich mich einer der beiden geistlichen Leitungen zugeordnet hätte, wäre ich bestimmt wohlbestallter Pfarrer im schönen Wiemelhausen. Ich weiß auch nicht, ob es je etwas wird mit der Anstellung. Wenn, dann müsste es ja während meines Heeresdienstes möglich sein. Aber ich habe wenig Hoffnung. Das Presbyterium ist zwar sehr gut auf mich zu sprechen. Seit meinem Hiersein ist kein kirchenpolitisches Wort mehr von der Kanzel gefallen. Wir arbeiten zusammen im Presbyterium, z. Zt. sogar unter dem Vorsitz von Niedermeier, der kirchenpolitisch genau so denkt wie ich. Wir haben sogar Besprechungen im Kollegium und sehen uns theologisch überhaupt nicht gehindert, mit dem Thüringer Bertelsmann an einem Tisch zu sitzen. Alles freut sich, dass es so ruhig zugeht. Mein Kollege Dr. Klein ist ganz gemäßigter DC, so dass man keinerlei Grund hat, gegen ihn Stellung zu nehmen. Ich arbeite sogar auf die alten Bezirksgrenzen hin; Klein und ich haben uns die kirchenpolitischen Minderheiten gegenseitig mitgeteilt und behandeln sie als Exklave. Aber zur Anstellung ist man deswegen nicht geneigt, weil das kirchliche Leben der von mir betreuten Gemeinde sehr konstant ist, während Dr. Klein durch Austritte ziemlichen Abgang hat.

Die 2. Pfarrstelle an Melanchthon besteht seit 1927 und war 11 Jahre von Engelbert besetzt. Ich bin vom Konsistorium mit der Verwaltung dieser Pfarrstelle beauftragt. Mein Kollege Klein versucht es nun immer so zu wenden, dass ich nur für die Betreuung der BK-Gemeinde da sei. Das ist aber gegen meine Dienstanweisung. Und ich möchte vor allem um der Gemeinde und um des Amtes willen heraus aus der Situation eines Konkurrenzkampfes. Jeder seinen Bezirk, wobei den Gemeindegliedern durchaus die freie Wahl durch kirchliche oder persönliche Gründe bedingt ist. Wie kann man heute noch glaubwürdig vor der Gemeinde stehen, wenn dauernd Reibungen um ein paar Trauungen oder Beerdigungen sind. Darum klare Abgrenzung sachlicher Art. Ich habe angefangen, meinen Bezirk systematisch durchzuarbeiten, zugleich stelle ich eine Kartothek auf, damit mir nun nichts mehr an Ehejubiläen, Geburtstagen der Alten entgeht. Diese systematische Arbeit, so denke ich mir, ist der anderen Seite nicht lieb.

So wie ich jetzt gestellt bin, könnte ich es wohl noch 1 oder 2 Jahre aushalten. Nachdem ich erst sehr kurz gehalten worden bin, hat das Konsistorium mir seit dem Bestehen des Parochialverbandes das Grundgehalt bewilligt. Die Wohnung ist zu klein, besonders, wenn das 2. Kind da ist. Wenn hier jemand zu mir kommt, dann muss meine Frau sich in der Küche aufhalten. Eine größere Wohnung kann nicht eher gemietet werden, bis ich weiß, dass die Gemeinde dafür aufkommt. Und wenn ich Soldat bin, möchte ich natürlich auch meine Familie versorgt wissen. Das macht mir noch erhebliche Sorgen. In Hannover hätte ich nicht so lange auf Anstellung zu warten brauchen. Trotzdem bin ich sehr gern hier. Als Ravensberger war ich ziemlich überrascht, hier im Ruhrgebiet so viel Gemeindeleben zu finden. Ich habe sehr gut besuchte Gottesdienste, Kollekten erstaunlich, eine Frauenhilfe von 400 Mitgliedern, eine Bibelstunde, teilweise eine regelmäßige Besucherzahl von 60–70 Leuten. Unsere Missionsfreunde brachten im vergangenen Jahre in 100 Büchsen 850,– RM für die Barmer Mission auf. Was im Ravensberger Lande vielfach Herkommen und Gewohnheit ist, scheint mir hier sehr viel eigenständiges Leben zu sein. Gottesdienste mit 250–300 und mehr Besuchern sind hier allsonntäglich. In der Christmette hatte ich doch 800 Gemeindeglieder. Das will hier etwas heißen.

Am meisten macht es mir Freude, in dieser schwierig gelagerten Gemeinde unsere kirchlichen Erkenntnisse bewahrt zu sehen. Ich habe keine Schwenkung nötig gehabt. Wer auf die Sammlung der Gemeinde bedacht ist, ohne heterogene Gesichtspunkte walten zu lassen, wird dieselbe Erfahrung machen. Hier hieß es, besonders vorsichtig zu wandeln. Ich habe keinem Beamten sein Christsein unnötig Belastungsproben auszusetzen brauchen. Darum kommen sie auch zu mir wie zu Klein, viele fragen gar nicht, wer den Gottesdienst hat. Und das ist wesentlicher kirchlicher Erfolg.

Damit will ich für dieses Mal schließen. Ich habe Dir ein ziemlich umfassendes Bild von meiner Arbeit zu geben versucht. Es wird Dir eine Freude sein, mich mit Dir im Wesentlichen in Übereinstimmung zu wissen, sie datiert ja auch schon seit einigen Jahren. In herzlicher Verbundenheit."

Die beiden letzten Briefe zeigen die Verworrenheit der damaligen kirchlichen Administration. Schmidt war in einer Klemme. Er wollte endlich den Status eines berufenen Pfarrers mit den dazu gehörenden Rechten haben. Vom Presbyterium der Kirchengemeinde Wiemelhausen konnte er nicht erwarten, dass es einen entsprechenden Antrag an das zuständige Westfälische Konsistorium schicken würde. Er selbst konnte nur *„auf dem Dienstweg"* einen Kontakt zu den kirchlichen Oberbehörden aufnehmen. Und das hieß: nur über den Vorsitzenden des für ihn zuständigen Presbyteriums und über seinen synodalen Vorgesetzten, den Superintendentenverwalter Fortmann. In dieser Situation suchte er Rat bei seinem alten Lübbecker Freund Honemeyer, der als Inspektor des Domkandidatenstifts in Berlin zur obersten kirchlichen Behörde unmittelbaren Zugang hatte. Dieser konsultierte den für diesen Fall zuständigen Oberkirchenrat Buschtöns. Honemeyer gab den Rat, Schmidt solle an ihm einen Brief über seine Bochumer Situation schreiben, den er dann an Honemeyer weiterleiten werde. Mit den außerhalb des Dienstweges gewonnenen Kenntnissen könne er sich dann um den Fall kümmern. Schmidt lässt sich auf diese Taktik ein und schreibt den obigen langen Brief, der auf diesem etwas krummen Weg bei den Behörden bekannt werden soll. Seine Situation ist, dass sich keine kirchenpolitische Partei aus verschiedenen Gründen für den *„Legalen"* einsetzen will und kann. Für die westfälische BK ist er ein Renegat, der sich durch seine 2. Prüfung durch das Konsistorium aus der Gemeinschaft der BK ausgeschlossen hat. Er selbst aber versteht sich als Mann der Bekennenden Kirche, lehnt aber das BK-Kirchenregiment ab. Die DC-Seite sieht in ihm einen Mann der BK, der zu seiner 2. Prüfung vor dem Konsistorium zu Bedingung gemacht hatte, dass kein DCer in der Prüfungskommission sitzen dürfe. Er saß also zwischen allen Stühlen. Bewegung in die Sache konnte nur ein Eingreifen von höchster Stelle in Berlin bringen. Nur sie konnte ihren Willen gegen alle Unterinstanzen durchsetzen.

Das ganze Verfahren verkomplizierte sich, als Schmidt am 10. März 1941 zur Wehrmacht einberufen wurde. Die Kommunikation zwischen allen Beteiligten erschwerte sich dadurch. Seinen Freund Niedermeier hatte er von seinem Brief, geschrieben gegen dessen Rat, in Kenntnis gesetzt. Niedermeier schrieb am 13. März einen Brandbrief an die nach Lübbecke umgezogene Else Schmidt mit der Bitte, Honemeyer zu veranlassen, den Brief nicht Buschtöns zu übergeben, sondern an ihn zu schicken, da er den Inhalt nicht mehr genau kenne. Klein wisse, dass Schmidt einen Brief nach Berlin geschickt habe, kenne aber noch nicht seinen genauen Inhalt, er würde aber bei seiner weiteren Ablehnung von Schmidt eine entscheidende Rolle spielen.

Frau Pastor Schmidt schreibt umgehend an Honemeyer, der sofort am 16. März antwortete und es ablehnte, Niedermeier eine Kopie zu schicken. Überhaupt lehne er *„sinnlose Diskussionen"* über den Brief ab. Er habe nur die Funktion gehabt, die *„Sache"* Schmidt vorwärts zu treiben.

Klein wird seinerseits aktiv und schreibt an den Oberkonsistorialrat Philipps in Münster und bittet um Auskunft. Dieser bestätigt, dass der Brief auf seinem Schreibtisch läge und keine Angriffe auf ihn enthalte, sondern in erster Linie eine Auseinandersetzung mit der radikalen BK sei. Doch Klein hakt in einem Brief vom 25. März nach und bekundet, dass er selbst Schmidt nicht wählen könne, da er als BK-Pfarrer nur das Ziel haben könne, die Majorität, die er in beiden Bezirken hätte, zu brechen. Und Klein bittet um Aufschub einer Entscheidung. Er wolle seinerseits ein Gespräch mit Schmidt anstreben. Er bedauert, dass Fortmann nicht für eine Regelung der Sache geeignet sei, *„weil er von seinen radikalen Gesinnungsgenossen restlos abhängig ist…"*.

In der Gemeinde ist nun Niedermeier sehr gefordert. Er ist Anwalt von Schmidt. Es gibt eine Menge von Briefen Niedermeiers an Schmidt, aus denen sich der weitere Gang gut rekonstruieren lässt. Er erreichte, dass das Presbyterium am 31. März 1941 folgenden Beschluss fasste:

„Der seit 3 Jahren zur Betreuung der vakanten 3. Pfarrstelle vom Konsistorium hierher entsandte Hilfsprediger Pastor Wilhelm Schmidt aus Lübbecke i. W. ist in der ersten Hälfte des Monats März 1941 zum Heeresdienst einberufen. Vorsitzender teilt mit, dass Pastor Schmidt ihm den dringenden Wunsch mitgeteilt hat, nunmehr in unserer Gemeinde als Pfarrer gewählt zu werden. In einer Besprechung mit dem Konsistorium wurde die formale Bedingung hierfür mit dem Tage der Einberufung als erfüllt festgestellt. Es wurde zwischen Pfarrer Dr. Klein und dem Vorsitzenden vereinbart, dass zuvor noch eine mündliche Aussprache zwischen diesen beiden und Herrn Pastor Schmidt unter Hinzuziehung von Herrn Oberkonsistorialrat Philipps sowie Herrn Konsistorialrat Hagemann stattfinden soll. Von dem Ergebnis soll in der nächsten Sitzung berichtet werden. Eine schnelle Klärung der Frage hält das Presbyterium im Interesse des Kriegsteilnehmers Pastor Schmidt für wünschenswert."

Niedermeier schickt diesen Beschluss an Wilhelm Philipps und bittet, so zu verfahren, wie es im Beschluss stünde. Er macht einen Terminvorschlag und bittet darum, für Schmidt beim Kompagniechef einen Urlaubstag zu beantragen, um nach Münster fahren zu können. Niedermeier will durch ein solches Gespräch erreichen, die *„Verschleppungstaktik"* von Dr. Klein unmöglich zu machen. In der Tat beantragt das Konsistorium beim Kompagnieführer in der Langemarckkaserne in Bielefeld einen Urlaubstag für Schmidt am 17. April 1941. Aber ein Vermerk von Philipps am 12. Mai besagt:

„Schmidt war verhindert, an der Besprechung teilzunehmen. Er kam stattdessen am 19.4.41. Die umgehende Aussprache gab ein klares Bild von den schwierigen Arbeitsverhältnissen in Wiemelhausen."

Philipps bietet, wie Niedermeier am 14. Mai an Schmidt berichtet, Donnerstag (22. Mai) als neuen Gesprächstermin in voller Besetzung an. Er schlägt vor, dass er und Schmidt sich auf dem Bahnhof in Hamm treffen, um gemeinsam nach Münster zu fahren. Ziel der Besprechung müsse die *„störungsfreie Arbeit unter theologischer Assistenz der consistorii (= geistliche Leitung) sein."* Aber auch dieser Termin kam nicht zustande.

Vorher hatte Niedermeier noch einen langen Brief am 30. April an Dr. Klein geschrieben. Er bittet ihn inständig, doch ein persönliches offenes Gespräch mit Schmidt zu suchen, um seine Blockade gegen Schmidt aufzugeben. Er bringt die Überlegung ins Spiel, dass Schmidt nach Petri gehe und er nach Melanchthon. Dazu merkt er an: *„... Sie mir versicherten, Sie würden mit mir im Melanchthonbezirk zusammen arbeiten können."* Den Vorschlag von Klein, den Pfarrer Gerhard Wohlers mit einem Teil seines Altstadtbezirks nach Melanchthon umzugemeinden, hält er für nicht durchführbar und fährt fort: *„Ich darf aber mit Ihnen der Meinung sein, dass unsere stark mitgenommenen Gemeinden tunlichst mit Beendigung des Krieges ein weit möglichst klares Bild äußerer und innerer Befriedigung darzustellen haben."*

Und am Schluss steht der Satz: *„Es ist schon der köstlichste Weg, dem Bruder willfährig zu sein und in der Vergebung den neuen Anfang im Vertrauen zu finden. Mit der herzlichen Bitte, mir diesen Freimut zu gestatten und mit freundlichem Gruß! Heil Hitler!"*

Solche Sätze an Briefenden finden sich in Briefwechseln innerhalb der Theologenschaft häufig. Aber auch diese brüderliche Ermahnung fruchtet beim Empfänger selten. Das Verhältnis zwischen Klein und Schmidt scheint unwiderruflich zerstört zu sein.

Niedermeier setzt Schmidt von seinem Brief an Klein am 1. Mai 1941 in Kenntnis und gibt einen Überblick über seine Einschätzung der Situation. *„Brutum factum"* (= harte Tatsache) ist für ihn, dass Klein und in seinem Gefolge das Presbyterium nicht einer Berufung zustimmen werde. Was man könne, wäre eine Zustimmung des Presbyteriums zur *„sofortigen Pensionsfähigmachung"* und zum eventuellen Tausch der Bezirke zwischen Niedermeier und Schmidt. Entscheidend sei die Sicherung der Engelbert-Pfarrstelle, weil sonst die Gefahr bestehe, dass sie ganz wegfiele. Niedermeier berichtet noch über eine Reise nach Berlin *„in Sachen Engelbert"*, der inzwischen erneut verhaftet worden war. Gegen Ende seines Briefes schreibt er von seinem Traum, Pfarrer in Nikolaiken in Masuren zu sein. Damit spricht er seine Frustation über die Situation in Bochum aus, aber schließt: *„Feste Aufgabe: sachliche Sicherung der Gesamtgemeinde. Nach einigen Jahren, so wir das Leben haben, ist es dann für uns beide richtig, hier weiter zu ziehen. Darüber sollten wir ein Bündnis machen."*

Freude macht der Kampf nicht – so immer wieder Niedermeier –, aber er muss durchgestanden werden – um der Gemeinde willen. Diese Aufgabe lässt ihn bleiben, um dann später, wenn Stabilität eingekehrt sei, gemeinsam den Ort zu wechseln. (Dazu ist es bei Niedermeier nie gekommen, aber 1955 bei Schmidt.)

Schon am 9. Mai kommt der nächste Brief von Niedermeier an Schmidt. Er beginnt mit einem Glückwunsch an ihn und seine Frau zur Geburt des zweiten Jungen. Der Hauptmann – so erfährt man – hatte ihm anlässlich dieses Ereignisses einen Sonderurlaub gewährt. Niedermeier berichtet dann über seinen Besuch am Tage zuvor in Münster. Das Ergebnis: *„Das Konsistorium bittet den EOK um Freigabe der Stelle unter konkreter Berücksichtigung Ihrer Situation."* Und: *„Buschtöns ist Ihre Chance zur Freigabe der Stelle."* Die Sache wäre gewonnen, wenn Buschtöns gegen Klein hart bliebe. Da der Ausgang aber weiter ungewiss sei, solle Schmidt den Kontakt zu Marahrens halten. Denn der jetzt laufende Weg über die Behörden bleibe ein *„Weg des Risikos"*. Am Schluss empfiehlt Niedermeier, Klein und dem Presbyterium eine Geburtsanzeige zu schicken.

Philipps, der mit allen Bochumer Parteien engen Kontakt gehalten hat, berichtet am 16. Mai über den Fall Schmidt an den EOK in Berlin. Er liegt handschriftlich mit vielen Veränderungen vor. Er weist zunächst auf die ungesicherte Finanzlage Schmidts hin, die es laut einem Erlass des EOK durch eine

Berufung ins ordentliche Pfarramt zu beheben sei. Er berichtet dann über Schmidts schwierige Lage als legal geprüfter Hilfsprediger in der Gemeinde Wiemelhausen. Philipps teilt mit, dass sie vom Konsistorium bereit seien, die Berufung beim EOK zu beantragen. Dann folgt der Satz:

„Das Presbyterium will seine Entscheidung von der Bereitwilligkeit des Vorsitzenden Pfr. Dr. Klein abhängig machen. Klein hat bisher seine Zustimmung noch nicht erteilt und begründet das z. T. mit Bedenken auf die Persönlichkeit von Schmidt, die wir nicht als hindernd anerkennen können, Klein müsse seine Bedenken im Blick auf die allgemeine kirchliche Lage zurückstellen und der EOK die Pfarrstelle mit der Besetzung durch Schmidt freigeben."

Aber die Kirchenbürokratie arbeitet in diesem Fall sehr langsam. Niedermeier berichtet Schmidt in einem Brief vom 14. September, dass ihm gegenüber in Münster Philipps die Furcht ausgesprochen habe, dass *„Buschtöns inzwischen desinteressiert sein könnte."* Aber irgendwann müsse der EOK ja reagieren auf den Antrag des Konsistoriums. Ansonsten berichtete er über die Gemeindearbeit. In diesem und in den folgenden Briefen bleibt Schmidt immer gut informiert über alles, was zu Hause geschah. Niedermeier berichtet über die Gefallenen aus der Gemeinde, über die Bombenopfer in Bochum und über die Einquartierung eines Abteilungsstabes der Flak im Paul-Gerhardt-Haus. Auch im nächsten Brief berichtet er Einzelheiten aus dem Gemeindeleben. Und er hofft auf einen Urlaub von Schmidt, um ihm noch Genaueres erzählen zu können. Im nächsten Brief vom 14. September gibt Niedermeier eine Übersicht über den von ihm in Melanchthon übernommenen und über den Konfirmandenunterricht im eigenen Bezirk. Er berichtet mit Namensnennungen über die Trauungen, über Taufen und Beerdigungen. Er kommt auf 80 Amtshandlungen in diesem Jahr.

Schmidt hatte angedeutet, dass er mit dem Tausch der Bezirke einverstanden sein könne. Niedermeier gibt ihm einen ausführlichen Bericht über seine Arbeit in Petri und macht praktische Vorschläge für mögliche Lösungen. Alles natürlich unter der Bedingung, dass der EOK durch das Konsistorium in Münster dem Presbyterium in Wiemelhausen einen endgültigen Bescheid zukommen lasse.

Dieser Brief und alle folgenden Briefe Niedermeiers geben einen Einblick, wie umfangreich und hart die Arbeit eines Gemeindepfarrers unter den Bedingungen eines Kirchenkampfes und eines Krieges gewesen ist.

Im Brief vom 9. Oktober 1941 berichtet Niedermeier, dass er von Schwester Gretchen, die Gemeindediakonisse, erfahren habe, dass Schmidt nach Russland ausgerückt sei. Er wünscht ihm *„ein sicheres Gehen und das Geleit dessen, der uns nicht versäumt."* Er erzählt, dass Bertelsmann die Frühgottesdienste ausfallen lassen wolle und nach seinem Widerspruch ihn als einen *„dreckigen Kerl mit Mätzchen und Kindereien"* – *„weil ich seinem Führerprinzip mich nicht fügte"* – beschimpft habe. Auf Vermittlung von Klein habe er sich später entschuldigt. Und er berichtet über eine dreistündige Pfarrersitzung unter Fortmann, die in der theologischen Diskussion einen Neuanfang bedeuten und dazu beitragen könne, *„die gemeinsame Verantwortung zu erhöhen."* Und dann noch die lapidare Bemerkung: *„vom Konsistorium nichts."*

Aber Niedermeier lässt nicht locker. Er schreibt unmittelbar an Büschtöns in Berlin einen dreiseitigen Brief, in dem er die *„Sache"* Schmidt nach vorheriger Rücksprache mit Philipps und Fortmann ausführlich darstellt. Anfangs weist er auf Schmidts familiäre Situation hin und dass er nun bei Schlüsselburg am Ladogasee eingesetzt sei. In Bochum seien von 1935–1939 18.000 Kirchenaustritte zu verzeichnen. Er frage an, wann mit der Freigabe der Pfarrstelle für Schmidt zu rechnen sei. Er berichtet weiter über einen Streit mit Klein, der nach vielen Briefwechseln mit einem Brief vom 3. Mai 1941 das *„Schlussprotokoll negativer Art"* schrieb:

„Es kann mir nicht zugemutet werden, dass ich nach menschlichem Ermessen den Rest meiner Dienstzeit im Kampf gegen die Jugendlichkeit Br. Schmidt's zubringe; denn für die nächsten 10 Jahre wird dieser Zustand bei ihm zweifelsohne noch anhalten. Und da möchte ich mir doch das entscheidende Jahrzehnt meines Lebens nicht unnötig verbittern lassen. Wenn ich die Anstellung Br. Schmidt's in einem andern Licht sähe, wenn er im Petribezirk eingestellt würde, dann ist gewiss immer noch keine Lösung in meinem Sinne, aber wenn Sie meinen, dass Br. Schmidt dazu erst noch gnädig seine Zustimmung geben müsse – dann ist mir das wieder ein Beweis für die Berechtigung meiner ablehnenden Haltung. Ja, ich muss fragen: Was ist denn eigentlich los? Wenn irgend ein ‚prominenter' Mann in solchem Fall vorher gefragt würde, könnte ich es u. U. verstehen – aber ein Hilfsprediger, der ‚versorgt' werden will?! Das geht über meinen Horizont und würde, wie gesagt, von vornherein das Verhältnis zwischen Br. Schmidt und mir unerträglich belasten. Eine Aussprache mit Br. Schmidt würde gegenwärtig die Lage auch nicht verbessern, weshalb ich davon abzusehen bitte. Ich werde die Dinge an mich herankom-

*men lassen müssen, leider wird dadurch das große Ganze geschädigt – um ein
nes Einzelnen willen, aber gerade so gut wie hier auch anderswo seine Versorgung finden könnte – ja, wenn man nur wollte!"*

Niedermeier berichtet dann von der zusätzlichen Strategie Kleins, die
Pfarrstelle ganz aufzugeben. Mit dem Hinweis auf viele Fakten hält er das für
kirchlich unverantwortlich. Im Melanchthonbezirk seien u. a. die meisten Kirchenaustritte in der Synode Bochum in den letzten 7 Jahren erfolgt.

Niedermeiers Analyse: die *„persönliche Antipathie gegen Schmidt"* bestimme Kleins Handeln, gefragt sei aber die Bereitschaft zur Überwindung
der gemeindlichen Schwierigkeiten. Deshalb bitte er Buschtöns, seinen Einfluss im EOK geltend zu machen und dem Vorschlag des Konsistoriums in
Münster zu folgen. Er könne sich denken, dass auch das Presbyterium auf
Freigabe zustimme, aber auf eine neue Stellenausschreibung dränge. In einem
solchen Fall hätte Schmidt in der Gemeinde die größten Sympathien. Wenn
Berlin in seinem Sinne entscheide, wäre auch eine vorgesehene Reise *„einflussreicher Herren"* nach Berlin nicht mehr nötig. Solle der Oberkonsistorialrat mal nach Westfalen kommen, bitte er um ein Gespräch, zu dem er Prof.
Dr. Schloeßmann und Superintendent Fortmann hinzu bitte.

Deutlich wird wieder: Niedermeier setzt sich unverdrossen und auch taktisch geschickt für Schmidt ein und Klein ist so, wie er ihn charakterisiert: ein
Mann, der nicht gestört sein will durch jugendlichen Eifer. Er bringt kein einziges theologisches oder kirchenpolitisches Argument gegen Schmidt vor.
(Klein war damals 50 Jahre und hat ab Ende 1944 bis 1961 Pfarrdienst in anderen Gemeinden ausgeübt).

Am 2. Januar 1942 schreibt Niedermeier wieder einen langen Brief an
Schmidt im Felde. Er berichtet, dass er der Gemeinde am 2. Weihnachtstage
spontan Grüße ihres Pfarrers bestellt habe. Es folgen Einzelberichte über die
Konfirmation und über die Pfarrstelle. Niedermeier hatte den Konfirmationsunterricht für Schmidt übernommen und bittet ihn, den Konfirmationsgottesdienst zu halten. Vielleicht bekomme er ja als Familienvater Urlaub.

Niedermeier legt seinem Brief an Schmidt seinen Brief an Buschtöns bei,
der ihm geschrieben habe, die Sache sei entschieden. Wie er gehört habe: negativ. Das Konsistorium aber habe gegen diese Entscheidung *„gekämpft"* und
schließlich habe er von Rudolf Hardt, der nach seinem Pfarramt in Bochum
Konsistorialrat in Münster geworden war, gehört, dass die Pfarrstelle vom

EOK freigegeben worden sei. Dadurch sei ein Beschluss des Presbyteriums möglich, wenn Klein seine Haltung korrigiere. Aber erst müsse der Bescheid des Konsistoriums vorliegen, dann beginne der eigentliche *„Kampf"*. Er selbst werde zum 1. Mai die Vertrauensmänner zusammenrufen. Klein habe eine Denkschrift über die Pfarrstellenbesetzung in Preußen geschrieben unter Berücksichtigung der Wiemelhauser Verhältnisse und habe sie an den Reichsminister Kerrl geschickt. Der Inhalt sei ihm allerdings nicht bekannt. Ansonsten macht Niedermeier Angaben über das gottesdienstliche Leben, über die Kollekten und anderes. Auch vermerkt er, dass alte Gegner von Schmidt nun regelmäßig in die BK-Gottesdienste kämen.

Am 13. Januar 1942 kann Niedermeier Schmidt *„in der Schneewüste"* berichten, dass am Samstag, dem 10. Januar durch das Konsistorium ein Erlass des EOK beim praeses presbyterii (Bertelsmann) angekommen sei mit der Mitteilung, dass die Pfarrstelle frei gegeben worden sei und die Absicht bestünde, den Hilfsprediger Schmidt in diese Stelle zu berufen. Dieser Bescheid solle am 11. und 19. Januar 1942 in den Gottesdiensten abgekündigt werden. Schmidt bekommt in der Tat unter dem 6. Februar den konsistorialen Bescheid:

„… übertragen wir Ihnen hiermit die Verwaltung des früher von Pfarrer Engelbert betreuten Pfarrbezirks der evangelischen Kirchengemeinde Bochum-Wiemelhausen. Gleichzeitig bewilligen wir im Einvernehmen mit unserer Finanzabteilung Ihnen mit Wirkung vom 1. Januar 1940 ab das Pfarreranfangsgehalt. Das Presbyterium ist von dieser Verfügung in Kenntnis gesetzt. Dr. Thümmel"

Damit ist Dr. Klein mit seinen Aktivitäten bei den Kirchenbehörden gescheitert. Niedermeier hat für die zuständigen Sachbearbeiter in Münster und Berlin die wohl besseren Argumente gehabt. Das Presbyterium will nun Schadensbegrenzung betreiben und erstellt am 15. Februar eine Dienstanweisung für Schmidt. Die entscheidenden Passagen heißen:

„Er (der Pfarrer) ist verpflichtet, beim Übergreifen auf einen anderen Bezirk der Gemeinde durch Besuche und sonstige Betreuung einer etwaigen Personalgemeinde, unbeschadet des Rechtes der Gemeindeglieder auf freie Pfarrerwahl, im Einvernehmen mit dem zuständigen Pfarrer zu handeln.

Er hat auch bei seiner Tätigkeit in dem von ihm selbst zu verwaltenden Bezirk alle Versuche und Maßnahmen zu unterlassen, die geeignet wären, die in diesem wohnenden Gemeindeglieder, die von einem anderen Pfarrer sich betreuen ließen oder lassen wollen, zu beeinflussen oder umzustimmen. In Zweifelsfällen sind die Pfarrer verpflichtet, schriftliche Erklärungen der betr. Gemeindeglieder beizubringen."

Diese Dienstanweisung spiegelt die Situation der Gesamtgemeinde wider: in jedem Gemeindebezirk gibt es Deutsche Christen, Bekenntnischristen und Neutrale. Man will sicherstellen, dass Schmidt sich auf die Bekenntnisgemeinde seines Bezirks konzentriert und sich nicht auf *„Fischfang"* für seine Position in den anderen Bezirken begibt. Der Besuch von BK-Christen in anderen Bezirken soll genau so unterlassen bleiben wie der Besuch von DCern. Das Presbyterium legt Wert auf klare Abgrenzungen. Natürlich wusste es, dass Schmidt seit langem persönliche Kontakte über die Bezirksgrenzen hinaus gehabt hat. Man will seine möglichen Aktivitäten von vorneherein beschneiden.

Es dauert nur Tage, bis am 14. März 1942 mit einem Brief von Fortmann an Schmidt dessen *„Berufungsurkunde"* kommt. Fortmann gratuliert herzlich und bittet Schmidt, sich *„für einen feierlichen Einführungsgottesdienst"* Urlaub zu besorgen. Schmidt ist nun berufener Gemeindepfarrer mit allen kirchlichen Rechten und Pflichten. Der Einführungsgotttesdienst ist während eines Urlaubs von der Ostfront am 8. März 1942 gehalten worden. Berichte über ihn liegen (bis jetzt) nicht vor.

Als Funker bei der Wehrmacht 1941–1945

Anfang März 1941 war der Hilfsprediger Schmidt zur Ausbildung als Funker in die Langemarck-Kaserne in Bielefeld einberufen worden. Von Anfang seiner Militärzeit an hat er vielfältige Kontakte zu Gemeindegliedern in Bochum gehalten. Bis zum Ende des Krieges gab es ein umfangreiches Kontaktnetz zwischen dem Pfarrer und etlichen Gemeindegliedern. Wenn es der Militärdienst zuließ, schrieb der Frontsoldat – meistens auf Feldpostpapier – kleinere und manchmal sehr ausführliche Briefe an einzelne ihm besonders nahe stehende Gemeindeglieder oder an Gemeindegruppen. Für ihn war es eine Form, Gemeinde auch unter Kriegsbedingungen zu erhalten und sich mit Fragen zu befassen, die ihm von Menschen aus der Heimat gestellt wurden. Und er selbst bekam kontinuierlich viele Informationen aus dem Alltag einer Gemeinde, die durch die Bombenangriffe immer mehr in die totale Kriegsführung einbezogen wurde.

Briefkontakte zu Emil Klein

Mit dem Diplom-Kaufmann und Kaufmännischen Direktor einer Bochumer Firma Emil Klein (1874–1948), der im CVJM und in der Bekenntnisgemeinde zu Hause war, hatte Schmidt vom Anfang seiner Bochumer Zeit an schon immer einen besonderen Kontakt. Leider haben wir nur die Briefe von Klein an Schmidt, nicht dessen Antwortbriefe. Klein berichtete aus seiner Sicht seinem jungen Pfarrer viele Einzelheiten aus dem Gemeindeleben. Neben Niedermeier war er der wichtigste Informant für den Soldaten, der es bald bis zum Obergefreiten bringen sollte.

Aus zwei Briefen aus dem Juli und August 1941 ist zu entnehmen, dass Klein meistens vergeblich versucht hat, von Niedermeier etwas über den Stand des Verfahrens der Berufung in die Pfarrstelle zu erfahren. Von Schmidt hatte er gehört, dass er im Feld an Wehrmachtsgottesdiensten teilnehmen konnte und guten Kontakt mit katholischen Mitchristen hat. Kleins Beurteilung:

„Ich könnte mir denken, dass das Verhältnis mit den kathol. Theologen manchmal ein schöneres sein kann als mit evangelischen Theologen. Es ist ja bedauerlich, dass man so etwas nur denken kann. Aber nach den vielen unerfreulichen Erfahrungen auf diesem Gebiete kommen doch manchmal solche nicht gerade schönen Gedanken. Aber in den christozentrischen Fragen könnte ich mir denken, dass es da bei den kath. Theologen nicht so leicht Reibungspunkte geben würde als bei den evangelischen."

Klein hat die Streitigkeiten in seiner Gemeinde hautnah miterlebt. Brüderlichkeit und Friedfertigkeit zwischen den streitenden Theologen hat er kaum erlebt. Und er weist seinerseits auf die häufig bezeugte Tatsache hin, dass es an der Front so etwas wie eine stille Ökumene gegeben hat, die sich aus dem gemeinsamen Erleben der Kriegswirklichkeit ergab. In der Tat war es so, dass sie unter militärischen Kampfbedingungen eher möglich war als unter zivilgesellschaftlichen Bedingungen. Auch Schmidt musste erleben, dass ihn mit reflektierten katholischen Christen mehr verband als mit Milieuprotestanten oder mit nationalreligiösen Amtsbrüdern. Eine Konsequenz aus dieser Kriegserfahrung war für Schmidt nach dem Kriege die Begegnung und Zusammenarbeit in der Una Sancta.

Ausführlich berichtet der engagierte und theologisch kundige Laie über einzelne Gemeindeaktivitäten: über den Missionskreis und über die Bibelstunde. Bei Niedermeier allerdings findet er für die letztere nicht das Gehör für deren Intensivierung. Er will deshalb nun selbst aktiv werden. Er führt Klage gegen Niedermeiers Schweigen über das laufende Verfahren: *„auch mir verrät er nicht mehr als ich nach seiner Meinung zu wissen brauche.“*

Deutlich wird in vielen Zeilen, dass er Probleme mit dem Vertreter Schmidts hat. Vor allem kreidet er ihm den Ausfall der Frühgottesdienste an (über Niedermeiers Streit mit Pfarrer Klein konnte er nichts wissen) und hält die Einführung einer Wochenendstunde nicht für eine gute Entscheidung. Er musste dann bald hören, dass es doch beim Alten bleiben solle. Dr. Klein hatte seine Entscheidung korrigiert. Da konnte ein Mann aus der Gemeinde nur sagen: *„Rinn in die Kartoffeln, heraus aus den Kartoffeln.“* Von Presbytern hatte er gehört, dass diese Änderung nie beschlossen, sondern nur zwischen den Pfarrern abgesprochen worden sei. Und wieder etwas resigniert sein Urteil: *„Ja, die lieben Pastöre machen schon so allerhand unter sich. Das soll nicht auf Sie gemünzt sein. Es entspricht nur den Erfahrungen, die ich im Laufe von über 40 Jahren mit den Pfarrern gemacht habe.“*

Wieder weist der bekennende Christ Klein auf eine Schwäche hin, die nicht zu leugnen sein dürfte: es gab Presbyterien, aber die Pfarrer agierten häufig ohne dieses Gemeindeorgan. Und in der Tat: Die Kirche kam auch unter den Bedingungen der NS-Zeit nicht los von ihrer Tradition, in erster Linie Pfarrerkirche und Behördenkirche zu sein. Klein berichtet von der Arbeitsüberlastung von Niedermeier, der nun dabei sei, das Ruhrlandheim in ein Altenheim umzubauen. In den Fragen eines selbständigen Gemeindelebens erlebt Klein keine offenen Ohren und konstatiert: *„Wie schade ist es doch, wenn Pfarrer so wenig Verständnis für wirklich reges Gemeindeleben haben.“*

Klein erlebt eine autoritäre Pfarrerschaft, die alles selbst in der Hand haben will und wenig auf Vorschläge von Gemeindegliedern hört. Er trifft hier wieder den Grundschaden vieler Gemeinden: die Pfarrer betrachten sie als das von ihnen regierte und dirigierte Feld. Der *„Herr Pastor“* und der *„Pfarrherr“* waren nicht auszurotten. Das Bruderprädikat fand selten von Seiten der Pfarrer seine Anwendung auf ihre mitarbeitenden und mitverantwortlichen Laien.
Klein berichtet hingegen dankbar von einem Gottesdienst mit einer Predigt von Wilhelm Busch in Essen, wo er eine ganz andere Gemeindearbeit angetroffen habe. Er berichtet weiter, dass die *„Tommies“* in Ehrenfeld sieben Bomben abgeworfen hätten und bezeichnet genau die Stellen ihrer Einschlä-

ge und ihre Wirkung. Diese Nachricht aus dem August 1941 zeigt, dass von Großangriffen zu dieser Zeit noch keine Rede sein konnte.

Nach neun Wochen bekommt Schmidt wieder einen langen Brief von Emil Klein. Zu Beginn berichtet er bis in die Einzelheiten hinein von dem plötzlichen Tod seiner Frau in kürzester Zeit. Er verlor mit ihr seine zweite Frau. Trost ist ihm allein, dass es der Wille Gottes gewesen sei, aber dies nicht den Schmerz über den Verlust vertreibe. Am Ende seiner sehr persönlichen Reflexionen bricht er ab mit dem Satz: *„Doch nun will ich dieses Thema abbrechen, denn vom Sterben hören und sehen Sie ja an der Front so schon übergenug."*

Dann gibt er Kunde über laufende Probleme. Mit seiner Initiative für eine Bibelstunde ist er bei Niedermeier nicht weitergekommen. Er hat den Eindruck, dass *„die wirklich redliche Absicht nicht besteht."* Und wieder seine Klage, dass es trotz vieler Besprechungen nie zu positiven Ergebnissen kommt. Viel Energie verwendet man aber für die *„Beschaffung von Ölgemälden für das Paul-Gerhardt-Haus oder für den Umbau der Orgel in der Petrikirche".* Und er stößt den Seufzer aus: *„Ich möchte nur mal hören, was unsere Gemeindeglieder sagen, ganz gleich in welchem Lager sie stehen, wenn sie wüssten, wofür die Kirchensteuern alles Verwendung finden."*

Auch sein Bericht über offene Probleme in Kollekten- und Finanzfragen endet wieder mit einem resignativen Satz:

„Aber für mich sind das ja keine Überraschungen, denn ich kenne das seit über 40 Jahren in den Bochumer Gemeinden. Immer, wenn etwas aus Laienkreisen heraus kam, was zur Belebung des kirchlichen Lebens beitragen sollte, wurde die Sache verschleppt oder es wurden Schwierigkeiten gemacht. Solche Einstellung geht eben über einen kleinen Laienverstand. Braucht man sich da noch zu wundern, dass es zu solchen Zuständen in der Kirche kam wie wir sie heute erleben?"

Hier und anders spricht eine große Verbitterung aus diesem engagierten und bekennenden Laien. Und in der Tat: auch in der BK haben die Laien nie den Einfluss bekommen, der ihnen am theologischen Reißbrett immer zugeschrieben wurde. Im besten Fall waren sie Mitarbeiter des Pfarrers, aber selten gleichwertige Partner. Das Presbyterium vor Ort hatte als Vorsitzenden immer einen Pfarrer und die Synoden vor Ort wurden von einem Superintendenten geleitet und geführt. Vorsitzende aller Vereine und Gruppen waren in der Regel immer Pfarrer. Auch die Wirren des Kirchenkampfes haben an der strukturellen und faktischen Dominanz der Pfarrerschaft nichts geändert. Auch die höheren Kirchenbürokratien wurden besetzt von beförderten Pfarrern und von beamteten Juristen. Viele bekennende Christen vor Ort mussten erleben, dass diese überkommenen Strukturen auch im sog. Kirchenkampf nicht geändert wurden. Wenn die BK-Männer Kirchenämter eroberten, haben sie nie den Versuch gemacht, das traditionelle Strukturgehäuse ernsthaft zu verändern. Sie haben weder die alten Titel aus der Königszeit abgeschafft noch die Mechanismen in der Besetzung der Gremien verändert. Auch die BK-Kirche ist nie unter den Bedingungen des Kirchenkampfes eine Kirche des „allgemeinen Priestertums" geworden. Das Klerikale hat immer die Oberhand über das Laizistische behalten.

Es dauert wieder einige Monate bis Emil Klein am 12. März 1942 einen ausführlichen Brief an seinen Vertrauenspfarrer schreibt. Aus ihm erfahren wir, dass Schmidt einen kranken Magen kurieren musste (ironisch merkt der Schreiber an: das kam bestimmt von einem üppigen Gänsebraten in den Weihnachtstagen an der Front). Wir erfahren, dass es eine Weihnachtsfeier unter Leitung des Pfarrers Falkenroth (ein früherer Amtsbruder aus Bochum-Hamme) gegeben hat, Schmidt aber für die „Horde" seiner Kameraden keine alten Weihnachtslieder singen ließ. Schmidt hatte längst erkannt, dass die Masse seiner Kameraden von schlichtester Lebens- und Denkweise war. Nur bei wenigen gab es noch so etwas wie eine christliche Substanz. Nur bei Weihnachtsfeiern gab es noch Reste eines religiösen Bewusstseins, umgriffen von sentimentalen Heimat- und Familiengefühlen.

Emil Klein bedauert, dass Schmidt nicht zur Konfirmation kommen konnte: „Die ganze Gemeinde hätte es gar zu gerne gesehen." Und wieder ironisch fügt er an: „wenn der Urlaubsturnus so bleibt, werden wir einen ‚alten Pastor' wiederbekommen, den wir als jungen Pastor ‚für den Krieg abgeben' mussten." Begeistert hingegen berichtet er von einem Missionsfest mit guter Kollekte. Und er schickt Schmidt eine genaue Aufstellung der Einnahmen für die Barmer-Mission in den letzten Jahren. Und dann ganz persönlich:

„Und nun möchte ich meiner persönlichen Freude darüber Ausdruck geben, dass Ihre Anstellung nunmehr seit einigen Wochen von Oberster Kirchenbehörde aus bestätigt worden ist. Die andere Seite hat sich nun damit abgefunden, da man, wie man sagt, dagegen nichts machen könne. Auch hier könnte man sagen, warum es einfach machen, wenn es kompliziert gemacht *werden kann. Wir wollen aber Gott danken, dass er die Sache zu einem so guten Ende geführt hat und dass diesmal nicht die Herren ihren Willen bekommen haben, die gewöhnt sind, immer nur mit fleischlichen Waffen zu kämpfen. So wollen wir unserm Gott denn auch zutrauen, dass er auch weiterhin die Arbeit in unserer Gemeinde segnen werde, und vor allen Dingen wollen wir nicht müde werden, ihn zu bitten, dass er Sie, lieber Herr Pastor, bewahren möge und Sie uns recht bald wieder gesund und tatkräftig in unsere Gemeinde zurückführen möge."*

Und dann erzählt er lose über Ereignisse aus ihm und Schmidt bekannten Familien, von ihren Opfern und von ihrem seelischen Leid. Auch hat er die Hoffnung, das viele Soldaten durch das Erleben des Kriegs wieder zurückfinden zum Glauben an Gott: *„Ganz erfolglos wird ja auch dieses Kriegsgeschehen wenigstens an vielen Menschen nicht vorübergehen."* Ein aufschlussreiches Detail dürfte die Mitteilung sein, dass die vorgesehene Aufführung der Matthäuspassion nicht in der Melanchthonkirche stattfinden kann, *„weil dabei mitwirkende Orchester-Mitglieder die Erlaubnis nicht bekommen, in der Kirche mitzuwirken."* Sie fand dann im Schützenhof statt. Dass die *„bescheidenen Schloeßmanns"* ihre silberne Hochzeit bei der Tochter in Wuppertal gefeiert haben, nimmt er zum Anlass, für diesen Chefarzt im Augusta-Krankenhaus und diesen bekennenden Gemeindechristen zu bitten: *„Möge Gott doch diesen teuren Menschen noch recht lange den Kranken und seiner Familie und somit auch unserer Gemeinde erhalten, das sei auch unsere Fürbitte für ihn."*

Er berichtet dann über sein ganz persönliches Ergehen seit dem Tod seiner Frau, relativiert aber seine persönliche Trauer, wenn er an die Opfer der zunehmenden Bombenangriffe und an die wachsende Zahl der Gefallenen denke. Und er ist dankbar für das persönliche Bewahrtwerden. Er schließt diesen Abschnitt mit dem Satz: *„Macht man also Augen und Ohren auf, hat man täglich trotz Krieg und Kriegsgeschrei immer wieder Grund für so manches zu danken, was böser sein könnte."*

Und nun folgt zum ersten Mal eine politische Reflexion: *„Danken müssen wir auch dafür, dass unsere braven Soldaten im Osten trotz grimmiger Kälte und starker Feinde die Front halten und den Bolschewiken nicht durchlassen, um unser Land und Volk zu verderben. So sind denn alle Voraussetzungen dafür gegeben, dass im kommenden Frühjahr auch dieser Feind endgültig überwältigt und zu Boden gezwungen werden wird, zum Heile nicht nur unseres Volks, sondern der Völker der ganzen Welt. Gott gebe seinen Segen dazu."*

Auch dieser Nichtnationalsozialist und dieser bekennende Christ übernimmt ganz selbstverständlich die Interpretation Hitlers, dass Deutschland für die ganze Welt einen stellvertretenden Krieg gegen den Erzfeind alles Humanen führt. Auch er glaubt noch an einen Sieg über die Sowjetunion. Selbstverständlich wurde auch in den Gottesdiensten der BK für den Sieg der Wehrmacht gebetet. Man wollte guter Deutscher, Patriot und Antibolschewist sein.

Der nächste Brief vom 17. Oktober 1942 bringt noch einmal den Frust und die Trauer über die nicht zustande gekommene Gemeindebibelstunde zum Ausdruck. Im folgenden Brief vom 14. Dezember 1942 berichtet er über ein Gespräch mit Frau Pastor und mit Schwester Gretchen über diese Frage. Auch sie rieten von Bibelstunden an Winterabenden ab. Klein sprach mit seinem CVJM, der bereit war, eine Gemeindebibelstunde in seinen Räumen abzuhalten.

Wichtig für Schmidt waren die nächsten Nachrichten: im Gemeindemitarbeiterkreis unter Leitung von Prof. Schloeßmann kam es zum Eklat, als berichtet wurde, dass Niedermeier unter keinen Umständen in den Räumen des CVJM eine Bibelstunde wegen ihrer Randlage (Oskar-Hoffmann-Straße) für sinnvoll hielt. Klein kommt für sich zu der Einsicht, dass Niedermeier sich gegenüber allen Laienaktivitäten grundsätzlich verschließe und konstatiert enttäuscht: *„Nach diesen Wahrnehmungen war ich doch tief betrübt darüber, wie ein Pfarrer einer Gemeinde, die doch wahrhaftig genug unter Streit gelitten hat, sich so ablehnend gegenüber einer sich ihm bietenden Hülfe aus Laienkreisen verhalten kann. Aber es war wieder ein weiteres Glied in der Kette meiner Erfahrungen, die ich nun schon seit 50 Jahren mit den ,lieben Pfarrern' in Bochum gemacht habe. Sie bleiben die alten und lernen nichts hinzu. Selbst solche Notzeiten auf politischem und kirchlichem Gebiet vermögen da scheinbar nichts zu ändern. Vor lauter Kirchlichkeit richten sie die Kirche systematisch zu Grunde. Mich wundert der heutige Zustand unserer Kirche nicht mehr. Nur hatte ich gedacht, dass wenigstens die Pfarrer, die immer wieder vorgeben, die Zeichen dieser Zeit erkannt zu haben, und dazu gehört ja auch P.N., daraus doch etwas gelernt zu haben. Aber das Gegenteil ist der Fall, indem man die Glieder der Gemeinde, die helfen wollen, die Gemeinde zusammen zu halten, einfach abschüttelt. Doch genug davon, es ist ja doch nichts damit geändert."*

Wieder kommt seine Enttäuschung über Niedermeier zum Ausdruck. Dessen Leistungen in dieser Zeit nimmt er nicht wahr. Er schreibt aber, was viele in der NS-Zeit gedacht haben: die Pfarrer zerstören in ihrer pfarrherrlichen Art und mit ihrer Unfähigkeit, Laieninitiativen aufzunehmen, die Gemeinden. In der Tat: es hat das „*Pastorengezänk*" und die pastorale Untugend, Herr in der Gemeinde sein zu wollen, gegeben. Natürlich hat es auch Gegenbeispiele guter Zusammenarbeit von Pfarrern untereinander und mit engagierten Gemeindegliedern gegeben, aber Kleins Bild war das Bild vieler Zeitgenossen. Das erklärt zum Teil auch die hohe Zahl der Austritte aus der Kirche, die nicht nur auf den Druck nationalsozialistischer Erwartungen hin geschahen, sondern auch aus Enttäuschung über eine zutiefst zerstrittene Pastorenkirche. In Bochum sind Zehntausende Austritte erfolgt, in Wiemelhausen allein 2–3000.

Klein erreichte nach langen Palavern, dass man „*von Mund zu Mund*" (also keine Kanzelabkündigung) für diese Bibelstunde werben könne. Man kann sich heute das Ausmaß der Streitigkeiten und die Zerrissenheit auch in einer BK-Gemeinde kaum vorstellen, wenn man nicht solche Briefe von Klein und von anderen lesen könnte. Für den 9. Januar 1943 wurde dann endlich – so Klein weiter – der erste Bibelarbeitsabend festgelegt. Möglich waren nur mündliche Einladungen. Es war verboten, mit Handzetteln zu werben. Niemand kam an diesem Abend. Mit den beiden Schloeßmanns zusammen sollte ein weiterer Donnerstagabend angeboten werden. Frau Schloeßmann wollte Frauen aus ihrem Umfeld einladen. Da erfuhr man, dass Niedermeier im Gottesdienst zu einer Bibelarbeit für Männer eingeladen habe. Das Ergebnis war, dass auch am zweiten Abend keiner kam. Aber man wollte trotz allem auch noch einen dritten Abend anbieten. Klein berichtet, dass natürlich auch die vielen täglichen Alarme und die Möglichkeit von Bombenabwürfen viele davon abhielten, diese Stunden zu besuchen. Erfreut hingegen berichtet er über einen Gottesdienst mit Bischof Wurm in der Dortmunder Reinoldi-Kirche: „*Es ist schon eine Freude, so viele Menschen zusammen zu sehen, die noch ein Herz für ihre Kirche haben.*"

Weniger erfreut berichtete er von einer Sitzung der Arbeitsgemeinschaft der Presbyter und Gemeinde-Mitarbeiter im Gemeindehaus an der Düppelstraße, bei der die meisten Pfarrer natürlich fehlten. Im nächsten Brief vom 2. Ostertag 1943 schreibt Klein zunächst über das Ende der Bibelstunde. Aber Niedermeier biete jetzt für Freitagabend eine Bibelstunde an und ließ Vorträge in der Kirche halten. Prof. Stählin aus Münster und Dr. Brandt aus Dortmund hätten gute Vorträge gehalten.

Der Besuch der Gottesdienste sei gleichmäßig, „*obwohl die Predigten von*

P.N. sehr zu wünschen übrig lassen." Es fehlten zudem die wenigen Konfirmanden, die zu Niedermeier kämen. Bei Pfarrer Klein säßen *„fast drei Bänke Jungens und 3–4 Bänke Mädchen".* Von Pastor Klein habe er zwei gute Predigten gehört: *„Aber was helfen alle guten Predigten, wenn sie sich unter der Kanzel beim Prediger nicht in erster Linie auswirken und zur Tat werden."* So habe der gute Prediger Dr. Klein dem Amtsbruder Niedermeier mit der Staatspolizei wegen dessen Umgangs mit einer Kollekte des Missionsfestes gedroht.

Und immer wieder bringt er Beispiele, wie die Amtsbrüder übereinander reden und miteinander umgehen. Niedermeier habe nun beim Konsistorium die Einsetzung eines Kommissars für Wiemelhausen gebeten. Emil Kleins Kommentar: *„So sehr eine solche Lösung im Interesse der Gemeinde zu begrüßen wäre, so sehr traurig ist es doch andererseits wieder, dass solche Wege in einer christlichen Kirche von Trägern des kirchlichen Amtes beschritten werden müssen, um die steifen Nacken zu krümmen."*

Dankbar ist der Schreiber über den frühen Frühling, setzt aber hinzu: *„Und dann überfällt einen doch wieder der furchtbare Gedanke an den Krieg mit all seinen Schrecken und dämpft die Freude an der schönen Gottesnatur. Was hat die Sünde doch für Jammer und Elend über die Welt gebracht. Und doch wollen die Menschen sich vom Geiste Gottes nicht bestrafen lassen. Was mag uns dieses Jahr noch alles bringen? Das fragen sich die Menschen immer wieder, ohne eine Antwort darauf zu erhalten. Aber da wollen wir auch allen diesen unbeantworteten Fragen das trutzige und glaubensvolle ,Dennoch' entgegenhalten und alles in des treuen Gottes Hand legen."*

Dankbar für das Aufblühen der Natur auf der einen Seite und Ängste vor der Zukunft – diese Seelenlage bringt das Bewusstsein vieler Menschen im Kriege auf den Punkt. Für Klein wirkt sich die Sünde auf der politisch-geschichtlichen Ebene aus. Aber wenn man hätte denken können, dass die Menschen Buße tun und bereit wären, sich neu vom Geiste Gottes bestimmen zu lassen – so ist das ein Irrtum. Klein erkennt, was vielfach bezeugt ist: Das Erleben des Krieges hat nicht in größerem Maße zu einer Renaissance des christlichen Gottesglaubens geführt. Er selbst kann auch nur das Dennoch des Glaubens formulieren.

Aus einem Brief vom 2. Dezember 1943 von Emil Klein aus Bad Wörishofen an Schmidt geht hervor, dass Schmidt Urlaub hatte, aber ihn in Lübbecke bei der Familie verbracht hat. Klein schreibt anschaulich, dass er mehr aus Zufall den ersten Großangriff Pfingsten 1943 nicht erlebt habe, da er der allgemeinen Aufforderung gefolgt sei, Bochum zu verlassen. Seit dem 1. Juli 1943 habe er nun an verschiedenen Orten gewohnt, bevor er doch wieder nach Bochum zurückging, aber allein wohnen musste. Von dort jedoch sei er für einige Zeit nach Bad Wörishofen gezogen. In der Tat blieb er dort über die Wintermonate bis zum Februar 1944. Man sieht: auch Klein war in den Sog der Evakuierungen nach Pfingsten 1943 gekommen und suchte als allein stehender Mann nach einer Bleibe. Bei einem Besuch in Bochum habe er nur noch Reste der alten Gemeinde gefunden.

Im nächsten Brief vom 19. Mai 1944 bedankt sich Klein aus Voerde für einen Brief von Schmidt mit beigelegten Druckschriften. Er gratuliert ihm für die Verleihung des EK II und fügt hinzu: *„Möge es Ihnen vergönnt sein, dasselbe nach Kriegsschluss noch recht lange mit Stolz tragen zu können, womit dann ja auch gleichzeitig der Wunsch ausgedrückt ist, dass Sie wieder gesund in die Heimat zurückkehren mögen."*

Wir erfahren aus diesem Brief auch, dass Schmidt zeitweise den Divisionspfarrer vertreten hat. Und Klein hält die Rundbriefe, die er aus Russland an seine Gemeindeglieder geschrieben hat, für eine gute Idee. Er selbst hatte durch Bekannte einige Predigten von Schmidt gelesen. Und er verspricht ihm, bei der Besorgung von Papier für die Vervielfältigung zu helfen. Klein beschreibt sehr genau seine neue Bleibe bei einem Freund in Voerde. Aber sein Herz ist im geliebten Bochum. Eine Herzkrankheit macht ihm sehr zu schaffen. Was ihn frömmigkeitsmäßig umtreibt, fasst er in diese Worte:

„Wie oft muss man es immer wieder hören, dass die Menschen mit Gott hadern, weil sie irre geworden sind an seinen Führungen, indem sie fragen, wie Gott das Furchtbare alles zulassen könne, wenn er doch ein Gott der Liebe sein wolle. Aber fast immer sind es solche Menschen, die früher sich kaum oder nie um einen lieben Gott gekümmert haben und nun in den Notzeiten sich auf einmal daran erinnern, dass es so etwas wie einen lieben Gott geben soll, der ihrer Meinung nur dafür da ist, dafür zu sorgen, dass es ihnen gut gehe und es ihnen an nichts fehlen lasse. Das ist so richtig das Abbild des trotzigern und verzagten Menschenherzens."

Ein Wunsch für die Zukunft beschließt diesen Brief: *„Wir aber wollen nicht müde werden, Gott täglich zu bitten für unser Volk und Land, für unsere Obrigkeit und für die gesamte Wehrmacht und dass er uns einen baldigen Frieden schenken möge, wie er gut ist für uns. Wir wollen ihn bitten, dass er uns nicht in die Hände des unbarmherzigen Feindes, sondern in seine barmher-*

zigen Hände fallen lasse und dass er das Verderben noch einmal aufhalten und unserem Volke eine neue Gnaden- und Heilszeit schenken möge, dass ihm das Evangelium wieder reichlich verkündet werde und dass unser Volk es wieder auf- und annehmen möge."

Emil Klein gehört zu jenen Christen aus dem Umfeld eines vom CVJM geprägten Christen, der sich auch bewähren will im Leben des Alltags eines Krieges. Er beobachtet die religiöse wie die antireligiöse Entwicklung von Zeitgenossen. Ihm begegnen immer wieder die Fragen, wie Gott das Elend im Krieg zulassen könne. Der Hintergrund dieser Fragen liegt in der bürgerlichen Religion, die den lieben Gott als den Gott der Erfüllung ihrer Wünsche zelebriert, aber um die Realität des *„strafenden und zornigen Gottes"* nichts weiß, die den Glauben ohne Kreuz haben will. Bei Klein fällt auf, dass er aber den der Sünde der Menschen entsprungenen Krieg nicht als politische Verantwortungslosigkeit begreift. Nicht leiseste Ansätze der Kritik an der nationalsozialistischen Kriegspolitik sind zu hören, stattdessen die Bitte an Gott, das deutsche Volk nicht in die Hände des brutalen Feindes fallen zu lassen. Und er hofft auf eine neue deutsche Epoche unter der Wiederannahme des Evangeliums. Die Sorge scheint er nicht zu haben, dass im Falle eines Sieges Hitlers es doch eine Frage sein könnte, ob unter den Bedingungen eines nationalsozialistischen Sieges eine Renaissance des Christentums sich überhaupt ereignen könne. Den zutiefst ideologischen Charakter des Krieges als eines Eroberungs- und Vernichtungskrieges spricht er nicht an. So sehr er binnenkirchlich vielfältig kritisch ist, so scheint er den verbrecherischen Charakter des Hitler-Krieges nicht durchschaut zu haben. Mit größter Naivität kann er zu einem Ordensverleih gratulieren. Wie die Mehrheit in der BK kann er die Religionspolitik Hitlers und die Kirchenpolitik seiner kirchlichen Trabanten radikal ablehnen, aber für den Sieg der Kriegspolitik Hitlers beten. Auch die Katastrophe von Stalingrad hat bei ihm und vielen anderen Mitchristen den Glauben an einen guten Frieden für Deutschland nicht erschüttern können.

Das klingt schon etwas anders, als Klein in einem Brief vom 24. April 1944 an die *„Frau Pastor"*, der er zur Geburt einer Tochter gratuliert, schreiben kann: *„Gott gebe, dass der unselige Krieg bald ein Ende nehmen und jeder wieder an den Ort zurückkehren kann, wohin er gehört."*

Inzwischen hatte sich, wie aus einem Brief zwischen Klein und Frau Schmidt hervorgeht, eine kleine Arbeitsgemeinschaft gebildet. Letztere schickte die

Predigten ihres Mannes an Klein weiter, der sie mit der Schreibmaschine abschrieb und an verschiedene Menschen aus der Bochumer Gemeinde und darüber hinaus verschickte. Am 19. Juni 1944 schreibt Klein wieder einen Brief an Schmidt. Er gibt wieder einen Einblick in die Frömmigkeit eines Pietisten, wenn er angesichts der vielen Anfechtungen, die die Menschen überfallen, sagt:

„Die schlimmste Anfechtung besteht aber m. E. wohl darin, wenn die Menschen anfangen an Gottes gerechter Führung irre zu werden, wenn sie anfangen mit Gott zu hadern über ihre nach ihrer Meinung nicht gerechten Lebensführung. Wie wichtig ist es deshalb doch, auch in solchen Zeiten das Atemholen der Seele , d. h. die rechte Verbindung mit Gott nicht zu verlieren, das Gebet nicht zu unterlassen, den ständigen Kontakt mit Gott und seinem Wort zu behalten, um Seine Führungen in allen Lebenslagen als gerecht und gut zu erkennen, selbst dann, wenn es uns anders erscheinen will."

Diese und viele andere Passagen der Briefe von Klein zeigen einen in seinem Glauben tief verwurzelten Menschen. Was bei ihm nicht zu finden ist, darüber nachzudenken, dass es wohl kaum Gottes Willen sein kann, dass Menschen verhungern, erfrieren und irgendwo verscharrt werden, dass das die Schuld von Menschen ist, die das Geschäft des Widersachers betreiben – dieser Gedanke kommt ihm nicht. Alles ist für ihn Gottes Wille, auch das Unsinnige. Dieser Gottesglaube blendet den *„Teufel"* als Widersacher Gottes aus der Frömmigkeit aus. Die gerade in Stalingrad oder anderswo durch unsinnige militärische Befehle zu Tode Gekommenen werden das vor ihrem absehbaren Ende kaum als gerechte Führung Gottes begriffen haben. Die Schuld der politisch Handelnden ist für Klein kein Thema. Auch die schuldhaft in den Tod Getriebenen sollen alles als göttlichen Willen begreifen. Klein steht ohne Zweifel für eine Form von Frömmigkeit, die für viele hilfreich sein konnte, aber es ist eine Frömmigkeit, die sich nicht gegen den Unsinn und gegen die Verbrechen, die Menschen massenhaft sterben lassen, wendet. Diese in sich geschlossene Frömmigkeit entbindet keinen Widerstand gegen die losgelassenen realen Dämonen. Zudem ist sie von ihrer Struktur her ganz auf den einzelnen Menschen gerichtet und lässt dessen schicksalhafte oder gewollte Verstrickung in die überpersönlichen Verschränkungen in natürliche und geschichtliche Ordnungen und Systeme außen vor. Allein das fromme Individuum bleibt Thema.

Auch sein nächster Brief vom 14. Juli 1944 enthält eine Passage, die wieder sein frommes Weltbild zeigt. Er sieht, dass die Russen bedrohlich auf Ostpreußen rücken und schreibt:

„Gott gebe Gnade, dass doch bald die vom Führer angekündigten Waffen voll eingesetzt werden können, um dadurch eine Wendung in der ganzen Kriegsführung herbeizuführen. Im übrigen wollen wir weiterhin glauben, dass Gott es ist, der auch solche Dinge in Seiner Hand hält und dass er auf die Bitten Seiner Kinder hin, auch seine schon gefassten Beschlüsse wieder ändern kann, wie er es schon oft getan hat bei den Vätern."

Es ist wieder die eigenartige Mischung: auf der einen Seite das Gebet, dass die *„Wunderwaffen"* des Führers zum Einsatz kommen, auf der anderen Seite der Glaube, dass Gott seine Beschlüsse ändern kann, um Deutschland dennoch zu retten. Als einer, der auch in den Schlachten Gott am Werke sieht, der Siege und Niederlagen nach seinem Willen verteilt, hält er es angesichts der Siege des Feindes für möglich, dass Gott seinen Weltwillen ändert, wenn ihn *„seine Kinder"* darum bitten. Dies dürfte ein Beispiel sein, in welche Konstruktionen ein Beter geraten kann, der auf der einen Seite auf neue Waffen und auf der anderen Seite auf eine Selbstkorrektur des Weltenlenkers setzt. Dahinter dürfte die bittere Erkenntnis und Verzweiflung stecken, dass der Krieg verloren ist, wenn sich nicht zwei Wunder ereignen: das Wunder neuer Waffen und das Wunder einer Willensänderung Gottes im Blick auf den Ausgang des Krieges.

Am 14. Juli 1944 schreibt Klein noch einen Brief an *„Frau Pastor"*. Er berichtet, dass er das von ihr bekommene Manuskript in die Schreibmaschine gebracht, an sie und wunschgemäß an andere Empfänger geschickt habe. Er selbst hoffe auf gutes Wetter für die bevorstehende Ernte und reflektiert dann:

„Ja, Gott der Herr hat den Menschen in dieser Zeit viel zu sagen. Ob auch unser Volk den aufgehobenen Finger unsers Gottes erkennen und verstehen wird? Oft will es scheinen, als ob es nicht der Fall sei. Dazu kommt dann noch die furchtbare Bedrängnis an allen Toren der großen Festung „Europa". Es ist gut, dass wir als Christen in keiner Lebenslage den Mut sinken lassen brauchen. Wissen wir doch, dass alles Weltgeschehen in unsers Gottes Reichsplan vorgesehen ist. Er kann den Dingen auch jetzt noch eine andere Wendung geben, worum wir ihn täglich bitten wollen."

Dann aber auch dieser Satz: *„Wie viel tiefes Leid hat doch dieser unsinnige Krieg schon über den ganzen Erdkreis gebracht und wie viel bringt er noch täglich. Gott gebe Gnade, dass es bald ein Ende habe."*

Natürlich weiß auch der Fromme, dass der Krieg unsinnig ist. Aber auf der anderen Seite wird er immer wieder – fast etwas trotzig – als Gottes Wille verstanden. Ist also das millionenfache Morden von Menschen und das Zerstören von Zivilisation und Kultur sein Wille? Klein bleibt dabei, dass Gott in allem weltlichen Geschehen seinen „*Reichsplan*" verfolgt. Soll damit das Leid und Elend der vom Krieg Betroffenen einen göttlichen Sinn bekommen? Es hört sich bei ihm immer so an. Es findet sich keine Anklage gegen die, die ihn verursacht und so total geführt haben. Wenn alles Gottes Wille ist, gibt es eben keine Verantwortung des Menschen für sein blutiges Handwerk. Ob Klein sich darüber im Klaren war? Jedenfalls gibt es bei ihm das Wort Schuld, politische Schuld und den Gebetsruf nach Vergebung nicht.

Am 4. Oktober 1944 antwortet Klein auf einen Rundbrief Schmidts vom 8. Juli, den er aber bedauerlicherweise erst Ende September in die Hand bekommen habe. Er fährt fort:

„Des kostbaren Inhalts wegen ist es schade, dass er nicht schon mindestens zwei Monate früher in die Hände der Leser kam. Vielleicht wäre schon so viel früher der Inhalt des Briefes für manche Leser ein Ansporn zu treuerer Fürbitte geworden. Manchem Leser wäre es dann schon wieder einmal so recht zum Bewusstsein gekommen, dass die gläubigen Gemeinden nicht nur ein Recht, sondern auch eine heilige Pflicht haben, hohepriesterlichen Dienst zu tun für Volk und Land und seine Regierung, für die Wehrmacht zu Lande, zu Wasser und in der Luft, insbesondere für die uns Nahestehenden an allen Fronten, für die Kranken, für die Verwundeten und Sterbenden in der Heimat, in den Lazaretten und an den Fronten, für unsere Gefangenen und Vermissten, für die vielen Trauernden und Leidtragenden, für die, die nun schon so viele Jahre um ihres Bekenntnis willen in Gefängnissen sein müssen, für unsere Kirche und die Verkünder des Wortes Gottes, für die Innere und Äußere Mission."

Der Schreiber stimmt Schmidt zu, dass zu wenig gebetet würde an der Front und in der Heimat. Auch er sieht niemanden, der „*in der Vollmacht Jesu Christi unsere deutsche Christenheit zur treuen Fürbitte aufrufend und stellvertretend vor Gottes Thron treten könnte. Dafür aber nach wie vor Hadergeist in den Gemeinden und Presbyterien, leider aber auch immer noch unter den Pfarrern. Was Wunder, wenn dadurch Gottes hl. Geist gedämpft wird und Gott nicht wirken kann."*

Es besteht kein Zweifel, dass Klein die Wirklichkeit des totalen Kriegs kennt. An ihm entlang zu beten, darin sieht er die Aufgabe des Christen. Den Dienst der Kirche sieht er im hohenpriesterlichen Gebet, auch und gerade für die Regierung. Dass ein von Gesetz und Evangelium geprägtes Gewissen vielleicht auch gegen die Regierung opponieren muss, dass der Obrigkeit vielleicht auch in den Arm zu fallen sei, um das Unverantwortbare zu verhindern, dass ein christliches Gewissen vielleicht auch den Schritt in einen aktiven politischen Widerstand gehen könnte – diese Konsequenz liegt nicht in seinem theologischen Denken. Sein Glaube und sein Beten haben keine politischen Konsequenzen. Dass dem Beten verantwortliches widerständiges Handeln entsprechen könnte, dass man auch im Namen des menschenfreundlichen Geistes Gottes die Führergefolgschaft aufgeben könne – dieser Durchbruch aus dem engen Gehäuse persönlicher Frömmigkeit ist nicht auszumachen.

Klein, ein guter Bibelkenner, legt viele biblische Texte aus, um zu zeigen, dass Fürbitte für den Christen auch dann Sinn habe, wenn die Gottlosigkeit des deutschen Volkes deutlich zu Tage läge. Die Feinde Deutschlands werden auch kurz apostrophiert: bei den Bolschewisten die bekannte Gottfeindlichkeit, die Engländer und Amerikaner *„bekennen sich allerdings mit den Lippen zu Gott, aber ihre Taten im Kriege sind doch alles andere, nur nicht christlich."* Auch dies gehört zum Standard: mag im deutschen Volk nur noch wenig Frömmigkeit sein, die Feinde sind kollektive Inkarnationen der Gottentfremdung oder eines Scheinchristentums.

Man gewinnt beim wirklich ernsten Christen Emil Klein den Eindruck, dass die Gebete der Christen im Namen Jesu Christi über den Ausgang des Krieges entscheiden könnten. Aber am Ende steht für ihn immer Gottes Geschichtswille: *„Wenn wir Christen in diesem Sinne hohenpriesterlichen Dienst tun wollten in Bitte, Gebet, Fürbitte und Danksagung für alle die Dinge, die ich vorher schon aufführte, dann dürften wir es getrost unserm Gott überlassen, was Er damit anfangen kann und will."*

Klein berichtet über Gespräche, die er mit Zeitgenossen über die Frage *„Wie kann Gott das alles zulassen?"* gehabt habe. Ein neuer theologischer Ton kommt in seine Argumentationen, wenn er ihnen die Gegenfrage stellt:

„Ob sie sich früher nicht nur mit Gott, von dem doch alles Gute herkomme, sondern auch mit Seinem Widersacher, von dem alles Böse herkomme, beschäftigt hätten? In der Regel betretenes Schweigen. Ob sie sich auch schon einmal mit dem Gedanken beschäftigt hätten, dass Gott dem Menschen einen freien Willen gegeben habe, sich für gut oder böse zu entscheiden? Darob erstauntes Ansehen. Ja, wenn sie sich mit diesen Fragen etwas beschäftigt hätten, dann müssten sie doch wissen, dass sie infolge ihres freien Willens sich

ja selber für den entschieden hätten, von dem alles Böse komme und dann müsste es ihnen doch klar sein, dass es die menschliche Sünde ist, die letztlich auch den Krieg verursacht hätte, denn die Sünde sei der Leute Verderben, wie die Bibel sagt."

Hier schlägt Klein zum ersten Mal andere Töne an. Er argumentiert anthropologisch: Gott und sein Widersacher kämpfen um die Nachfolge des mit einem freien Willen begabten Menschen. Auch der Krieg ist eine Folge dieses freien Willens, der sich für das Böse entschieden hat. Klein kommt in die Nähe lutherischer Theologie, wenn er dem Menschen die Verantwortung für die sich in der geschichtlichen Ebene austobenden Mächte des Bösen gibt. Er entdeckt die Sünde, die *„die Grundursache aller Kriege und alles Bösen"* ist. Diese Interpretation habe ihm ausgerechnet ein DC-Pfarrer in einer Predigt nahe gebracht. Es zeichnet den immer nachdenklichen Klein wieder aus, dass er aus diesem theologischen Wissen wieder keine politischen Konsequenzen zieht. Er schließt seinen Brief mit den Sätzen:

„Den Ausgang des Krieges müssen wir in Gottes Hand stellen. Solange unsere Soldaten an den Fronten noch mit der Waffe in der Hand kämpfen, haben wir keinen Grund und auch kein Recht, den Mut sinken zu lassen. Gott kann machen … . Und ihm wollen wir weiterhin vertrauen. Jedenfalls sind in unserm Lande auch noch 7000 übrig geblieben, die ihre Knie nicht gebeugt haben vor Baal und die auch noch die mächtige Waffe der Fürbitte zu handhaben wissen. Gott der Herr wolle unser Volk aus den unbarmherzigen Händen unserer Feinde erretten und uns in Seine barmherzigen Hände fallen lassen."

Immer noch vertraut er auf zwei Waffen: die Waffen des Gebets und die Waffen des Soldaten. Kein Gebet um einen baldigen Frieden, kein Gebet, in dem die deutsche Mitschuld an dem Kriege zur Sprache kommt. Kein Gebet, das um Verzeihung für das Tun und Zulassen der Zerstörung bittet. Alles bleibt bei ihm am Ende eine halbseitige Lähmung der ganzen Wahrheit christlichen Verständnisses. Klein kommt aus der Konzentration seiner Frömmigkeit auf das deutsche Volk und Land nicht hinaus. Er bleibt ein national denkender Pietist, der die Solidarität mit dem nationalsozialistischen Unrechtssystem nicht aufkündigen kann.

Der letzte erhaltene Brief von Klein vom 2. Februar 1945 geht an *„Frau Pastor"* als Antwort auf ihren Adventsgruß. Er berichtet, dass er am 4. November 1944, dem Sterbetag seiner Frau, ihr Grab besucht, seine Wohnung in der Hugo-Schultz-Straße und sein Haus am Bülowplatz besucht habe. Wenige Stunden später sei beides total vernichtet gewesen. (Es war der Tag des größten Angriffs auf Bochum). Klein sinniert:

„So ist in wenigen Sekunden das Lebenswerk so mancher Menschen vernichtet worden. Gott sei Dank sind in beiden Häusern keine Menschen zu Tode gekommen. Nun habe ich auf dieser Erde allerdings keine Heimat mehr. Aber die obere Heimat ist mir doch geblieben und die kann kein Terrorflieger je zerstören und darüber kann ich mich freuen. Auch bin ich so dankbar dafür, dass ich vorerst noch hier bei meinem Freunde (in Voerde) bleiben kann."

Das dürfte ein seltenes Glaubenszeugnis sein: die Terrorflieger können mir alles nehmen, aber nicht die himmlische Heimat. Da ist die Grenze ihrer Macht. Und über Bochum schreibt er: *„… in Bochum sieht es grauenhaft aus. Nicht nur unser schönes Ehrenfeld, sondern die ganze Stadt ist total vernichtet. So viel Grauen habe ich bisher in keiner anderen Stadt gesehen, selbst in Wuppertal nicht und das war schon schlimm."*

Auch die letzte Wohnung der Familie Schmidt war vernichtet. Else Schmidt lebte allerdings seit der Einberufung ihres Mannes mit ihren inzwischen drei Kindern Klaus, Frieder und Dorothea bei ihren Eltern in Lübbecke.

Klein berichtet ihr von einem gemeinsamen Bekannten, der sechsmal ausgebombt worden sei. Und von sich berichtet er, dass er seine zunächst zentral ausgelagerten Möbel auf viele Stellen habe verteilen müssen. Sein Arbeitszimmer habe er aber bei seinem Freund unterbringen können. Er gibt einen lebendigen Einblick in die Situation vieler Menschen nach einem Großangriff. Das Gesamtfazit: *„Bochum ist eine tote Stadt"*. Am Schluss steht der Wunsch, dass Gott den Gatten bewahre.

Briefkontakte zur Familie Schloeßmann

Neben dem brieflichen Austausch mit Emil Klein gibt es eine besondere Beziehung von Wilhelm Schmidt zu Prof. Dr. Heinrich Schloeßmann und vor allem zu seiner Frau Erika. Beide gehörten zur Bekennenden Kirche und waren in der Melanchthongemeinde aktive Gemeindeglieder, die in leiblichen und seelischen Nöten geholfen haben, wo sie nur konnten.

Heinrich Schloeßmann (gest. 1950) war seit 1918 Leiter der Chirurgischen Abteilung des Augusta-Krankenhauses. Er, ein altes völkisch-nationales Parteimitglied der NSDAP, wandte sich früh enttäuscht von der Politik des Führerstaates ab und fand seine Heimat in der Bekennenden Kirche. Er und seine Frau wurden intellektuell und moralisch hochstehende Glieder der Bekenntnisgemeinde. Darüber hinaus entfalten sie eine handfeste diakonische Arbeit für Menschen, die in Not geraten sind. Sie halten das Bochumer Inferno bis zum Ende durch.

Rundbriefe an die Gemeinde

Schmidt war bei der Wehrmacht Funker. Was war seine Aufgabe? 1941 kam ein Buch heraus mit dem Titel *„Funker am Feind"*. Es ist ein Erlebnisbericht über die Aufgaben des Funkers im Feldzug gegen Holland, Belgien und Frankreich. Das Vorwort gibt das damalige Selbstverständnis wieder:

„Die überlegenen, allumfassenden operativen Maßnahmen eines genialen Feldherrentums und ihre bedingungslose und schlagartige Durchführung durch die kämpfende Truppe kennzeichnen an allen Fronten die siegreiche deutsche Kriegsführung.

Voraussetzung für die einheitliche Willenslenkung der Operationen und für das sinnvolle Zusammenwirken aller Waffen ist die ständige Verbindung zwischen planender, einsetzender, entscheidender Führung und ausführender, kämpfender Truppe.

Diese Verbindung in allen Lagen und gegen alle Schwierigkeiten zu schaffen und sicherzustellen, ist Aufgabe, Wert und Gewicht der Nachrichtentruppe in der neuzeitlichen Kriegsführung.

Der Aufmarsch und die Bereitstellung, das Überschreiten der Grenzen zur befohlenen Zeit, die Niederwerfung des ersten Widerstandes, der Durchbruch durch die feindliche Befestigungslinie, die Durchstöße der Panzerverbände, die Einkreisung, Verfolgung und Vernichtung feindlicher Armeen – alles geschieht in ständiger allgegenwärtiger Wirksamkeit der Nachrichtengruppe.

Sie ist Bindeglied von der höchsten Führung bis zur vordersten Einheit. Ihre Männer sitzen am Klappenschrank der Zentralvermittlung des Oberkommandos des Heeres und sie liegen am Feldfernsprecher in vorderster Linie neben der stürmenden Infanterie. Wo immer auch Sturmbataillone in heftigen Kämpfen den Gegner werfen, Panzer durchbrechen, Artillerie auf feindliche

*Linien hämmert, Pioniere Bunker und Sperrwerke ausräuchern – Funker
oder Fernsprecher stehen unmittelbar neben ihnen.*

*Der Einsatz einer schweren Kampfwaffe kann in einem bestimmten Ab-
schnitt der Operation von entscheidender Bedeutung sein. Einsatz und Bewährung der Nachrichtentruppe sind immer und ständig für die erfolgreiche
Durchführung einer Operation entscheidend. In diesem Bewusstsein steht der
Mann der Führungstruppe, steht der Nachrichtensoldat an der Front, in diesem letzten Wissen und um Sinn und Gesetz seines Einsatzes ist er, wo immer
ihn auch der Befehl hinstellt: Funker am Feind!"*

Schmidt war Funker der Heeresgruppe Nord, die die baltischen Staaten
Litauen, Lettland und Estland eroberte und dann bei der beabsichtigen Eroberung von Leningrad in den Stellungskrieg und schließlich in den Ab-
wehrkrieg kam.

Schmidt kam mit seinem Truppenteil bis an den Ladogasee heran und lag
lange an der Wolchow-Front, bevor der Rückzug der Wehrmacht in mehreren Etappen durch die Sowjetarmeen erzwungen wurde. Von Oktober 1944
bis zum Januar 1945 hat er dann in sechs größeren Schlachten den Endkampf in Kurland miterlebt. Anhand seiner Rundbriefe kann man verfolgen,
wie sein Weg von Norden bei Leningrad bis zum kurländischen Hafen Libau
im Januar 1945 gewesen ist.

Es gab in den Jahren des Dienstes als Funker in der Heeresgruppe Nord
zwischen dem eingezogenen Pfarrer und seiner Gemeinde viele Formen von
Kontakten. Viele Frauen, Männer und Jugendliche schrieben ihm Grüße oder
längere Briefe mit Informationen über die Gemeindearbeit und über die Situation im Ehrenfeld. Aus der Zeit seiner Teilnahme am Frankreichfeldzug haben wir keine Zeugnisse. Sie setzen ein während des Russlandfeldzuges
Ende 1943 mit der Abfassung von Rundbriefen an die Gemeinde.

Der erste Rundbrief ist vom 8. September 1943. Nr 2 fehlt, die Nummern
3 bis 10 sind alle erhalten. Schmidt schickte sie handschriftlich, meist auf
Feldpostpapier geschrieben, an seine Frau in Lübbecke. Diese schickte sie
weiter zur Schreibmaschinenabschrift an die beiden Frauen Kriesen und Fü-
ster und an die beiden Männer Emil Klein und Heinrich Winkelmann. Diese
Vier verteilten die Rundbriefe an ihnen bekannte Mitglieder der Bekenntnisgemeinde. Eine Liste mit allen Anschriften der Gemeindeglieder, die noch
in Bochum waren und derer, die weggezogen oder evakuiert worden waren,
wurde angelegt und ist noch vorhanden.

Rundbrief an die Gemeinde Nr. 1

Im 1. Rundbrief berichtet Schmidt über eine Tagung mit rund 40 Amts-brüdern im Estländischen Reval. Im Dom feierte man einen Gottesdienst mit Beichte und Abendmahl. Schmidt gibt einen kurzen Überblick über die be-wegte Geschichte Estlands und beschreibt anschaulich das Innere des Domes und die Situation der lutherischen Kirche seit dem Einmarsch der Bolsche-wisten 1940. Der sog. Hitler-Stalin-Pakt vom 23. August 1939 hatte das Bal-tikum zum Interessensgebiet der Sowjetunion erklärt und damit den baltischen Staaten die Selbständigkeit genommen.

Die Kapitulation Italiens am 3. September 1943 nimmt er dann zum An-lass, um zu formulieren: *„So haben wir nun noch mehr als bisher allen Grund, unser ganzes Vertrauen auf die immerwährende Liebe Gottes zu set-zen, die in allem Wechsel und Wandel der Zeit nie enttäuscht. Wir wollen auch unsere Wünsche für die Zukunft unseres Volkes, für den Sieg unserer Waffen und für den baldigen Frieden ganz hineinstellen in den Willen unseres Herrn und Heilandes Jesu Christi: ‚Gottes Liebe in Ewigkeit'."*

Über sich selbst teilt er mit, dass er im Juni in Urlaub gewesen sei und vom 25.7. bis 22.8. den Divisionspfarrer vertreten habe. Am Wolchow-Frontab-schnitt herrsche Ruhe und er habe in einem Bunker Zeit zum Lesen und Schreiben. Die Stimmung an der Front sei gut und *„wir können nur wünschen, dass die Heimat es uns darin gleichtut"*.

Wie die meisten Deutschen hofft der Frontsoldat Schmidt noch im Sep-tember 1943 auf den Sieg der deutschen Waffen und damit auf einen von Deutschland diktierten Frieden. Und das nach der Kapitulation der 6. Armee in Stalingrad im Februar, nach der Kapitulation deutscher und italienischer Verbände am 13. Mai in Nordafrika, nach dem Abbruch des U-Boot-Krieges im Atlantik am 24. Mai und nach der Kapitulation Italiens Anfang Septem-ber 1943. Auch der sonst im Schema der Zwei-Reiche-Lehre denkende nüch-terne Mann greift zu religiösen Formeln, die er sonst nicht gebraucht. Hier wird nicht nur Gott als Lenker der Geschichte bekannt, sondern der *„Herr und Heiland Jesus Christus"* zu ihrem Lenker gemacht.

Wir können auch hier bei Schmidt wie bei Klein wieder beobachten, dass religiöse Formeln das illusionslose Erkennen der wirklichen Lage, in der man sich befindet, verhindern. Man steigt in die höchsten Höhen, um die Tiefen seiner kriegerischen Existenz durchhalten zu können.

Brief an die Gemeindeglieder außerhalb Bochums

Vom 14. November bis 10. Dezember 1943 ist Schmidt auf Heimaturlaub bei seiner Familie in Lübbecke. Natürlich fuhr er auch nach Bochum, predigte dort am Totensonntag und am 2. Advent und besuchte die Frauenhilfe. Vor seiner Rückkehr zur Front schreibt er unter dem 7. Dezember 1943 einen Brief an seine Gemeindeglieder in der *„Zerstreuung"*. Er berichtet von den Schwierigkeiten, angesichts der Zerstörungen, der Alarme und der Bombenabwürfe in Bochum noch leben zu können. Die Melanchthonkirche sei nicht mehr benutzbar, die Gottesdienste fänden im Frauensaal des EMA-Hauses statt, das aber auch schwer beschädigt sei. Unter dem Konfirmandensaal zwischen der Kirche und dem Pfarrhaus habe man einen Luftschutzbunker angelegt. Sehr dankbar sei er für die geistliche Versorgung der Gemeinde durch den Pfarrer Erich Brühmann (1908–1978) aus Altenbochum. Gottesdienste und die Frauenhilfsstunden seien gut besucht, Unterricht finde nicht mehr statt, da die Schulen alle evakuiert seien. Und Schwester Gretchen sei immer noch auf ihrem Posten.

Wer war Schwester Gretchen? Die Betheler Diakonisse Margarete Röll (1878–1951) war von 1921–1947 Gemeindeschwester im Bezirk Melanchthon. Nach 1933 geriet sie in die Fronten des Gemeindekirchenkampfes. Zwischen Dr. Klein auf der einen und den Pfarrern Engelbert und Schmidt auf der anderen Seite hatte sie in ihrem Dienst keinen einfachen Stand. Sie selbst neigte zur Bekenntnisgemeinde. Mit Schmidt verband sie ein besonderes Vertrauensverhältnis.

Rundbriefe an die Gemeinde Nr. 3 und Nr. 4

Dem Informationsbrief an alte Gemeindeglieder außerhalb Bochums folgt der 3. Rundbrief als ein Neujahrsrundbrief aus Russland. In ihm knüpft er an seine Bochumer Adventspredigt vom *„Evangelium von dem Reich der Herzen und Gewissen"* an, die wir nicht im Wortlaut haben. Zum neuen Jahr sagt er: *„Und wenn der himmlische Vater uns in seiner väterlichen Güte für dieses Jahr Sieg und Frieden zugedacht hat, – es wird eine Freude in uns sein, für die wir keine Worte finden."*

Der südlich des Ladoga-Sees liegende Obergefreite Schmidt hofft am Jahresende 1943 und der Jahreswende zu 1944 immer noch auf einen Sieg der

Waffen. Anschaulich beschreibt er, wie er die Weihnachtstage und den Neujahrstag verbracht habe:

„Das Weihnachtsfest habe ich wieder mit den Kameraden gefeiert. Wir hatten mit der Kompanie in einem würdig hergerichteten Raum eine sehr schöne Feier. Anschließend haben wir in unserm Bunker zu 8 Kameraden den Lichterbaum angezündet, ein Transparent aufgestellt und fast alle Lieder des kleinen Quempasheftes gesungen. Ist das nicht ein Geschenk? Es waren fast alles katholische Kameraden, die da mit mir gesungen haben. An der Wand hingen Bilder von unseren Lieben daheim. Eine große Kerze davor. So waren sie mit uns dabei in der weihnachtlichen Stunde. Am 1. Weihnachtstag habe ich mit 10 Kameraden beim Divisionsstab und am 2. Feiertag mit einer großen Gemeinde von Kameraden auf dem Hauptverbandsplatz Gottesdienst und Abendmahl gehalten. Die Predigt werde ich Ihnen auch demnächst zuschicken. Am gestrigen Altjahrsabend hatten wir eine recht lebhafte Kompaniefeier. ... Am 1. und 2. Weihnachtstage hatte ich auch die große Freude, meinen Bruder hier bei mir zu Gast zu haben. Wir haben uns in den letzten Monaten wiederholt besuchen können."

Solche Weihnachtsfeiern sind von vielen Soldaten in ihren Briefen an die Heimat bezeugt. Weihnachten war auch jetzt noch nach 10 Jahren NS-Zeit das Fest, an das sich die meisten gern aus ihren Kindertagen erinnerten. Auch wenn sie der Weihnachtsbotschaft keinen Glauben mehr schenken konnten, das Fest blieb das Familienfest und an der Front das Fest der Sehnsucht, bald ein neues Leben in der Heimat führen zu können.

Schmidt berichtet noch, dass er über Funk eine finnische Weihnachtsfeier gehört habe, auf der *„unter mächtigen Orgelbrausen"* die Gemeinde *„Ein feste Burg ist unser Gott"* gesungen habe und: *„Der Name ‚Jesus Christus' erklang immer wieder mit großer Ehrfurcht und Feierlichkeit. Es war mir eine köstliche Feierstunde, an dem Jahreswechsel des finnischen Volkes teilnehmen zu können."* Schmidt hat im Kameradenkreis sein Christ- und Pfarrersein nie verleugnet. Wo er konnte, hat er Predigten und Andachten für seine Kameraden gehalten und mit ihnen Lieder gesungen. Und was er hier und anders immer wieder bezeugt, ist geistliche Gemeinschaft mit katholischen Kameraden. Die Ökumene hat er im Kriegsalltag erlebt – vorher kaum –, bevor sie nach dem Krieg für ihn ein entscheidendes Thema wurde.

Rundbrief Nr. 4 vom 17. Februar 1944 schreibt Schmidt schon nicht mehr vom Ladoga-See, sondern vom estländischen Boden. Die Wehrmacht habe sich zwecks „*Frontbegradigung*" auf die Narva zurückgezogen: „*Hier steht nun unsere Abwehrfront wieder fest und unerschütterlich.*" Am 14. Januar 1944 hatte die „*Abwehrschlacht*" in Nordrussland begonnen. Eine russische Großoffensive drängte die Heeresgruppe Nord von Leningrad bis zum Peipussee zurück.

Dieser Brief antwortet auf Fragen, die ihm ein Gemeindekreis zugeschickt hatte. Er gibt Auskunft über sein theologisches und politisches Denken. Um seines Inhalts und um seiner Prägnanz willen, sei er in voller Länge wiedergegeben und kommentiert:

„*In einem Brief, den ich kürzlich aus Ihrem Kreise bekam, heißt es sehr fein, dass wir zu unterscheiden haben zwischen dem äußeren Menschen, den wir mit den leiblichen Augen sehen, und den inneren, den wirklichen Menschen, für den der äußere Mensch nur das Kleid, die Hülle und Schale ist, nun sei es unsere Aufgabe, an dem Aufbau des inneren Menschen zu arbeiten. Mit diesen Worten ist das Ziel, das ich mit meinen Rundbriefen erstrebe, treffend umschrieben. Im nächsten Rundbrief will ich mehr darüber schreiben.*"

In dem gleichen Brief wird auch die Frage nach der Vergeltung gestellt. Zum Hintergrund: Hitler hatte 1943 als Erwiderung auf die alliierten Luftangriffe auf deutsche Städte die Bombardierung Englands mit neuen „*Vergeltungswaffen*" angekündigt. Aber erst am 13. Juni 1944 wurde die erste V 1 auf London abgefeuert. Am 7. Dezember 1944 wurde die technisch verbesserte V 2 in Aktion gesetzt. Über 3000 Raketen kamen zum Einsatz. Sie hatten aber keine kriegsentscheidende Bedeutung. Die Propagandawirkung der Ankündigung dieser „*Wunderwaffen*" war zunächst in der Bevölkerung wie bei den Kampftruppen der Wehrmacht sehr groß. Viele Deutsche erwarteten in der Tat von ihrem massiven Einsatz die siegreiche Wende im Krieg.

Schmidt stellt nun die Frage: „*Wie stehen wir als Christen zu der militärischen Vergeltung, die unsere Waffen an England üben werden?*

Da gilt es zunächst ganz klar zu unterscheiden zwischen dem Verhalten des einzelnen Christen in Unrecht und Leid, das ihm zugefügt wird, und im Verhalten unseres Volkes und unserer Wehrmacht in unseren gegenwärtigen schweren Ringen um unsere Zukunft.

In diesen beiden Fällen gelten ganz verschiedene Maßstäbe. Und wie das, was zum Verhalten des einzelnen Christen zu sagen ist, auch für unsere christliche Kirche in ihrer Gesamtheit gilt, so ist auch das, was von unserem Volke in seiner politisch-militärischen Lage gesagt wird, für uns als ein-

zelne Glieder dieses unseres Volkes gültig. Wir leben in zwei Reichen, von denen jedes seine eigene innere Ordnung hat. Wie verhält sich ein Christ, wenn er angegriffen wird, an Leben, Ehre und Gut? Er ist berechtigt und verpflichtet, jedem Angriff auf Leben, Ehre und Gut nach seinen Kräften und unter Zuhilfenahme der staatlichen Ordnung zu wehren. Aber in welcher inneren Haltung soll das geschehen? In 1. Mose 4, 23 und 24 begegnet uns echtes, ursprüngliches Heidentum mit Rachsucht und Vergeltungsdrang. Nach Art der Blutrache, die ja auch bei unseren germanischen Vorfahren ganze Sippen ausgerottet hat, wird Unrecht mit größerem Unrecht vergolten, so dass der Strom von Hass und Vernichtung immer mehr anschwillt. Um diesen immer furchtbarer werdenden Strom in der sich selbst zerfleischenden Menschheit einzudämmen, gebot Gott durch Moses dem Volke Israel, das ein erlittener Schade durch den gleichen Schaden nur vergolten werden sollte. Gegenüber dem Heidentum bedeutet das alttestamentliche Gebot: ‚Auge um Auge, Zahn um Zahn‘ (3. Mose 24, Vers 19 und 20) einen gewaltigen Fortschritt. Nun ist der Strom von Hass und Vernichtung eingedämmt; zwar fließt er trübe und reißend dahin, aber es ist gewährt, ins Uferlose anzuwachsen. Jesu Wille ist es nun, den Übel an die Wurzel zu gehen. Besonders in der Bergpredigt (Mt. 5–7) lehrt er uns, an zahlreichen Beispielen, wieweit die Zügelung der Leidenschaften und die Selbstüberwindung gehen muss, damit dem schmutzigen trüben und vernichtend-reißenden Strom schon an den Quellen das Wasser abgegraben wird (Mt. 5, 7; 5, 22; 5, 28–30/38–48 u.a. mehr). Jesu Geist ist jeder Gedanke an Vergeltung ganz und gar fremd.

‚Mein ist die Rache, ich will vergelten.‘ Auf Petri Frage nach der Vergebung hat er die Antwort: ‚Siebzig mal siebenmal‘ (Mt. 18, 22). Jesus will kein neues Gesetz aufrichten. Es soll keineswegs ein Gebot sein, wenn er sagt: ‚So dir jemand einen Streich gibt auf deinen rechten Backen, dann biete den andern auch dar.‘ (Mt. 5, 38. ebenso Mt. 5, 40 und 41)

Christen sollen nicht willenlos, ehr- und wehrlos jeder menschlichen Willkür preisgegeben sein. Jesu Geist ist mit schwächlicher, feiger Gesinnung nicht zu verwechseln. Es gibt keine größere Seelenstärke und keine edlere Charaktergröße als diese: ‚Liebet eure Feinde, segnet, die euch fluchen, tut wohl denen, die euch hassen, bittet für die, so euch beleidigen und verfolgen, auf dass ihr Kinder seid eures Vaters im Himmel.‘ (Mt. 5, 44)

Solche Seelenstärke und Charaktergröße, wie sie uns Christus vorgelebt hat und vorgelitten hat, Ihm nach zu leben und nach zu leiden, gibt Er uns die Kraft. In der Gemeinschaft Jesu Christi versiegen die Quellen menschlicher

Leidenschaften. ,Wer an mich glaubet, von des Leibe werden Ströme leben-
digern Wassers fließen.' (Joh 7, 38)

Im Blick auf unser Volk müssen wir uns vor Augen halten, dass weite
Kreise sich bewusst vom christlichen Glauben abgewandt haben, unser Volk
ist kein christliches Volk mehr. Darum fehlen die Voraussetzungen dafür, unser Volk in seiner Gesamtheit in unser christliches Denken einzuordnen.
Wenn unser Glaube uns die militärische Vergeltung verbieten würde, so be-
stände doch keine Möglichkeit, unsere Ablehnung wirksam geltend zu machen,
das gewaltige Kriegsgeschehen geht über uns hinweg.

Aber wir haben als Christen keineswegs einen Befehl Jesu, den Gedanken der Vergeltung ablehnend gegenüber zu stehen. Zwar ist der Ausdruck
,Vergeltung' für ein kriegerisches Handeln neu und uns ungewohnt; er gehört
in den Bereich der persönlichen Beziehungen von Mensch zu Mensch, und von
diesen persönlichen Beziehungen wollten wir ja die militärische Auseinandersetzung zwischen Deutschland und England stark unterscheiden. Wir reden deshalb von ,Vergeltung', weil Englands Lufterror gegen die deutsche
Zivilbevölkerung ein bisher nie da gewesenes Maß angenommen hat, so dass
von einem kriegerischen Handeln im bisherigen Sinne nicht mehr geredet
werden kann. Der totale Krieg bringt auf beiden Seiten die Grenzen zwischen
militärischer Kriegsführung und persönlichen Leidenschaften in Gefahr. – In
maßgeblichen Äußerungen unserer politischen Führung wird jedoch der Ver-
geltungsgedanke durchaus im rein militärischen Sinne verstanden. – In dem
sehr lesenswerten Artikel von Hans Schwarz van Berk ,Das Reich' heißt es:
,Es wäre ein überflüssiges Beginnen, Trümmer mit Trümmern zu vergelten.
Uns geht es bei der Vergeltung nicht um einen Waffentriumph, auch nicht nur
um ein Strafgericht, nach dem heute unser ganzes Volk verlangt, uns geht es
darum, der Zügellosigkeit des Massenmordes durch einen äußersten sehr
drastischen Schlag Einhalt zu gebieten. Deshalb ging es uns in allen unseren Feldzügen um schnelle, Menschen schonende Entscheidungen.' Soweit
der Artikel. Darin wird ganz klar gesagt, dass die Vergeltung kein Racheakt
sein soll.

Auch seitdem die totale Kriegsführung auf beiden Seiten die Unterscheidung zwischen Wehrmacht und Zivilbevölkerung praktisch unmöglich gemacht hat, hält unsere deutsche Führung in der Frage des Luftkrieges grundsätzlich an dieser Unterscheidung fest. Nach all dem unsagbaren Leid und
Elend, das der englische Luftkrieg über unser deutsches Volk gebracht hat,
wird aber wohl niemand unter uns sein, der nicht dem Satz in dem Artikel van

Berks zustimmen könnte: ‚So mitleidlos dieses englische Volk heute den Verwüstungen des Festlandes zuschaut, so mitleidlos werden wir es seiner schwersten Stunde überlassen.'

Als Deutsche und als Christen hoffen wir, dass der große Schlag gegen England gelingen wird und der Friede dadurch näher gerückt sein möge. Unsere ganze Arbeitskraft gehört in die große Front der Schaffenden und Kämpfenden, deren heiß ersehntes Ziel der baldige deutsche Sieg ist! Als Christen wissen wir, dass Sieg und Frieden ganz allein ein Geschenk des lebendigen Gottes, des Vaters Jesu Christ, sein können, in dessen Namen wir uns auch trotz des bittersten Kriegsgeschehens aller Zeiten verbunden wissen mit der gesamten Christenheit auf Erden; und dazu gehören auch die wahrhaft an Christus Glaubenden und in seiner Gemeinschaft Lebenden in England und Amerika. Wir haben keine Gemeinschaft mit der englischen Kirche, die das Bündnis Englands mit Moskau und den englischen Luftterror segnet; ich meine, dass auch der himmlische Vater mit dieser englischen ‚Kirche' keine Gemeinschaft hat.

Arbeiten und kämpfen für Deutschlands Sieg und um den Frieden beten, der höher ist als alle Vernunft! Wenn wir uns in dieser schweren Zeit des Gebetes unseres Herrn Jesu erinnern, und Seine Worte in unser Herz nehmen, dann wollen wir daran denken, dass nach menschlichem Ermessen die Bitte um unser täglich Brot und alles, was Luther in seiner Erklärung aufzählt, für uns, unsere Kinder und Kindeskinder aus engste verknüpft ist mit dem Sieg der deutschen Waffen, und dass uns noch nötiger als das tägliche Brot die Vergebung unserer Schuld ist und die Vergebung, die wir unseren Schuldigern gewähren. ‚Und vergib uns unsere Schuld, wie wir vergeben unseren Schuldigern!' In dieser Bitte liegt der Friede Gottes, der mehr ist als Krieg, Sieg und Friede."

Schmidt antwortet mit diesem Brief auf eine theologische und zugleich politische Frage: Wie ist die vorgesehene militärische Vergeltung vom christlichen Glauben her zu werten? Kriterium für die Beantwortung dieser Frage ist ihm die Unterscheidung des persönlichen Verhaltens von Christusgläubigen, die sich an der Botschaft der Bergpredigt orientieren, zugleich aber unter den Bedingungen eines Krieg führenden Volks ihre Mitverantwortung für das Leben dieses Volkes haben. Auch Christen können sich in der Situation eines total geführten Krieges nicht wehrlos fremder Willkür ausliefern. Der Gedanke der militärischen Vergeltung, der nicht vom Rachegedanken bestimmt ist, sondern die Funktion hat, den Luftterror Englands gegen die Zivilbevölkerung zu beenden – dieser Gedanke ist christlich verantwortbar, zumal durch die Praxis der Vergeltung der Frieden näher rücken kann. Deshalb ist der Einsatz der Vergeltungswaffen im Blick auf seinen Endzweck geboten und verantwortbar. Und er kann zudem zu dem ersehnten deutschen Sieg führen.

Es kommen gesinnungsmäßige Ergänzungen hinzu: die Gemeinschaft der an Christus Glaubenden in England und Amerika wird nicht zerstört. Zerstört aber ist die Gemeinschaft mit der englischen Kirche, die das Bündnis Englands mit Moskau und den Bombenkrieg segnet. (Diese Einschätzung von Schmidt beruht auf dem Informationsmangel über die innerenglische Diskussion. So hatte sich Bischof Bell im Parlament gegen die Terrorangriffe auf die deutsche Zivilbevölkerung gewandt und sich dadurch bei Teilen der englischen Regierung und der Militärs sehr unbeliebt gemacht).

Die Spannung wird am Ende des Briefes noch einmal deutlich: Kämpfen für den Sieg und beten für den Frieden, den nur Gott schenken kann. Der Schreiber meint zu wissen, dass Deutschland nur eine Zukunft mit einem Sieg über die Feinde hat. Und dann wieder unvermittelt die Bitte um Vergebung der Schuld. Schmidt weiß, dass die militärisch-politische Eskalation des Vernichtungskrieges Schuld ist. Vergebung der Schuld zielt auf den *„Frieden Gottes, der mehr ist als Krieg, Sieg und Friede"*.

Es dürfte überdeutlich sein, dass dieser Rundbrief den inneren Kampf widerspiegelt, ein gutes Gewissen bei der Totalisierung des Krieges durch neuartige Waffensysteme haben zu wollen, aber doch gleichzeitig ein angeschlagenes Gewissen hat. Als Flucht aus diesem Dilemma steht am Ende das Gebet um den Frieden. Denn nur er bedeutete das Ende der Spannung eines Gewissenskonfliktes, in dem jeder Soldat als Christ stand.

In diesem Denken ist immer vorausgesetzt, dass Deutschland einen gerechten Krieg gegen den Bolschewismus und die demokratischen Westmächte führt. An der nationalsozialistischen Interpretation des Krieges als eines Kampfes gegen den bolschewistischen Todfeind hat der Nichtnationalsozialist Schmidt nie einen Zweifel gehabt. Über die Praxis dieses Krieges als eines Eroberungs-, Ausbeutungs- und Vernichtungskrieges und über die systematische Tötung von Juden findet sich bei ihm kein Wort. Er scheint die Wirklichkeit des Krieges hinter der Front entweder nicht zu kennen – was eigentlich unwahrscheinlich ist – oder hält alles für eine bittere Notwendigkeit. Die Frage ist natürlich, welchen Informationsstand ein kleiner Obergefreiter überhaupt haben konnte. Er war wie die meisten Kameraden auf die gelenkte Presse des Systems, auf die Nachrichten in den Soldatenzeitungen und auf die Rundfunkmeldungen angewiesen. Die Frage bleibt: was wusste er von der Judenvernichtung in den baltischen Staaten, was wusste er vom *„Kommissarbefehl"*, was wusste er von der Behandlung der Zivilbevölkerung? Es darf vermutet werden, dass er nur wenig Präzises gehört und selbst wenig mit Augen gesehen hat. Zu fragen wäre: wenn er den Vernichtungsapparat hinter der Front gekannt, wenn er den deutschen Massenmord an den Völkern der Sowjetunion gekannt, wenn er die Liquidierung der Intelligenz in den besetzten Ländern gekannt hätte – hätte er dann noch weiterhin für den siegreichen Endkampf und für den Sieg Hitlers plädieren und beten können? Die von ihm hier und anders vollzogene Konzentration auf das eigene Erleben und auf sein Selbstverständnis als gehorsamer Soldat zum Schutz des Vaterlandes hat zur Ausblendung der umfassenderen Kriegswirklichkeit mit ihren Fragen geführt. So wird auch die Frage ausgeblendet, wie denn das Deutschland nach dem Sieg des Führers ausgesehen hätte. Er hat doch sehr genau wissen können, dass die Zerstörung des Christentums und der Kirchen ein Ziel der NS-Weltanschauung gewesen ist. Er hat doch genau wissen können, dass Gewissens- und Glaubensfreiheit in einem siegreichen geschlossenen Weltanschauungsstaat keine Chance mehr gehabt hätten. Es hätte doch das System triumphiert, das er in seiner Intoleranz und mit seinem Absolutheitsanspruch auf den Menschen schon in den ersten Jahren hautnah erlebt hatte.

Jedenfalls dürfte die Penetranz überraschen, wie ein Mann wie Schmidt bis Ende 1944 den Sieg aus Gottes Hand erhofft hat. Da er sonst einen realistischen Blick für das real Böse im Menschen und unter den Menschen gehabt hat, überrascht es, dass er das NS-System selbst mit seiner Theorie und Praxis nie als Instrument des Bösen, des Widergöttlichen und Widermenschlichen erkannt und beschrieben hat. Bis zum Ende hat er es als von Gott gesetzte Obrigkeit verstanden, der ein Christ Gehorsam schulde.

Ein besonderer Brief an Erika Schloeßmann

In diesem Brief vom 4. Mai 1944 kommt Schmidt noch einmal auf England, das für ihn mit vielen Zeitgenossen der eigentliche Hauptfeind Deutschlands war und ist, zu sprechen:

„Wie im fernen Ostern die Flurbereinigung voranschreitet! Ich sehe es nicht unter dem Gesichtspunkt der gelben Gefahr. Wer sagt denn, dass die

weiße Rasse immer und überall den Vorrang behalten muss? Sie hat ihn längst, besonders unter englischer Führung, gründlichst verwirkt. Dem Zusammenbruch des Empire sehe ich ohne Traurigkeit zu. Es ist erschütternd zu sehen, wie eine ‚engl.-christl.‘ Kirche (in Analogie zu den DC) nicht nur das völkische Leben in aller Welt niederzuhalten Hilfestellung leistet, sondern auch allenthalben echten christl. Glauben verfälscht zu Gunsten eines christl. verbrämten, höchst kommerziell-ausbeuterisch orientierten Nationalismus. Es ist, glaube ich, die Zeit gekommen, von der ein K.F. Meyer sagt: ‚Wenn andere welken, werden wir ein Staat‘. Englands Zeit ist vorüber, die große Chance der Zus.arbeit mit dem jungen Europa ist verpasst. Allerdings, wie wir die unfasslich große und einmalige Zeit nutzen? Um diesen Gedanken geht all mein Sinnen und Bangen fast Tag und Nacht. Wenn auch die ‚letzte Bibel‘ noch nicht gedruckt ist, der Kampf gegen den christlichen Glauben und damit gegen Europa nimmt immer raffiniertere, systematische Form an. Was wird Sieg und Frieden bringen! Wir wollen es in Geduld abwarten und nach Kräften an Sieg und Frieden mitarbeiten. Die Kraft unseres Christenglaubens ist noch bei weitem die stärkste unter all den Mächten, die unser Volk bewegen. Der Brief von Mölders lässt doch wieder einen Durchblick tun. Ja, solche Kampfgefährten zu kennen, das tut gut.“

Für Schmidt ist England der Hauptfeind Deutschlands. Den weltweiten Bedeutungsverlust Englands als europäischer Macht sieht er mit Freuden. Und wie im Ersten Weltkrieg zelebrieren England und seine Kirche den bekannten Kaufmannsnationalismus, verbrämt durch englische Scheinreligiosität. England hat für ihn den Anschluss an das *„neue Europa"* verpasst. Schmidt übernimmt hier eine übliche NS-Interpretation, die das angestrebte Europa unter deutscher Führung als das *„junge Europa"* verstand. Für Deutschland wird sich erst nach dem Sieg im Frieden entscheiden, ob sich die Kraft des Christenglaubens, dass die stärkste Kraft im Volke bildet, durchsetzen kann gegen die antichristlichen Kräfte.

Schmidt dürfte an dieser Stelle auch an den antichristlichen Kampf des Nationalsozialismus gedacht haben. Aber er hält es wohl für möglich, dass die christlichen Volkskräfte in einem Nachkriegsdeutschland unter Hitler die Oberhand behalten. Er scheint an eine christliche Renaissance nach einem zu gewinnenden Krieg geglaubt zu haben.

Der erwähnte Brief des bekannten Luftwaffenobersten Günter Mölders hatte in der Bevölkerung und in der Wehrmacht eine große Verbreitung gefunden. In ihm kam ein überzeugter Katholik zu Wort, der Distanz zur Weltanschauung des Nationalsozialismus bezeugte. (Schmidt konnte nicht wissen, dass dieser Brief vom britischen Geheimdienst gefälscht und verbreitet worden war.)

Rundbriefe an die Gemeinde Nr. 5 und Nr. 6

Rundbrief Nr. 5 vom 18. März 1944 ist als ein Ostergruß an die Gemeinde gedacht. Er ist ein Lehrtext zur Beantwortung vieler Fragen im Zusammenhang des Osterglaubens. Er gewährt uns einen weiteren Einblick in Grundaussagen des Schöpfungsverständnisses und des Osterglaubens des Schreibers:

„Zum heiligen Osterfest grüße ich Sie alle herzlich mit dem Wort aus Offenbarung 5, 12: ,Das Lamm, das erwürget ist, ist würdig, zu nehmen Kraft und Reichtum und Weisheit und Stärke und Ehre und Preis und Lob!'

Das Lamm ist würdig, weil es ganz gehorsam war. Das ist ein wichtiger Zusammenhang: Gehorsam und Würdigkeit vor Gott. An Christus können wir lernen, dass solcher Gehorsam ganz und gar innerlich zu verstehen ist. Kein äußerliches Tun, dem Gedanken und Wünsche nicht entsprechen, sondern gehorsame Gesinnung und daraus gehorsame Tat. Wir werden es in Jesu Nachfolge nicht zu einem solchen Gehorsam bringen. Ob darum unsere Würdigkeit vor Gott gleich unvollkommen bleibt?

Wir unterscheiden zwischen dem inneren und äußeren Menschen. Jedoch nicht so, wie in manchem philosophischen Denken der Unterschied gemacht wird: die Seele des Menschen sei der gute, der göttliche Teil, der Leib aber das Gefängnis der Seele. Nun sei es Aufgabe des Menschen, sich von den Fesseln des Leibes zu befreien und mit der Seele zu Gott empor zu steigen. In diesem Denken wird der Fehler gemacht, dass die sichtbare und greifbare Welt der Dinge und Körper dem Fürsten der Finsternis zugedacht wird, er sei der Schöpfer alles Stofflichen. Wir wissen aus der Schöpfungsgeschichte: Gott hat alles geschaffen, ,Leib und Seele, Augen, Ohren und alle Glieder, Vernunft und alle Sinne', alles, was sichtbar und unsichtbar ist. An diesem grundlegenden Gedanken müssen wir festhalten, damit alle Zwiespältigkeit von der Schöpfung Gottes ferngehalten wird. Von Ihm kommt ,alle gute Gabe und alle vollkommene Gabe'.

Ein gleich abwegiges Denken verbirgt sich auch hinter der Unterscheidung zwischen guten und bösen Völkern und Rassen. Gewiss gibt es kleine

Unterschiede unter den Völkern und Rassen, aber vor Gottes Angesicht sinken sie in Nichts zusammen. Es ist nur eine Verschiebung der Zwiespältigkeit in der Schöpfung Gottes, wenn wir dem arischen Menschen mit Leib, Seele und Geist als gut oder gar göttlich bewerten und eine andere Rasse in ihrer Gesamtheit als böse und ungöttlich bezeichnen. Der Zwiespalt in der Schöpfung Gottes geht durch alle Völker; Rassen, Menschen in gleicher Weise, er kommt nicht aus der Hand Gottes, sondern durch die Sünde aus dem menschlichen Herzen. Nicht so, dass der Leib böse sei, die Seele aber gut, sondern so, dass Leib, Seele und Geist, der Mensch in seiner Gesamtheit von Gott her gut geschaffen, dann aber durch die Sünde verderbt ist. In einem Bilde könnte man es so zum Ausdruck bringen: der Lebensstrom von Menschen wird durch zwei Quellen gespeist, aus der einen Quelle quillt das reine, kristallklare Wasser der Schöpfung Gottes, aus der anderen Quelle die schmutzige Flut der Sünde. Die Quelle der Sünde beherrscht mit ihrem Strom das Leben des Menschen, durch die Sünde ist die durch die Schöpfung gestiftete Gemeinschaft des Geschöpfes mit dem Schöpfer völlig zerstört. Der Mensch lebt mit Leib, Seele und Geist in der Gottesferne.

Durch die Erlösung in Christus Jesus ist nun der ganze Mensch wieder in die Gemeinschaft mit Gott zurückgeführt worden. Der ganze Mensch hat teil an der Erlösung von der Sünde und Schuld. So wie Christus den leiblichen Tod gestorben und leiblich auferstanden ist, so hat auch unser Leib teil am Tode und an der Auferstehung. Auch hier ist der Mensch wieder ein Ganzes: von Gott geschaffen an Leib, Seele und Geist, von Christus erlöst; durch die Erlösung zum Sterben verurteilt und zur Auferstehung berufen, wieder der ganze Mensch nut Leib, Seele und Geist.

Was bedeutet das im Einzelnen?

1. *Gottes Schöpfung ist ganz und gar gut. Denn bei Ihm ist „keine Veränderung noch Wechsel des Lichts und der Finsternis.*
2. *Die Sünde hat die ganze Schöpfung befallen. Am Menschen ist nichts Gutes mehr.*
3. *Alles Mühen um Freiheit von der Sünde führt nicht dadurch zum Ziel, dass wir den Leib als Hülle der Sünde betrachten, ihn verachten, vernachlässigen oder gar zu vernichten trachten.*
4. *Auch die Flucht in ein Innenleben der Seele bringt uns Gott nicht näher. Auch in der Seele wohnt die Sünde.*
5. *Der Geist des Menschen kann uns keinen Weg bahnen, der aus der Knechtschaft der Sünde in die Freiheit der Kinder Gottes führt.*

6. *Allein in Christus ist uns der Weg zum Leben mit Gott gegeben; wer den Sohn lieb hat, der lebt in der Liebe des Vaters.*
7. *Widerfährnisse des Leibes, Krankheiten, Gebrechen sind nicht Schläge des Satans, sondern Führungen und Prüfungen unseres Gottes, der uns züchtigt, weil Er uns lieb hat.*
8. *Der Mensch trägt auch im Zustande größter leiblicher oder seelischer Unordnung und Auflösung das Siegel der Schöpfung Gottes und die Verheißung der Erlösung von Sünde und Schuld und der Auferstehung zum ewigen Leben.*

Was heißt nun: Aufbau des inneren Menschen? Der in der Taufe neugeborene geistliche Mensch will täglich genährt werden mit dem Brot des Lebens. Die Gemeinschaft mit dem Vater, in die wir hinein versetzt sind, will täglich erneuert sein in Bitte, Gebet, Fürbitte und Danksagung. „Darum werden wir nicht müde, sondern, ob unser äußerlicher Mensch verdirbt, so wird doch der innerliche von Tag zu Tage erneuert." (2. Kor. 4, 16)

Und wer ist würdig im Gehorsam? Der mit Paulus bekennen kann: „Derhalben beuge ich meine Knie vor dem Vater unseres Herrn Jesu Christi, der der rechte Vater ist über alles, was da Kinder heißt im Himmel und auf Erden, dass Er euch Kraft gebe nach dem Reichtum Seiner Gerechtigkeit, stark zu werden durch seinen Geist an dem inwendigen Menschen, dass Jesus wohne durch den Glauben in unserem Herzen und ihr durch die Liebe eingewurzelt und gegründet werdet." (Eph. 3, 14–17)

Der Auferstandene und Fürst des Lebens ist auch der Herr unseres in Ihm begonnenen neuen Lebens. Ihm immer ähnlicher werden in der Nachfolge, der geistliche Aufbau des inneren Menschen."

Dieser Brief ist ein dogmatischer Lehrbrief. Schmidts Überzeugung war immer, dass die Verkündigung des Ereignisses Gott in Jesus Christus auch in der kirchlichen Lehre zur Sprache und zum Bekenntnis gebracht werden muss. Der Glaube als persönliche Entscheidung impliziert zugleich inhaltliche Wahrheiten, die allen Glaubenden in der Lehre der Kirche zu vermitteln sind. Diese Wahrheiten müssen schriftgemäß sein und an die Glaubensbekenntnisse der alten Kirche und der Reformation gebunden sein.

Schmidt greift zunächst in eine alte Diskussion um das Zueinander von Leib, Seele und Geist ein. Immer wieder haben Interpreten versucht, diese Einheit in ihren unterschiedlichen Formen in eine Hierarchie der Werte zu bringen: der Geist und die Seele seien das Zentrale des Menschseins, das

Leibliche sei die vergängliche fleischliche Hülle, die der Sitz der Sünde sei. Schmidt will auch den inneren und äußeren Menschen unterscheiden, aber sie zugleich in ihrer Ganzheitlichkeit aufeinander bezogen sehen. Von der Schöpfung her ist der eine Mensch der ganze Mensch. Der Mensch, der sein will wie Gott, also selbst wissen, was gut und böse ist, gebiert die Abwendung von Gott, die Sünde. Von ihr befallen sind Leib, Geist und Seele in gleicher Weise. Es gibt nichts Göttliches mehr an und in ihm. In dieser seiner Ganzheitlichkeit ist er erlösungsbedürftig, voll angewiesen auf die Rettung von seiner Sündhaftigkeit. Das Angebot, sich in neuer Weise als Mensch zu gewinnen, ist mit der Annahme des Glaubens an Jesus als den Christus Gottes gegeben, der Menschen von sich selbst erlöst und zu neuen Menschen in der Einheit von Leib, Seele und Geist macht. Ohne diesen Christusglauben gibt es keine Rettung von der Sünde und Schuld, für die der Mensch selbst verantwortlich war.

Was Schmidt bei seinen Lesern erreichen will, ist, dass sie Abschied nehmen von jedem Restglauben an die Menschwerdung des Menschen durch sich selbst. Die einen hatten die Möglichkeit einer Menschwerdung ohne Gott propagiert, die anderen den guten heroischen arischen Menschen, der des Umwegs über eines Offenbarungsglaubens nicht bedürfe, sondern sich auf naturhafte Weise zum gelungenen Menschen mache.

Schmidt zieht aus seiner Sünden- und Erlösungslehre eine Konsequenz, die gegen das herrschende nationalsozialistische Dogma steht. Er torpediert mit seiner theologisch-anthropologischen Reflexion das biologistische NS-Rassenschema von den guten und bösen Rassen. Was über alle kleinen Unterschiede zwischen den Rassen das Entscheidende ist: vor Gott sind alle Menschen Sünder. In seiner Schöpfung gibt es keine qualitativen Unterschiede zwischen Völkern und Rassen.

Schmidt, der die NS-Rassenlehre, die zur Begründung der Unterdrückung anders Rassischer benutzt wurde, genau kannte, macht hier eine Aussage, die eine klare Verweigerung der NS-Rassentheorie und der ihr folgenden Praxis impliziert. Das Sündersein aller Menschen als Geschöpfe Gottes bedeutet die Gleichheit aller Menschen, der die Gleichheit der Erlösungsbedürftigkeit aller seiner Geschöpfe zur Folge hat. Allen Menschen auf dieser Welt ist das Angebot gemacht, ihre Sünde und Schuld sich durch den Glauben an den einen Sohn Gottes nehmen zu lassen. Und Gott sammelt seine Christusgläubigen aus allen Völkern und Rassen zu der einen Kirche Jesu Christi auf Erden. Wie die sündige Menschheit eine universale Einheit vor Gott ist, sich aber immer wieder zerfleischt, so kann die Schar der Christusgläubigen aus allen Völkern eine weltweite Gemeinschaft des Friedens werden.

Diese Konsequenzen liegen im Gefälle des Schmidtschen Denkens. Er kann bei allem ihm eigenen Patriotismus keinen exklusiven Rassismus und Nationalismus vertreten. Verständlicherweise führt er die möglichen politischen Konsequenzen seines Schöpfungs- und Erlösungsglaubens nicht weiter aus. Die meisten Leser werden verstanden haben, dass ihr Pfarrer einen Angriff auf die Mitte der nationalsozialistischen Weltanschauung vorgenommen hatte.

Er selbst wendet sich im zweiten Teil wieder der Bedeutung des leiblichen Todes und der leiblichen Auferstehung für den Glaubenden zu, der als ganzer Mensch mit Leib, Seele und Geist zur Auferstehung berufen ist. Die acht von ihm aufgezeichneten Konsequenzen sind Hilfen für den Leser, sein gläubiges Selbstverständnis zu vertiefen. Es ist eine Hilfe, den eigenen inneren Menschen als geistlichen Menschen aufzubauen, um Halt im eigenen Leben zu gewinnen. Auf eine praxis pietatis, auf die Bildung einer praktischen Frömmigkeit in den Widerfahrnissen der Gegenwart zielen Schmidts theologische Reflexionen, auch wenn sie ins Gewand von Lehraussagen gekleidet sind. Am Ende geht es um die Nachfolge des auferstandenen Herrn, der schon jetzt ein neues Leben bei denen, die an ihn glauben, beginnen lässt. Ostern kann sich für den Christusgläubigen im Gegenwärtigen ereignen. Das gibt für den Christen Halt und Haltung.

Schmidt gehört zu den Predigern, die beides immer zugleich ausgesagt haben: den Glauben an das eschatologische Handeln Gottes in der Auferstehung und an das präsentische Handeln Gottes im Leben der Christusgläubigen. Beides war für ihn der Grund des Trostes. Beides konnte Lebensängste überwinden.

Der Rundbrief Nr. 6 vom 10. Mai 1944 ist ein Pfingstgruß an die Gemeinde. Für den Menschen und Theologen Schmidt hatte das Beten eine existentielle wie eine gemeindliche Bedeutung. Deshalb heißt es am Anfang:

„Der vornehmste Dienst ist das Gebet. Aber wir können aus uns selbst auch nicht recht beten. Der Geist Gottes muss uns beten und singen lehren. Denn nur das Singen und Beten in der Kraft des Geistes dringt zum Himmel und bringt uns die Hilfe Dessen, der allen Menschen helfen kann und helfen will. Und wenn wir nun durch rechtes Beten und Singen die Hilfe erfahren, dann zieht die Freude in uns ein; und in allem Leiden erfahren wir Gottes Trost. Christenmenschen mit der Freude Gottes im Herzen sind auch erfüllt von dem Geist der Liebe, der ein Freund der Freundlichkeit ist. ... Der Geist

Gottes vertreibt alle bösen Geister und erfüllt die Gemüter mit reinem Glau-
ben: Er gibt Freudigkeit und Stärke in dem Kampf gegen das Reich des Sa-
tans. Er richtet unser ganzes Leben nach Gottes Willen, hilft fröhlich sterben
und führt uns ein in das Haus des ewigen Lebens."

Singen und Beten waren für Schmidt Ausdruck eines tiefen Vertrauens,
von Gott gehalten und geführt zu sein. Was und wie zu beten ist, gibt der Geist
Gottes ein, der ein Geist der Freude in allem Leide und ein Geist der Liebe
zu allen Menschen ist. Wenn er diesen Geist gegen das *„Reich des Satans"*
kämpfen lässt, so benennt er hier eine Größe, die für ihn harte Wirklichkeit
geworden war sowohl im Leben des einzelnen Menschen wie im Geschichts-
ablauf. Dämonische und satanische Wirklichkeit und Wirkmächtigkeit waren
für ihn sichtbare und erlebbare Realpräsenz im Leben des Einzelnen wie im
Ablauf der Geschichte. Gott als Gott der Liebe hat für ihn immer seine Widersacher, die die Menschen in die Versklavung an sich selbst drängen und
Chaos unter den Menschen anrichten wollen. Dieses antigöttliche und cha-
otische Potential liegt im Menschen sprungbereit zum zerstörerischen Handeln. Wer diese untermenschlichen und antimenschlichen Möglichkeiten der
Menschen illusionslos sieht, wird unentwegt gegen sie die Gebote und den
Geist Gottes mobilisieren. Jede Predigt wird ein Bollwerk gegen den Satan
und seine Trabanten.

Schmidt berichtet dann von seiner Vertretung des Divisionspfarrers vom
16. April bis 15. Mai 1944: *„Der Dienst an den Kameraden macht mir wieder*
viel Freude." Ein besonderes Erlebnis war für ihn die Begegnung mit einem
estnisch-lutherischen Pfarrer, dessen Vorgänger 1918 und 1940 von den Bolschewisten ermordet worden waren.

Pfingstgruß des Pfarrers und der Gemeindeschwester an die Gemeindeglieder außerhalb Bochums

Gleichzeitig im Mai 1944 schreibt Schmidt, auch im Namen von Schwester Gretchen, einen Pfingstgruß an die Gemeindeglieder außerhalb Bochums.
Als Schriftwort dient ihm: *„Wir haben nicht empfangen den Geist der Welt,*
sondern den Geist aus Gott!" (1. Kor. 2, 12) Er interpretiert: *„In diesem Got-*
teswort liegt das Geheimnis der Gemeinde Jesu, die sich aus allen Völkern
der Erde um seinen Namen sammelt. Ein Führer kann nur dann einen Weg

weisen, wenn er den Weg genau kennt. Ein Menschengeist führt die Menschen dorthin, von wo er kommt: zu Menschen. Der Geist der Welt kann immer nur zur Welt und zu den Dingen der Vergänglichkeit führen. Keines Menschen Geist weist den Weg zu Gott. Nur der Geist, der vom Vater und dem Sohn aus geht, kann zum Vater und zum Sohn führen. Er ist der ‚edle Führer‘, der den Weg weist und nie in die Irre führt.

Auf dem Weg zum Vater und zur himmlischen Heimat finden wir uns unter Jesu Führung zusammen als Seine Gefolgschaft und Seine Gemeinde. Um des gemeinsamen Herrn und Heiland willen, der uns mit seinem Wort regiert und unsere Herzen täglich erneuert, sind wir Gemeinde Jesu in aller Welt. Das habe ich hier in einem fremden Lande schon oft erfahren. Im Narva-Abschnitt wohnte ich eine Woche lang in dem Häuschen eines alten Mannes von mehr als 80 Jahren. Er hauste allein und kümmerte sich nicht um russische Flieger und Artillerie. Sein ganzes Tagwerk war eine fast ununterbrochene Vorbereitung auf die Ewigkeit. Früh am Morgen nahm er seine zerlesene Bibel hervor, las laut vor, dann sang und betete er mit kurzen Unterbrechungen bis Mittag. Am Nachmittag und Abend tat er es ebenso. Von dem, was er las und sang, verstand ich kein Wort, aber den Namen Jesu Christi konnte ich immer wieder heraushören. Und dieser Mann schuf eine Gemeinschaft zwischen uns, auch wenn wir kein Wort miteinander reden konnten, und keiner des andern Sprache verstand. Wie schön wäre es gewesen, wenn wir miteinander hätten singen und beten können."

Es wird wieder deutlich: die die Völker umfassende Einheit ist die weltweite Gemeinde Jesu. Diese Gemeinde in aller Welt ist das große Ereignis, das alle Christusgläubigen verbinden könnte. Schmidt hat diese Ökumene im Krieg unter den Kameraden und in der Begegnung mit Christen in anderer Sprache vielfach erlebt.

Rundbriefe an die Gemeinde Nr. 7, Nr. 8 und Nr. 9

Der Rundbrief vom 8. Juli 1944 beginnt mit einer Lageeinschätzung des Frontsoldaten: *„Seit dem letzten Rundbrief sind zwei Monate vergangen. Die Invasion hat begonnen und hat schwere Kämpfe heraufgeführt. Die Vergeltung ist endlich Wirklichkeit geworden und hat uns neuen Mut gemacht, auf den Endsieg zu hoffen. An der Ostfront tobt eine gewaltige Schlacht. Die*

Anforderungen an die Arbeitskraft und Ausdauer der Heimat sind groß. Unser Volk durchlebt und durchkämpft eine Bewährung, wie wir sie in unserer Geschichte noch nicht erfahren haben."

Trotz der militärischen Großlage mit der Invasion der Alliierten am 6. Juni 1944 an der Normandieküste und mit dem Vormarsch der Amerikaner im Westen und der russischen Großoffensive, begonnen am 22. Juni 1944, dem dritten Jahrestag des Überfalls der Wehrmacht auf die Sowjetunion, hofft Schmidt immer noch dank der Vergeltungswaffen auf einen Endsieg. In der Tat ist diese Hoffnung bei den meisten Soldaten im Osten ein Motiv für die Stärkung ihrer Kampfkraft gegenüber einem immer stärker werdenden Feind gewesen. Schmidt scheut sich auch nicht, das in Krisenzeiten der Geschichte immer wieder zelebrierte Wort von der so nie da gewesenen Bewährung des ganzen Volkes zu gebrauchen. Natürlich wissen wir nicht, ob er eine genauere Vorstellung von der alliierten Militärmacht gehabt hat. Über die amerikanische Übermacht an militärischem Gerät und frischen Truppen wird er kaum Fakten und Daten gekannt haben, ebenso auch nicht die Tatsache, dass das amerikanische Rüstungspotential der russischen Kriegsführung zur Verfügung gestanden hat. Der durchschnittliche deutsche Frontsoldat verfügte nur über das Wissen, was ihm von oben gegeben wurde.

Unmittelbar nach der militärischen Einschätzung folgt im Brief eine Lageeinschätzung unter einem ganz anderen Gesichtspunkt:

„Ich habe den Eindruck, dass das große Amt der ganzen Christenheit, mit der Macht des Gebetes Dämonen zu bannen und Teufel auszutreiben, in diesem ungeheuren Ringen der Geister nicht oder nur wenig zur Wirkung gelangt. Gewiss, mancher Soldat im Felde spürt die Kraft der Fürbitte, die für ihn in der Heimat treu geschieht. Und manches Gebet der Soldaten für die Lieben daheim wird wunder erhört. Aber auf das Ganze unseres Volkes gesehen wiederholt sich die Zeit, von der Hindenburg sagen musste, man spüre es an der Front, dass in der Heimat zu wenig gebetet würde. Es ist auch an der Front und in der Heimat niemand da, der mit geistlicher Vollmacht unsere deutsche Christenheit zum inständigen Gebet aufrufen und stellvertretend vor den Thron Gottes treten könnte. Welch eine ungeheure Schuld wird jetzt deutlich an uns, seit mehr als zehn Jahren dämpfen wir den Geist Gottes und hindern unsere geistliche Kraft. Noch immer hat der Hadergeist Raum in unseren Gemeinden und Presbyterien. Es ist ein Versagen der Gemeinde, dass sie den Ungeist menschlichen Eiferns und ungeistlichen Wesens

nicht längst mit der Kraft des Geistes Gottes vertrieben hat. Es ist nicht aus-zudenken, wie die Kraft Gottes in unser Volk an der Front und in der Heimat einströmen und unsere Herzen fest machen würde, wenn die unsichtbare Mauer der gläubigen Gemeinden mit unseren Gebeten um unser Volk aufge-baut würde."

Dies dürfte eine ganz persönliche Einschätzung des Fronsoldaten sein, der aufs Ganze des Volks gesehen die Kraft der Fürbitte für die kämpfenden Trup-pen vermisst. Auch vermisst er in der Kirche eine Person, die mit geistlicher Vollmacht zum Gebet aufruft und stellvertretend vor den Thron Gottes tritt. Beides wirft Fragen auf: woher will er den Grad der Intensität der Heimat-gebete für die Front kennen? Zum andern: hat er nicht gewusst, dass viele Christen schon lange nicht mehr für den Sieg, der ein Sieg Hitlers gewesen wäre, gebetet haben? Beteten nicht schon lange die meisten für den Frieden, wie er auch aussehen sollte? Und: will Schmidt einen kirchlichen Vorbeter der Nation haben, der genau für das betet, was die politische Führung will?

Wenn er nun zwei Gründe für das Dilemma sieht – nämlich die religions-politische Zurückdrängung der Kirche aus der Öffentlichkeit und die innere Zerrissenheit der Kirche selbst – und wenn er meint, durch Gebete der gläu-bigen Gemeinde zu einer Neubesinnung auf die Kraft Gottes zu kommen, die dann einströme in den Geist an der Front und in der Heimat, so dürfte er ein altes traditionelles Bild aus der protestantischen Kriegstheologie wieder er-wecken wollen: das kämpfende Volk als ein betendes Volk für den politisch-militärischen Sieg über die Feinde. Dass dieses Bild für die nationalsozialis-tische Führung längst nicht mehr existierte, sondern für sie der Krieg von ihrer Weltanschauung her ein notwendiges Instrument war, ihren Herrschaftswillen über andere Rassen und Völker durchzusetzen. Selbst diese Kriegsauffassung hielt Schmidt nicht davon ab, für den Sieg der deutschen Waffen zu beten.

Im Zentrum des Briefes steht dann eine ausführliche biblische Besin-nung über das Gebet. Sie war erwachsen aus einem langen Gespräch mit ei-nem Kameraden, das inhaltlich genau wiedergegeben wird. Es zeigt, dass das Gebet für die eigene christliche Existenz zentral ist. Hier ist das Gebet die ganz persönliche Ausdrucksform für ein intensives Hören auf Gottes Wort und für ein persönliches Vertrauen auf die Führung Gottes. Es ist eine seelsor-gerliche Unterrichtung über das mögliche Selbstverständnis eines Christen, der aus dem Gebet heraus lebt und denkt. Sie dürfte in Spannung und Kon-trast zu dem Gebet für das Volk mit seiner politischen Abzweckung stehen.

Angeheftet an den Rundbrief war ein kurzer Bericht an die Rundbriefleser von Frau Schmidt, die mit ihren Kindern in Lübbecke wohnte. Über die jüngste Tochter schreibt sie: *„Die kleine Dörthe ist meist im Garten unter der Obhut der Großmutter. Die Kleine macht uns unendlich viel Freude. Wenn man sie lachen sieht und hört, kann man alle Kriegssorgen vergessen. Sie ist schon 5 Monate alt. Wann mag sie der Vater sehen?"*

Der Rundbrief Nr. 8 ist datiert vom 15. September 1944, kommt aus dem lettischen Raum und ist eine Auslegung des Wochenspruchs *„Lobe den Herrn, meine Seele und vergiss nicht, was er dir Guts getan hat"* im Kontext des unmittelbaren Kriegsgeschehens:

„Es ist wieder eine Woche schwerster Abwehrkämpfe im lettischen Raum bei Walk. Wenn ich auch nicht unmittelbar als Infanterist an diesen Kämpfen beteiligt bin, sondern sie nur aus einer gewissen Entfernung miterlebe, so stehe ich doch wieder stark unter dem Eindruck des Kriegsgeschehens, das für so manchen Kameraden und seine Angehörigen und für die lettische Bevölkerung unsagbares Leid mit sich bringt.

Wenn ich dann noch daran erinnere, dass bei den schweren Kämpfen an den Westgrenzen des Reiches jetzt erstmalig deutsche Städte genannt wurden und furchtbare Ausmaße angenommen haben, dann will es uns schwer werden, unter der Wochenlosung stille zu halten oder gar der Aufforderung zum Lobe Gottes freudig nachzukommen.

Es gibt Menschen, die sich innerlich von allem Geschehen in unserem Volk losgesagt haben und nun irgendwo in einem stillen Städtchen ein unbekümmertes Leben führen. Wer in solcher Haltung das Heiligtum Gottes betritt zum Dank und zur Anbetung, der wird gleich dem Pharisäer nur beten können: ,Ich dank dir Gott, dass es mir nicht so schlecht geht wie den anderen Leuten!' Es gibt auch in Deutschland noch Menschen, die bisher von großem Leid verschont geblieben sind. Sollen sie sich allem Leid der Mitmenschen verschließen und soll ihnen das Lob Gottes vorbehalten sein?"

Realistisch sieht Schmidt, dass die Fronten sich immer mehr auf Deutschland zurückschieben. Im Westen tobt an den Grenzen des Reiches eine gewaltige Schlacht. Aber in Deutschland gibt es noch Menschen, die wenig vom Krieg betroffen sind. Sollen sie Gott loben, weil sie verschont sind? In dieser Situation den Wochenspruch auszulegen, bedarf es einiger grundsätzlicher Reflexionen. Er gibt den Rat:

„Es ist nicht gut, in der Betrachtung des irdischen Leidens zu verharren; das würde unser Gemüt verfinstern und den geistlichen Menschen in uns über die Maßen belasten, denn: ‚Die Traurigkeit der Welt wirket den Tod.' (2. Kor. 7, 10) Wir sollen auch nicht jedem schweren Leid um uns herum nachdenken und alles mittragen wollen. In unsern Tagen geschehen Dinge, wie sie die Hl. Schrift für das Weltende angekündigt hat. Man meint jetzt oft, in die grausigen Gesichtszüge des Fürsten dieser Welt, des Meisters aller Unordnung, Auflösung und Zerstörung zu sehen. Es geht mir häufig so, dass ich hier in den schönen Baltenländern, in denen so treue evangelische Christen wohnen, das Leid nicht mit ansehen kann, sondern mich innerlich verschließen muss, wenn ich ein froher und dankbarer Mensch bleiben will. "

Das aber bedeutet für ihn nicht, sich innerlich von allem Leid loszusagen. Man behält ein *„mitfühlendes, mitleidendes und mittrauerndes Herz "*. Aber man versinkt nicht in Leid und Trauer. Er bietet an: *„Nicht die Betrachtung des menschlichen Leidens, sondern die Versenkung in die Leiden Jesu Christi hilft uns, das Leid überwinden und schenkt uns die Freudigkeit zu Lob und Dank. "*

Und der Schreiber berichtet von einem langen Spaziergang mit einem Kompaniefreund, auf dem sie in Ruhe die Problematik des Zugleich von Leiden und Danken durchgesprochen haben. Das Leben hat seine Bequemlichkeiten verloren:

„Ungezählte Familien sahen Heim, Hab und Gut in Trümmer sinken oder in Flammen aufgehen. Söhne und Väter blieben vor dem Feinde; Frauen, Kinder, Alte und Kranke fanden unter den unmenschlichen Schlägen des Luftterrors einen furchtbaren Tod. Die apokalyptischen Reiter (Offenb. 6, 1–8) ‚brausen durch das Land, den Tod im Gefolge'. Wir müssen mit, ob wir wollen oder nicht. Wenn wir die Kriegsjahre zurückdenken, dann erschrecken wir, was wir alles schon erlebt haben. Gott hat uns Zeit gelassen, Kräfte für die große Probe zu sammeln!

Fast unmerklich ist von Jahr zu Jahr der Sturm stärker und die Last schwerer geworden. Aber noch sind wir nicht am Ende aller Leiden. Niemand von uns weiß, was Gott uns noch alles zugedacht hat. Wer sich von den gegenwärtigen oder gar vergangenen schweren Ereignissen innerlich binden und gefangen nehmen lässt, wird den kommenden, noch schwereren Ereignissen fassungslos gegenüber stehen. Nur wenn wir allezeit bekennen können: ‚Es kann mir nichts geschehen, als was er hat ersehen und mir dienlich ist.'

und in solches Bekenntnis auch das Schwerste einbeziehen, was uns an Leib und Leben zustoßen kann, dann ist auch jeder Verlust noch ein Gewinn und jedes Leid Grund zu Lob und Dank."

Es folgen dann noch einige weitere Trostsätze über Leiden und über Sich-fügen in Gottes Willen. Und dann wird die große endzeitliche Hoffnung formuliert: *„Und wenn wir alles hingeben müssen an Gut und Blut: Es bleibt uns die ewige Heimat, die goldene Stadt, die aller boshaften Zerstörungswut entzogen ist; es bleibt uns die Hoffnung, auch die Auferstehung, in der wir überkleidet werden und angetan mit weißen Kleidern; Es bleibt uns das ewige Leben, das kein Tod nicht töten kann. Versuchen wir alles im Licht der Ewigkeit zu sehen! Dann werden wir dankbare Menschen, deren Herz voll ist des Lobes Gottes."*

Diese Briefpassagen dürften für die Leser eine schwere Kost gewesen sein. Der Schreiber deutet das Kriegsgeschehen als endzeitliches Geschehen. Der *„Fürst dieser Welt"* betreibt sein Geschäft der Zerstörung. Die apokalyptischen Reiter brausen durch das Land. Es ist angesichts des Ausmaßes der Leiden der Menschen auch für den frommen Zeitgenossen eine Überforderung, alles Leid dieser Zeit mit zu tragen. Vor vielem muss man sich verschließen, um ein *„froher und dankbarer Mensch"* zu bleiben. Schmidt sieht sehr genau bei sich selbst und anderen die Grenzen des Ertragens des Leides, das zur umfassenden Signatur der Gegenwart geworden ist. Um nicht in Leid und Trauer gänzlich zu versinken, gibt es für ihn nur den einen Weg: nicht fixiert zu bleiben auf das eigene Leiden und das Leiden der Mitmenschen, sondern sich in das Leiden Jesu Christi zu vertiefen. Die Passion Jesu zu betrachten, kann Abstand vom ewigen Bedenken der gegenwärtigen Leiden bringen.

Schmidt sieht noch lange kein Ende der gegenwärtigen Kriegsleiden und damit auch der eigenen Betroffenheit in ihnen. Sie aber sind nur durchzuhalten, wenn das gemeinsame und persönliche Leiden als Gottes Willen angenommen und dadurch in allem und trotz allem der Grund zu Lob und Dankbarkeit gefunden wird. Und was im Fall auch des eigenen Sterbens bleibt, ist die Hoffnung auf die Auferstehung und auf das Sein in der Ewigkeit. Dieser Glaube auf eine andere Zukunft nach dem irdischen Leiden und Sterben lässt Christen in allem irdischen Leiden dankbare Menschen bleiben. Der Blick auf die Ewigkeit lässt glaubende Menschen das zwischenzeitliche Leiden annehmen und durchstehen.

Ohne Zweifel entfaltet sich hier eine Frömmigkeit, die Widerspruch provoziert haben dürfte. Sie ist ein Plädoyer, auch in dem grausamsten unsinnigsten Kriegsgeschehen, das eigengesetzlich abläuft und nicht zu stoppen ist und bei dem man unentrinnbar mitmachen muss, noch einen eschatologischen Sinn zu sehen. Von diesem Glauben her wehrt man sich nicht gegen den Unsinn, wie es die Männer des 20. Juli 1944 getan haben, sondern nimmt den sich radikalisierenden Unsinn mit seinen Hekatomben von Opfern als unausweichliches Schicksal hin, weil man den Glauben hat, dass das Sterben der Eingang in das neue Leben beim himmlischen Vater ist. Dieser endzeitliche Glaube, der die Ergebenheit in den geschichtlichen Prozess fördert, kann keinen noch so leichten Widerstand gegen die irdischen Verursacher des weltgeschichtlichen Chaos entbinden. Diese Inhalte der Frömmigkeit blenden die möglichen Fragen nach dem Sinn und einem möglichen Ende des Gemetzels aus. Die Durchhalteparolen der politischen und militärischen Befehlshaber werden nicht auf den Sinn und ihre Verantwortlichkeit hinterfragt. Sie sind und bleiben die von Gott legitimierten Obrigkeiten, denen gegenüber man gehorsam zu sein hat. Auch wenn sie Massen von Soldaten und Zivilisten in einen aussichtslosen Kampf und in das grausame Sterben schicken, die von Schmidt vertretene theologische Interpretation des Geschehens und die aus ihr sich ergebende Frömmigkeit lässt Menschen widerstandslos gegen Unsinn und Verbrechen bleiben. Die Erwartung auf eine himmlische Zukunft lässt das Sterben in der Gegenwart zwar hart bleiben, aber nimmt ihm den Stachel. Der irdische Unsinn wird zwar wahrgenommen, aber er wird ausgelöscht und überhöht durch das Ankommen beim himmlischen Vater.

Man wird anmerken müssen, dass diese endzeitliche Hoffnung, die jeden Gefallenen, der in seiner Erdenzeit an Gott geglaubt hat, zum Vater im Himmel bringt, eine verständliche religiöse Trostfunktion für den bedeuten kann, den das Sterben erwartet. Aber diese seelsorgerlichen Aussagen haben keinen Anhalt in der Schrift, sondern verdanken sich Situationen, in denen vom Tod bedrohte Soldaten gegen allen Augenschein noch eine hoffnungsvolle Perspektive haben wollen. Psychologisch dürfte das verständlich sein, steht aber an der Schwelle der religiösen Vertröstung. Werden hier nicht religiöse Bilder vom Jenseits benutzt, um der menschenvernichtenden Kriegsmaschinerie doch noch einen letzten Sinn, sogar einen Heilssinn zu geben?

Seinem Rundbrief beigefügt hat Schmidt einen Vortrag über *„Die Grenzen der Fürbitte"*. Einige Punkte hebt er besonders hervor:

„Die staatliche Macht steht immer im Mittelpunkt der Pläne des Volkes. Christus ringt um jeden einzelnen Menschen! Er will die Seele ganz. Darum ist der Weg über staatliche Organisation und Macht nicht nach Seinem Willen. Der Satan benutzt mit Vorliebe einflussreiche Menschen, Organisationen, um seine Macht zur Geltung zu bringen. Er will ja nicht Menschenherzen auferbauen; mühselige Einzelarbeit an den Seelen der Menschen ist nicht seine Sache. Er braucht ja nur Jesu Werk zu hindern, Menschen zum Abfall zu bringen, sie der erneuernden Kraft Jesu zu entziehen. In seinem niederreißenden Teufelswerk kann ihm eine staatliche Macht hervorragende Dienste tun.

Christus ist für alle Menschen gestorben, auch für die, von denen der Satan Besitz genommen hat. Darum sind auch die Menschen unserer Liebe übergeben. Alle geistliche Liebe ist aber an die Fürbitte gebunden."

Vor allem ist die Fürbitte für die Obrigkeit von zentraler Bedeutung, aber: *„Niemand von uns weiß von sich selbst, wie er im Amt der Obrigkeit den Ausläufen des Bösen begegnen würde. Darum ist uns leidenschaftliches Kritisieren und liebloses Richten verwehrt. Wir haben wirklich Grund, Gott zu danken, dass wir nicht in die Verantwortung für unser ganzes Volk berufen sind. Es ist ein Amt, in dem Menschen Leben und Seligkeit verlieren können."* Vor allem die Kirche sollte lernen, die *„Affenliebe"* und das *„liebeleere Abstandnehmen"* zu überwinden. Sie sollte wissen: *„Je größer die Verantwortung ist, die ein Mensch zu tragen hat, desto nötiger hat er unsere Fürbitte."*

Wieder ist es eine Reihe von mehr splitterhaften Aussagen, die den immer reflektierenden Theologen Schmidt auszeichnen. Es gibt für ihn zwei Pole in der historischen Wirklichkeit: den Staat, der das kollektive Machtmonopol hat und Christus, der die Seelen der einzelnen Menschen gewinnen will. In Sachen des Glaubens hat der Staat keine Funktion. Aber die dritte Kraft, der immer agierende Satan, benutzt die staatliche Macht und die für sie verantwortlichen Menschen, um seine Macht auszudehnen. Die staatliche Macht kann ihm in seinem zerstörerischen Werk von größtem Nutzen sein. Und er betreibt seine Macht als Gegenspieler Jesu, um die Menschen von ihm abzubringen.

Schmidt weiß sehr genau, dass die staatliche Macht teuflisch sein kann. Sie kann sich bestimmen lassen von einem widergöttlichen Geist, der die menschenfreundlichen Ordnungen Gottes in ein Chaos versinken lassen will. Der Staat kann Diener des Teufelswerks sein. Er kann die Gebote Gottes außer Kraft setzen und seine eigenen Spielregeln in Szene setzen.

Ob Schmidt an den Staat Adolf Hitlers gedacht hat, als er diese Reflexionen anstellte? Öffentlich sagen – und ein Brief war wegen der Zensur fast öffentlich – konnte er es nicht, aber seine Leser werden sich ihren Reim gemacht haben. Es geht hier schon in die Nähe eines widerständigen Denkens, die Möglichkeit einer satanischen Besessenheit der staatlichen Macht zu thematisieren. Er reflektiert ja nicht über den Staat als solchen, sondern kann ja nur den vorgegebenen Staat mit meinen.

Wo von teuflischer Macht geredet wird, muss Christus bekannt werden. Er ist für alle gestorben, auch für die, die vom Satan besessen sind. Und für sie haben auch die Christen ihre Verantwortung, die sie in Form der Fürbitte wahrnehmen.

Von zentraler Bedeutung ist ihm die Fürbitte für die Obrigkeit. Nun wusste er, dass die Gebetspraxis seiner Kirche und ihrer Christen inhaltlich sehr verschieden gewesen ist. Die einen liebten von Anfang an den Führer und seinen Staat abgöttisch und beteten nun für den Sieg des Volksführers und des Obersten Kriegsherrn. Aber etliche waren von Anfang an systemkritisch und hatten ein verdammendes Urteil über Hitlers totalitäre Politik im Innern und über seine imperiale Politik nach außen. Wenn sie beteten, baten sie Gott darum, diesem leibhaftig gewordenen Satan ein baldiges Ende zu bereiten. Schmidt empfiehlt eine Position zwischen den Extremen: weder Byzantinismus noch radikale Distanz. Er ist der Überzeugung, dass für die, die die Verantwortung haben, die Fürbitte besonders nötig ist. Die Fürbitte für eine *„gute Obrigkeit"* wird die vorrangige Möglichkeit, die Machtinhaber in ihren Versuchlichkeiten, das Geschäft des Satans zu betreiben, zu dämpfen und zur Verantwortlichkeit zurück zu bringen.

Nun haben wir von Schmidt kein aufgeschriebenes Führergebet, das uns seine Position der Mitte zeigen könnte. Für ihn selbst dürfte bis zum Schluss des Krieges gelten: Hitler ist für ihn immer Träger des obrigkeitlichen Amtes geblieben. Für ihn ist es Sache der Kirche und ihrer Christen, für den Träger der höchsten Staatsgewalt und für seinen Sieg im Krieg gegen die Feinde des deutschen Staates und des deutschen Vaterlandes unaufhörlich zu beten. Schmidts traditionelles Obrigkeitsverständnis ließ weder eine am Glauben orientierte Distanz noch eine politische Widerständigkeit zu. Erst die Kapitulation entband ihn vom Führereid.

Am Ende des Briefes steht traditionsgemäß eine Beschreibung der militärischen und persönlichen Lage: *„Aus den beiden letzten Monaten ist zu berichten, dass unsere Einheit von Estland in den lettischen Raum nördlich der*

Düna verlegt ist. Die Orte Modohn und Walk sind häufig genannt worden. Ich habe ein unstetes Leben geführt, fast immer nur in Zelten und Erdlöchern gehaust und kaum Zeit gefunden, meine dringendste Post zu erledigen."

Dieser lange und inhaltsreiche Brief vom 15. September sollte der vorletzte Gemeinderundbrief sein. In den kommenden Monaten spitzte sich die Lage so dramatisch zu, dass das Briefeschreiben und das Briefeempfangen immer schwieriger wurden. Es dauerte zwei Monate, bis er den dann letzten Gemeinderundbrief von der Front schicken konnte.

Dieser Rundbrief an die Gemeinde Nr. 9 vom 18. November 1944 soll ein Weihnachtsgruß an die Gemeindeglieder sein. Eingeschoben in die ganz traditionelle Auslegung der Weihnachtsbotschaft sind Informationen über die Lage an der Front:

„Es ist mir sehr leid, dass ich gerade in diesen Wochen so wenig Zeit habe, Ihre Grüße zu beantworten. Nachdem die Verbände der Heeresgruppe Nord Estland und große Teile von Lettland geräumt haben, ist noch der Brückenkopf Kurland verblieben. Unsere Divison steht etwa 60 km westlich Riga bei dem Städtchen Tuckum. Der Feind versucht mit allen Mitteln, die Festung Kurland zu bezwingen. Bei Libau und Auz hat er mit starken Infanterie- und Panzerverbänden wochenlang angegriffen, aber ohne Erfolg. Das Ost-Bollwerk steht und hält allen Anstürmen stand. Die Landverbindungen sind zwar unterbrochen, aber der Nachschub kommt über See. Unsere Divisionen haben sich verschanzt und haben jedes Dorf zu einer Festung ausgebaut. Wir sind auch jetzt noch Tag für Tag mit Bunkerbau und Schanzarbeiten beschäftigt."

Die Nordarmee ist auf den kleinen Bereich von Kurland zurückgedrängt. Es ist ein Brückenkopf, um den 6 Schlachten entbrannten. Kontakt zum Reich gab es nur noch über den Hafen Libau. Es dürfte überraschend sein, dass der Landser Schmidt den Rest verzweifelt kämpfender Wehrmachtseinheiten noch für ein *„Ost-Bollwerk"* halten kann. Kannte er die übrige Frontlage im Osten und im Westen nicht? Was konnte da noch die Festung Kurland für den Ausgang des Krieges bedeuten? Die deutsche Armee befand sich auf allen europäischen Kriegsschauplätzen auf dem Rückzug. Als erste deutsche Stadt befand sich Aachen seit dem 21. Oktober 1944 in der Hand alliierter Truppen. Paris und Brüssel waren schon Ende August und Brüssel Anfang September aufgegeben worden. Die Rote Armee erreichte die Tschechoslowakei und Ungarn. Es hört sich schon irreal und fast gespenstisch an, wenn

Schmidt in den Untergangsmonaten der deutschen Wehrmacht am Ende formuliert: *„Wir sehen mit Zuversicht den kommenden Ereignissen entgegen, unser Wille und unsere Hoffnung auf den Sieg unserer Waffen sind ungebrochen. Es ist mir ein Herzensanliegen, in Ihnen die Hoffnung auf den Sieg zu festigen und Sie zum treuen Gebet für unser Volk aufzurufen!"*

Und von sich selbst schrieb er: *„Ich darf mit Dank berichten, dass ich bei den Kämpfen und den Absetzbewegungen in Lettland gnädig durch viele Gefahren hindurchgeführt worden bin. Es geht mir gesundheitlich gut."*

Das war der letzte Rundbrief an die Gemeinde von der Front. (Wie es ihm in der folgenden Zeit ergangen ist, schreibt er später in einem 10. Gemeindebrief vom 2. Advent 1945 aus dem Pfarrhaus Bochum, Königsallee 45.)

Doch zunächst zurück in die Kriegszeit: Unter dem gleichen Datum des 10. November 1944 gibt es neben dem Gemeinderundbrief noch einen Weihnachtsbrief des Pfarrers und der Gemeindeschwester an die zerstreuten Gemeindeglieder. Er ist sehr persönlich gehalten und zielt auf die Gemeinschaft im Glauben und in der glaubenden Gemeinde:

„Die Weihnachtsfreude soll Dich, liebe Gemeinde, mit mir, alle Eltern mit ihren Söhnen im Felde, alle Frauen mit ihren Männern in der Ferne und alle Geschwister untereinander in herzlicher Verbundenheit zusammenführen. In diese Gemeinschaft gehören auch unsere Toten, die vor dem Feinde gefallen oder in der Heimat ein Opfer des Krieges geworden sind. Die Christus-Freude ist stärker als Leid und Tod!

Das Kind in der Krippe will über unsere Herzen Macht haben. Wenn die Großen der Erde miteinander um die Macht kämpfen, dann kostet es viel Blut, Städte sinken in Trümmer, ganze Länder werden verwüstet, und die Herzen Ungezählter werden mit tiefstem Leid erfüllt. Die Herrschaft des einen Volkes bedeutet Knechtschaft und Vernichtung des andern, Gewalt in Menschenhänden zieht immer Hass und Unfrieden nach sich. Die Feindschaft der Menschen untereinander nimmt kein Ende. Der ewige Friede unter den Völkern wird immer ein Wunschtraum bleiben.

Nur bei Christus gehören Gewalt und Friede unauflöslich zusammen. ‚Er heißt Wunderbar, Rat, Kraft, Held, Ewig-Vater, Friedefürst'. Sein Reich, in dem Er unumschränkter Herrscher ist und alle Gewalt in Seinen Händen hält, ist Sein Friede ohne Ende. Seine Friedensherrschaft kostet Blut, aber es ist das Blut des Sohnes Gottes. Durch Seine Gewalt sinken Städte in Trümmer, aber es sind die auf schwankendem Grund aufgebauten Wohnungen menschlicher Eitelkeit und Herrschsucht. Und wenn Er ein Land verwüstet, dann ist es das Land, in dem die Sünde regiert, aus Seinem Zerstören entsteht in den Herzen tiefste Freude. Das Kind in seiner Hilflosigkeit, der Mann in seiner Ohnmacht am Kreuz überwältigt alle Gewalten der Erde. Er vertreibt alle Mächte, die sich zwischen unserem himmlischen Vater und Seinen Kindern Gewalt anmaßen und uns beherrschen wollen. In der Macht des Vaters stärkt Er uns, alles Leid zu tragen und alle Not zu überwinden. Seine Herrschaft über unsere Herzen verbannt alle Finsternis und macht es hell in unserem Leben. Wo durch seine Gewalt alle Mächte des Unfriedens niedergehalten werden, da kann der Friede Gottes wohnen und die Herzen regieren.

Wir wollen es unser Gebet für uns selbst und für einander sein lassen in der seligen Adventszeit ganz besonders, dass das Christuskind doch über unsere Herzen Macht haben und Gewalt üben möchte, damit Sein Friede in uns stark sei. In der gemeinsamen seligen Erwartung des Friedensfürsten! Schwester Gretchen und Pastor Schmidt. "

In diesem letzten Schriftstück von der Front an die Heimat findet sich wieder das Nebeneinander einer realistischen Beschreibung der Machtkämpfe und ihrer zerstörerischen Folgen für die Völker und einer apokalyptisch – eschatologischen Deutung des Zeitgeschehens. Wer wie Schmidt die Wirklichkeit des Krieges und ihre Ursachen in der Eitelkeit und in der Herrschsucht der Menschen sieht, kann nicht mehr an einen dauernden Frieden in der Welt der Staaten glauben. Dieser Wirklichkeit gegenüber gibt es nur eine Alternative: Christus und sein Friedensreich, das er sich mit seinem Blut erkauft hat. Das Reich Christi besingt er nun als die Macht, die Städte in Trümmer fallen lässt und Länder verwüstet, in denen die Sünde herrscht. In diesem Denken ist Christus der, der alle Gewalt in seinen Händen hält und durch sein Zerstören der Sünde Freude in die Herzen bringt. Christus ist hier der Pantokrator, der Herrscher der Welt, der alle Gewalt der Sünde und die Mächte besiegt, die sich zwischen Gott und seine Kinder stellen wollen. Seine Herrschaft bringt den Frieden Gottes in die Herzen der Menschen. Entscheidend ist im Leben, dass das Kind in der Krippe, der der Mann am Kreuz wird, den Gott auferweckt hat und der durch seinen Geist in der Kirche gegenwärtig wird, dass dieser Christus als Fürst des Friedens die Macht über die Herzen gewinnt.

Nicht einfach dürfte es für die Leser gewesen sein, Christus in seinem Kampf gegen die Sünde zum Zerstörer der Städte und Länder zu machen. Schmidt lässt in diesen theologischen Reflexionen Christus als den Sohn Gottes auch den Lenker der Geschichte sein, der zerstört, was ihm entgegensteht. Diese seine Aussagen dürften in Spannung zu seiner sonst vertretenen Zwei-Reiche-Lehre stehen. Dass Christus geschichtlich durch das Zerstören der Sünde wirkt, um sein endzeitliches Friedensreich zu errichten – diese Interpretation steht mehr in der Tradition der *„Schwärmer"* als in der Disziplin der lutherischen Unterscheidungslehre. Schmidt steht als unmittelbar Betroffener und beteiligter *„Kriegsmann"* unter dem Eindruck des Erlebens apokalyptischen Geschehens in der Gegenwart. Das dürfte sein religiöses Bewusstsein radikalisiert und ihn zu theologischen Aussagen gebracht haben, die sonst nicht bei ihm zu finden sind. Diese *„Kriegstheologie"* verdankt sich der Radikalität des totalen Krieges, der eigentlich an seinem Ende nur Sieg oder Untergang bringen kann.

Rundbriefe an die „Mädel" Nr. 5, Nr. 6, Nr. 7 und Nr. 9

Schmidt hat in seiner pfarramtlichen Tätigkeit den Unterricht für Katechumenen und Konfirmanden als einen zentralen Auftrag in seinem Amt als Pastor verstanden. Freude haben ihm vor allem Gespräche mit den Jugendlichen gemacht, die über Fragen der Glaubensinhalte und über Fragen der praktischen Lebensgestaltung gingen. Seine erste Konfirmation 1938 war ihm besonders wichtig, da die Kinder vorrangig aus Familien der Bekennenden Kirche kamen. Nach dieser Konfirmation hat er unter den Bedingungen der theologisch und kirchenpolitisch zerstrittenen Gemeinde einen Jungmädchenkreis ins Leben gerufen, der sich von Konfirmation zu Konfirmation durch neue Zugänge auffüllte. Nach seiner Einberufung hat er versucht, mit möglichst vielen Gemeindegliedern den Kontakt zu halten und darunter waren auch die *„Mädel"*. Später hat er dann ab 1943 wie an die Gemeindeglieder Rundbriefe an die Mädel geschrieben. Leider sind uns (bis jetzt) nur fünf Briefe erhalten. Der erste stammt aus der Osterzeit 1944. Schmidt berichtet zunächst von seiner Familie mit nun drei Kindern. Er reflektiert anfangs ausführlich über die Frage, ob er die Mädel, die mittlerweile 17 und 18 Jahre alt geworden waren, doch nicht sachgerechter mit *„Sie"* anreden sollte. Im Blick auf sich selbst plädiert er für die Anrede *„Herr Pastor"*: *„Wenn mich nun jemand ‚Herr Pastor' anredet, dann werde ich an mein Amt erinnert, an meine Verantwortung und Aufgabe als Seelsorger, aber auch auf den göttlichen Auftrag, an die göttliche Verheißung, die auf diesem Amt ruhen."*

In der Tat sind dieser Brief und die folgenden Briefe stark seelsorgerlich ausgerichtet. Und immer wieder weist er seine Leserinnen auf die Gemeinde als Gemeinschaft der an Christus Glaubenden hin. Nur eine kleine Passage weist auf Aktuell-Gegenwärtiges hin:

„Die Kriegslage hat sich ungeheuer verschärft. Wir gehen zweifellos der Entscheidung entgegen. Macht Eure Herzen stark und seid treu in der Fürbitte für unser Volk und unsere Obrigkeit, besonders für unsere Soldaten und den obersten Kriegsherrn. Betet um den Frieden für unser Volk und um unsere Zukunft in Freiheit und Ehre.“

Auch hier hat Schmidt keine Probleme, die beiden NS-Begriffe *„Freiheit und Ehre“* zu benutzen. Kann er sie so gemeint haben wie die NS-Propaganda sie zelebrierte? Er wusste doch, dass das NS-System eine Führerdiktatur war, die alles unterdrückte, was ihrer Weltanschauung und ihren politisch-gesellschaftlichen Zielen nicht entsprach. Er wusste doch, dass die Unterdrückung der Kirchen und das Ausscheiden der christlichen Tradition aus der Kultur, der Erziehung und der Wissenschaften ein Ziel auf dem Wege zu einem neuen Menschen und einer neuen Geisteswelt war. Das und vieles andere kannte er. Oder ist vielleicht mit *„Freiheit und Ehre“*, für die man beten solle, an dieser Stelle ein anderes Deutschland nach Kriegsende und Frieden gemeint?

Schmidt legt seinem Osterbrief eine Osterpredigt bei, die er vor Kameraden gehalten hat. Es ist ein Osterhymnus, wie ihn nur ein vom Osterglauben ergriffener Prediger formulieren und verkündigen kann. Er hätte als evangelische Predigt über den Auferstandenen und über dessen mögliche Macht über Christenmenschen in jeder Heimatkirche gehalten werden können.

In einem Abschlussgebet konzentrieren sich die Inhalte seiner Predigt:

„Allmächtiger Gott, himmlischer Vater, der du durch den Tod Deines Sohnes die Sünde und den Tod zunichte gemacht und durch Sein Auferstehen Unschuld und ewiges Leben wiedergebracht hast, auf dass wir, von der Gewalt des Teufels erlöst in deinem Reiche leben, verleihe uns, dass wir solches von ganzem Herzen glauben und in solchem Glauben beständig dich allezeit loben und Dir danken.“

Hier ist die reformatorische Lehre in Gebetsform gebracht. Traditionell-kirchlicher kann man nicht verkündigen und beten. Ohne Zweifel liegt hier die Stärke des Predigers und Theologen, das Evangelium in engster Anbindung an den Wortlaut der Schrift und an die reformatorischen Bekenntnisse zu verkündigen. In der evangelischen Dogmatik und in den Liturgien der Kirchenjahreszeiten war er fest verwurzelt. Weniger erkennbar ist eine von der Martyria (Verkündigung) und Leiturgia (Anbetung) bestimmte Ethik des Politischen. Politische Mitverantwortung des Christen für eine humangerechtere Welt ist nicht sein Thema. Politik unterliegt in seinem Denken einer Eigengesetzlichkeit. Diese im Glauben durchzustehen, in ihr sich als glaubender Christ zu bewegen, ohne nach einer möglichen oder notwendigen Änderung der strukturellen politischen Rahmenbedingungen zu fragen, entspricht seinem Selbstverständnis mehr als die vorfindliche Welt aus dem Geist christlicher Kriterien zu verändern. Dieser aktionistische weltverändernde Aspekt fehlt im Bewusstseinshaushalt des predigenden Theologen.

Der Rundbrief Nr. 6 vom 20. Mai 1944 handelt von der Dreieinigkeit und geht die Inhalte des Apostolikums entlang. Es ist mehr eine Unterweisung über den christlichen Glauben, wie sie im Unterricht ihren Platz gehabt hat. Im zweiten Teil des Briefes geht Schmidt auf das bevorstehende Pfingstfest ein. Zur Illustration des Pfingstgeistes berichtet er über einige Erlebnisse, die er als Vertreter des Divisionspfarrers im Kameradenkreis, im Feldlazarett und in Gottesdiensten gehabt hat. Es sind Begegnungen und kleine Geschichten, die für ihn die Anwesenheit des Geistes von Pfingsten bezeugen können. Und am Schluss heißt es über einen Gottesdienst in einer estnisch-lutherischen Kirche:

„Und während daheim die kleine Dorothea die heilige Taufe empfing, konnte ich – seit Weihnachten zum ersten Mal im Gottesdienst sein. Es war eine kleine Soldatengemeinde von etwa 20 Kameraden im Chor versammelt. Noch während unseres Gottesdienstes und der Abendmahlsfeier versammelte sich die esthnische Gemeinde zu ihrem Gottesdienst. Man sah den Gesichtern die Freude darüber an, dass deutsche Soldaten sich zu ihrem Kampf gegen den Bolschewismus aus dem Wort und Sakrament stärken ließen."

Hier bekommt der Gottesdienst wieder eine eindeutige politische Funktion. Die Soldaten sollen durch Wort und Sakrament für ihren antibolschewistischen Feldzug innerlich gestärkt werden. Hier scheint wieder eine partielle Übereinstimmung des evangelischen Pfarrers mit der ideologischen NS-Interpretation des Ostkrieges durch: es geht gegen den atheistisch-materialistischen Todfeind des Menschengeschlechts, gegen die jüdisch-bolschewistische Weltrevolution. Dass der Krieg gegen die Sowjetunion auch ein Kampf für die Verteidigung des Abendlandes war, wird in evangelischen Predigten dieser Zeit vielfach bezeugt. Dass Deutschland die Aufgabe habe, für Europa den Krieg gegen die Moskauer Internationale zu führen, ist auch in Zeugnissen der Bekennenden Kirche zu finden. Und dass dieser Krieg total zu führen sei, um das Kriegsziel der Vernichtung des Bolschewismus zu erreichen, entsprach allgemeiner protestantischer Auffassung. Antisozialismus und Antikommunismus waren älteres Erbteil protestantisch-politischer Mentalität aus der 2. Hälfte des 19. Jahrhunderts und des Ersten Weltkrieges. Man musste nicht Nationalsozialist sein, um Hitlers Ziel, die geschichtsnotwendige Vernichtung des Bolschewismus, voll zu unterstützen.

Im Rundbrief Nr. 7 vom 7. Juli 1944 berichtet Schmidt von einem Gespräch, dass er mit seinem Kameraden Hans über das Gebet gehabt hat und nimmt das zum Anlass, auf neun Seiten des grauen Feldpostpapiers eine an Schriftstellen orientierte große Auslegung des Gebets zu geben. Alle denkbaren Aspekte des Gebets werden reflektiert. Auch einige Hinweise auf die Bedeutung des Gebets in der Geschichte der Kirche fehlen nicht. Den Mädels empfiehlt er Missions- und Kirchengeschichte zu studieren, um die Wege Gottes mit seiner Kirche und mit der Welt zu verstehen. Er schließt seine Unterweisung mit den Sätzen:

„Es war ein feiner Abend, als ich mit meinem Freund Hans, die Bibel auf den Knien, draußen im Walde saß und mit ihm all die Worte der heil. Schrift besprach, die ich Euch hier mitgeteilt habe. So etwa verlief auch unser Gespräch, das mir noch lange in Erinnerung bleiben wird und für das ich von Herzen dankbar bin."

Und am Ende fehlt auch nicht ein Frontbericht:

„Unser Frontabschnitt ist noch verhältnismäßig ruhig, obwohl der Feind die alte Grenzfeste an der Narwa immer von neuem berennt. Weiter südlich am Peipus-See sind nur vereinzelte kleinere Unternehmungen. Aber im Mittelabschnitt tobt ein gigantischer Kampf. Dazu der überaus harte Kampf von der Invasionsfront. Wenn die Front so heiß zu ringen hat mit der Waffe, sollte die Heimat ebenso heiß ringen im Gebet. Dass wir doch als Christenheit unsere große Stunde erkennen möchten! Auch die Vergeltung hat ihren Anfang genommen. Wie wir als Christen und als Deutsche darüber denken, mögt Ihr in meinen Ausführungen, die einem Gemeindebrief entnommen sind, nachlesen. Mit dem Urlaub werden wir nun wohl warten müssen, bis die schweren Kämpfe überstanden sind. Wir wollen diese Wartezeit gern auf uns nehmen, die Hauptsache ist, dass wir dem Sieg und Frieden näher kommen."

Die große Stunde der Christenheit: das Beten der Heimat für Waffensieg und Frieden. Wofür man geistlich betet, das will man auch real. Im Gebet identifiziert man sich mit den gesprochenen oder geheimen Bitten und hofft auf die Hilfe dessen, den man anbetet. Diese Gebete für Endsieg und Frieden bedeuten die tiefste Identifizierung mit den politischen Mächten und ihren militärischen Instrumenten. Sind dann nicht diese Gebete nichts anderes als die Fortsetzung des Krieges und der Politik mit anderen Mitteln? Jedenfalls dürfte die politisch-militärische Parteinahme in den Gebeten den Gebeten die eigentliche geistliche Tiefe nehmen. Sie werden zu Äußerungsformen politischer Hoffnungen und Ziele.

Es fällt auf, dass Schmidt in den uns erhaltenen Gebeten nie für die Feinde mitbetet. Für Bolschewisten beten? Ein Gedanke, der nicht in den seelischen und politischen Haushalt eines Christen passt, der einen gottgewollten Vernichtungskrieg gegen ein atheistisch-materialistisches System führt. Der protestantische Antikommunismus, tief verwurzelt in der Geschichte des neuzeitlichen antiaufklärerischen Protestantismus, hat keine Probleme, im Krieg gegen den Bolschewismus ein göttliches Mandat zu sehen.

Die Gebete um den Sieg in schwieriger militärischer Lage können aber auch Ausdruck von Verzweiflung sein, die Gott als den Weltenlenker anrufen lässt, ein Wunder gegen die Gesetzmäßigkeiten eines Kriegs geschehen zu lassen. Wenn man schon an „Wunderwaffen" glaubt, warum nicht auch an das Wunder glauben, in der Phase eines ungünstigen Kriegsverlaufs eine Wende mit Gottes Hilfe zu erreichen?

Der letzte erhaltene Rundbrief Nr. 9 an die Mädels vom 12. November 1944 bringt eine ausführliche Beschreibung der Situation des Obergefreiten Wilhelm Schmidt von der Front in Kurland. Inzwischen hat er erfahren, dass die Postverbindung in die Heimat immer problematischer geworden ist und „sehr wertvolle Post", an der er Tag und Nacht gearbeitet hatte, verloren gegangen war:

„Das bringt die Kriegslage in unserm Frontabschnitt mit sich. Ihr wisst, dass ich seit dem Sommer in Lettland war, bei Modon, Werro und Walk. Als Finnland dann die Waffen niederlegte, räumten unsere Truppen Estland und große Teile von Lettland. Nach meisterhaft durchgeführten Absetzbewegungen über mehrere hundert km erreichten wir Mitte Oktober die herrliche Stadt Riga und gingen über die Düna zurück. Unter gewaltigem Donner flogen die 600 m langen Düna-Brücken in die Luft. Inzwischen war dem Feinde gelungen, zwischen Memel und Libau die Ostsee zu erreichen und der Heeres-

gruppe Nord die Landverbindungen abzuschneiden. Unsere Division bezog 60 km westlich von Riga vor dem Städtchen Tuckum feste und gut ausgebaute Stellungen. Unsere in Kurland verbliebene Armee igelte sich ein und richtete sich auf lange Verteidigung ein. Wir bauten ununterbrochen Stellungen und Bunker und machen aus Kurland einen Wellenbrecher für das Reich, eine Ostfestung, vor der der Feind sich blutige Köpfe holt. In unserem Abschnitt ist es in diesen Wochen ruhig geblieben. Aber bei Auz und Libau waren sehr schwere Abwehrkämpfe. Unsere Stellungen blieben in unserer Hand, die Festung Kurland steht unerschüttert. Der Nachschub über See bringt Verstärkung, neue Waffen, Munition, Verpflegung, Post. Es wird dem Feinde nicht gelingen, die Festung Kurland zu erstürmen."

Schmidts Division hatte sich von der Narva an der russisch-estländischen Grenze über den östlichen Teil von Estland in Richtung der lettischen Hauptstadt Riga zurückgezogen und an ihr vorbei Stellungen bei Tuckum in der lettischen Provinz Kurland bezogen. Kurland wurde nun auf der Linie Tuckum – Libau an der Ostsee zur Festung ausgebaut. Erst nach der Kapitulation im Mai 1945 hat der Rest der Truppen in Kurland seinerseits kapituliert. Schmidt ist überzeugt, dass Kurland als Ostfestung die Eroberung des Reiches aufhalten kann. Man kann wieder davon ausgehen, dass der Obergefreite nur einen unvollständigen Überblick über die Lage auf den anderen Kriegsschauplätzen gehabt hat. Er gehört zu jenen vielen Soldaten, deren Widerstandskraft gerade in schwieriger Lage nicht erlahmte, sondern der Wille zunahm, auf keinen Fall in sowjetische Gefangenschaft zu geraten. Lieber verzweifelt sterben als kapitulieren, lieber in einem letzten Aufbäumen die Feinde dezimieren als der Ungewissheit einer schmachvollen Gefangenschaft entgegen zu gehen. So und ähnlich war die *„Stimmung"* in der Truppe.

Schmidt selbst hat die letzten Kämpfe in Kurland und die Kapitulation nicht mehr erlebt. Im Januar 1945, also nur wenige Wochen zuvor, kam er von Libau mit einem Transporter nach Gotenhafen.

Auch in seinem letzten Rundbrief berichtet Schmidt wieder über Einzelerlebnisse, die ihn menschlich beeindruckt und geistlich erbaut haben. Auch den Inhalt einer Predigt des Divisionspfarrers, der über seinen Konfirmationsspruch Hebr. 13, 9 (Lasst euch nicht durch verschiedenartige und fremde Lehren irreführen; denn es ist gut, wenn das Herz durch Gnade fest wird.) gepredigt hatte, gibt er wieder.

Und am Schluss geht er auf die Situation in der Heimat ein:

„Die Heimat unterliegt in diesen Monaten einer unerhörten Belastung. Mancher Frontsoldat hat in 5 Kriegsjahren nicht das erlebt und gelitten, was die Heimat in dieser kurzen Zeit, seitdem die Front im Westen an die Reichsgrenzen gerückt ist, durchlitten hat. Unser liebes Bochum ist auch wiederholt angegriffen worden. Ich weiß nicht im Einzelnen, welche Straßen und Häuser betroffen sind, aber in jedem Brief aus Bochum höre ich von Familien, die ihr Heim verloren haben. Und in so manches Haus kommt eine Todesnachricht von der Front. In letzter Zeit mehren sich auch die Vermisstenmeldungen. Alles Leid, das Menschen treffen kann, kommt zusammen. Es ist wie ein Generalangriff auf die Festung unserer Herzen. Und wir Frontsoldaten fragen uns oft, wie lange es die Heimat noch ertragen kann."

Wieder sieht der Schreiber die wirkliche Kriegslage im November 1944 realistisch. Er wird gesehen haben, dass die Verluste an den Fronten und in der Heimat immer größer wurden. Die Verluste an Menschen – Soldaten wie Zivilisten -, die Verluste an zivilisatorischer Struktur, an Kulturgütern und an Heimatboden wurden umfangreicher als in allen Kriegsjahren zuvor. Er selbst wird auch die Flüchtlingstrecks gesehen haben, die in Libau versuchten, mit Schiffen über die Ostsee nach dem Westen zu kommen. Wenn er Sorgen über das Durchhaltevermögen der Heimat hat, so dürfte er noch einmal das Trauma des Ersten Weltkriegs formuliert haben: das Heer bleibt unbesiegt, die Heimat fällt ihm in den Rücken. Im Gegensatz zu 1918 ist die Heimat von 1944 aber weithin ein Trümmerfeld, sind die Produktionsstätten der Waffensysteme zum größten Teil zerstört, Fremdarbeiter und Zwangsarbeiter sind in den Städten zahlenmäßig stärker als die einheimische männliche Bevölkerung, die städtischen Bevölkerungen sind weithin über das Reich verstreut und die ersten Flüchtlingstrecks haben sich von Ost nach West in Bewegung gesetzt. Wie es Ende 1944 weiterging, entschieden nicht die Verhältnisse in der Heimat, sondern die militärische Lage an der Front. In dieser Lage gibt der Pastor seinen Mädels den seelsorgerlichen geistlichen Rat:

„Ihr wisst, wo die verborgenen Kräfte auf euch warten. Ich kann nur immer wieder bitten und mahnen: Lasst euch mit den Kräften der himmlischen Welt füllen. Haltet die Hand fest, die nimmer lässt. Noch ist das Ende aller Leiden nicht gekommen, und niemand von uns weiß, welches Maß an Prüfung Gott uns noch auferlegen wird. Wohl dem, der beizeiten Kräfte sammelt und sie täglich in der Gemeinschaft mit dem himmlischen Vater zu mehren sucht. Ich befehle Euch alle dem Schutz unseres himmlischen Herrn und König. Er

segne uns alle auf all unsern Wegen … . Aller Not und allem Leid des Krieges zum Trotz wünsche ich Euch rechte Adventshoffnung und selige Weihnachtsfreude. "

Der Seelsorger lässt nun alle sonst üblichen Einschätzungen der Lage und der Aufgabenbestimmung in ihr sein, sondern konzentriert sich auf die Ermahnung, aus der täglichen Gemeinschaft mit Gott als dem Vater innere Kräfte zu sammeln, um die Leidenszeit durchzuhalten. Wenn am Ende der Wunsch für *„rechte Adventshoffnung und selige Weihnachtsfreude"* steht, so ist das im Tiefdunkel der Zeit ein Wunsch gegen allen Augenschein und gegen alle irdischen Zukunftserwartungen, aber für die seelische Verfasstheit von Jugendlichen kann es eine Hilfe sein. Angesichts des sich steigernden Chaos bleibt nur noch die Zuflucht zu einem Glauben, der unzerstörbar ist. Außer Betracht bleibt bei dieser geistlichen Konzentration jede Reflexion über die Möglichkeiten einer irdisch-politischen Zukunft für die noch jungen Menschen. Hier bleibt bei aller Frömmigkeit das große Loch. Aber was hätte der selbst noch junge Pfarrer, der 1944 gerade erst 33 Jahre alt war, auch konkret sagen können? In seinem Bewusstsein war die Niederlage Deutschlands das Ende Deutschlands als freier und handlungsfähiger Nation. Niederlage Deutschlands hieß Sieg des Bolschewismus und der westlichen Demokratien. War für ihn der Bolschewismus der Todfeind, so waren die Engländer und Amerikaner Inbegriff verfehlter Staats- und Gesellschaftsordnung. Deutschland in den Händen von Kommunisten und Demokraten zu sehen, war für Schmidt eine Horrorvorstellung. Eigene ordnungspolitische Vorstellungen konnte er seinen jungen Lesern auch nicht anbieten. Die Weimarer Republik war für ihn ein demokratisches Parteienchaos gewesen. Seiner Schöpfungsordnungstheologie entsprach nur ein starker autoritärer Staat mit den Strukturprinzipien von Regierenden und Regierten, von Oben und Unten, von Befehl und Gehorsam, von Zucht und Ordnung. Er hatte das altprotestantische Staatsverständnis von Jugend an sich voll zu eigen gemacht. Demokratische Ordnungsprinzipien auf dem Fundament individueller Grund- und Menschenrechte hatten hier keinen Raum. Biografisch hatte er keine faktischen und intellektuellen Begegnungen mit liberalem Bürgertum noch mit sozialistischer und gewerkschaftlicher Arbeiterbewegung gehabt. Auch mit der Genfer Vorkriegsökumene, die stark *„westlich"* orientiert war, hatte er sich kaum beschäftigt. Volk und Nation waren ihm Schöpfungsordnungen, die universale Positionen ausschlossen. Mit Fragen der Wirtschaftsordnung, mit

Fragen des Verhältnisses von Kapital und Arbeit oder mit Fragen für Rechte von Arbeitnehmern hatte er sich auch noch nicht gründlich beschäftigt. Überhaupt war ihm die industrielle Moderne mit ihren organisierten Interessenverbänden fremd geblieben.

Konzentriert hatte er sich in seinem jungen Leben ganz auf das Aufgabenfeld der Kirche. Es hatte mit der Jugendarbeit in der Christlichen Pfadfinderschaft begonnen. Es folgte die Zeit in der Gemeindearbeit als Vikar und als Hilfsprediger. Seine engagierte und gekonnte Konzentration auf die kirchliche Arbeit hat dazu geführt, ein über ein unmittelbares zur Kenntnisnehmen hinaus gehendes Interesse an soziologischen und politischen Gegebenheiten zu entwickeln. Von seiner Herkunft wie von seinen beruflichen Intentionen her war dieser junge Pfarrer kaum in der Lage, seinen Junglesern säkular-politische Perspektiven anzubieten. Wichtiger war ihm, ihnen seelsorgerlich zu raten und sie in ihrem ganz persönlichen Glaubensleben zu stärken.

Predigten vor Soldaten

Vier Predigten vor Kameraden sind uns erhalten. Auf einem Pastorentreffen am 31. August 1943 hat Schmidt im Anschluss an Psalm 103, 14 – 22 über das Danken und Loben gesprochen. Er beginnt seine Predigt mit einleitenden Sätzen zur aktuellen Situation:

„Meine Brüder! An der Schwelle vom 4. zum 5. Kriegsjahr legt uns die heutige Bibellese ein Wort des Lobes und Dankens in den Mund. Das verflossene 4. Kriegsjahr war kein Jahr großer Erfolge. Front und Heimat haben sehr schwere Rückschläge hinnehmen müssen. Stalingrad und Nordafrika, dazu die außerordentliche, sehr harte Bedrohung der Heimat aus der Luft, geben dem 4. Kriegsjahr sein Gepräge. Im besten Falle können wir von Abwehrerfolgen reden und von – durchaus ernst verstanden – siegreichen Rückzügen. Und nach solch einem Jahr werden wir aufgefordert, uns auf den Grund zu Lob und Dank zu besinnen."

Wieder ist es eine kritische Analyse der Lage im August 1944. Er nennt Stalingrad und Nordafrika. Sie stehen für den Übergang von der Angriffspraxis der deutschen Armeen zur militärischen Initiative der Alliierten. Für die deutschen Armeen beginnen die Abwehrschlachten mit den damit verbundenen Rückzügen. Wenn Schmidt sie *„siegreiche Rückzüge"* nennt, so übernimmt er voll und ganz die Interpretation der NS-Propaganda, die von

„taktischen Rückzügen" zur *„Frontbegradigung"* sprach. Die Rückzüge wurden als eine Etappe zum schließlichen Endsieg interpretiert. Dem Frontsoldaten blieb in der Regel bei seinem beschränkten Wissen über die Gesamtlage des Krieges nichts anderes übrig, diese Interpretationen zu übernehmen. Gab sie ihm noch zudem die innere Motivation, den Kampf verstärkt weiter zu führen. Schmidt erzählt dann in seiner Predigt von einem kürzlich gesehenen Film *„Andreas Schlüter"*, der ihn zu diesen Reflexionen bringt:

„ Es überkommt uns zuweilen ein unheimliches Grauen über die Ausmaße des Krieges. Wie klein wird der einzelne Mensch und sein Schicksal. Wie unsagbar hart erscheint uns die Heimsuchung Gottes über unsere Heimat. Wer kann Leid und Schmerzen, Not und Tod noch ermessen? Wie wenig muss doch Gott das einzelne Leben gelten, wenn Er das grauenhafte Sterben ungezählter Frauen und Kinder zulässt! Und wer kann es fassen, dass die unbeschreiblichen, einmaligen Erfolge während dreier Kriegsjahre nun plötzlich in Frage gestellt sind? Und wer sieht nicht den Zerfall aller Ordnung, die Auflösung aller menschlichen Charakterwerte an der Front und in der Heimat, ohne aufs Tiefste darüber zu erschrecken! Wir brauchen nur daran zu denken, wie wenig Reinheit, Ehre und Treue bei einem sehr großen Teil unserer kämpfenden Front und vielleicht noch weniger bei Frauen und Mädchen in der Heimat gelten! Es ist keine Frage: wir stehen an einem Tiefpunkt in der Geschichte unseres Volkes. Der hoch verehrte Herr Landesbischof D. Marahrens schrieb in einem seiner letzten Wochenbriefe, dass wir den Krieg weiter zu führen hätten „mit unbeirrbarer Hingabe, frei von aller Sentimentalität" und er erinnert an die Besinnung auf das lutherische Berufsethos, das auch für den Soldaten die Tür zur Gnade und Vergebung Gottes offen lässt. Ein Amtsbruder schreibt dazu: ‚Wo aber bleibt das Erschrecken der eigenen Buße, die Spur einer Erkenntnis von der abgründigen Bosheit und Widergöttlichkeit dieses ganzen von menschlicher Macht und Technik entfesselten Geschehens!' D. Marahrens antwortet darauf: ‚Zuerst haben wir die Erfolge zu leicht genommen, jetzt wird in der Heimat zuviel gebangt und geklagt.' Wir sollen uns unter Gottes Hand beugen, aus seiner Gnade leben. Sollen wir der Härte nachgeben und dem Feinde weichen? Der Soldat hat ein Recht darauf, dass ihm sein Glaube gestärkt werde für sein bitterschweres Handwerk. Wir wundern uns, dass Gottes Geduld noch nicht zu Ende ist, dass seine Gnade noch nicht aufhört. Warum lässt er sich diese sich zerfleischende Welt nicht mit Feuer und Schwefel vernichten? Warum sieht Er aller Bosheit und Auflehnung, aller Auflösung, Unordnung und Verlogenheit zu, ohne dar-

ein zu schlagen und ein Ende zu machen? Der Krieg bringt es mit sich, dass alles ins Unermessliche und Uferlose sich auswächst. Der Krieg sprengt alle Maße. Das gilt auch vom Menschen und seiner Entwicklung in den Dingen des Charakters. In der Augustana steht das wissende Wort über Christus: ‚Er wusste, was im Menschen war.' Hans Watzlik, der böhmische Grenzland-dichter, lässt in einer seiner Novellen einen Jesuitenpater das erkenntnis-schwere Wort sagen: ‚Ich kenne die Menschen, denn ich kenne mich.' Darin liegt der Schlüssel für die rechte Haltung gegenüber allen abgründigen Er-scheinungen im Leben der Menschen. Denn bei ganz wahrhaftiger Selbstbe-trachtung und Selbsterkenntnis müssen wir es an uns geschehen lassen, dass uns die Wahrheit des Wortes Gottes überführt, und im Lichte dieser Wahrheit wird uns deutlich, dass alle Untat, alle Fehltritte, alles ungeordnete Wesen, alles verbrecherische Tun und Treiben auch in uns beheimatet und ansatz-weise auch bei uns möglich ist, wenn nicht die Gnade Gottes uns in seinen Geboten erhält."

Schmidt dürfte zunächst die quälenden Fragen, die ihn und andere Chris-ten bewegen, einfühlsam formuliert haben. Die häufigste Frage war: Wie kann Gott das Massensterben und die Auflösung aller moralischen Ordnung an der Front und in der Heimat zulassen? Nach den gewaltigen Erfolgen der letzten drei Kriegsjahre muss er nun vom Tiefpunkt in der deutschen Geschichte sprechen. Um in dem Fragengewirr zurechtzukommen, zitiert er aus den „Wochenbriefen" des von ihm geschätzten Hannoverschen Bischof August Marahrens. Dieser hatte in seinem Wochenbrief vom 20. Juli 1944 dieses ge-schrieben:

„Überall muss die Erkenntnis geweckt werden: wir stehen in einem un-sern ganzen Einsatz fordernden Krieg und dieser Krieg muss in unbeirrter Hingabe frei von aller Sentimentalität geführt werden. Wir Amtsbrüder, die in der Heimat sind, wollen uns ernst die Frage vorlegen, ob eine Kirche, die unter den heutigen Verhältnissen das Lutherische Berufsethos nicht ent-schlossen auf den Krieg anwendet, der ja augenblicklich unser aller Beruf ist, ihrem Heiland nicht etwas schuldig bleibt. Unsere Sicht der Dinge muss auch die Seite des positiven Handelns mit einschließen." (S. 1643)

Da dies Wort Kritik hervorgerufen hatte, legte Marahrens im nächsten Wo-chenbrief noch einmal in einem längeren Abschnitt seine Position dar:

„Wenn ich nun auch der Bitte Ausdruck verlieh, dass Gott uns die Ent-schlossenheit geben möchte, die frei ist von aller Sentimentalität, so hatte dies

einen seelsorgerlichen Grund. Häufiger als sonst tritt mir die Gefahr entgegen, dass viele in unserm Volk ... sich durch die Schwere des Erlebens niederdrücken lassen und in ihrer Willigkeit, weiter Kraft und Leben für die Erhaltung unseres Volkes einzusetzen, erlahmen. Bei allem Mitempfinden mit dem Unheil muss ich das aussprechen: Geraten wir nicht auch selbst in die Versuchung, ungehorsam zu werden? Wir sind nun einmal zum Krieg gefordert. Unsere Führung, die ein Recht auf uns hat, nimmt uns für den Kampf unseres Volkes in Anspruch. Not und Tod gehören zur Kriegsführung. Ich muss sie selbst auf mich nehmen, aber auch andern bereiten können. Ohne Zweifel kommt in dem allen Gottes Gericht über uns, darin bin ich mit dem Amtsbruder einer Meinung. Wir müssen uns unter seine Hand beugen und täglich aus seiner Vergebung leben. Aber folgt daraus, dass wir der Härte, die wir erfahren, nachgeben und dem Feinde weichen dürfen? Das wäre m. E. ungehorsam und lieblos. In diesem Sinne wollte ich, wie Luther es ausdrückt, auch ‚die Faust ermahnen‘ und zwar nicht nur die des Soldaten, sondern auch aller in der Heimat. Wir sind eben alle, ob wir wollen oder nicht, auch wenn von der Heimat weniger das Heldentum des aktiven Mitkämpfens als des passiven Ertragens verlangt wird, in den ‚totalen Krieg‘ mit einbezogen. Wer die ‚Heerpredigt wider den Türken‘ Weimarer Ausgabe Band XXX, 2 kennt, der weiß, dass auch Luther solche ‚Totalität‘ nicht fremd ist. Luther hat sich doch dagegen gewehrt, dass ‚Hauen, Brennen, Stechen‘ an sich schon als ungöttliches Werk angesehen würde, weil so viel Grausamkeit und Lebenszerstörung damit verbunden ist. Er hat gesagt, dass die ‚einfältigen Kinderaugen‘ die harten Notwendigkeiten nicht sehen, die für das Kriegshandwerk von Gott aus gesetzt sind. Die Augen des reifen Mannes aber kennen, dass auch die harte Kriegsfaust von einem Herzen der Liebe bewegt werden kann und Recht und Ordnung und damit allem Guten die Lebensmöglichkeiten erhalten will. In dieser Richtung gingen meine Gedanken, wenn ich von der unbeirrbaren Hingabe sprach, mit der wir frei von aller Sentimentalität den Krieg führen müssen." (1649f)

Dieser Text eines alten deutschnationalen Bischofs, der sich als Lutheraner versteht, kann uns Einblick geben, wie viele evangelische Pfarrer und Christen auch noch nach Stalingrad gedacht und öffentlich in Predigten, Bibelstunden und Gebeten optiert haben. Er will das lutherische Berufsethos, wie er es versteht, auf den totalen Krieg anwenden. Luther legt er so aus, wie er ihn argumentativ für die Gegenwart verwenden kann. Krieg ist bei ihm zum

Beruf geworden und den hat man konsequent auszuüben. Krieg heißt vernichten und vernichtet werden. Der totale Krieg hat alle völkerrechtlichen Regeln außer Kraft gesetzt. Kompromissgedanken oder Friedensgedanken haben hier keinen Platz mehr. Die harten Notwendigkeiten des Krieges lässt er
sogar von Gott gesetzt sein. Ihnen kann man sich nur einordnen und unter-
ordnen. Den totalen Krieg kritisch zu sehen oder gar sich ihm zu verweigern,
wäre Ungehorsam vor Gott. Er kann sogar ein Werk aus Liebe sein, um
neues Recht, neue Ordnung und neue Lebensmöglichkeiten zu schaffen. Für
diesen Bischof war das NS-System ein obrigkeitliches Staatswesen, das
Recht und Ordnung symbolisierte und garantierte. Der Gedanke, dass dieses
System als totaler Staat ein Unrechtssystem und sein imperialistischer Ero-
berungs- und Vernichtungskrieg ein Verbrechen war, dass der Führer dieses
Systems sich völlig aus der Geltung der zehn Gebote entfernt hatte, diese
Möglichkeit, die sich von der Kriegswirklichkeit her nahe legen konnte, hat
er nie bedacht. Von einem Lutheraner hätte man erwarten können, auch das
Dämonische und Teuflische eines *„Großtyrannen"* (Luther) zu erkennen.
Mit seiner Ordnungs- und Berufstheologie machte dieser Bischof der nationalsozialistischen Kriegspraxis ein gutes Gewissen und forderte seine Gläu-
bigen auf, unbeirrt und kampf- und opferbereit dem Führer zu folgen.

Es überrascht nicht, dass er im Wochenbrief vom 24. Juli 1944 nach dem
Attentat auf Hitler schrieb:

*„Der verbrecherische Anschlag, der dem Leben des Führers galt, ist in
seinen unübersehbaren Folgen, die er für unser Volk in seinem Kampf auf Leben und Tod gehabt haben würde, durch Gottes Gnade abgewandt. Unmittelbar nachdem uns das Attentat zur Kenntnis kam, haben wir deshalb bestimmt,
dass im Kirchengebet des nächsten Sonntags der gnädigen Bewahrung unseres Führers in Dank und Fürbitte gedacht werde. Wir danken Gott, dass
er unserm Führer Leben und Gesundheit bewahrt und ihn in der Stunde
höchster Gefahr unserem Volk erhalten hat. Möchte die überwundene Gefahr
unserem dankbaren Volk die Kraft restlosen Einsatzes erhöhen."* (S. 1709)

Das Gebet vom 21. Juli 1944 hatte geheißen:

*„Heiliger, barmherziger Gott! Von Grund unseres Herzens danken wir Dir,
dass Du unseren Führer bei dem verbrecherischen Anschlag Leben und
Gesundheit erhalten hast. In Deine Hände befehlen wir ihn. Nimm ihn in
Deinen gnädigen Schutz! Sei und bleibe Du sein starker Helfer und Retter!
Walte in Gnaden über den Männern, die in dieser für unser Volk so ent-*

scheidungsschweren Zeit an seiner Seite arbeiten! Sei mit unserem tapferen Heere! Lass unsere Soldaten im Aufblick zu Dir kämpfen; im Ansturm der Feinde sei ihr Schild, im tapferen Vordringen ihr Geleiter! Erhalte unserem Volke in unbeirrter Treue Mut und Opfersinn! Hilf uns durch Deine gnädigliche Führung auf dem Wege des Friedens und lass unserem Volke aus der blutigen Saat des Krieges eine Segensernte erwachsen! Wecke die Herzen auf durch den Ernst der Zeit! Decke zu in Jesus Christus, unserem Herrn, alles, was wider Dich streitet! Gib, dass Dein Evangelium treuer gepredigt und williger gehört werde und dass wir unser Leben unter die Zucht Deines heiligen Geistes stellen."

Dass die Gnade Gottes den Führer beschützt habe, hat nicht nur dieser Bischof gesagt, sondern mit ihm weite Teile des Protestantismus. Sie waren immer noch der Meinung, dass sich Christusnachfolge und Führergefolgschaft verbinden lassen. Der Führer, der sich längst in seiner Weltanschauung von den Inhalten eines christlichen Glaubens entfernt und die Kirchen als zu überwindende Institutionen erklärt hatte, der den Massenmord an Juden in den von der deutschen Armee besetzten Ländern organisieren ließ, der renitente evangelische und katholische Pfarrer und Laien in Gefängnisse und Konzentrationslager werfen ließ – für diesen Führer zu beten, haben der Bischof und mit ihm viele Pfarrer keine Probleme gehabt. Sie tun es, obwohl sie die Praxis des Führerstaats und seine Ziele genau gekannt haben. Ihr Obrigkeitsverständnis ließ es nicht zu, in Distanz oder Kritik zu gehen. Sie beteten für den Führer und forderten das Kirchenvolk zu bleibender Treue und zu letztem Einsatz für ihn und seine Männer um ihn herum auf. Ein solches Gebet, am Ende garniert mit religiösen Floskeln, ist die totale Identifikation mit einem schon längst von vielen anderen Christen als verbrecherisch erkannten Führerstaat. Vergleicht man Marahrens mit den Laienchristen im Goerdeler-Kreis, im Freiburger und im Kreisauer Kreis, so offenbaren sich Männer wie Marahrens mit ihrer Theologie und mit ihrer obrigkeitlichen Ethik als Steigbügelhalter für eine sich radikalisierende Kriegspraxis. Ihr geben sie durchaus im Wissen um das Leiden von Menschen ihren pastoralen Segen. Sie sind so fixiert auf das Gehorsamsgebot gegenüber der Obrigkeit, dass sie Fragen nach der Qualität der Regierenden nicht stellen. Kritik am obrigkeitlichen Handeln wäre ihnen unverantwortlich gewesen. Die Möglichkeit, dass der Führer „des Teufels" sein könnte, haben sie nicht überlegt. Auch reden sie immer im Namen der Kirche und haben als Adressaten „das Volk". Sie wollen immer das Gewissen aller Deutschen binden. Sie fragen nicht, ob es nicht andere Deutsche und Christen gab, die von ihrem Gewissen her zu ganz anderen Konsequenzen im politischen Denken und Handeln gekommen waren.

Bischof Marahrens hat es nach dem Krieg deutlich gegenüber allen Kritikern seiner Position gesagt:

„Fehler sind gemacht worden. Dass aber meine Grundhaltung gegenüber dem Dritten Reich falsch gewesen sei, könnte mir nur jemand nachweisen, der es fertig bekäme, die Lehre des Paulus von der Obrigkeit Römer 13 mit Gründen der Heiligen Schrift – Gründe der politischen Vernunft könnten mich hier nicht überzeugen! – zu widerlegen oder die Lehre Luthers von den beiden Reichen in ihrem echten ursprünglichen Verstande ‚ad absurdum' zu führen." (Klügel 2, S. 213)

Das Hitler-System ist bis zum Mai 1945 für diesen Bischof die schriftgemäße Obrigkeit gewesen, deren Befehle die Untertanen auszuführen hatten. Dabei beruft er sich zudem auf Luthers Lehre von den beiden Reichen. Ausgeblendet werden die scharfen Worte von Luther, die er gegen die unverantwortlichen Regenten und die weltlichen und geistlichen Tyrannen geschrieben hat. Dieser Bischof legt Luther so aus, wie er ihn zur Verteidigung seiner Position gebrauchen kann. Schriftworte und Lutherworte werden im Auswahlverfahren so gewendet, wie es das eigene nationalpolitische Interesse befahl. Im Stil eines alten Kirchenfürsten fordert er alle Deutschen und Christen auf, ihr Leben als Opfer für Deutschland hinzugeben.

Er selbst aber kämpft und fällt nicht im Endkampf für den Endsieg, sondern erhält sein Leben für die Nachkriegszeit. Und in ihr verweigert er sich – neben dem Zugeben einiger Irrtümer –, seine schuldhafte Mitverantwortung für die zeitgenössische Katastrophe zu bekennen.

Wir wissen heute, dass in den Monaten vom 20. Juli 1944 bis zum 8. Mai 1945 doppelt so viele Soldaten gefallen und Zivilisten umgekommen sind wie in allen 5 Kriegsjahren zuvor. Was in den letzten 11 Monaten des Krieges geschehen ist, haben Theologen wie Marahrens mitzuverantworten. Sie haben nicht die leiseste Stimme gegen den Völkermord und gegen den Opfergang des eigenen Volkes erhoben. Fast grotesk dürfte es sein, dass er aus der blutigen Saat des Krieges eine Segensernte erwartete. Wilhelm Schmidt hat diesen Bischof sehr geschätzt. Er stand ihm mit seinem eigenen Luthertum sehr nahe. Leider haben wir (bis jetzt) keine Zeilen von ihm, wie er selbst über den 20. Juli und die ihm folgenden Massenvernichtungen gedacht hat. In der Tendenz – das lässt sich an vielen Aussagen zeigen – stand er der Linie des Bischofs während der eigenen Militärzeit sehr nahe.

Doch zurück zu seiner Soldatenpredigt. Am Schluss steht die Frage:

„Warum heute beim Eintritt in das 5. Kriegsjahr loben und danken? Weil wir verlernt haben oder es doch verlernen sollen, nur für Sieg und Erfolge unserer Waffen zu danken, sondern zuerst und zutiefst für Gottes Gnade, die uns alle Morgen neu hebt und trägt und uns auch in diesen Kriegszeiten unseres Lebens, nein, Seines Ewigen Lebens froh werden lässt. Nur das Lob aus der notvollen Tiefe dringt wirklich bis zu Gottes Thron, weil wir dann wirklich nur Ihn meinen.

Warum in dieser Stunde loben und danken? Weil unsere Hoffnung auf Gottes Hilfe in unseren tiefsten Nöten noch nicht zerschlagen ist, weil wir noch für unsere und unserer Kinder Zukunft kämpfen dürfen, weil noch das Wort Gottes unserem Volke nahe ist und Seine Kirche unter uns lebt. Gott hat uns besucht aus Seiner Höhe, damit unser Herz zu Ihm sich wende und lerne, Ihm allein zu seines Namens Ruhm und Ehre zu dienen."

Die Zeit ist dem Prediger gekommen, nicht mehr nur für Erfolge und Siege zu danken, sondern täglich gerade in harter Kriegszeit für Gottes Gnade und für die noch nicht zerschlagene Hoffnung zu danken. Die Gnade Gottes bezieht sich darauf, auch in Kriegszeiten des täglichen Lebens und des Ewigen Lebens gewiss sein zu können. Die Hoffnung bezieht sich darauf, für die Zukunft der Nachkommenden zu kämpfen und dafür, dass die Kirche mit dem Wort Gottes dem Volk nahe ist. In allem aber Gott dienen zu dürfen, ist entscheidend.

Dass Volk und Kirche weiter existieren können, das ergibt in ihrer Unterschiedenheit, aber in ihrem Aufeinanderbezogensein den Sinn des militärischen Kampfes. Der Soldat kämpft und stirbt für beides: für das Volk und für die Kirche. Kirche wird hier verstanden als eine Kirche, die ihre Botschaft in das Volk hineinträgt und dadurch dem Volke dient. Sie ist Kirche i m Volk f ü r das Volk. Volk ist für Schmidt eine Schöpfungsordnung Gottes. Er hat das deutsche Volk erschaffen und wirkt in ihm weiter. Er ist mit seinem Geist in ihm wirksam und lässt mit ihm geschehen, was seines Willens ist. Die Konsequenz: der Soldat vollzieht ein doppeltes Amt: Er kämpft für die Weiterexistenz seines von Gott geschaffenen Volkes und für dessen selbst bestimmter Zukunft und er kämpft zugleich für die Aufgaben der Kirche in diesem Volk. Sein weltliches Mandat verschränkt sich mit seinem geistlichen Mandat.

Eine Weihnachtspredigt 1943

Weihnachten 1943 hat Schmidt eine Soldatenpredigt gehalten, die in den ersten Abschnitten mit einer großen Vision beginnt:

„Wir wollen es uns einen Augenblick ausdenken, wie uns heute morgen wohl zu Mute wäre, wenn es in der vergangenen Heiligen Nacht oben im hohen Norden angefangen hätte und dann an der ganzen Front entlang geeilt wäre, über Leningrad und unseren Abschnitt am Wolchow entlang zum Ilmensee bis Newel, wo so schwer gerungen wird, und weiter zum Mittel- und Südabschnitt bis zur Krim, das unbeschreiblich schöne und seit Jahren so heiß ersehnte Signal: ‚Das Ganze halt!‘ Und wenn dieses Signal dann auch von der Front in Süditalien aufgenommen würde, auf allen Meeren und in der Luft, wo so manche schwere Schlacht um unsere teure Heimat geschlagen wird. Wenn dann überall die Waffen geschwiegen hätten und die Tannenbäumchen aus den Bunkern auf die Brüstung der Gräben und Kampfstände getragen das Ende des Krieges und den Frieden verkündet hätten. Wenn das Sorgen der Front um die Heimat und das Bangen der Heimat um die Front mit einem Schlage aufgehört hätte. Und wenn wir dann heimkehren könnten zu unseren Lieben daheim! –

Wir denken schon so sehr in der Gewöhnung durch mehr als vier Kriegsjahre, dass uns der Gedanke an den Frieden ein schöner Traum zu sein scheint. Und ich will uns auch keineswegs mit Träumen narren. Aber wir dürfen und sollen den Gedanken an den Frieden in uns lebendig erhalten. Wir kämpfen für Sieg und Frieden, und von diesem Ziel her strömt uns immer wieder neue Kraft zu für unseren Kampf. Auch für unsere Weihnachtsfreude ist es nicht ohne Bedeutung, ob das Sehnen nach dem Frieden in uns lebt. Wer seine Tage dumpf und stumpf dahin lebt, ohne das heimliche Drängen und Greifen nach dem Frieden, der ist auch nicht empfänglich für die köstliche Botschaft des Christuskindes.

Wenn uns nun schon der Gedanke an das Ende des Krieges und an Friedenszeiten so schwer werden will, weil wir ganz und gar im totalen Krieg zu leben gelernt haben, wie viel unfassbarer und unbegreiflicher ist uns der himmlische Friede, von dem die Engel den Hirten auf dem Felde in jener heiligsten aller Nächte gesungen haben. Die Gabe des Christuskindes ist ein ungleich größeres Geschenk als der Friede unter den Völkern. Wenn wir das recht begreifen würden und an uns erfahren hätten: unser Herz würde alle Tage, ob Krieg oder Friede, voll großer und starker Freude sein, die um vieles die Freude über ein siegreiches Ende dieses Krieges übertreffen würde.“

Die meisten Predigten kreisen um Probleme, die der Krieg bringt, den es bis zum Siege zu führen gilt. Aber das schließt nach Schmidt nicht aus, sondern ein, auch von der gleichzeitigen Sehnsucht nach dem Frieden zu reden. Aber er weiß, dass diese Sehnsucht nach dem irdischen Frieden umschlossen ist von der Tatsache eines totalen Krieges. In diese Situation kommt in der Weihnachtsbotschaft das Angebot des himmlischen Friedens, der wichtiger ist als der irdische Frieden. Wer diesen Frieden in seinem Herzen annimmt, wird – ob im Krieg oder im Frieden – voll großer Freude sein. Die eigentliche Freude ist die im Glauben angenommene Christusbotschaft. Sie übertrifft die Freude über das siegreiche Ende des Krieges.

Hier haben wir einen Prediger, für den letztlich die Botschaft von dem gekommenen Christus das größte Ereignis der Geschichte ist. Und dieses Ereignis will im Glauben des Einzelnen Ereignis werden und ihn in seinem Herzen bestimmen. Deshalb legt er im Folgenden seiner Predigt umfangreich die Weihnachtsbotschaft aus, die bei ihm zu einem großen Christushymnus wird.

Und am Ende steht die große Hoffnung:

„Das Signal: ,Das Ganze halt!' dringt auch in die Gräber hinein. Unsere Toten leben weiter mit uns in der Gemeinschaft, die Himmel und Erde umfasst. Und überall an allen Fronten richten Kameraden sich auf zu neuem Leben im Lichte der Weihnachtssonne. Nun wird unsere Freude auf die Heimkehr, unser Sehnen und Verlangen noch viel größer, zu unsern Lieben daheim zurückzukehren. Und wer mit Christus heimkehrt, der darf Ihn sein Bündel Schuld vertrauensvoll übergeben, denn dazu kam ja Gottes Sohn in diese Welt, dass Er uns befreie von aller Sündenschuld! Welch eine Freude wird das sein, wenn der himmlische Vater uns die Heimkehr schenkt, die Heimkehr in unsere irdische Heimat und die Heimkehr zu Ihm, der unser Aller Vater ist."

Der Gedanke der Heimkehr wird in zweifacher Weise entfaltet: die Heimkehr zur irdischen Heimat und die Heimkehr zur himmlischen Heimat. Was auch geschehen mag: es gibt in jedem Fall eine Heimkehr. Und der zurückkehrende Soldat kann seine Schuld dem übergeben, der von der Sündenschuld befreit. Diese Theologie ist Ausdruck eines tiefen Vertrauens in das menschenfreundliche Handeln Gottes. Wer Gott als Mensch gehorsam ist und wer als Soldat den Befehlen der Obrigkeit gehorsam bis zum Tode ist, der wird gerettet durch sein Sterben zum ewigen Leben und wer am Leben bleibt und in die Heimat zurückkommt, kann in der Vergebung neu leben. Das Kriegsgeschehen nimmt in jedem Fall ein tröstliches Ende. Ob das für die Hörer ein Trost gewesen ist oder eine Vertröstung – wir wissen es nicht.

Predigten an den Sonntagen Kantate und Jubilate 1944

Aus dem Jahre 1944 sind diese zwei Predigten erhalten. In der Kantate-Predigt macht er längere Ausführungen über das Lied und das Singen. Beide spielen im geistlichen Haushalt des Predigers eine große Rolle. Die glaubende, bekennende und lobende Gemeinde ist für ihn das Zentrum des Lebens. Und wer zur Gemeinde gehört, für den gilt:

„Wer sich aber in die Gefolgschaft Jesu begibt, lebt nun nicht mehr nach seinen Wünschen und Bedürfnissen, sondern nach dem Befehl Jesu. Unsere falsch verstandene evangelische Freiheit ist weiter nichts als geistliche Unordnung und innere Zuchtlosigkeit. Es ist des Mannes unwürdig, halbe Sache zu machen, und es gibt nichts Größeres auf dieser Welt, als dem größten Herrn und König zu eigen zu sein. Im Gehorsam gegen Sein Wort erfahren wir die tiefste Freude und Befriedigung unseres Herzens."

In Parallele dazu gilt: der Gehorsam gegen die soldatischen Befehle macht den Mann als Soldaten aus. Der Christ ist *„Bürger zweier Welten"*:

„Bürger zweier Welten, dem äußeren Menschen nach Glieder unseres Volkes und im Dienst unserer irdischen Aufgaben, dem inneren, geistlichen Menschen nach Glieder der Gemeinde Jesu, deren Wandel im Himmel ist."

Der Christ lebt im Reiche der Welt unter den Bedingungen dieser Welt. Er hat hier sein weltliches Mandat, im Gehorsam gegen das Recht und die Ordnung des Staates seine Pflichten als Staatsbürger zu erfüllen. Und er lebt als Christ im Glauben an das gekommene und das kommende Reich Gottes. Er ist beides: Staatsbürger und Nachfolger Christi. Beides zugleich sein zu müssen, ist die Aufgabe des e i n e n Menschen.

Die Jubilate-Predigt schildert anfangs die Situation, in der sich Prediger und Predigthörer befinden:

„Meine Brüder! Unsere Division hat wieder einen schweren Einsatz hinter sich. Die Bereinigung der beiden russischen Einbrüche bei Waiwara und Auwerre war ja nur ein Teil der schweren Abwehrkämpfe an der Narwa-Front. Seit dem Beginn der Absetzbewegung vom 20. Januar sind wir eigentlich mit ganz kleinen Atempausen fast ununterbrochen im Einsatz gewesen. Unsere Division hat sich bewährt. Viele Kameraden haben ihr Leben hingegeben; an tausend Gräber zählt unser Friedhof in Johwi schon fast wieder. Nun sind wir seit einigen Tagen wieder in Ruhe. Wir sind raus aus dem grundlosen Sumpfgelände, raus aus dem ungeheuer massierten Einsatz aller Waffen. Endlich

wieder Schlaf, trockene Uniform, trockenes Schuhwerk; alles langsam wieder sauber und in Ordnung und neu hergerichtet für neuen Einsatz!

In dieser Atempause ruft uns Gott zur Besinnung. Auch der inwendige Mensch verlangt nach Reinigung, Kräftigung, Erneuerung."

Und dann legt der Prediger den Wochenspruch *„Ist jemand in Christo, so ist er eine neue Kreatur; das Alte ist vergangen, siehe, es ist alles neu geworden."* in traditionell kirchlicher Verkündigung aus, um dann zu sagen:

„Es ist als ob alle Ordnung in Unordnung geraten sei; alles hat zu wanken begonnen. Und wer so häufig dem Tode ins Angesicht gesehen hat, der hat gelernt, dass in dieser Welt nichts über unsers Leben Grenzen hinaus von Bestand ist.

Nun hat der Krieg aber auch manches Große und Edle im Menschen zur Entfaltung gebracht. Wir denken an so manchen Kameraden und Vorgesetzten, an ihre soldatische Gesinnung und kameradschaftliche Haltung, an ihr tapferes Kämpfen und furchtloses Sterben. Wie mancher ist über sich selbst hinausgewachsen, dass wir uns wunderten. Und wir haben gewiss auch schon Gelegenheit gehabt, uns über uns selbst zu wundern und freudig erstaunt zu sein, wenn das Gebot der Stunde, wenn Befehl und Pflicht ungeahnte Kräfte in uns auslösten und wir den Eindruck hatten: das ist etwas Neues, Großes in unserem Leben, so haben wir uns selbst noch nicht gekannt! Der Krieg als der große Zucht- und Lehrmeister in der Hand Gottes wirkt allen Verwüstungen und Zerstörungen zum Trotz dennoch wie eine gewaltige Reinigung und Läuterung unserer Willenskräfte und Charakterwerte.

Es liegt in unseres Volkes Hand und Entscheidung, ob der Herr über Krieg und Frieden den Unsegen des Krieges mit all seinen unsagbaren Schrecken in Segen wandeln und uns mit unserem ganzen Volke in allem schweren Erleben innerlich wachsen und reifen lassen kann."

Für Schmidt ist der Krieg von einer tiefen Ambivalenz. Er macht illusionslos im Blick auf das Sterben, aber er lässt auch einen anderen Menschen Wirklichkeit werden, der als Soldat und Kamerad zu ungeahnter Größe erwacht. Er wird ein Zucht- und Lehrmeister in der Hand Gottes und in allen Zerstörungen bewirkt er eine innere Läuterung des Willens und des Charakters der Kämpfenden. Hier feiert die alte idealistisch-nationalistische Kriegsethik von der Bildung des besseren Menschen unter den Bedingungen der Härte eines Krieges ihre Renaissance. Der Krieg bildet im *„Stahlgewitter"* und im Nahkampf mit den Feinden einen neuen Mannestyp, der siegen will und sterben kann. Der Mensch wird Krieger. Im Kämpfen und Sterben findet er seine Identität.

Und Gott? Er kann mit der Geburt des neuen Mannestyps den Unsegen des Krieges in Segen verwandeln. Und auch ein Volk kann durch den Krieg innerlich wachsen und reifen. Der Krieg kann den Frieden besser machen. Er kann die Geburtsstunde eines besseren Menschentums mit mehr Charakter werden. Aber die Voraussetzung zum neuen Leben ist, sich in die Nachfolge Jesu Christi rufen zu lassen und in ihr auch ein neuer innerer Mensch nach dem Bilde Gottes zu werden. Die Folge:

„Eine revolutionierende Neuordnung bringt das für unser Leben mit sich: Unsere Gedanken wandern nicht mehr zuchtlos und ungehemmt in alle Leidenschaften, der inwendige Mensch ordnet sich und bekommt ein klares, leuchtendes Antlitz. Unser Reden bekommt Zügel und schießt nicht mehr in hässliche, gemeine Welten. Unser Tun und Lassen lässt das Walten eines gütigen, barmherzigen Herrn und Meisters an unserem Leben erkennen. Unser Sinnen und Streben ist auf die himmlische Welt gerichtet, auf die Ewigkeit, aus der uns die Kräfte zuströmen für ein tapferes zuchtvolles Leben und Kämpfen und für ein getrostes Sterben in der Gewissheit der Auferstehung zum ewigen Leben. Ein wirklicher Christ, ein wirklicher Jünger Jesu, ja, das ist, das ist der beste Kamerad, ein Freund und Helfer in jeder Not, ein pflichtgetreuer Soldat um Jesu willen. "

Der Mensch wird ein anderer durch das Kriegserlebnis und der Mensch wird ein neuer Mensch in der Nachfolge Christi. Des Christen Sinn ist auf die himmlische Welt gerichtet und dadurch wird sein Leben ein anderes. Er wird bereit zum zuchtvollen Leben und Kämpfen und zum Sterben in der Gewissheit der Auferstehung. Und jetzt geht der Prediger noch einen Schritt weiter, wenn er vom *„pflichtgetreuen Soldaten um Jesu willen"* spricht. Jetzt ist der Kriegsdienst nicht nur ein pflichtgemäßer Gehorsam gegen die von Gott gesetzte Obrigkeit, sondern wird ein Gehorsamsgeschehen um des Sohnes Gottes willen. Der Krieg wird nun nicht mehr nur als obrigkeitlicher Wille im Sinne des ersten Artikels interpretiert, dem der Staatsbürger und Volksgenosse Gehorsam zu leisten hat, sondern wird mit in den zweiten Artikel hinein gezogen. Jetzt wird der Soldat ein Soldat Jesu Christi. Hier verlässt der Lutheraner Schmidt eindeutig die Ethik des Politischen und die Interpretation des Krieges und des Kriegsdienstes bei Luther.

Soldatenbriefe des CVJM Bochum

In Bochum hatte sich innerhalb des CVJM ein Soldatenkreis gebildet, der sein Zentrum in dem im 1. Weltkrieg hoch dekorierten Presbyter Heinrich Winkelmann (1892–1944) hatte, der die Kontakte unter den Nichtsoldaten in der Heimat und den Soldaten im Felde mit Hilfe von ihm geschriebener Rundbriefe kontinuierlich hielt. Im Rundbrief vom 25. September 1941 schrieb er: *„Und nun, meine Freunde, gebe ich einem alten Bekannten das Wort, der uns früher mit Vorträgen oft gedient und erfreut hat: Pastor Schmidt."*

Und dieser schrieb:

„Liebe Kameraden!

Funker Wilhelm Schmidt, Fp. Nr 11710 ist meine Anschrift. Herr Winkelmann hat mich mit auf Ihre Soldatenliste gesetzt, und ich bin's gerne einverstanden. – Ganz kurz: 8 Wochen Ausbildung in Bielefeld, kurzer Aufenthalt bei der Feldtruppe in der Normandie an der Küste und seit Pfingsten mit der Einheit im Zentrum des belgischen Industriegebietes, Kasernendrill, eintöniger Dienst, aber gute Kameraden und ordentliche Vorgesetzte. In der Stadt ein schönes Soldatenheim mit Kino. Jeden Sonntag ein schlecht besuchter evang. Wehrmachtsgottesdienst. Mit drei kathol. Studenten in der Kompanie besonders feine Kameradschaft, in einer gläubigen belg.-protestantischen Kaufmannsfamilie wie zu Hause. Seit einigen Tagen auch Dirigent unseres Soldatenchors. –

Wie schnell verfliegt doch alles, was nur Worte sind! Es bleiben nüchterne Tatsachen, die Wirklichkeit unseres Soldatendaseins. Daneben besteht nur noch echter, wohl gegründeter Glaube. Das Leben ohne Christus ist in seiner Haltlosigkeit, Unordnung und Selbstzerstörung kaum anderswo so lehrreich zu studieren. Bei der kämpfenden Truppe ist es anders. Im Angesicht des Todes sieht das Leben anders aus. Aber in Kasernenmauern, mit Leuten, die den Vormarsch im Westen mitgemacht und in Nordfrankreich ein Jahr lang gelebt haben wie nie zuvor: Ich muss bekennen, dass sich mir hier ungedachte Untiefen menschlicher Verderbtheit aufgetan haben. Man kann nur schweigen und beten. Und wenn man sich gar nicht mehr vor all dem blöden Gerede und Gesinge retten kann, dann helfen unsere Lieder, die ich mit Ihnen auch oft gesungen habe. Welche Kraft steckt darin, Dämonen zu bannen! Manchen Morgen habe ich auf dem sechsspännigen Bauwagen ein Lied für mich gesummt und dadurch den Ungeist abgeschüttelt, der mitwandert, wo Soldaten sind. ‚Morgenglanz der Ewigkeit', das königliche Lied hat ihn man-

ches mal in meinem Herzen aufleuchten lassen. Versäumt nicht diese großen Zeiten geistlicher Übung und geistlichen Wachstums! In fürbittendem Gedenken! Euer Kamerad Wilhelm Schmidt."

Schmidt, der am 10. März 1941 eingezogen worden war, diente zunächst als Besatzungssoldat. Er schrieb diesen Brief aus der Etappe. An Kampfhandlungen hatte er noch nicht teilgenommen. Ihn, der aus der bündischen Bewegung kam und Pfarrer in einer gut bürgerlichen Gemeinde war, schockierte das moralische und geistige Niveau vieler Kameraden, die – wie man damals sagte – *„die Sau rausließen"*. Wo Männer zusammen leben müssen, kulminieren in der Regel sehr schnell Untugenden und Ungeist. Saufen, Grölen und Bordellbesuche bestimmen die Freizeit. Schmidt ist schockiert über das, was er hier hören und erleben muss. Er baut sich seine Gegenwelt auf: eine geistliche Existenz mit Singen von Kirchenliedern, mit Bibellesen und Gebeten. Das ist eine Gegenstrategie, nicht dem herrschenden unernsten und schlüpfrigen Klima zu verfallen.

Als Beilage zum Soldatenbrief vom 7. Juni 1942 findet sich eine am Himmelfahrtstage geschriebene theologische Betrachtung, in der Schmidt das Glaubensbekenntnis für seine Zeit und Situation entfaltet:

„Es ist mir in diesem kurzen Gruß ein Anliegen, Euch auf die drei Lebensbereiche hinzuweisen, in dem ein Christ lebt und auf die Bedeutung dieser drei Bereiche für die Festigkeit unseres Herzens:

Wir bekennen den ersten Artikel und glauben an die Schöpfer- und Erhalter- Allmacht Gottes. Auch im Kriege bleibt das Ebenbild Gottes in uns als ein kostbares Geschenk und als hohe Aufgabe. Das Herrsein über die ganze Erde, zuerst jedoch das Herrsein über uns selbst in der demütigen und gehorsamen Gebundenheit an den Herrn aller Herren, darin liegt die Würde des Menschen, dem Gott Sein Gepräge gab. Ein großer Reichtum tut sich uns da auf, ich kann ihn nur kurz andeuten. Aber dieser Gedanke ist mir für uns alle wichtig: In der Bedrängnis des Herzens ist uns das Gebot Gottes, Ihn „über alle Dinge zu fürchten" und sich in solcher Gottesfurcht als ein „Herr aller Dinge" zu bewähren, ein fester Halt. Gott bewahre uns vor jeder würdelosen Haltung, durch die wir der Ehre Gottes und uns selbst als Gottes Ebenbild Schande bereiten."

Gott wird als Schöpfer und Erhalter bekannt. Sein Geschenk an den Menschen: sein Ebenbild zu sein. Das ist Gabe, die zugleich den Menschen verpflichtet, sich in der Bindung an diesen Gott seine ihm geschenkte Würde zu bewahren und zu bewähren. Er kann sich nicht würdelos machen. Schmidt denkt theologisch das Herrsein Gottes zusammen mit dem Menschsein und dem Menschwerden des Geschöpfes. Er weiß, wie gerade im Krieg das Ebenbild Gottes dem Schöpfer Schande macht und das Geschöpf sich selbst Schande macht.

„Wir bekennen den zweiten Artikel und glauben an die Erlösungsmacht des Sohnes Gottes. Die Entfesselung ungeheurer, zerstörerischer Naturkräfte stellt im Kriege den Glauben an den Schöpfer und Erhalter auf eine harte Probe. Der moderne Materialkrieg zerschlägt jedes selbstsichere Herrengefühl. Und Christen fällt die Demütigung unter die gewaltige Hand Gottes gar nicht schwer, wenn er im Lärm der Waffen zu uns redet. Wie jämmerlich klein und zaghaft wird doch auch unser Herz! Und wenn dann noch die Sünden unseres jungen Lebens in unserer Erinnerung aufstehen: Tiefer kann die Not nicht sein. In solcher Stunde ist dann nicht nur das Gebot unseres himmlischen Herrn über uns, Er selbst in seinem Sohne geht auf allen Wegen neben uns als unser Freund und Bruder. Er nimmt die Not der Sünde und all die kleinen und großen Ängste des Herzens von uns. Der größte Sieger tritt an unsere Seite. Er lehrt uns, den Vater und Sein ewiges Reich „über alle Dinge" zu lieben. In solcher Liebe sind wir stark und froh."

Dass Gott im Lärm der Materialschlacht zum verzagten Kämpfer spricht, lässt sich seelisch und konkret nur durchhalten, wenn Gott selbst in seinem Sohne Christus als Freund und Bruder der Kämpfenden anwesend ist. Christus selbst tritt als der Sieger an die Seite der Kämpfenden und lehrt, den Vater und sein Reich zu lieben. Und das macht den Glaubenden *„stark und froh"* im Kampf.

Hier wird eine Theologie formuliert, wird eine Verkündigung betrieben, die Gott in Jesus Christus im Gang der Waffen anwesend sein lässt. Christus bei den Seinen auf den Schlachtfeldern – ein Glaube, der allem kriegerischen Geschehen Sinn und Zuversicht geben soll. Christus ist bei denen. die gegen den Feind stürmen und bei denen, die durch Kugeln und Granaten zerfetzt werden oder als Verwundete qualvoll sterben müssen. Und er ist bei denen, die die Feinde aus ihren Stellungen jagen und sie so zahlreich wie möglich niedermetzeln. Töten und getötet werden – in allem ist Gott mit seinem Sohn am Werk. Ob sie nun ins Grab sinken oder Sieger werden – der Glaubende nimmt alles als Gottes Wille hin. Dass hier vielleicht der Gegenspieler Got-

tes als der große Zerstörer sein blutiges Werk betreibt und die Unverantwortlichkeit der politisch und militärisch Verantwortlichen in Szene gebracht
wird, dass man um einer Ideologie willen Hekatomben von Menschen sich
abschlachten lässt – diese Interpretation kommt dem Schreiber wieder nicht
in den Sinn. Der sonst das Dämonische und Teuflische im einzelnen Menschen so schnell erkennende Theologe lässt das Kriegsgeschehen und das
Kriegshandwerk ohne Abstriche als Handeln des geschichtswaltenden Gottes
gelten. In diesem Glauben entwickelt sich nicht die Spur eines Aufbegehrens
gegen die organisierte Tötungsmaschinerie. Die Frage nach der Verantwortlichkeit einer Theologie, die im Endeffekt die religiöse Legitimation der ideologisch fundierten Kriegsführung bedeutet, wird gestellt werden dürfen.

*„Wir bekennen den dritten Artikel und glauben an den heiligen Geist in sei-
ner Gemeinde. Nun ist der lebendige Gott nicht nur über uns und nicht nur neben uns; er ist allzeit und überall in uns und wir in ihm. Ein neuer Geist, ein
neuer Mensch, eine neue irdische Heimat, die zugleich im Himmel ist. Der
gläubige Kamerad wird uns Bruder in Christo. Die Macht der Fürbitte überbrückt alte Trennung und umgibt uns wie eine feste Mauer. Das Geborgensein
am Herzen Gottes, das Heimatrecht in der himmlischen Welt, darin erfüllt sich
die Köstlichkeit des festen Herzens, ,welches geschieht durch Gnade'.*
*Es gibt Kameraden, denen die Wirklichkeit des Schöpfergottes machtvolle
Hilfe bedeutet in allen Lebenslagen. Andere Kameraden hören mit dankba-
rem Herzen die stärkenden Worte und fühlen die hilfreiche Nähe des himmlischen Freundes. Und wieder andere Kameraden ist es geschenkt, die Kräfte
des Geistes Gottes zu empfangen. Uns sind alle Türen offen! Was macht es,
durch welche Tür wir eingehen, wenn wir nur ins Heiligtum gelangen! Die
Fülle der göttlichen Kräfte bietet sich uns dar. Wenn wir nur nehmen! In
treuem Gedenken! Euer Kamerad Wilhelm Schmidt."*

Auch der 3. Artikel erfährt eine aktualisierende Bedeutung. Der heilige
Geist ist in der glaubenden Gemeinde, aber auch in jedem Einzelnen. Er macht
den Menschen und seine irdische Heimat neu. Und er gibt Heimatrecht in der
himmlischen Welt. Die präsentische Existenz des Glaubenden ist zugleich
seine futurische und umgekehrt. Die Konsequenz: was auch geschieht, die
Realpräsenz Gottes ist immer gegeben. Und wie die Kameraden ihren Glauben verstehen: als helfenden Schöpfergott oder als Christusnähe oder als mit
dem Geist Gottes Begabte – über jeden Glaubensartikel kann der Weg zum

dreieinigen Gott führen. Als Pfarrer unter seinen Kameraden wird Schmidt eine Fülle des religiösen Selbstverständnisses erfahren haben. Jede wie auch immer geformte Frömmigkeit ist für ihn ein Anknüpfungspunkt für weitere Schritte auf einen an Schrift und Bekenntnis gebundenen vollen christlichen Glauben.

Der predigende Theologe Schmidt hat unter den Bedingungen eines totalen Krieges eine seelsorgerlich ausgerichtete Theologie entwickelt, die in die Situation des Kämpfens und Sterbens der Frontsoldaten hinein gesprochen hat. Sie bereitet zum Sterben und gibt ihm einen göttlichen eschatologischen Sinn. Den politischen und militärischen Unsinn des Russlandfeldzuges mit seinen Zielen der Landeroberung und der Ausbeutung der besetzten Länder für Agrarprodukte und Rohstoffe für das deutsche Reich hat er auch nur andeutungsweise problematisiert. Daran hinderte ihn sein theologisch-ethisches Obrigkeitsverständnis, das keinen Ungehorsam zur Politik des Staatsoberhauptes und des Obersten Kriegsherrn zuließ. Und es hinderte ihn – es sei noch einmal gesagt – an der vollen Zustimmung zum nationalsozialistischen Kreuzzug gegen den Bolschewismus und die Feindschaft gegen die westlichen Demokratien. Theologische und politische Argumente verschränken sich zur vollen Akzeptanz des notwendigerweise total geführten Krieges. Das schließt eine ganz realistische Wahrnahme und Interpretation des Kriegsgeschehens selbst nicht aus. Er sieht seine Hauptaufgabe darin, seinen Hörern und Lesern zu helfen, das Kriegsgeschehen als göttlichen Weltwillen zu verstehen und in diesem Glauben an einen letzten göttlichen Willen zu kämpfen und zu sterben. Sie sollen verstehen, dass der totale Krieg, der für die Weiterexistenz des deutschen Volkes geführt wird, nur mit Leidenschaft der Herzen und unter Einsatz aller militärischen Mittel zu gewinnen ist. Der einzelne Kämpfer, wenn er stirbt, fällt in die Hände des gnädigen Gottes. Sein Trost ist der himmlische Lohn, bei Gott zu sein.

Um auch dies noch einmal zu sagen: Es ist eine in sich geschlossene theologische Argumentation, die am Ende alles sinnvoll erscheinen lässt. Getötet und auferweckt werden – dieser Mechanismus des Glaubens lässt eine Reflexion über die mögliche politische Unverantwortlichkeit des Massensterbens nicht mehr zu. Der Glaube an eine andere neue himmlische Zukunft verhindert die Reflexion über eine menschlichere Zukunft hier auf der Erde.

Schmidt hat neben sich Tausende von Soldaten in offenen Gefechten, in Schützengräben und Erdlöchern durch Kugeln, Granaten und Bomben sterben sehen. Er hat Tausende von Verwundeten neben sich verzweifelt schreien, hilflos verbluten und verrecken sehen. Und er hat erlebt, wie wenige überlebt und sich auf das nächste Gefecht vorbereitet haben. In dieser Todeslandschaft werden das Sterben und Überleben die zentralen Themen. Alles andere wird zweitrangig. Dass fast wie von selbst in die Mitte der christlichen Verkündigung das Sterben und der Tod rücken, ist die Reaktion des Geistes und der Seele der zum Tod Bestimmten. Dass hier die Frage des Sinns des Kämpfens und Sterbens das Tagesbewusstsein bestimmt, ergibt sich von der Situation der Betroffenen her wie von selbst. Aber sie stellt sich nicht mehr als akademisch-philosophische oder als dogmatisch-theologische Frage, sondern als unmittelbare existentielle religiöse Frage von Soldaten, die nicht ohne Sinn und Perspektive sterben wollen. Dass der Prediger und Seelsorger hier seine vorrangige Aufgabe sieht und eine religiöse Interpretation anbietet, die er so im zivilen Leben nicht entwickelt hätte, dürfte ihren Grund in der dramatischen Situation des Kriegsgeschehens haben. Die Zeit der bürgerlichen Religiosität, in der alles fein geordnet ist und das gelungene und gute Leben gepriesen wird, kommt spätestens auf den Schlachtfeldern an ihr Ende. Nicht nur die Menschen werden im Zivilisationsbruch des Krieges andere, sondern auch ihre Religiosität wird anders. Auch der Pfarrer kann nicht mehr so glauben und predigen, als habe er die sonntägliche Friedensgemeinde vor sich. Alles wird elementarer im Bewusstsein von Menschen, die an der möglichen Schwelle der physischen Vernichtung stehen. Sie möchten trotz Tod eine Zukunft haben. Sie werden offen für die Bilder und Hoffnungen, die der christliche Glaube anbietet. Das Leben im Himmel – wie man ihn sich auch vorzustellen mag – wird die Kompensation für frühes Sterben auf der blutgetränkten Erde. Und ein säkularer Trost kommt hinzu: man hat sein Leben für das Weiterleben seines Volkes gegeben.

Wir können nicht wissen, wie groß die Zahl der Soldaten gewesen ist, die im Glauben an diese und ähnliche Sinn- und Hoffnungselemente gestorben sind. Was wir auf jeden Fall unterlassen sollten: – diese religiösen Horizonte entrüstet als pervers zu bezeichnen. Ohne Zweifel haben sich hier auch bei Schmidt in seine Predigten Aussagen eingeschlichen, die so nirgends in der Schrift stehen oder im Bekenntnis zu finden sind. Aber man kann im Blick auf die tägliche Todesnähe der Soldaten verstehen, warum diese endzeitlichen Hoffnungshorizonte sich gebildet und eine aktuelle Funktion gehabt haben. Im Angesicht des Todes geht es nicht mehr um die „pura doctrina" (reine Lehre), sondern man greift nach Interpretationen, die dem Ende eines Soldatenlebens noch einen Sinn geben.

Teil 2: Die Jahre 1945–1955

Kriegsende und Gefangenschaft

Den letzten Rundbrief Nr. 10 an die Gemeindeglieder schreibt der Heimkehrer Wilhelm Schmidt zum 2. Advent 1945:

„Liebe Gemeindeglieder! Als ich vor Jahresfrist den letzten Rundbrief an Sie richtete, stand ich noch in den schweren Kämpfen der Kurlandschlachten. Kurz in Stichworten, wie es mir weiter erging: Ende Januar von Libau nach Gotenhafen, an die untere Weichsel, in die Tucheler Heide, zurück nach Gotenhafen, Verwundung und schwere Erkrankung, und Ende April Abtransport von Hela nach Kopenhagen. Ende Juli kam ich aus dem Lager in Holstein und fand in Lübbecke meine Familie gesund vor."

Nur spärlich sind unsere Kenntnisse über die letzten 5 Monate seines Soldatseins. Über den Haupthafen des Kurlandbrückenkopfes Libau kommt er Ende Januar nach Gotenhafen. Die deutsche Kriegsmarine hatte am 23. Januar 1945 begonnen, Soldaten und Flüchtlinge von Danzig, Gotenhafen, Kolberg, Libau und Windau nach Dänemark und Schleswig-Holstein zu evakuieren. Mehr als zwei Millionen Menschen wurden durch enorme Leistungen der deutschen Marine vor der Roten Armee gerettet.

Schmidt wird von Gotenhafen aus in die Kampfgebiete der unteren Weichsel versetzt und nimmt teil an den letzten Kampfhandlungen in diesem Raum, wird verwundet und schwer krank. Er wird von der Halbinsel Hela mit einem der letzten Schiffstransporte nach Kopenhagen gebracht. Welche Verwundung und welche Krankheit er gehabt hat, ist nicht genau bezeugt. Mit einer Beinverletzung und einem Leberschaden hat er bis zu seinem Tod leben müssen.

In Dänemark kommt er in britische Kriegsgefangenschaft und wird nach der Kapitulation in ein Gefangenenlager auf der Halbinsel Eiderstedt in Schleswig-Holstein gebracht.

Predigten in der Gefangenschaft

Durch die Lagerleitung bekommt Schmidt die Möglichkeit, in zwei Ortskirchen zu predigen. In der Gemeinde Oldenswort predigt er am 6. Juni und bei ihrem Missionsfest am 1. Juli und in der Gemeinde Uelvesbüll am 17. Juni

1945 hält er einen Soldatengottesdienst. Alle drei Predigtskizzen sind erhalten. Die erste Predigt geht über „*Simon den Magier*" (Apg. 8, 5–25). Nur am Ende der Predigt illustriert er die magischen Mächte, die 1933/34 viele Menschen außerhalb und innerhalb der Kirche ergriffen haben. Es gibt für ihn nur einen Weg aus der selbstverschuldeten magischen Knechtschaft: die Rückkehr in die Führung durch den Heiligen Geist, wie er in der Verkündigung der Kirche Ereignis werden kann. Helfen können dabei eine geistliche Ordnung in der persönlichen und gemeinsamen Lebensführung.

Die zweite Predigt über Lukas 15, 11–24 (Der 1. Teil des Gleichnisses vom verlorenen Sohn) ist die erste Nachkriegspredigt von Schmidt, die Einblick gibt in seine theologische und seelsorgerliche Verarbeitung der unmittelbar erlebten und erlittenen Zeitgeschichte. Wegen ihrer Brisanz sei sie in voller Länge wiedergegeben. Sie ist eine der wenigen erhaltenen Predigten aus einem Gefangenenlager kurz nach der Kapitulation:

„Seit den Tagen der deutschen Kapitulation ist über Millionen unseres Volkes eine große geistliche Heimatlosigkeit hereingebrochen. Nicht nur, dass Ungezählte als Evakuierte und Flüchtlinge fern sind von Haus und Hof. Auch in politischer und weltanschaulicher Hinsicht haben viele Glieder unseres Volkes kein Zuhause mehr. Und noch ist es nicht abzusehen, wann und wie eine geistige Heimat für unser Volk wieder erstehen kann. Es ist ein Vorgang, wie er sich schon nach dem Zusammenbruch 1918 und in gewisser Hinsicht auch nach der Revolution von 1933 ereignet hat. Heute wie damals wird unsere Kirche gefragt, was sie denn nun zu dieser Not zu sagen habe. Und heute wie damals steht unsere Kirche in der Versuchung, ihren festen Grund, der mit Christus für alle Zeit gelegt ist, zu verlassen und sich einem ihr fremden Dienst hinzugeben. Es ist nicht Aufgabe der Kirche, Stellung zu nehmen zu der Frage, ob politisch-weltanschauliche Anlehnung an den Osten oder an den Westen, ob völliger politischer Verzicht oder neue politische Sammlung. Der Dienst der Kirche an unserem Volke ist durch alle Zeiten dieselbe geblieben. Und wer diesen Dienst willig an sich geschehen lässt, wird erfahren, dass für ihn auch all die großen politischen und weltanschaulichen Nöte der Gegenwart behoben werden.

Wir wollen den Dienst der Kirche an unserem Volke in der Auslegung des heutigen Textes als Predigt von der menschlichen Sünde und der göttlichen Gnade fassen. –

Das Gleichnis vom verlorenen Sohn ist uns allen von Jugend auf bekannt. Ein Mann hat zwei Söhne. Der Jüngste tritt eines Tages vor seinen Vater hin und erbittet sein Erbteil. Damit zieht er über Land. Was bedeutet dieser Schritt? Der Sohn trennt sich von seinem Vater, stellt sich auf eigene Füße und geht eigene Wege. Der Weg aus der Heimat in die Fremde bedeutet aber noch mehr. Der Sohn trennt sich von dem unerschöpflichen Reichtum seines Vaters, ist nun auf seinen Teil der Güter angewiesen, der nun nicht mehr unerschöpflich ist, sondern mit jedem Tag kleiner wird. Im Vaterhaus lebte er aus der Fülle. Die Gemeinschaft mit seinem Vater lässt ihn teilhaben an dem ganzen Besitz. Aber er will über seinen Teil unbeschränkt verfügen. Darum trennt er sich vom Vater. Und es ist ein unheimliches Gesetz mit den Dingen dieser Welt: man glaubt zu besitzen und man wird besessen. Der jüngste Sohn wird in der Fremde zum Sklaven seiner ins Nichts zerrinnenden Güter. Zwar lebt er noch, als sei sein Reichtum unbegrenzt. Aber allzu schnell kommt das grausame Erwachen: er steht vor den Trümmern seiner kurzen Herrlichkeit. –

Es gibt auch für uns nur diese beiden Möglichkeiten: Entweder sind wir zusammen mit dem himmlischen Vater Herr über alle Güter der Erde, oder wir sind Knechte der von unseren Leidenschaften auserwählten Güter. Im Vaterhaus sind wir Kinder Gottes und Miterben Christi. Paulus sagt: ‚Alles ist euer, ihr aber seid Christi‘. Und Luther: ‚Ein Christenmensch ist ein Herr aller Dinge und niemand untertan.‘ Wer in der himmlischen Welt zu Hause ist, von dem sagt Paulus: ‚Wie sollte uns der Vater mit Christus nicht alles schenken.‘ Der Dichter des Liedes ‚Eins ist not‘ singt: ‚Erlang ich dies Eine, das alles ersetzt, so wird ich mit Einem in allem ergötzt.‘ Wer in der Nähe Gottes lebt, der erkennt die Nichtigkeit der irdischen Güter und die überragende Bedeutung der geistlichen Gaben. ‚Die Erde ist des Herrn und ihre Fülle.‘ ‚Und aus seiner Fülle haben wir alle genommen Gnade um Gnade.‘ Was wir zum Leben nötig haben, gibt der Vater denen, die ihn darum bitten. ‚Höchstes Glück der Erdenkinder ist doch die Zufriedenheit‘. Nicht der irdische Besitz mit all seinen Genüssen macht wirklich zufriedene Menschen. Den Frieden der Seele findet der Mensch, der in Gott reich geworden ist und gelernt hat, mit Wenigem zufrieden zu sein. Wer aber sein ganzes Denken auf den Erwerb irdischer Reichtümer richtet, wird ein Knecht seiner Wünsche, bis er eines Tages, spätestens in seiner Todesstunde die große Inflation erlebt. Vor das Angesicht Gottes treten wir mit leeren Händen. Wie wertlos, ja wie hindernd wurde doch alles, was wir bei uns hatten, wenn wir vor dem Feinde um unser Leben laufen mussten. –

Das war eigentlich die Sünde des jüngsten Sohnes: Er trennte sich vom Vater und von dem väterlichen Reichtum, der auch sein Reichtum war. Und

*er gab sich dem Genuss seines Teiles hin, den er zu besitzen vermeinte. Dar-
über wurde aus dem Sohn ein Knecht. –*

*Wir Christen sollen nicht zu bescheiden sein. Die ganze Welt gehört uns,
weil sie unserem Vater gehört. Von dem väterlichen Reichtum dürfen wir alles nehmen, was uns zum Leben und zur Freude dient, nur dass die Gemeinschaft mit dem Vater dabei nicht verloren geht. Christen lieben die Brüder und
achten alles, was Menschenantlitz trägt, weil alle Menschen Gottes Ebenbild
sind, Geschöpfe aus Gottes Händen. Christen lieben Tiere und Pflanzen, stehen in Bewunderung vor der Welt der Sterne und vor den Geheimnissen des
Lebens. Christen achten das Brot und die Arbeit, die das Brot verdient.
Christen sind in der Ganzen weiten Schöpfung Gottes zuhause, kennen sich
überall aus und gehen mit allem um als mit ihres Vaters Eigentum, an dem
sie vollen Anteil haben. –*

*Wir haben es in unserem Volke in so überaus schmerzlicher Weise erfah-
ren müssen, wohin es führt, wenn wir die unbegrenzte Weite und den ganzen
Reichtum der irdischen und himmlischen Welt Gottes verlassen und uns auf
eine eigenwillig von uns selbst gewählte und begrenzte Welt beschränken. Die
Einseitigkeit, mit der wir bestimmte Menschen und Völker überbewertet und
bestimmte Ideen überbetont haben, hat eine unbeschreibliche Unordnung und
Zerstörung in der Schöpfung Gottes nach sich gezogen. Wie viel Not ist der
Menschheit schon dadurch entstanden, dass in diesem und jenem Volke in je-
dem Menschenalter ein falscher Prophet neue Ideen verkündet und behauptet, damit ein goldenes Zeitalter gestalten zu können. Und wann wird die
Menschheit lernen, nicht mehr solchen falschen Propheten nachzulaufen? –*

*Es ist nicht von Bedeutung, wie der verlorene Sohn in der Fremde sein Le-
ben zubringt. Jesus erzählt, dass der verlorene Sohn sein Gut umbringt mit
Prassen. Wir können uns das gut vorstellen. Er hat den großen Mann gespielt.
An Zechgenossen und zweifelhaften Frauen wird es nicht gefehlt haben. Aber
das ist unwesentlich. Angenommen, er hätte sein Geld nutzbringend verwandt, wäre ein tüchtiger Arzt oder Rechtsanwalt geworden, hätte ein Helfer und Beschützer der Armen zu sein sich bemüht, oder er hätte Fabriken
gebaut, um vielen Menschen Arbeit und Brot zu geben. Für das Verhältnis zu
seinem Vater wäre das alles ohne Bedeutung gewesen, dem Vaterhaus wäre
er dadurch keinen Schritt wieder näher gekommen. Alles, was er tat, ganz
gleich ob gut oder böse, geschah ja in der Fremde, in der Trennung von seinem Vater, geschah in der Sünde. Das Wort Sünde hängt mit dem Wort Sund,
absondern zusammen und bedeutet Trennung, Scheidung. Das meint die Kir-*

che, wenn sie von Erbsünde redet. Denn in das von Gott geschieden sein und getrennt leben werden wir ja alle hineingeboren. ‚Siehe, in Sünden bin ich geboren und meine Mutter hat mich in Sünden empfangen' klagt König David in Ps. 51. Nicht dass Empfängnis und Geburt Sünde sei, ein sündhaftes Tun, sondern dass es in Sünde, in der Gottesferne und Fremde geschieht, wenn es nicht ein Werk und Tun ist im Gehorsam gegen den väterlichen Willen und unter Seinem Segen. Wir wollen den Gedanken zu Ende denken: wenn der jüngste Sohn ein Wohltäter der Menschheit geworden wäre und sein Gut gemehrt hätte, unter den Menschen geehrt und von den Mitbürgern geliebt nach seinem arbeitsreichen Leben seine Augen geschlossen hätte, mit sich und seinem Lebenswerke zufrieden, das eine blieb: Sein Vater wartete vergeblich auf ihn. Er blieb der ungehorsame, der verlorene und darum auch verdammte Sohn. Er stand mit seinem ganzen Lebenswerk unter dem Gericht des Vaters. ‚Es ist doch unser Tun umsonst auch in dem besten Leben.' So ist es zu verstehen, dass auch alles edle Tun, dass alle großen Werke der Menschen, mögen sie in Menschenaugen noch so hoch geachtet sein, in Gottes Augen nutzloses, sündiges Tun sind, wenn sie ohne Ihn geschehen. Denn ohne ihn können wir nichts tun, was zur Erlösung der Menschen und zu unserer Seelen Seligkeit dient. Nur der Wandel im Vaterhaus ist Leben und Seligkeit. –

Über Nacht ist der verlorene Sohn ein bettelarmer Mann geworden. Seine Freunde lassen ihn im Stich. Eine Teuerung kommt über das Land. Er ist gezwungen, sich an einen Bürger des Landes zu hängen und Säue zu hüten, mit den Säuen teilt er das gleiche Futter, er muss sich die Treben selbst suchen. Einmal wird es nun eben doch offenbar, dass er den Vater und den unerschöpflichen väterlichen Reichtum verlassen hat. Auch unter uns ist es kein Geheimnis, wer zu den verlorenen Söhnen zählt. Wir kennen sie, die wie Schweine unter Schweinen leben, sich tagaus und tagein von den Gemeinheiten und schmutzigen Witzen nähren, die im Kameradenkreise umgehen. Kein reines Denken an die Frauen daheim ist noch möglich, alles, was uns heilig sein sollte, wird ins Gemeine erniedrigt. Und wie mancher hat sich mit Vergnügen im Schmutz gewälzt, es war seine Welt geworden. Haben wir uns ganz frei davon gehalten? Oder haben wir hemmungslos mitgetan? Wer noch eine Spur von Verlangen nach dem ewigen Vaterhaus in sich trägt, der kann sich nur mit Abscheu abwenden von der Welt des Gemeinen. Wie mancher hat den Weg zurück in ein geordnetes Leben gesucht. Aber wenn die Welt abgewirtschaftet hat, wenn die Kapitalien vertan sind, gibt es kein Zurück mehr. Oder gibt es doch noch einen Weg zurück? Der verlorene Sohn geht in sich, er denkt über seine Lage nach. In seiner Erinnerung wird seine Jugendzeit im Vaterhaus neu lebendig. Sein Vater in der Heimat gewinnt wieder Macht über ihn, das Heimweh kommt in seinem Herzen auf. Da reift in ihm der Entschluss, zum Vater zurückzukehren. Das ist ganz entscheidend. So viel hat er begriffen: Ein Zurück gibt es nur, wenn er zum Vater zurückkehrt. Kein Anklopfen an den Türen ehemaliger Freunde. Kein Versuch, wieder zu Geld zu kommen und mit eigenen Kräften ein anderes Leben aufzubauen. Der Vater, nur der Vater! Nur im Vaterhause gibt es ein neues Leben! Freilich weiß er nun, wie sehr er sch gegen den Vater versündigt hat. Er begehrt darum nicht die alten Sohnesrechte. Es dünkt ihm ein unvorstellbares Glück, Tagelöhner im Dienste seines Vaters zu sein. Ein Sprichwort sagt: der Weg zur Hölle ist mit guten Vorsätzen gepflastert, Der Teufel ist gleich zur Stelle, wenn ein Gefangener an seinen Ketten zerrt. Es ist nichts mit den guten Vorsätzen. Wo aber der verlorene Sohn auf den Weg zum Vater tritt, da sind die Engel Gottes um ihn. Über dem einen Weg steht das Wort: ‚Ich fiel auch immer tiefer drein, es war kein Guts am Leben mein, die Sünd hat mich besessen.‘ Über dem anderen Weg steht das Wort: ‚Mir ist Erbarmung widerfahren, Erbarmung, deren ich nicht wert!‘ –

Wer zu Gott zurückfindet, lässt den alten Menschen hinter sich zurück. ‚Ich will mich aufmachen und zu meinem Vater gehen‘, das ist der Anfang des neuen Lebens, es ist der Weg aus der Fremde in die Heimat. Ich stelle mir vor, dass der Sohn ohne Zögern auf und davon ist. Die Herde Säue kann und will er nicht mitnehmen, er lässt sie mit Freuden, ja mit Abscheu zurück, sie ist das Zeichen seiner tiefsten Erniedrigung und Knechtschaft geworden. Nie war er ferner vom Vater. –

Wir Soldaten warten alle mit Ungeduld auf den Tag unserer Entlassung. Wie mancher von uns ist vor die Aufgabe gestellt, sein zerstörtes Heim wieder aufzubauen. Und mancher kehrt in ein Familienleben zurück, das durch sein schuldbeladenes Leben in der Fremde den schwersten Belastungen unterworfen ist. Manche Frau, die es mit der ehelichen Treue auch nicht genau genommen hat, denkt mit Angst im Herzen an die Heimkehr des Mannes. Es ist so unsagbar viel äußere und innere Unordnung über unser Volk hereingebrochen. Wie sollte das alles wieder in Ordnung gebracht werden und zurechtkommen. Gott möge uns, die wir das unverdiente Glück haben, heimzukehren, ein Herz voller starker Liebe und behutsame Hände geben, er möge selbst unter uns sein und in Seiner großen Barmherzigkeit allen wieder zurecht helfen, die sich verirrt haben! –

155

Wenn wir zu denen gehören, die Gott vor großer Verirrung bewahrt hat, wenn über unserem Leben auch in den Jahren des Krieges das Wort stand: ‚Herr, ich habe lieb die Stätte deines Hauses und den Ort, da deine Ehre wohnt‘, wir haben doch so manchen Tag zu beklagen, an dem wir nicht in der Nähe des Vaters waren, nicht auf sein Wort achteten und nicht im Gebet mit ihm redeten. Unsere Gemeinschaft, unser Zusammenleben mit dem Vater kann noch so sehr viel enger, fester, lebendiger, beglückender sein und soll es darum auch werden. –

Wenn wir nun an unser Volk denken, das zerschlagen am Boden liegt: hat Gott uns verlassen und vergessen? Will er uns dem völligen Untergang preisgeben? Will er uns aus der europäischen Völkerfamilie streichen? Nein und nochmals Nein! Nie und nimmer wird Er unser Volk, an das er so viel Segen gewandt hat, das Land der Reformation, das Land ganz neuer, tiefer Glaubenserfahrungen in beiden Konfessionen, niemals wird er dieses Land aus seinem Herzen reißen. An der Härte, mit der Er uns straft, können wir seine Liebe ermessen. Oder welchen Sinn sollten sonst die unsagbaren Leiden haben, die kein anderer als er über unser Volk gesandt hat! Sollen die vielen Millionen Opfer an der Front und in der Heimat umsonst gebracht sein? Sollten ungezählte Herzen umsonst bleiben in ihrem tiefen Leid um alles, was sie verloren haben? Nein und wieder Nein! Gott arbeitet mit Macht an unserem Volke. Und noch ist Er mit uns nicht am Ziel. Es scheint, dass weite Teile unseres Volkes noch immer nicht begriffen haben, was denn eigentlich das Ziel Gottes mit uns ist. Noch sind wir zerrissen in tausend Meinungen und Gegensätze. Noch ist keine Gemeinschaft, noch sind wir nicht auf einem neuen Wege zu neuen Zielen. Noch ist kein geschlossener Wille zu erkennen. Nur eine Gewissheit scheint uns alle zu beherrschen: dass unser Volk aus sich heraus keine innere Geschlossenheit und neue Gemeinschaft, kein geistiges Zuhause wird schaffen können. Es gibt nur einen Weg, unser Volk wieder innerlich zusammenzuführen. Wenn wir uns in die Gemeinschaft mit dem himmlischen Vater begeben, dann haben wir untereinander eine neue Volksgemeinschaft, die durch keine Einwirkung von außen zerschlagen werden kann. Wenn wir uns unter den Willen des Vaters beugen, dann haben wir wieder einen gemeinsamen Willen und ein gemeinsames Ziel. Und das ist gewiss: Gott wird nicht ablassen, Er wird an uns arbeiten, durch Prüfungen und bitterste Leiden uns zu sich ziehen; aus lauter väterlicher Güte tut Er das. Und wenn noch viele Millionen sterben müssen und im Elend jämmerlich umkommen, der Gewinn für den verbleibenden Teil unseres Volkes würde ganz

unermesslich groß sein, wenn wir uns aufmachen und zum Vater gehen. –
Wer ist er denn, der so an uns handelt? Wir sehen die Gestalt des Vaters
im Gleichnis. Seine Gedanken sind alle Tage bei Seinem verlorenen Sohn in
der Fremde, und alle Tage tritt er aus der Tür Seines Hauses, die Hand über
den Augen zum Schutz gegen das Sonnenlicht. So schaut Er weit in das Land
hinein und erwartet mit ... augen den heimkehrenden Sohn. Und – welcher ir-
dische Vater würde wohl so handeln! – Als er den Sohn aus der Ferne kom-
men sieht, eilt er ihm entgegen, fällt ihm um den Hals und küsst ihn. Dann
führt er ihn ins Vaterhaus zurück, lässt ihn herrlich schmücken und richtet ein
großes Freudenmahl zu. –
Das Gleichnis ist nur ein unzureichender Versuch, uns die Vatergüte un-
seres Gottes ... Menschenworte vermögen die .... und Tiefe, die unbegrenzte
Barmherzigkeit des himmlischen Vaters nicht zu umfassen. Man muss schon
ein ganzes Menschenleben hindurch mit Ihm gelebt und Seine Güte täglich
erfahren haben, um ganz von ferne zu schauen, wie Sein Vaterherz uns zu-
getan ist. Aber wir wollen uns das Bild des ... und vergebenden Vaters, wie
Ihn Jesus darstellt, ganz tief in unser Herz einprägen. So wartet er täglich auf
Dich und mich und auf unser ganzes Volk. Er will uns allen die neue, die
ewige Heimat sein, darin wir recht zu Hause sein können. Er will uns all un-
sere Sünde, alle Verirrung vergeben und uns Seine Gemeinschaft schenken.
‚Gott ruft noch, sollt ich nicht endlich hören?!‘
‚Ich will mich aufmachen und zu meinem Vater gehen!‘ Amen."

Für das Verständnis dieser ungewöhnlich langen Predigt von Schmidt sind
die Rahmenbedingungen zu beachten. In den Kirchenbänken saßen Kriegs-
gefangene, die an verschiedenen militärischen Fronten, vor allem an der
Ostfront, gekämpft und überwiegend die militärische und politische Katastrophe schmerzhaft erlebt haben. Viele sind zermürbt von den körperlichen
Strapazen und Entbehrungen und in ihrer Seele und in ihrem Geist zutiefst
verwundet und ratlos. Ihr Bewusstsein wird davon bestimmt, dass aller Einsatz mit seinen unzähligen Opfern zum Schutz der Heimat umsonst gewesen
ist. Das Gefühl der großen Sinnlosigkeit des eigenen und des nationalen Lebens hatte die meisten von ihnen erfasst. Der Erfahrung eines unaufhebbaren
Geschlagenseins korrespondierte eine innere seelische Leere und ein geistig-
politisches Trümmerfeld. Vor dem Prediger saßen Männer aller Altersstufen,
die vor wenigen Jahren große Hoffnungen für sich selbst und für das neue
Reich gehabt haben. Sie waren kaum in der Lage, nach der wenige Wochen

zurückliegenden Kapitulation distanziert auf die voraus gelaufenen Jahre des NS-Systems und seines Ausbeutungs- und Eroberungskrieges kritisch-reflektierend zurückzublicken. Den Untergang des Dritten Reiches hatten die meisten, die in feindliche Gefangenschaft gingen, nicht als Befreiung empfunden, sondern als eine individuelle und gesamtnationale Katastrophe erlebt und interpretiert. Die Jüngeren unter den Kriegsgefangenen hatten ihre politisch-ideologische Prägung neben dem Schulunterricht im Jungvolk, in der Hitler-Jugend und im Reichsarbeitsdienst bekommen. Sie hatten eine unbändige Angst vor einer Zukunft, die die Siegermächte bestimmten entweder im westlich-demokratischen oder im östlich-bolschewistischen Geist. Eine eigenständige politische Perspektive konnten sie in ihrer Situation nicht entwickeln.

Die Älteren unter den Gefangenen warteten (wie die Jüngeren) auf eine baldige Entlassung in ihre Heimatorte. Aber auch hier gab es bange Fragen: Fanden sie nach jahrelanger Trennung noch die Familie vor, die sie vor Jahren verlassen mussten? Wurde der Heimkehrer als Mann seiner Frau und als Vater seiner Kinder problem- und widerstandslos in seiner alten Rolle als Familienoberhaupt akzeptiert? Ließ sich die Frau, die im Kriege berufstätig war, wieder in die alte Rollenverteilung zurückfallen? Hatten die Kriegserlebnisse sie nicht selbständiger und selbstbewusster gemacht? Und gab es noch die alte Wohnung und den alten Arbeitsplatz? Was für ein Leben erwartete die Kriegsgeschädigten? Bekamen sie eine Versehrtenrente und wie hoch war sie? Was würde bei dauernder Arbeitsunfähigkeit geschehen? Und die Jüngeren fragten: Gibt es die Chance der schulischen Wiedereingliederung oder einer beruflichen Ausbildung? Und alle hatten Sorgen um die Versorgungslage mit Lebensmitteln, Kleidung und Wohnraum. Die ersehnte Entlassung war das eine, die Zeit nach ihr konnte ein Alptraum werden. Etliche sahen zudem noch mit Unbehagen auf ein Entnazifizierungsverfahren. Auch wenn sie nicht zu dem höheren Parteifunktionärskorps gehörten, würden sie doch nach ihrer Rolle als kleine Parteigenossen, die schließlich das Fundament des Parteienstaates waren, befragt werden. Sie hatten Angst vor der Gesinnungs- und Verhaltensprüfung durch alliierte Kommissionen. Diese konnten durch ihren Urteilsspruch jede Chance auf ein neues Leben mit Zukunft zerschlagen.

Diese und noch viele andere Probleme, Fragen und Ängste kannte der Prediger Schmidt aus seinem jahrelangen Zusammenleben als Obergefreiter in soldatischer Lebens- und Leidensgemeinschaft. Und nun musste er sehen, nachdem alle Ideologien und utopische Zukunftserwartungen sich ins Nichts aufgelöst hatten, dass der reale Zusammenbruch verwoben war mit einem religiösen Zusammenbruch.

Doch beiden Zusammenbrüchen vorausgegangen war bei vielen Kameraden nach der Erfahrung Schmidts ein sittlich-moralischer Zusammenbruch. Immer wieder thematisiert er offen oder in Andeutungen, dass das Klima unter den auf engstem Raum liegenden Kameraden „versaut" sei. Vor allem in den Ruhepausen kurz hinter der Front gab es zwei dominierende Themen: Die Verpflegung und „die Weiber". Fast alle hatten ihre sexuellen Erfahrungen und in ihren Tag- und Nachtträumen malten sie sich aus, was gewesen war und was sie sehnlichst herbeiwünschten: liebevollen regelmäßigen Beischlaf. Diese Erinnerungen und Hoffnungen brachten etwas Licht in die harte und brutale Kriegswirklichkeit an der Front und nun in der Gefangenschaft. Aber viele konnten nicht nur aus der Erinnerung und Hoffnung leben, sondern hatten auf verschiedene Weise Formen der Triebbefriedigung gesucht. Wenn sich die Gelegenheit ergeben hatte, hatten sie Kontakte zu einheimischen Frauen und Mädchen aufgenommen und kamen schnell „zur Sache". Mit kleinen Geschenken vergrößerten sich die Chancen bei schlecht ernährten und schlecht gekleideten Frauen. Aber es hat auch Liebschaften gegeben, die auf höherem Niveau standen. Was in Belgien, im Baltikum und Russland nicht selten war, waren die Geburten vieler „Besatzungskinder".

Besonders in Belgien hatte Schmidt erlebt, was in der Etappe vor sich gegangen war. Es wurde viel getanzt, getrunken und sich gepaart. Die vielen zotigen Witze, die erzählt wurden, waren noch verhältnismäßig harmlos gegenüber anderen Praktiken, die er gesehen hat. Gruppen von Männern setzten sich zu Fuß in Bewegung oder fuhren mit Lastwagen zu den von der Wehrmacht eingerichteten und hygienisch verwalteten „Armeebordellen", in denen sich die Männer im Minutenkontakt „bei derselben Dame" ablösten. Vorher und hinterher wurden sie von Sanitätern gegen Geschlechtskrankheiten desinfiziert. Trotz kostenloser Verteilung von Präservativen war die Zahl der Geschlechtskranken nicht unerheblich. Die von den Wehrmachtsbehörden angemieteten oder zwangsweise verpflichteten Prostituierten waren Frauen aus den besetzten Ländern. Sexualität wurde zur schnellen und billigen Ware. Natürlich hat es auch Vergewaltigungen gegeben, die aber in der Regel großzügig und verständnisvoll abgeurteilt wurden.

Der Prediger hat die Problembereiche, die er genau kannte, nur kurz andeuten müssen, da die Zuhörer wussten, worüber er sprach. Er wusste, dass fundamentale Ordnungen unter existentiellen Kriegsbedingungen zusammen gebrochen waren. So angewidert er von der praktizierten Unmoral war, er hat aber keine billigen Anklage- oder Moralpredigten gehalten. Wusste er doch von den Mechanismen, die sich unter den Bedingungen eines *„militärischen Männerordens"* in Kasernen und auf Kampffeldern mit innerer psychologischer Logik entwickelten. Er hat das alles verstehen können, weil er die tieferen Ursachen der in totale Unordnung geratenen Kameraden gekannt hat: die fundamentale Zerstörung der bewussten Bindungen an einen göttlichen Ordnungswillen und an die die Gewissen verpflichtenden Gebote Gottes. Diese hatten ihr Moratorium bekommen. Und er wusste, dass Männer, die mit der Möglichkeit ihres baldigen Todes rechnen mussten, noch einmal die schönsten Gefühle haben wollten. Es galt die empirische Regelmäßigkeit: je näher der *„Heldentod"*, desto größer das sexuelle Verlangen. Es ereignete sich hier, was in der Geschichte der Kriege immer die Regel war: Kriege provozieren aggressive und gewalttätige Sexualität. Sie richten moralische Enthemmungen und seelische Verwüstungen an.

Hatte der Bauernsohn Schmidt schon von Jugend an eine realistische Sicht des Menschen mit seinen untermenschlichen Möglichkeiten, so verliert er spätestens im Krieg die letzten idealistischen Illusionen in der Sicht des realen Menschen. Aber die Selbstentmenschung des Menschen hatte nicht nur im Kriegsgeschehen ihre Ursachen, sondern sie hatte auch schon eine politisch-zeitgenössische Vorgeschichte. Er deutete es in der Predigt immer nur kurz an: das deutsche Volk war wieder einmal einem *„falschen Propheten"* nachgelaufen. Es hat mit der Annahme der NS-Weltanschauung bewusst Gottes Ordnungen verlassen und Unordnung und Zerstörung in die Schöpfung Gottes gebracht. Mit diesem Abfall von Gottes Ordnungen und seinen Geboten hat die Zerstörung einer geordneten Gesellschaft begonnen. Das deutsche Volk ließ sich zum großen Teil mit Wonne in die Gefolgschaft eines selbst ernannten Heilspropheten ziehen. Es ist eigenes schuldhaftes Versagen, dass es jetzt nach nur zwölf Jahren Irrtum und Irrweg religiös heimatlos geworden ist. Aberglaube und Irrglaube haben das Volk orientierungs- und haltlos gemacht.

Offiziere und Soldaten der deutschen Wehrmacht sind nach Schmidt in besonderer Weise Vollzugsorgane eines *„falschen Propheten"* gewesen. Sie hatten diesem geglaubt, dass es ihm um die Vernichtung des menschenfeindlichen Bolschewismus und um eine politische Führungsrolle in Europa und in der übrigen Welt ging. Nun hatte er sich durch Selbstmord der Verantwortung entzogen und die Besatzungsmächte teilten untereinander deutsches

Territorium auf. Den größten Landgewinn machten im Osten die Sowjets und sie schoben sich weit nach Mitteleuropa hinein. Am Tag der Predigt, dem 1. Juli 1945, konnte die Welt für die Kriegsgefangenen in Schleswig-Holstein nicht fürchterlicher sein, wenn sie an ihre Verstrickung in das deutsche Schicksal dachten. Eine selbständige politische Zukunft Deutschlands konnte sich in diesen Wochen niemand vorstellen. Die Potsdamer Konferenz mit ihren territorialen und ordnungspolitischen Entscheidungen tagte erst am Ende des Monats.

Der Prediger lässt die großen politisch-militärischen Rahmenbedingungen immer wieder kurz aufblitzen, aber mehr als allgemeine Befürchtungen und Hoffnungen kann er verantwortlicher Weise nicht bringen. Deshalb konzentriert er sich auf die innere Lage der vor ihm Sitzenden und ihm Zuhörenden. Ihnen bietet er mit Hilfe des bekannten neutestamentlichen Textes, des Gleichnisses vom verlorenen Sohn, eine Perspektive für das eigene und gemeinsame Selbstverständnis in einer anderen Zukunft an:

Der spätere *„verlorene Sohn"* lebte in seinem Vaterhaus nach den Regeln und Gesetzen der Tradition. Für sein materielles Wohlsein war gesorgt, auch sein Erbe war geregelt. Doch der Sohn bricht aus der Tradition aus, um mit seinem Erbteil ein anderes, selbst bestimmtes Leben in der Fremde zu führen. Er will von den gesellschaftlichen und religiösen Zwängen seiner Herkunft frei sein. In der Fremde vergeudet er unter Verletzung aller überkommenen moralischen Werte mit zwielichtigen Kumpanen sein vom Vater geerbtes Vermögen. Er führt ein angenehmes Leben. Er zerstört sich selbst, indem er alle Ordnungs- und Anstandsregeln für sich in bewusster Entscheidung außer Kraft setzt. Am Ende steht die selbstverschuldete Demoralisierung und Dehumanisierung. Während einer Hungersnot bleibt ihm nichts anderes übrig, als sich als Schweinehirt zu verdingen. Im tiefsten Elend erinnert er sich an seinen Vater, den er bitten will, ihn zu einem seiner Tagelöhner zu machen. Vor seinem Vater bekennt er: *„Vater, ich habe gesündigt gegen den Himmel und vor dir. Ich bin hinfort nicht mehr wert, dass ich dein Sohn heiße ..."* Doch der Vater reagiert ganz anders, als der unter die Räder geratene Sohn vermutet hat. Er fiel dem Sohn um den Hals, küsste ihn, ließ ihn neu einkleiden und ließ ein üppiges Freudenmahl bereiten. Des Vaters Fazit: *„... dieser mein Sohn war tot und ist wieder lebendig geworden; er war verloren und ist wieder gefunden worden."*

In Analogie zu dieser Gleichnisgeschichte interpretiert Schmidt in mehreren Schritten und an vielen Stellen ein Stück deutscher Geschichte: große

Teile des deutschen Volks brachen aus der durch religiöse Tradition und Recht geformten Ordnung. Sie wollten eine neue revolutionäre Ordnung auf den Fundamenten von Selbstbestimmung. Sie wollten einen *„neuen Menschen"* Ereignis werden lassen. Sie wollten selbst bestimmen, was gut und böse ist. Sie wollten den radikalen Bruch mit allem, was seit Jahrhunderten galt. Die Vergangenheit war nur noch die dunkle Folie der goldenen Zukunft. Aber man wollte mit der *„nationalen Revolution"* und der *„revolutionären Weltanschauung"* nicht nur das eigene Land total erneuern, sondern wollte auch zugleich eine Neuordnung Europas. *„Großdeutschland"* sollte das Machtzentrum werden, dem sich alle übrigen Völker anzupassen hatten. Besonders im Osten sah man für Deutschland Räume und Rohstoffe, die es zu sichern galt. Das konnte nur durch siegreiche Kriege geschehen. Diese wurden dann so total geführt, wie total die Binnenstruktur des Reiches total war. Es ging um die Vernichtung derer, die im Wege standen. Die großen Zukunftsziele ließen alle überkommenen Regeln der Kriegsführung und des Völkerrechts zusammenbrechen. Soldaten waren nicht mehr nur die Verteidiger des Vaterlandes, sondern wurden Instrumente in der Hand von ideologisch orientierten Machteliten. Die Wehrmacht wurde zur Weltanschauungstruppe, die sich nach den Zielvorgaben eines Ausbeutungs- und Vernichtungskriegs verhalten musste.

Doch alles war nun anders gekommen, als der Führer und seine Gefolgschaft immer wieder prophezeit hatten. Die Großmachtträume zerplatzten. Der Gesinnungs- und imperiale Herrschaftskrieg nahm ein blutreiches Ende. Zurück blieben ein geschlagenes und zerstörtes Land und ein Volk, das alle eigenen politischen Strukturen verloren hat und nicht weiß, was morgen kommt. Millionen von Soldaten und Zivilisten hatten ihr Leben verloren, Millionen aus ihrer angestammten Heimat waren geflüchtet und vertrieben worden.

Als Schmidt im Juni und Juli 1945 predigte, gab es noch keinen wirklichen Frieden in Deutschland und in Mitteleuropa. Es war ein großes Chaos. Gründe zu resignieren und in seelischen und denkerischen Nihilismus zu verfallen, gab es reichlich, auch für die, die im Schutzraum eines englischen Gefangenenlagers lagen. Gemessen an den Menschen auf der Flucht, an den Übergriffen auf Frauen und Mädchen, an den Verhungernden und den Verschleppten war der Gottesdienst in einem geordneten Gefangenenlager eine Gnade. Schmidt belastete, was alles an Inhumanität und Verrohung in der Vergangenheit geschehen war und immer noch geschah. Aber gerade im Wissen um die brutalen Realitäten thematisiert er eine andere, neue Zukunft. Eine Zukunft für den einzelnen und für die Gemeinschaft der Deutschen. Er eröffnet den Hörern eine Perspektive, die aus dem selbstverschuldeten Elend herausführen kann. Er spricht über die Möglichkeit, sich in das „*Vaterhaus*" zurückrufen zu lassen. Er illustriert mit Hilfe des Gleichnisses Gott als den Vater, der auch den in Schuld verstrickten und im tiefsten seelischen und geistigen Elend existierenden Menschen nicht verdammt. Die sich selbst untreu gewordenen Menschen, die sich selbst zu „*Göttern*" gemacht und ihren Lebenssinn darin gesehen hatten, eine ganz andere Welt mit ganz anderen neuen Menschen zu schaffen – auch diese Menschen können mit ihrer Schuld zum Vater zurückkehren. Die Tür zu ihm steht offen. Die Rückkehr zu ihm, die eine Rückkehr in die Bindung an die menschenfreundlichen Gebote Gottes und in die mitmenschliche Verantwortung ist, hebt die historische Schuld der Zurückkehrenden nicht auf, eröffnet aber einen Neuanfang. Deshalb ist Schmidts Predigt nicht eine laute Bußpredigt, sondern eine seelsorgerlich gehaltene Einladungspredigt, sich in die Ordnung des menschenfreundlichen Vaters zurück zu begeben. Es ist auch keine missionarische Bekehrungspredigt, sondern in Anlehnung an ein im Neuen Testament bezeugtes Modell eine unaufgeregte Einladung, seinem Selbstverständnis und seinem Lebensentwurf ein anderes Fundament durch die Rückkehr zum Vater zu geben. Dieser Vater – und das ist die tiefe Überzeugung des Predigers – wird in seiner Treue und Barmherzigkeit auch dem deutschen Volk neuen Lebenssinn und neuen Lebensmut schenken, wenn es seinen Anker wieder im Vaterhaus hat. Die Katastrophe gibt die Chance der Rückbesinnung auf den Gott, der niemanden verwirft, sondern die Gnade des Neuanfangs schenkt. Das fürchterliche Ende eines Krieges, der eine Konsequenz des Abfalls der Mehrheit der deutschen Menschen von Gott und seinen Schöpfungsordnungen war, kann der Beginn einer neuen Epoche werden, wenn die selbst gemachten Götzen ihr Ende durch die Hinwendung zu dem Gott finden, wie er im Gleichnis sein Wesen offenbart.

Es wird für viele Hörer eine Befreiung aus ihrem tiefen emotionalen Loch der Verzweiflung und Hoffnungslosigkeit gewesen sein, zu hören, dass das Ende ein neuer Anfang sein kann, dass es Zukunft gibt, weil Gott nicht den Tod der schuldig Gewordenen will, sondern den Bußfertigen Zukunft geben will. Nicht nur das Leben der einzelnen kann sich neu und anders entwickeln, sondern auch das deutsche Volk, das der Welt in den vergangenen

Jahrhunderten religiöse und kulturelle Impulse gegeben hat, kann eine neue Chance bekommen, wenn es den Weg zum Vaterhaus zurück findet. Es dürfte nach dieser Predigt genug Stoff vorhanden gewesen sein, im Kameradenkreis miteinander über den Realitätsgehalt und das Hoffnungspotential dieser Predigt, die ihren Sitz im Leben eigener und beobachteter Existenz hat, zu diskutieren. Gehört hatte man einen Pfarrer, der Kamerad und Leidensgefährte war. Einen Pfarrer, der auch nichts über die mögliche persönliche und nationale Zukunft sagen konnte, der sich deshalb konzentrierte auf die ewig geltende Botschaft des barmherzigen Vaters.

Einen anderen Schwerpunkt hatte die Missionspredigt, die sich an Lukas 5, 1–11 (Vom Fischzug des Petrus) orientierte. Der Prediger beginnt mit einer Reflexion über den für die deutsche Kirche auch weiterhin bestehenden weltweiten Missionsauftrag:

„Die Kirche in Schleswig-Holstein feiert heute nach alter Ordnung das Fest der Heidenmission. Wir haben keinen Grund, diese alte Ordnung jetzt zu verlassen. Zwar können wir noch nicht absehen, ob die alliierten Mächte der deutschen Mission weiterhin Raum geben. Aber ganz unabhängig davon haben wir den Auftrag unseres Herrn und Meisters, Sein Wort unter allen Völkern zu verkündigen. Diesen Auftrag kann uns keine Macht der Welt abnehmen. Selbst wenn uns die Hände für das Werk der Mission gebunden würden, so bliebe uns doch der treue Dienst der Fürbitte für die Gemeinde auf den Missionsfeldern.

Auch wir selbst können uns nicht freimachen von dem Gehorsam gegen den klaren Befehl Jesu. Mancher unter uns wird denken: ‚Wozu jetzt Heidenmission? Wir haben doch wahrlich mit unserem eigenen Volke genug zu tun. Unsere ganze ungeteilte Kraft und Liebe muss unserer armen, zerschlagenen Heimat und unserer Heimatkirche gehören. In der ganzen Welt ist doch kein Volk von einem solchen Unglück betroffen wie unser deutsches Volk!' Gewiss, unsere Kirche würde vor Gott und Menschen eine schwere Schuld auf sich laden, wollten wir an den großen Nöten unseres Volkes vorübergehen und uns den nächstliegenden Aufgaben entziehen. Wir selbst sind ja dieses Volk. Es ist unsere eigene Mutter, die um den gefallenen Bruder trauert. Es ist unser eigener Vater, der nicht wieder heimkehrt; die Männer unserer Frauen sind es, die in endlosen Reihen auf den Friedhöfen in fremder Erde ruhen. Unsere Heimstätten sind es, die in Trümmern liegen. Die Not unseres Volkes ist unsere Not. Aber ist das unsere letzte und tiefste Not, dass wir unsere Lieben und Heimstätten verloren haben? Viel größer ist die Not, dass wir mit unseren Nöten nicht zurecht kommen. Es will uns fast das Herz zerreißen, wenn wir sehen, wie die Menschen um uns herum an ihren Wunden verbluten, sich zu Tode grämen und ihres Lebens nicht mehr froh werden. Und doch könnten ihre Seelen Frieden und neue Freude finden bei dem, der in aller Welt helfen kann. Was hülfe uns alle Hilfe, wenn uns nicht in der Seele geholfen würde!

Diese geistliche Not unseres Volkes ordnet uns wieder ein in die große Gemeinschaft aller Menschen. Und wenn man unser Volk nicht mehr für würdig erachtet, in der Gemeinschaft der Völker Sitz und Stimme zu haben, die geistliche Not ist uns allen gemeinsam, sie verbindet uns mit dem letzten Papua und Buschmann. Und die geistliche Verantwortung füreinander verbindet uns mit allen, die den Namen Jesu bekennen und zu solchem Bekenntnis berufen sind. Es ist uns gut zu wissen, dass wir mit unserem tiefsten Leid nicht allein stehen. Und es darf uns mit Zuversicht erfüllen, dass auch wir von Gott verordnet sind zu dem Werk, Sein Reich in aller Welt zu bauen. Wollen wir selbst in einer unverzeihlichen Kurzsichtigkeit das Recht, das Gott selbst uns verliehen hat, preisgeben? Es gilt, dem klaren Befehl Jesu zu gehorchen und das uns anvertraute Pfund nicht zu vergraben."

Die klare Position und Botschaft des Predigers: die Kirche eines geschlagenen und notleidenden Landes mag aus politischen Gründen in ihrer Missionsarbeit behindert werden, aber der Missionsbefehl Jesu bleibt unaufgebbare Verpflichtung. Die eigenen seelischen und leiblichen Nöte können nicht gegen den universalen Missionsbefehl an die Christen aller Länder ausgespielt werden. Natürlich weiß der Prediger, dass die deutsche und europäische Missionsarbeit immer begleitet gewesen ist von ganz anderen Motiven und Praktiken:

„Wir sind mit unseren Divisionen und mit ihnen die politischen Leiter durch ganz Europa gezogen, bis an die Wolga und an den Kaukasus, bis in der Land der Mitternachtssonne und bis unter den Äquator. Wir wollten den großen Zug tun und Menschen gewinnen für uns, Menschen und Land. Es ist erschütternd zu sehen, wie wir um die Herzen der Völker geworben haben und doch immer wieder zu brutaler Gewalt greifen mussten. Als der Kampf in Berlin schon um den Befehlsstand Hitlers tobte, wurde der letzte verzweifelte Appell gemacht an das Gewissen der Welt. Aber niemand hörte uns, niemand wollte uns zur Seite treten im Kampf gegen den Bolschewismus, weil wir selbst viel zu tief in bolschewistisches Wesen verstrickt waren. ,Wir haben die ganze

*Nacht gefischt und nichts gefangen.' Die Hände haben wir uns blutig gear-
beitet, und unsere Herzen sind zerrissen in allem Leid. Es war eine lange
Nacht, die tiefste Nacht aller deutschen Nächte. Und wir kommen mit leeren
Händen zurück. Wir wollten Menschen gewinnen, aber wir haben Leid gebracht über uns selbst und über viele Völker. Es war ein Tun ohne den Befehl und Auftrag Jesu."*

Schmidt weiß, dass es in der Geschichte immer wieder „*Missionen*" aus
eigenen ökonomischen und machtpolitischen Interessen gegeben hat, die das
Gegenteil der christlichen Mission gewesen sind. Er hat auch um die Verschränkungen des „*Missionars*" mit dem „*Korvettenkapitän*" und dem „*Welt-
ökonom*" in der Missionsgeschichte gewusst. Auch der Krieg Hitlers und seiner Gefolgschaft war für ihn eine Art von säkularem Missionskrieg, den er
in seinem Kern als ideologischen und machtpolitischen Kampf gegen den
Bolschewismus verstanden hat. Schmidt scheint zu bedauern, dass am Ende
niemand in der Welt Deutschland in diesem Kampf zur Seite gestanden hat.

Im letzten Teil der Predigt bringt er in anschaulicher Sprache viele Berichte aus der Missionsarbeit, um ihre Notwendigkeit in der Auseinandersetzung
mit heidnischer Religiosität zu erweisen. Dass im Meer der Heidenvölker von
gelungener Missionsarbeit durch die Gründung von Christengemeinden, verbunden mit pädagogischen und kulturellen Erfolgen, berichtet werden kann,
ist für ihn ein Erweis, dass Christus seine Gemeinde unter allen Völkern baut.

Bislang war bei Schmidt ein besonderes Interesse für die christliche Missionsarbeit nicht zu finden. Die Frage ergibt sich, warum er ausgerechnet in
den Katastrophenmonaten deutscher politischer Geschichte sich so intensiv
der christlichen Weltmission zuwendet, die in der Tradition immer ein gemeinsames Werk aller Kirchen gewesen ist. Sein Gedankengang dürfte gewesen sein: Wenn Deutschland als Staat in der politischen Völkergemein-
schaft an den Rand gedrängt oder gar ausgeschieden wird, so kann das nicht
gelten für die ureigene Aufgabe auch der Kirche einer geschlagenen Nation,
an ihrem Teil weltweite Mission zu betreiben. Hier mag er die Chance einer
ökumenischen Zusammenarbeit aller Kirchen gesehen haben. Hier kann es in
dem gemeinsamen weltweiten Missionsauftrag der Kirchen keine Unterschiede zwischen Kirchen siegreicher und geschlagener Nationen geben.
Hier sah er noch einen Rest von gemeinsamer Zukunft.

Wie Schmidt haben viele Pfarrer, die einfache Soldaten gewesen sind, in
Kriegsgefangenenlagern gepredigt und stundenlange Diskussionen mit ihren

Kameraden über deren Fragen geführt. Es dürfte ein Glücksfall sein, dass Schmidts Predigten erhalten sind. Bei ihrem Nachlesen sollte man immer bedenken, dass sie nicht in der Stille einer pastoralen bürgerlich dekorierten Amtsstube geschrieben sind, sondern in der Enge eines Lagers irgendwo an einer Tischecke. Dass er Papier und ein Schreibgerät hatte, war schon ein *„Glücksfall"* und dass die Lagerkommandantur einen Gottesdienst außerhalb des Lagers genehmigte, dürfte eine Ausnahme gewesen sein. Und für den Prediger selbst war es neben der geistig-seelischen Anspannung auch eine körperliche Anstrengung, auf einer Kanzel zu stehen. Sein Gesundheitszustand war so schlecht, dass er schon am 17. Juli 1945 aus der Gefangenschaft in seinen Heimatort Lübbecke entlassen wurde. Hinzu kam die Praxis der Engländer, Pfarrer bevorzugt zu entlassen, um sie am Aufbau eines neuen Gemeinwesens mitarbeiten zu lassen.

Auf dem Wege nach Bochum

Am 29. Juli 1945 gab Pfarrer Erich Brühmann im Gottesdienst der Restgemeinde Melanchthon bekannt, dass Pfarrer Schmidt aus der Gefangenschaft nach Lübbecke zurückgekommen sei. Der alte Kirchmeister Wilhelm Schröer schrieb am nächsten Tag einen längeren Brief an Schmidt mit vielen einzelnen Mitteilungen über die Gemeindesituation. Er berichtet über die Einsetzung eines Gemeindeausschusses anstelle des Presbyteriums, dass Pfarrer Niedermeier noch in Gefangenschaft sei, dass die DC-Pfarrer Dr. Klein und Bertelsmann beurlaubt seien, dass zwei Zimmer im Pfarrhaus für den zurückkehrenden Pfarrer besorgt werden könnten, dass im Melanchthonsaal die Kirchensteuerstelle für die Synode eingerichtet worden sei, dass ein Hilfsprediger aus Schlesien der Gemeinde zugewiesen werden solle, dass vieles vernichtet worden sei, aber die Sparbücher und Mitgliederlisten im Tresor bei der Sparkasse unversehrt geblieben seien. Und der Kirchmeister fragt nach dem voraussichtlichen Termin der ersten Gemeindepredigt des Heimgekehrten.

Schmidt antwortet kurz auf einer Postkarte und hofft auf eine gute Zusammenarbeit mit dem Gemeindeausschuss und dem alten Kirchmeister, der auch unter der presbyterialen DC-Herrschaft Kirchmeister geblieben war. Schmidt kündigt sein Kommen für den 10. August an und seine erste Predigt am 12. August. Mit zwei Räumen käme er zunächst aus, da er die Familie erst später nach Bochum holen wolle.

167

Die erste Nachkriegspredigt in Bochum

Schmidt predigt am 10. August 1945 wenige Tage nach dem Abwurf der Atombomben auf Hieroshima und Nagasaki im Petrifrühgottesdienst und im Melanchthonhauptgottesdienst. Sein Text ist Lukas 18, 9–14: Der Pharisäer und der Zöllner. Am Anfang zitiert er die Wochenlosung: *„Gott widersteht den Hoffärtigen, aber den Demütigen gibt er Gnade"* und den Schluss des Gleichnisses: *„Denn wer sich selbst erhöht, der wird erniedrigt werden, und wer sich selbst erniedrigt, der wird erhöht werden."* Und dann fährt er fort:

„‚Wer sich selbst erhöht‘, legen den Gedanken nah, das Gleichnis auf die vergangenen Jahre und die jüngsten Ereignisse anzuwenden. Aber der Text nicht gewählt zu einem Gericht über die hinter uns liegende Zeit. Gottes machtvoller Richterspruch vor aller Welt sichtbar, an Deutlichkeit und Schärfe nicht zu übertreffen. Wenn Zeitereignisse in das Licht des Wortes Gottes, dann nicht dem Zug der Zeit folgen und aburteilen. Dem Richterspruch Gottes nichts hinzu fügen, uns selbst ihm beugen. Nicht dem gegenwärtigen Gericht entziehen und sich zum Richter über die Vergangenheit zu machen. Es gibt Menschen: ‚Schon immer meine Ansicht, schon lange gesagt‘. Menschen, die immer oben auf sind, immer Recht haben, nie Korrektur ihrer Ansichten. So nicht unter Gliedern der Kirche Jesu Christi. Wohl nach den letzten Fehlerquellen fragen. Nichts entschuldigen oder gar gut heißen. Aber so die Gründe offen legen, dass unsere eigene Mitschuld deutlich wird. Jede Art pharisäischer Haltung ablegen, keine Scheidewände aufrichten, keine Spaltungen verewigen. Nur wirklich politische Einsicht, weise Vorausschau beweisen und das große Unglück hat kommen sehen: von der großen Schuld, an der wir alle tragen, kann sich niemand freisprechen. Es hat an der Vollmacht des Gebetes für unser Volk und unsere Obrigkeit gefehlt. Es ist die Schuld der Kirche, dass unser Volk so tief in Sünde sinken und in so furchtbarer Weise von den Wegen Gottes weichen konnte. Wir haben in Demut diese Schuld zu bekennen. Wenn wir es nicht tun, laden wir neue, große Schuld auf uns. Zeiten des Umbruchs, des Neuwerdens sind geistlich besonders gefährdet. Dass wir doch jetzt dem Heiligen Geiste Raum geben und nicht nach menschlicher Weise eifern und richten. Geistlich handeln und nicht die Fehler tun, die wir vor Jahren an andern so scharf verurteilt haben. Alle äußeren Machtmittel uns in die Hand gegeben. Wir haben scheinbar recht behalten. Niemand hat Rache befohlen. Gott ganz allein hat Recht behalten. Sein Wort hat sich wieder als wahr und lebendig und untrüglich erwiesen. Diese

Erkenntnis eine wichtige Voraussetzung für unseren gemeinsamen Weg in die Zukunft! Denn es geht uns mehr denn je um die Gemeinde, auch um unseres Volkes willen. Darum wollen wir aus dem Evangelium heraushören, wie Hoffahrt Gemeinde zerstört und wie Demut Gemeinde sammelt. Den Pharisäer nicht abtun, Jesus tut das auch nicht, kein abfälliges Wort. Ein treuer Kirchen… nimmt es mit den Geboten Gottes genau und lebt danach wissentlich ohne Sünde, er lebt im Gesetz. Man muss das anerkennen! Paulus blickt auch mit gewissem Stolz auf seine Pharisäerzeit zurück. Lebt im Gesetz, aber das Gesetz nicht in seinem Herzen. Die ganze Tiefe des Gesetzes nicht erkannt. Darum seine Rechnung vor Gott. Seine frommen Leistungen genau gebucht. Gott wird es ihm vergelten. Kein wirkliches Gebet mit Gott. So kann man mit Gott nicht reden. Ein Gespräch mit sich selbst, mit seiner eigenen Vortrefflichkeit … Gott antwortet nicht. Seine Freude Genugtuung über sich selbst. Wie viel Gebete sind Gespräche mit uns selbst über uns selbst. Wer so betet, trennt sich innerlich von der Gemeinde und findet nie innerlich den Weg zu ihr. Kein Glaubensleben ohne Gebet. Aber kein rechter Glaube ohne wirkliches Leben, aber auch kein Anteil an der Gemeinde. Wir sehen es am Pharisäer: Verachtung für den Zöllner. … Die Zerstörung der Gemeinde sichtbar. ‚Ich danke Dir – nicht wie dieser Zöllner‘. Jeder sieht auf seinen Weg, streicht sich heraus, verachtet den andern. Zwar keine Zöllner mehr heute. Aber das Gebet kann auch heißen: Ich danke Dir, – nicht bin ich Räuber … Ehebrecher, deutscher Christ wie die andern. Die vielen, verlorene Masse … die, die ich verachte.

Der Pharisäer zerstört die Gemeinde. Darum ist Gott gegen die Pharisäer. Wer hoch daher kommt, spürt auf Schritt und tritt Gottes Widerstand, es geht nicht voran mit ihm, der Segen Gottes bleibt aus. Wer nicht wirklich mit Gott redet, kann auch nicht mit Menschen reden. Wohl über das Wetter, schlechte Zeiten, schlechte Menschen oder gute Aussichten. Aber nichts von Bedeutung für den inneren Menschen. Kein Zurechthelfen, keine Stärkung, kein Trost. Ganz anders der Zöllner. Er kennt keine Schuld, hat nichts aufzuweisen, wagt nicht aufzusehen. Er will neuen Anfang machen, sieht das Antlitz Gottes und die Gemeinde. Er geht gerechtfertigt nach Hause, mit ihm ist der Friede Gottes. Wie er Barmherzigkeit erfahren hat aus Gottes Hand, kann er mit den Menschen reden. Wie eine Hand, die heilend und lindernd über eine Wunde geht. Das ist unser Dienst aneinander. Die Trümmer täglich vor unseren Augen. … Die Herzen noch ein größeres Trümmerfeld. Wie tief erschrecken wir oft, wenn wir wieder einen Blick tun in die Nöte eines einzigen Herzens.

169

Leichter, aus dem Melanchthonsaal noch 240 qbm Schutt auszuräumen als ein Herz wirklich froh machen. Und doch hat es Gott in unsere Hand gegeben. Demut sammelt Gemeinde, hilft zurecht, bringt innerlich auf den Weg des Friedens. Den rechten Ton finden, die ganze Gemeinde umfassen. Nicht rückwärts, sondern vorwärts den Blick. Wie erfinderisch, wie eifrig und voller Pläne, um unsere Wohnungen wieder herzurichten. Überdenken, wie wir einander mit Wort und Tat helfen können. Dazu brauchen wir demütige Menschen. Pastor von Bodelschwingh: ... Bruder, du bist nicht demütig genug! Ganz klein wieder anfangen. So wird uns Gott erhören zu seiner Zeit!"

Diese erste Predigt des Kriegsheimkehrers schlägt Töne an und zeigt eine Richtung an, die zum *cantus firmus* für die nächste Zeit werden sollten: Gott hat seinen deutlichen Richterspruch gesprochen. Ihn gilt es anzunehmen. Die Kirche muss ihre eigene Mitschuld an dem Aufkommen der Katastrophe erkennen und bekennen. Aber sie kann es innerhalb ihrer selbst nicht nach pharisäischer Art tun, indem sich ihre Glieder gegenseitig anklagen und richten. Um zu einem gemeinsamen Neuanfang zu kommen, muss die Demut die notwendigen Gespräche und die Fragen nach den Ursachen der kirchlichen Mitschuld und die Mitschuld ihrer einzelnen Gemeindeglieder bestimmen. Pharisäische Rechthaberei kann in der Gemeinde keinen Platz haben. Sie zerstört eine gemeinsame Zukunft. Die Demut sammelt Gemeinde und schafft in ihr Frieden.

Schon in dieser Predigt deutet sich an, worin der Pfarrer seine Hauptaufgabe sehen wird: in dem Aufbau einer Nachkriegsgemeinde, in der beides seinen Ort hat: die kritische weltanschauliche und politische Analyse, die zum Aufkommen und zum Niedergang des nationalsozialistischen Systems geführt haben und die Verschränkung der Kirche und ihrer Theologie in diesem Prozess. Für den einzelnen Christen ist eine Gewissensprüfung geboten, wieweit er an diesen Prozessen schuldhaft beteiligt war. Aber diese Diskussion dient dem Ziel, den Neuaufbau einer Gemeinde in klarer Bindung an biblisch-reformatorische Verkündigung und Lehre bewusst zu wagen.

Offiziell hat der Kriegsheimkehrer seinen Dienst am 1. September 1945, dem 7. Jahrestag des Kriegsausbruchs 1939, wieder angetreten. Er schreibt in einem Rundbrief:

„Seit dem 1.9. bin ich wieder hier in der Gemeinde. Mit Ungezählten der Front und der Heimat kann ich bekennen: ‚Das ist vom Herrn geschehen und ein Wunder vor unseren Augen.‘ Wer diesen Krieg überlebt und seinen Glauben bewahrt hat, ist als ein Brand aus dem Feuer gerettet! – Lange Rundbriefe

*mit Aufsätzen und Predigten kann ich Ihnen nun nicht mehr schreiben, es fehlt
an Zeit und an Papier. Die Zahl der Leser beträgt nun schon etwa 500. Wir
leben nun wieder in geordneten kirchlichen Verhältnissen, jedes Dorf hat wieder Gottesdienste; und jeder hat die Möglichkeit, sich mit Wort und Sakrament dienen zu lassen. Viele haben in ihren neuen Gemeinden Wurzeln geschlagen und eine neue geistliche Heimat gefunden. So möchte ich mich, wie
ich hoffe, in regelmäßigen Abständen auf Berichte aus dem Leben Ihrer Hei-
matgemeinde beschränken."*

Dass er und viele andere diesen Krieg überlebt haben, versteht er verständlicherweise als ein Wunder. Zu fragen bleibt aber: Was ist mit denen, die
dieses Wunder nicht erlebt haben, die irgendwo in Europa verscharrt wurden,
die elendig *„abgesoffen"* sind und nie ein Grab bekommen haben oder was
ist mit denen, die für Jahre in Gefangenschaft gekommen und dort massen-
weise verhungert sind oder was mit denen, die mit schweren Verwundungen
ihr Dasein nur noch fristen können? Und was ist mit denen, die Hab und Gut
verlassen mussten, gequält und geschändet wurden? Was ist mit den Frauen,
die ohne ihren Mann weiterleben müssen und mit den Kindern, die ihren Vater verloren und den Eltern, die ihre Kinder verloren haben?

Das physische und psychische Elend war riesengroß. Die zahlreich bezeugten Dankgebete der einzelnen Überlebenden und die gemeinsamen Dankgottesdienste waren psychologisch verständlich, aber ihnen hätten Klagege-
bete und Trauergottesdienste entsprechen müssen. Und den Klagen hätten
Anklagen gegen die folgen müssen, die die Katastrophen politisch und militärisch zu verantworten hatten. Aber das geschah selten in den Kirchen, da
man alle verschiedenen Schicksale unterschiedslos als Willen Gottes interpretierte. Der Wille Gottes machte alles und alle gleich und exkulpierte alles und alle. Was im Krieg und nach dem Krieg geschehen war, wurde mit
dem größtmöglichen religiösen Etikett versehen: geschichtlicher Wille Gottes. Verdeckt wurde damit die ganz reale Verantwortung der Regierenden, die
Menschen zu Instrumenten für die Durchsetzung ihrer Ideologie gemacht und
rücksichtslos für ihre europäische Herrschaftspolitik eingesetzt hatten. Verdeckt wurde auch die Mitverantwortung der Wehrmachtsführung, die ihrem
Obersten Kriegsherrn auch dann noch gehorsam waren, wenn sie selbst kritisch geworden waren im Blick auf seine Kriegsführung und seine Kriegs-
ziele. Verdeckt wurden auch die Verbrechen der Wehrmacht im Ganzen und
die Verbrechen von Wehrmachtsangehörigen an der Front und in der Etappe.

Viele kirchliche Predigten waren schnell mit der Vergebung bei der Hand. Und viele individuell schuldig gewordene Kriegsakteure wiesen auf den für sie nicht aufhebbaren Zusammenhang von Befehl und Gehorsam hin. In der Selbstentschuldung wurde man Meister, echte Buße war selten. Wenig artikuliert wurde auch die Mitverantwortung der Kirche und des Protestantismus für den Aufstieg Hitlers zum Diktator. Als dann auf ökumenischen Druck hin das sog. Stuttgarter Schuldbekenntnis 1945 und das Darmstädter Wort des Bruderrates der Bekennenden Kirche 1947 formuliert wurden, zeigte sich an den Reaktionen auf diese Worte, dass sich ein großer Teil der protestantischen Deutschen von der dort formulierten Theologie und Geschichtsschau leidenschaftlich distanzierte. Sechs Jahre lang hatte die Kirche überwiegend den uneingeschränkten soldatischen Gehorsam angemahnt. Ihre Prediger haben mehrheitlich bis zum Schluss an die Leidens- und Opferbereitschaft ihrer Zuhörer appelliert und das auf sie zukommende Leiden und Sterben als Fügung Gottes interpretiert, die es im Blick auf den himmlischen Lohn durchzuhalten gelte. Der größere Teil der evangelischen Prediger hat das Evangelium umgedeutet zu einer Kriegstheologie, die die Hörenden zum verstärkten Einsatz für Volk und Vaterland verpflichtete und den Heldentod als Erfüllung des Lebenssinnes interpretierte. Und sie haben bis zum Mai 1945 für den Führer und bis zum Kriegsende für den Endsieg in ihren Kirchen gebetet. Die nicht zu übersehenden Ausnahmen unter der Pfarrerschaft und in den Kirchenleitungen können die Mitverantwortung der Kirche für die Katastrophe von 1945 nicht aufheben. Je länger der Krieg dauerte und je radikaler er geführt wurde, umso mehr Elemente der Kriegstheologie des Ersten Weltkriegs begleiteten das Ende des Zweiten Weltkriegs.

Gemeindepredigten im Katastrophenjahr 1945

Vom 1. September 1945 an hat Schmidt jeden Sonntag gepredigt. Jede Predigt hat er in kleinster Schrift auf engstem Raum mit etlichen Abkürzungen konzipiert. Rund 500 Predigten sind aus seiner Bochumer Zeit vorhanden. Diese Predigten zeigen, wie ein Pfarrer versucht hat, theologisch, kerygmatisch und seelsorgerlich mit den Kriegsfolgen und ihren Ursachen umzugehen. Seine ersten Predigtentwürfe im Jahre 1945 sollen zur besonderen Darstellung kommen. Sie geben unmittelbare Einblicke, wie ein Pfarrer, der Frontkämpfer und Patriot gewesen ist, die NS-Zeit politisch und theologisch bewertet und wie er die Monate nach der Kapitulation bis Ende 1945/Anfang 1946 auf der Kanzel interpretiert hat. Er beginnt mit seinem Predigtdienst am 2. September im Früh- und Hauptgottesdienst in der Altenbochumer Kirche. Es ist auch ein kleiner Dank an den Ortspfarrer Erich Brühmann, der in allen Kriegsjahren viele Predigtvertretungen in der Gemeinde Wiemelhausen wahrgenommen und andere Hilfen für die Gemeinde geleistet hat.

Schmidt predigt über Lukas 17, 11–19 (Der dankbare Samariter). Seine Stichworte:
Freude allein im Glauben an Christus,
Freude am Dach über dem Kopf und vier Wände,
„nachdem wir von der Tyrannei der Lüge, Gewalt, Unrecht und Gemeinheit befreit sind."
In vielen Dingen neuer Anfang: „Wer in Christus leben und danken gelernt hat, findet kein Ende der Wohltaten."
„Das Leben in den Trümmern nicht leicht. Der Mensch gewöhnt sich aber an vieles … . Aber keine Gewöhnung, sondern immer das Gericht Gottes sehen. Gottes ernste Sprache mit uns nicht überhören. Aber alles Grauen in der Dankbarkeit für Gottes geistliche und leibliche Hilfe überwinden und täglich neu in ihm froh werden."

Am 9. September predigt er im Gemeindehaus an der Dibergstraße und in Altenbochum über Matthäus 6, 24–34, zentral über den Vers 25:
„Sorgt euch nicht um euer Leben und darum, dass ihr etwas zu essen habt, noch um euren Leib und darum, dass ihr etwas anzuziehen habt. Ist nicht das Leben wichtiger als die Nahrung und der Leib wichtiger als die Kleidung?"
Er beginnt mit einer Skizze der Situation, an der er selbst teilgenommen hat und noch teilnimmt:
„Heute stehen viele Menschen vor dem Nichts. Väter ohne Arbeit in ihrem erlernten Beruf. Mancher Bauer aus dem Osten ohne Acker und Pflug. Berufssoldaten und Offiziere, verheiratet, ohne Berufsausbildung. Wie groß die Armut, wie unbeschreiblich die Wohnungsverhältnisse. Haus mit Garten, für die Kinder gearbeitet ... alles vernichtet. Im Osten erlebt: Bauern von ihren Höfen, lassen den Boden zurück, der mit Schweiß gedüngt ist, das Vieh, Stallungen, Haus und Hof mit allem, was in Jahrzehnten erarbeitet. Pferd und Wagen, mit Kleidern, Wäsche, Fleisch, Hausgerät. Eins nach dem andern fortgeworfen oder verlassen oder gestohlen. Straßen verstopft, im Kessel Pferd

173

und Wagen zurückgelassen, mit Handgepäck zu uns in die Wehrmachtfahr-
zeuge. Dann mit uns durch die Umklammerung durchgekämpft, unsere Fahr-
zeuge blieben auch zurück. Flüchtlinge verloren zuletzt auch ihre Handtasche
mit Sparbüchern und wichtigen Papieren. Ein tiefer Schmerz, über Nacht al-
les verlieren. Aber besonders tragisch von Tag zu Tag tiefer in die Armut sin-
ken. Unser ganzes Volk ist arm geworden. Wer dächte nicht mit Sorgen an den
kommenden Winter! Noch andere Sorgen: Kinder so lange ohne Schule und
kirchlichen Unterricht. Viele Kinder nicht getauft und konfirmiert. So man-
ches Paar ohne kirchliche Trauung. Familien zerrissen. Millionen von Sol-
daten noch in Gefangenschaft. Unsere Kirchen in Trümmern. Nicht einmal
Wein zu Abendmahlsfeiern. Wie viel sorgenvolles Denken Tag und Nacht in
den Häusern, in den Ratsstuben und bei den Männern unserer Kirche und ih-
rer Leitung. Unheimlich, wie uns die Sorgen auffressen, all unser Denken,
Planen, Überlegen konzentriert sich auf die äußeren Dinge des Lebens.
Keine Zeit und Kraft für den geistlichen Menschen, sinken auf die Stufen des
Heiden. Gedanken an Essen, Trinken Kleidung ja nicht aus Genusssucht
und Eitelkeit wie früher, sondern nur, um den Hunger zu stillen und unsere
Blöße zu decken und vor Kälte zu schützen. Ein Kampf um unser Leben und
das Leben unserer Kinder, damit sie keine leichte Beute von Seuchen werden.

Und doch Jesu klarer Befehl: du sollst nicht sorgen! Trifft ein Gottes Ge-
bot ohne Verständnis für unsere äußere Not? Gerade, weil Jesus alle unsere
Nöte so genau kennt und sie in seinem Herzen bewegt, verbietet Er uns, dass
wir uns mit unseren Nöten und Sorgen abplagen. Wir können sie nicht behe-
ben. Er kann es und will es tun, wenn wir Ihn bitten und Ihm vertrauen. Nicht
die Fürsorge will er uns verbieten, uns nicht die Verantwortung und Liebe ab-
nehmen. Wir sollen an unserem Teil arbeiten und schaffen, dass wir zu essen
und zu kleiden haben. Aber dass wir in unseren Sorgen aufgehen, uns damit
abplagen und darin …, ist gegen Jesu klares Gebot. … Klare Entscheidung:
Gott und sein Reich oder der Mensch und seine Bedürfnisse. Es geht um das
erste Gebot …

Wir alle schon am Rand des Todes. Front und Heimat in gleicher Weise
wunderbar errettet. Jeder von uns schon mit dem Leben abgeschlossen, dem
Tod ins Auge gesehen. Ist nicht das Leben mehr denn die Speise und der Leib
mehr denn die Kleidung? Und der uns seinen Sohn gegeben, wie sollte er uns
mit Ihm nicht alles schenken! Man muss es spüren in unserem Leben: Ein
kindliches Gottvertrauen und eine fröhliche Sorglosigkeit: Gott wird sorgen."

Die nächste Predigt am 16. September am Tag der Inneren Mission über Lukas 7, 11–17 (Die Auferweckung eines jungen Mannes in Nain) in der Dibergstraße und in der Petrikirche setzt die schonungslose Analyse der Situation fort:

„Es zieht ein unübersehbarer Leichenzug durch unser Volk, Millionen, die an Leib und Seele zugrunde gehen … Wir würden in der tiefsten Seele erschrecken, könnten wir diesen Millionenzug mit unseren leiblichen Augen sehen. Leiblicher Tod durch Hunger und Schwäche, nach unvorstellbaren Strapazen des Leibes, durch Gram und Schmerzen leiblicher Tod, dem keines Menschen Kraft gewachsen ist. Geistlicher Tod aus all den Sünden, der übergroßen Schuld, die Menschen auf sich geladen haben. Der unübersehbare Leichenzug, der durch unser Volk sich bewegt: die in ihren Hoffnungen Enttäuschten, die am Leben Zerbrochenen, die mit Schuld Beladenen, die in Rachsucht sich Verzehrenden, die in Hass …, die Heimatlosen, Obdachlosen, die Witwen und Waisen, die Opfer des Krieges. So begegnet uns, die wir mit Jesus auf dem Wege sind, der unübersehbare Leichenzug in unserem deutschen Volke. Und wo die Vielen noch nicht ganz gestorben sind an Leib und Seele, da tut die Hartherzigkeit und Lieblosigkeit der Menschen, die Augen und Herzen und Hände verschließen, das letzte. Ist denn keine Hilfe und kein Heil für unser Volk?"

Was geboten ist nach Wichern *„der Dienst des heilserfüllten an dem heillosen Volk."*

Am *„Erziehungssonntag"*, dem 23. September spricht Schmidt in der Dibergstraße und in der Petrikirche über Erziehungsfragen im evangelischen Verständnis. Sein Fazit: *„Alle Erziehung nur hinführen zu Christus. … Darum: christliche Schulen, christliche Lehrer, Kindergottesdienst, kirchlicher Unterricht. Vor allem christliche Eltern, die sich selbst zu Jesus führen lassen, dann geistliche Führer ihrer Kinder."*

In der Predigt über Matthäus 22, 34–40 (Die Frage nach dem wichtigsten Gebot) am Erntedanktag vom 30. September – wieder in der Dibergstraße und in der Petrikirche – stellt er die naheliegende Frage: Wie kann man danken angesichts des Hungers und des Elends? Im deutschen Osten verhungern Millionen von Menschen, Kinder und alte Menschen? Die Frage bleibt: Ist das alles Gottes Wille, was da abgelaufen ist und noch abläuft?

Diese Frage zu stellen, muss verbunden werden mit der Frage, wie sich denn die deutschen Menschen vorher verhalten haben:

„Oft das Richtige erkannt, aber nicht getan. Unseren Willen der stärksten Macht gebeugt, die politische Macht. Übersehen, dass Gott doch mächtiger ist. ... das unsere größte Schuld: das vornehmste Gebot wohl gekannt, aber nicht gehorcht. Furcht vor denen, die Gewalt über den irdischen Menschen hatten, der große Abfall von Gott. Wir hatten andere Götter neben Gott, wenn auch nicht geliebt, so doch überaus gefürchtet, mehr als wir Gott fürchteten. Das 1. Gebot umgestoßen und damit auch alle anderen Gebote. ...

Gott dafür verantwortlich machen, dass Hunderte von Schiffen mit Lebensmitteln auf dem Grund des Meeres faulen? Dass große Arsenale durch den Luftkrieg vernichtet und riesige Lager mit Benzin übergossen wurden, um sie unbrauchbar zu machen? ... Ist es Gottes Wille, dass ein wildes Hamstern die Lebensmittellage verschärft, dass die einen fett werden und die anderen hungern und die Dritten unglaubliche Geschäfte machen? Nach Gottes Willen ist es, dass alle Menschen ihr täglich Brot essen und satt werden. Er teilt die Güter der Erde reichlich genug aus. Weil wir das vornehmste Gebot, die Liebe zu Ihm, verlassen, darum Hungertod. Und weil wir das andere, das dem ersten gleich ist, die Liebe zum Nächsten, missachten, ist Neid und Hass und Unrecht unter uns und einer des anderen Feind. Unvergleichliche Schuld in nie gekanntem Ausmaß. Darum das Leid so unübersehbar. ... Nun hat der Teufel uns seine Ernte beschert, die unserem Volke an das Lebensmark geht. Und doch: Dankbar für jedes Pfund Kartoffeln, das er uns aus lauter Barmherzigkeit geschenkt hat. Für den Frieden dankbar, dass wir nun wieder eine geordnetes und stilles Leben führen können."

Am 7. Oktober geht es weiter mit einer Predigt in der Dibergstraße über Matthäus 9, 1–8 (Die Heilung eines Gelähmten). Schmidt sieht die geistige und geistliche Nachkriegslage illusionslos:

„Jesus heute vor unserem Volk: Hilfe in äußeren Nöten oder Vergebung der Sünden? Antwort unseres Volkes würde uns erschüttern. Millionen haben nichts gelernt, nicht erkannt, was zu unserem Frieden dient. Kirche verachtet, die Predigt von der Sündenvergebung abgewiesen. Vergebung, wofür? Wir kennen doch die Schuldigen. Vernichtet die Schuldigen, dann alles in Ordnung! Gebt uns Essen, Trinken, Kleidung, Wohnung. Praktisches Christentum! ...

Das Wort an die Gemeinde von Treysa (August 1945) nennt unsere Sünden beim Namen: Gottes suchende Liebe überhört. Seine Güte hat uns nicht geleitet. Kanzeln entweiht, Gebete verstummt, Hirten von ihren Gemeinden,

Gemeinden von ihren Hirten. Das Recht verfälscht. Lüge, Scheu vor dem Lei-
den. Schuld in den Konzentrationslagern, Misshandlung und Ermordung
von Juden und Kranken, Verführung der Jugend. Nur ein Bruchteil der un-
endlich großen Schuld. Und noch nicht am Ende. Das Ellenbogenrecht, Ra-
che und böse Nachrede häufen von neuem Schuld auf Schuld. Die Vergebung
nötiger denn je.

Nie eine Zeit, in der Schuld nicht mehr ist. In dieser Stunde: wir rufen
Pastoren und Gemeinden zur Erneuerung der Kirche. Wir rufen unser Volk:
wendet euch wieder zu Gott! Wozu denn Erneuerung der Kirche? Jesus die
Vollmacht zur Sündenvergebung Seinen Jüngern, Seiner Kirche übertragen:
„ich will dir des Himmelreichs Schlüssel geben. Welchen ihr die Sünden er-
lasset, dem sind sie erlassen, wem ihr die Sünden behaltet, dem sind sie be-
halten." Eine unaussprechliche Gabe und Verantwortung der Kirche anver-
traut. Alles andere empfängt von daher Bedeutung. Die Vergebung der Sünden
im Mittelpunkt der kirchlichen Verkündigung. Alles Handeln der Kirche in
Wort und Sakrament dient der Reinigung der Gewissen und Freisprechung
von Sünde und Schuld. … Die Kirche, der Ort, wo Gott Sünden vergibt,
Schuld erlässt. In jeder Predigt, in der Liturgie, gleich zu Beginn: Sünden-
bekenntnis und Gnadenverkündigung. Kein Gottesdienst ohne Sündenverge-
bung. Darum zum Gottesdienst! In der Beichte und im Abendmahl da ganz
persönlich zugesagt, jedem Einzelnen. Darum Erneuerung der Kirche, darum
Hinwendung zu Gott. ‚Sei getrost mein Sohn, dir sind die Sünden vergeben.'
In dieser Vollmacht mahnt die Kirche: Der Friede Gottes ist auch die Kraft
der Trauernden, der Gefangenen, der an Leib und Seele Verletzten. Besteht
Jammer und Elend in Geduld … Keine Rache und böse Nachrede. Flieht nicht
vor Leid und Hunger in den Tod. Christus will die Mühseligen und Belade-
nen erquicken. Er bleibt unser Heiland. Keine Hölle ist so tief, dass Gottes
Hand nicht hinabreicht. Fürchtet euch nicht!"

Die Predigt vom 28. Oktober 1945 handelt vom Text Matthäus 18, 21–35
her über die Vergebung. Klassen- und Rassenhass waren in das deutsche Volk
eingegangen, aber:

„seit dem Ende des Krieges eine gewaltige Welle von Hass und Rache
durch unser Volk. Nur die Rollen sind vertauscht. Aus den Verfolgten Verfol-
ger, aus den Unterdrückern Unterdrückte. Menschlich so verständlich. Aber
wann denn Friede, Gemeinschaft? Eine Schraube ohne Ende. Eine Lawine,
die mit gewaltiger Zerstörungsmacht zu Tal braust. Ein Wildes …, das alles

Leben bedroht. Jesus hat das mit klarem Blick erkannt. Er weiß gut, wie ohn-
mächtig das menschliche Herz ist gegenüber den geballten Leidenschaften
hasserfüllter Menschen. Ein Radikalmittel: die Vergebung."

Das gilt auch für die Kirche: Sie lebt von der Vergebung und Versöhnung.
(Dass die meisten Predigten in der dem Melanchthonbezirk nahe gelegenen
Gemeindehaus in der Dibergstraße, dem Gemeindehaus des alten Bezirks von
Hans Ehrenberg, stattfanden, hat den einfachen Grund, dass die Melanchthonkirche unbenutzbar war, aber man war dabei, einen eigenen Kirchenraum in
ihren Trümmern zu errichten. Überhaupt war das Ehrenfeld eine der zerstör-
testen Bezirke der Stadt Bochum. Die Kirchengemeinde bestand anfangs aus
wenigen Hundert Gemeindegliedern.)

Am 11. November 1945 stellt sich der Prediger nun in der Melanchthonkirche dem großen Thema: *„Glaube und Politik, Kirche und Staat"*. Den Text
von Matthäus 22, 15–21 (Die Frage nach der kaiserlichen Steuer) hat er als
Grundlage:

„Thema: ,Glaube und Politik, Kirche und Staat' in den vergangenen Jah-
ren nicht ganz ungefährlich. Heute nicht anders. Wenn wir dieses heiße Ei-
sen anfassen, dann nur, um mit unserem Glauben zurecht zu kommen. Jesus
keine Lehre über den Staat. Seine Stellung kundgetan, als Er gefragt wurde.
Sein Blick auf das Ende aller Dinge gerichtet. Alle menschliche Ordnung vor-
läufig. Nicht ereifern und den Glauben darüber verlieren. Eines gelernt nach
dem Weltkrieg: Sehnen nach dem ewigen deutschen Reich romantisch schön,
aber nicht aus dem Herzen Gottes. Auf Erden nicht so einrichten, als ob sie
unsere ewige Heimat sei. Jesus: Wiederkunft. Sein Reich schon 19 Jahrhun-
derte. ... Tausendjähriges ewiges Reich und Bismarcks Schöpfung nach 50
Jahren, Hitlers Werk nach 12 Jahren erledigt, zerschlagen. Nur wer im ewi-
gen Reich Christi wurzelt, kann an der Gestaltung der Nation segensreich mit-
wirken.

Jesus in einer ähnlichen Lage wie wir. Siegermacht als Besatzung und
Obrigkeit im Lande. Ist sie Obrigkeit? Paulus: Untertan – die Gewalt. Es ver-
lohnt sich nicht, die ... um etwas anderes willen zu stürzen. Relativ geringe
Unterschiede. Keine Obrigkeit kann das Reich Gottes mit Gewalt austreiben
oder mit Gewalt vernichten. Keine Auflehnung, keine Revolution. Ordnung
immer von Gott. Die schlechteste Ordnung immer noch besser als die Herr-
schaft der Straßen. Ein Christ nur leiden um des ... Jesu willen, nicht für po-
litische Meinungen. Ist der Kaiser in Rom Obrigkeit? ,Was ist das Bild und

die Überschrift?' ,Des Kaisers, so gebt ihm, was des Kaisers ist.' Zweifellos der Kaiser Obrigkeit, von Gott eingesetzt. Zweifellos Hitler auch Obrigkeit. Im christlichen Denken Auflehnung keinen Raum. Wenn die Obrigkeit eine Tyrannei ist, der Tyrannenmord dennoch ganz unmöglich für Christen. Mit den Ereignissen des 20. Juli hat die evangelische Kirche nichts zu tun. Weder an der Vorbereitung noch an der Durchführung aktiv oder passiv Anteil. Artikel Ruhrzeitung mit Recht starkes Befremden. Klares Abrücken der evangelischen Kirche. Entgegnung wird nicht gedruckt. Auskunft: Evangelische Kirche lehnt entschieden ab. Alle Obrigkeit von Gott. Allerdings nun auch die Besatzungsmacht. Zweifellos unsere Obrigkeit, von Gott eingesetzt. Den Segen dieser Obrigkeit erkennen, wenn sie heute abziehen und morgen der helle Aufruhr in Deutschland aufflammt. Auch von der Besatzungsmacht: ,Gebt dem Kaiser...' Unser Geld, Kleidung, Wohnung für bedürftige Glieder unseres Volkes, auch für Angehörige anderer Nationen. Ohne Knurren untertan sein, so schwer uns das wird. Gott wird die zur Ordnung rufen, die die fremde Macht jubelnd als Befreier willkommen heißen. Wer dankt nicht Gott, dass die Gewissenstyrannei und das Unrecht der vergangenen Jahre beendet ist. Gott hat es getan. Keine Pflicht, es Seinen Werkzeugen zu danken. Wir schulden: Gehorsam, Ehre, Furcht, Fürbitte. ... Nichts von Liebe zur Obrigkeit. Das verlangt Gott auch heute nicht von uns. Auch die Besatzungsmächte verlangen es nicht. Unser tiefes nationales Leid verliert an Glaubwürdigkeit und an Erziehungskraft für uns. Wenn unsere Frauen und Mädchen es nicht als deutsches Gebot erfassen, das christliche Gewissen wird es ihnen ganz gewiss sagen. Es wird uns schwer, ohne Knurren zu gehorchen, zumal das Schreckensregiment im deutschen Osten dem des nationalsozialistischen nichts nachsteht. Wie könnte Gott von uns Liebe fordern für die, die die Mitverantwortung dafür tragen. Gott hat von uns keine Liebe zur deutschen Obrigkeit verlangt, wie würde er Liebe zu einer fremden obrigkeitlichen Macht von uns verlangen! Es ist Not zu wissen, was wir als Christen der Obrigkeit schuldig sind ,Gebt dem Kaiser' – Geld und Gut, Furcht, Gehorsam, Ehre. Das ist sehr viel. Das ist aber auch alles. Mehr gesteht Gott Seiner irdischen Ordnung nicht zu.

,Und gebt Gott, was Gottes ist'. Gott nicht zufrieden mit dem Zinsgroschen. Nicht Geld, Gut, Gehorsam, Furcht, Ehre. ,Du sollst Gott, deinen Herrn, liebhaben von ganzem Herzen.' Das Eigentumsrecht über den ganzen Menschen hat Er sich vorbehalten. Er will nicht einen Teil unseres Lebens, uns selbst und ganz! Wie hat es unser Volk damit gehalten? Der Obrigkeit ge-

geben, was ihr nicht zukam und Gott verweigert, was ihm gehört. Das treibt uns tief in die Buße. Davon redet die Kirche heute. So der Bußruf zu verstehen. Rein vom Glauben her. Keine Aussage über die Schuld am Kriege. Darüber zu anderer Zeit die Leitung der Kirche. Zeitungsnotizen mit Vorbehalt lesen. Kein Christ wird die Alleinschuld Deutschlands proklamieren. Kein Christ wird in der Tiefe unserer völkischen Not von unserem Volk abrücken. Die Reue der evangelischen Kirche zu Volk und Vaterland über jeden Zweifel erhaben. Geduld haben, Gott wird uns das rechte Wort schenken.

Über allem aber: Gott, was Gottes ist. Die Juden: Einer ist König, Jahrhunderte ohne König, weil das Königtum Abfall von Gott sei. Gott selbst Unser König. Unser Führerkult ein Abfall von Gott, der allein der rechte Führer ist. Epistel: Unser Wandel aber ist im Himmel, von dannen wir auch warten des Heilandes Jesu Christi, des Herrn."

Am 18. November hält Schmidt in der Petrikirche am *„Sonntag der Inneren Mission"* eine Predigt über Matthäus 25, 31–46 (Vom Weltgericht):

„Heute die Sammler vor unserer Tür. Sehr bescheiden und freundlich um eine Gabe bittend. Und viele werden denken: Schon wieder eine Sammlung, diese elende Sammelei, wenn wir doch endlich Ruhe hätten. Ich stelle mir die Sammlung ganz anders vor. Männer müssten durch die Straßen eilen und rufen: Volk in Not! Und vor jeder Tür müsste einer stürzen …: Volk in Not! Und jedem Manne, jeder Frau und jedem Kinde müsste es ins Angesicht gerufen werden: Volk in Not! Wenn die Herbststürme an der Küste brausen und die Küstenwacht ein Schiff entdeckt in Seenot, dann schallt es gellend durchs Dorf: Schiff in Not! Aus allen Häusern stürzen die Männer, schieben mit vereinten Kräften das Rettungsboot ins Wasser. Und wenn nur noch ein Menschenleben im Mastkorb hängt, die Männer setzen ihr Leben daran, um das eine Leben zu retten. Was gilt heute noch ein Menschenleben? In einem Stollen 250 Tote. Ein Bombenangriff viele tausend Tote. Im Januar von Kurland nach Gotenhafen: Wilhelm Gustloff im Hafen vor Anker, ganz schwarz angestrichen, das sonst so leuchtend helle KDF-Schiff. 14 Tage später: 6000 Fahrgäste, Frauen und Kinder an Bord, in 30 Minuten auf den Grund des Meeres. In Danzig/Gotenhafen in allen vornehmen Häusern keine Frauen und Kinder mehr. Vor dem Weltkrieg Untergang Titanic mit 2000 Fahrgästen, jahrelang Gespräch in aller Welt. Wer denkt noch an die 6000 Toten von Gotenhafen? Wer noch an die Millionen Soldatengräber? Wer noch an die endlosen Gräberreihen auf Heimatfriedhöfen. Und wen erschüttert es noch, dass

der deutsche Osten ein sterbendes Land ist? Nicht Zehntausende, nicht Hunderttausende, nun buchstäblich Millionen, 5 oder 10 Millionen. Wer kann sie zählen, für die jetzt schon die Massengräber ausgehoben werden. ‚Volk in Not' darauf müsste Tag und Nacht in unseren Straßen nicht verstummen. Wenn es sein könnte, wir müssten uns alle aufmachen und Hilfe bringen. Vielleicht ist unter den 72 toten Soldaten, die von einem Transport in Fürstenwalde auf dem Bahnsteig liegen blieben, dein oder mein Bruder. Wollen wir ihn nicht wenigstens begraben, wenn wir ihm schon nicht mehr helfen können. Aber es kann ja nicht sein. Wir dürfen uns ja nicht auch noch ins Elend stürzen. Wir haben doch unsere Familie, unsere Kinder, für die wir da sind. Wenn Gott unseren Tod wollte, Er würde uns bald den Weg dazu weisen. Aber wir sollen leben. Und unsere Brüder und Schwestern im Osten und Westen sollen auch leben und wir sollen Werkzeuge Gottes sein, sie aus der Hand des Todes zu reißen. Uns alle Maßstäbe für menschliches Leid verloren gegangen. Jeder selbst so viel Leid erfahren und erlebt täglich neue Not. Wie viele schlissen sich ab und verhärten ihr Herz, ganz und gar mit sich selbst beschäftigt. Aber nun nicht der Ruf: Volk in Not! Oder dein Bruder in Not! Sondern Christus in Not! Das Besondere am heutigen Evangelium. Wir wissen: nur der Glaube, der in der Liebe sich erweist. Und wir wissen: alle offenbar vor dem Richtstuhl Christi, dem jüngsten Gericht entgegen. Aber: wir haben es mit Christus zu tun, wenn der Bruder in Not ist: „Was ihr einem nicht getan habt, das habt ihr mir auch nicht getan". Jesus setzt sich völlig in eins mit seinen geringsten Brüdern. Das ist die Not: im deutschen Osten stirbt Christus einen tausendfachen Tod. Die Kinder, Männer und Frauen, die vor Hunger sterben, die Frauen und Mädchen, die an Leib und Ehre geschändet, die vielen, die Hand an sich selbst legen in ihrer Verzweiflung: in ihnen stirbt Christus, weil der Glaube in ihrem Herzen ausgelöscht wird durch all den Jammer und das Todesgrauen. Und bei uns in der Heimat stirbt Christus einen tausendfachen Tod, weil die Liebe in uns erkaltet und der Glaube darüber verloren geht. Wenn es nur um die Menschen ginge: Wohl denen, die ausgelitten haben. Aber es geht um ihren Glauben, es geht um Christus in ihren Herzen und dass er sie vom ewigen Tode errette. Wie kommt Jesus dazu, sich in eins zu setzen mit Seinen geringsten Brüdern? Das Ebenbild Gottes. Gott schuf den Menschen ... in der größten Schande Gottes Ebenbild. Die jammervollen Gestalten heimkehrender Soldaten? Unsere Väter und Mütter, die kaum noch ein Bein vor das andere setzen? Unsere 12-, 13-, 14-jährigen Kinder, die den Bestien in die Hände fielen, Gottes Ebenbild? Unsere von Schuld und Sünde gezeich-

*neten Gesichter? Unsere Herzen ohne Gottesfurcht und Gotteserkenntnis
Gottes … Ebenbild? Darum Christus unser Bruder, damit er das Ebenbild
wieder herstelle. Dazu gestorben, damit wir ewig leben und frei würden vom
Grauen des Todes und aller Sünde, darum ein Kind Gottes, vom Geist gelehrt:
Abba, lieber Vater. Das sind sie. Unsere Brüder und Schwestern im Osten:
Gottes Ebenbilder, Brüder und Schwestern Jesu, Kinder Gottes. Es geht um
unsere Brüder und Schwestern in Christo. Nur dass sie uns nicht im Gericht
verklagen. Ich denke an den Mann, der mich oft besucht: Frau und Kinder
im Osten, ohne jede Nachricht. Wie mag es ihn umtreiben. Vielleicht kommt
seine Gabe seiner Familie zugute. Vielleicht. Aber unsere Gabe kommt ganz
bestimmt unseren Familien, unseren Brüdern und Schwestern, unserem Bruder Jesus zugute. Und uns selbst. Wenn wir dadurch wachsen im Glauben und
in der Liebe, damit wir dereinst bei denen stehen, die das Wort des … Rich-
ters hören dürfen: Kommt her, ihr Gefangenen des Herrn, ererbt das Reich!
Was ist schon die Geldgabe, die wir geben, wenn es nicht unser Herz ist.
Ströme von Gaben und Ströme von Gebeten! Amen"*

Am 21. November 1945 ist Bußtag. Der Predigt in der Melanchthonkirche liegt Lukas 13, 1–5 (Mahnung zur Umkehr) zugrunde:

*„Ungezählte künden während des Krieges, dass viele deutsche Soldaten
sich ihres feldgrauen Rockes tief geschämt haben. Im sittenlosen Westen, im
hungernden Osten. Bei den Massenabschlachtungen von Juden in Polen und
Russland. Militärgottesdienste im Westen und Osten mit 2 oder 3 Kameraden.
Nach der Kapitulation bei dänischen Freunden: der Kirchenkampf, die Konzentrationslager. – Im Laufe dieses Sommers allmählich verlernt, uns als
Deutsche unter den andern Völkern unseres Volkes zu schämen. Behandlung
deutscher Gefangener in alliierten Lagern. Vernichtung des deutschen Ostens
durch Hunger, Kälte, Luftseuchen, seelische Härten. Krieg der Bomber und
Tiefflieger gegen Frauen und Kinder auch noch in lebendiger Erinnerung.
Heute am Bußtag wieder unseres deutschen Wesens und deutscher Sünde bewusst werden. Nicht vor den Völkern … und der übrigen Welt erniedrigen.
Keine Blankovollmacht, die Alleinschuld Deutschlands an diesem Kriege
festzustellen. Darüber werden genaueste Untersuchungen anzustellen sein.
Am Bußtag gar nicht nach links und rechts schauen, mit anderen Völkern Ver-
gleiche anstellen. Im Bewusstsein wiedererstarkender deutscher Gesinnung
der Blick auf die anderen Völker uns um den Segen des Bußtages betrügt. ‚An
dir allein hab ich gesündigt' bekennt David. Es geht heute um die deutsche*

Schuld vor Gott. Landes-Buß- und Bettag, nicht die Schuld des einzelnen. Dazu der Text ein wichtiger Hinweis. Pilatus Blutbad unter den Galiläern, während sie Gottesdienst hielten und opferten. Jesus: besondere Sünder? Keineswegs. ,So ihr euch nicht bessert'. Turm zu Siloah, Bau der Wasserleitung in Jerusalem, 18. Joh. Besonders schuldig? Keineswegs. Als die deutschen Städte des Westens unter dem furchtbaren Luftkrieg in Trümmer sanken, besondere Schuld? Mehr als der Osten? Keineswegs. ,Bombenweiber' in Pommern. Der Osten unter dem russischen Würgeengel, besondere Schuld? Keineswegs. Schleswig-Holstein, weder Luftkrieg noch russische Besatzung, besonders fromm? Leere Kirchen, Verhärtung der Herzen unter den Bauern, nichts vom Krieg gespürt. Wohl ein enger Zusammenhang zwischen Schuld und Strafe. Aber keineswegs eine glatte Rechnung. Im Osten leiden alle, ob sie Träger des politischen Systems waren oder nicht. Im Westen auch die Häuser der Partei in Schutt und Asche und ungezählte Kirchen. Unser deutsches Volk besondere Schuld? Jesus den andern Völkern ,Wenn ihr euch nicht bessert, auch also umkommen' Die Partei und ihre Anhänger besondere Schuld? Jesus allen Nicht-Parteileuten: ,Wenn ihr euch nicht bessert'. Menschlich gesehen Unterschiede in der Schwere der Schuld. Internationale und deutsche Gerichte werden Recht sprechen. Vor Gott und den Menschen bekennen wir uns zur Schuld des deutschen Volkes Gott gegenüber. Damit das keine allgemeine Redensart bleibe, heute miteinander darüber reden. Welche Schuld vor Gott? Nicht diese oder jene Entgleisung. ... gegen die Kirche, Reibungen, Benachteiligungen, die laufend kleineren oder größeren Versuche, die Kirche in unserem Volk, besonders im Herzen der Jugend, zu verdrängen. Ganz massive Sünden gegen Gott. Das 1. Gebot: ,nicht andere Götter'. Systematischer, mit allen Mitteln der Propaganda und der Macht durchgeführter Versuch, den allein wahren Gott zu entfernen. Äußerung der Reichsregierung durch Heinrich Frick zum Eid der Geistlichen. Hitler auf dem Maifelde: ,Mein Wille ist euer Glück'. Im Reichstag Bestätigung der Morde des 30.6.1934: ,Ich bin der oberste Richter des Volkes'. Ein Mann, der seinen Namen zum Pflichtgruß erhebt, der nicht eisern durchgreift, wenn sein Bild auf die Altäre gestellt und über seine Worte gepredigt wird, weiß nichts von dem Wort des lebendigen Gottes: ,Ich, der Herr, dein Gott, bin ein eifriger Gott'. In jeder Feierstunde Ehrung und Anrufung des Führers. Ihm gelobte sich die deutsche Jugend. In seinem Namen wurden Kinder geweiht, Ehen feierlich geschlossen. Ihm schenkten deutsche Frauen ihre Kinder. Am Erntedankfest galt ihm der deutsche Dank für die Ernte, für die Kinder, für den Frieden. In Bochum dreizehn-

jährige Mutter: dem Führer ein Kind geschenkt. Ihm zur Ehre starben die Kämpfer, unter Anrufung seines Namens die Toten in die Erde gesenkt. Der Dank beim Tisch galt dem Führer. Er war ein und alles. Mit welch gemeinen Worten der Name Gottes gelästert. Jesus der Judensprössling, das uneheliche Kind eines römischen Soldaten und einer jüdischen Hure. Der Judenlümmel und viele andere Schmähworte, in den Herzen der verführten Jugend willig aufgenommen. Im neu erschlossenen Osten keine Kirche mit Turm. In München die Matthäuskirche aus angeblich verkehrstechnischen Gründen abgebrochen. Deutsche Dome Kulturdenkmäler dem Gottesdienst entzogen und der SS zu Feierstunden geöffnet. Ungezählte Pastoren verhaftet, im KZ umgebracht. Die kirchliche Presse, Jugendarbeit. Zwang zum Kirchenaustritt. Noch nie in der Weltgeschichte ein so groß angelegter raffiniert durchgeführter Versuch, ein Volk vom christlichen Glauben zu trennen. Alles andere, die furchtbaren sittlichen Folgen, das Aufkommen aller Dämonien und Leidenschaften und Perversitäten. Die Versumpfung des sittlichen Denkens eine notwendige Folge des Abfalls von Gott und des Aufstandes gegen Gott. Wir alle mitbeteiligt. Das gewaltige nationale und soziale Geschehen, das wir alle mit innerstem Herzen bejaht haben und auch bejahen durften, gab uns, aber so verblendet und gefangen genommen, dass wir Gott darüber vergessen haben. Wir wurden gottlos, weil wir unser Herz von Gott lösten und als Mitte und Heiland einen Menschen uns erkoren. Das ist die Schuld des ganzen deutschen Volkes. An den Verbrechen nur ein Teil beteiligt. Wir haben damit … zu schaffen. Aber unser Abfall von Gott, unser Ungehorsam gegen Seine Gebote. Unser Mangel an Glaube, Liebe. Wie schwer wiegt diese Schuld vor Gott. Die Güte des Herrn ist es, dass wir nicht gar aus sind. Seine Langmut und Geduld. Gott sucht Frucht an uns. Ob Er vergeblich noch das eine Jahr wartet? Ob es wahr wird: ‚Herr, lass ihn noch dieses Jahr, ob er wolle Frucht bringen, wenn nicht, so hau ihn danach ab.‘

Das Land der Reformation! Das Land auch eines tiefgläubigen und erneuerten Katholizismus! Ob wir den Weg zu Gott zurückfinden? Die deutsche Jugend? Die Hände falten: Kommt, wir wollen wieder zum Herrn gehen."

Der Predigt zum 2. Advent am 9. Dezember liegt Lukas 21, 25–36 zugrunde (Das Kommen des Menschensohnes und der Aufruf zur Wachsamkeit):

„So gewiss Jesus einmal und unwiderruflich gekommen ist, so gewiss wird Er einmal und unaufhaltsam wiederkommen, eine Tatsache, so gewiss, wie das Ende aller Dinge gewiss ist. Luther: vom ewigen lieben jüngsten Tag. Mut und

Lust zum Tage Christi. Keine Verzweiflung: Schickt uns doch eine Atom-
bombe. ... uns doch, ob wir einen Tag früher oder später sterben. Kein Re-
signieren, Verzichten, angestrengte Wachheit und Bereitschaft. Die Welt seit
Christus im Abbau begriffen. Die Lage immer verfahrener und hoffnungslo-
ser. Keine Weltfriedenskonferenz kann darüber hinweg täuschen. Es knistert
im Gebälk. Die 10 Millionen im deutschen Osten, die dem Tode durch Hun-
ger und Seuchen preisgegeben sind und unter grausamsten Qualen sterben,
spüren mehr als wir vom Ende aller Dinge, und dass Himmel und Erde ver-
gehen. Wie kann Gott das zulassen, wie kann Christus zusehen. Ist Er der gute
Hirte? Der Heiland aller Menschen? Im Osten doch nicht nur Ungläubige
Menschen dem Tode geweiht, sondern auch tiefgläubige Menschen dem Tode
geweiht unter furchtbaren Qualen. Sie schreien zu ihm in ihrer Not. Warum
hilft Er nicht? An der Schwere der Strafe die Größe der Schuld erkennen. Der
tiefe Seelenschaden mit der Glut schwerster Leiden ausgebrannt. Antwort
schwer für uns alle. Bei uns Menschen, denen fressen und saufen obenan ist.
Wenn wir bisher im Freudentaumel lebten über das gewaltige irdische Reich
der Deutschen, jetzt lernen, dass Jesus Reich nicht von dieser Welt ist."

Am 1. Weihnachtstag 1945 in der Petrikirche geht es in der Predigt nur
um den Vers Lukas 2,14: *„Ehre sei Gott in der Höhe und Friede auf Erden*
und den Menschen ein Wohlgefallen."

„Aus dem Chor der Engel ‚Frieden auf Erden' heraushören. Klingt es nicht
wie Hohn und Spott in unseren Ohren. Passt es nicht zu unserer Zeit wie die
Faust auf das Auge? Ist es noch glaubwürdig: Fast 2000 Jahre gepredigt und
der Friede unter den Menschen weniger denn je. Der Krieg immer schreckli-
chere Formen, ein Krieg geht in den anderen über. Kaum noch längere segens-
reiche Friedenszeiten. Auch jetzt noch kein Friede. Jeden Tag kann wieder der
Kampf entbrennen. Und was im deutschen Osten geschieht, ist Krieg in anderer
Form, furchtbarer, grausamer, vernichtender als der Krieg mit Bombern und
Panzern. Wo ist ein Fleckchen Erde, da man den Chor der Engel hören und
mit Macht spüren kann: kein frommer Wunsch, keine schönen Worte, sondern
lebendige Gegenwart, machtvolle Wirklichkeit mitten unter uns. Die ganze ver-
fahrene Hoffnungslosigkeit im Leben der Völker erkennen. Kein Weltsicher-
heitsrat und Friedenskonferenz kann darüber hinweg täuschen.

Wo ist Frieden? Wer durch die Gemeinde geht, findet sie, die Menschen
des Friedens. Hier die ohne Leid und schmerzliche Verluste durch die Kriegs-
zeit gegangen sind. Die schwer Heimgesuchten, Leidgeprüften, in notvollen

185

Entbehrungen Lebenden. Unter ihnen Menschen des Friedens des Wohlgefallens Gottes. Man spürt ihnen an, ihre Seele ein heiliges Land, das kein ... Unruhiger betreten darf, das sie sorgsam führen vor dem Unfrieden dieser Welt. Es gibt unter uns Menschen des Friedens und des göttlichen Wohlgefallens. Dem Herrn sei Preis und Dank! Unsere Gemeinde wäre sonst längst innerlich gestorben und verfallen. Die Stillen im Lande, die wahrhaft Frommen und in der Seele Gläubigen, die sich zu Jesus halten und in der Gemeinschaft mit dem himmlischen Vater leben. Der Strom des Glaubens in gewaltiger Kraft durch die Jahrhunderte, von den Vätern zu uns und weiter zu den Kindern. Ein Reich des Friedens in der Kirche verborgen. Und nur wer dazu gehört, kennt es. Kennt den Herrn dieses Reiches und die Brüder und Schwestern, die Mitbürger in diesem Reich und Gottes Hausgenossen. Der Friede auf Erden lebt in den Herzen ungezählter auch in unserem Volke, auch in anderen Völkern. Wir haben ein Recht zu fragen: Wo ist der Friede Gottes unter den Völkern? Eine solche Gotteskraft muss deutliche Spuren aufweisen, erneuernde und umwandelnde Wirkung muss man sehen können. Auf den ersten Blick trostlose Aussichten. Wohl Alliierte, Interessengemeinschaften, militärische und politische Bündnisse, aber wirklich Friede Gottes? Man muss schon tiefer schauen. Dankbar und glücklich, dass gerade in unseren Tagen etwas von der Kraft des göttlichen Friedens zu spüren ist.

Stuttgarter Erklärung. Falsche Berichte in der Presse und im Rundfunk. Die Kirche nicht Hüterin des Friedens Gottes im eigenen Volk, wenn sie sich nicht zur Schuld ... unseres Volkes bekennt. Auch dann nicht, wenn sie Schuld, Alleinschuld auf sich und unser Volk nimmt, wo doch die Mehrheit zur Ehre Gottes verlangt, dass alle Völker ihre Mitschuld erkennen und bekennen. Die Kirche nicht Hüterin des Friedens Gottes, wenn sie nicht über die Grenzen der Völker hinweg zu einem gemeinsamen Bekenntnis gemeinsamer Schuld hindurch dringt. Zeugnisse fremder Kirchenführer über die Mitschuld aller Völker und Kirchen (Brief Dr. Lilje). Wie ist das ein Jahr nach Kriegsende möglich? Welch eine Macht über die Herzen und Gewissen offenbart sich da. Keine menschliche Weisheit, keine Überlegungen der Vernunft. Keine Macht der Überredungskünste und propagandistischer Bemühungen, keine politische oder militärische Macht der Erde kann das zustande bringen, dass nach einem Krieg mit soviel Lüge, Verhetzung, und Vergiftung der öffentlichen Meinung Kirchenführer in den Völkern unserer Feinde bekennen: Wir sind mitschuldig. 1923 in Amerika Weltbundtagung des CVJM. Ablehnung der Kriegsschuld Deutschlands. Wie sind da die Gerichte Gottes über die Gewissen am Werk.

Nicht Menschen Ruhm und Ehre, Gott in der Höhe die Ehre, dadurch Friede auf Erden, dadurch unter den Menschen sein Wohlgefallen. Wo Gott die Ehre genommen und sie Menschen dargebracht wird, flieht der Friede die Herzen und Gewissen der Menschen. ... Wo aber Er seine Ehre von der anbetenden Gemeinde empfängt, da strömt Sein Friede in die Herzen der Menschen und der Völker und Gottes Wohlgefallen erfüllt das Leben der Menschen. Der Friede Gottes ist unter uns lebendig, den Augen der Menschen verborgen, aber der Gemeinde Gottes greifbar. Der Fürst dieser Welt muss schon alle seine List und Tücken aufbieten und sein unübersehbares Heer seiner Diener ins Feld führen, um den Frieden Gottes hier oder da zu hindern und den Siegeszug der Ehre Gottes zum Frieden der Menschen aufzuhalten. Nur hier oder da. Bis der Tag kommt, da Gottes Liebe siegt: O der Tag der Herrlichkeit."

Die Christmette morgens um 7 Uhr am 25.12.1945 steht unter dem Wort: *„Sieh, welch eine Liebe hat uns der Vater erzeigt, das wir Gottes Kinder sollen heißen."* (1. Johannesbrief 3,1)

„Wenn ein irdischer Vater seine Kinder so behandelt, wie Gott uns behandelt, dann würde jeder sagen: Ein Rabenvater, brutal, rücksichtslos, nicht auf das Wohl, sondern auf Untergang und Vernichtung der Kinder bedacht, ein Vater, dem das Vaterrecht entzogen werden müsste. Ein Vater, der ein Stein in der Brust hat, wo andere ein Herz haben. Es ist unmenschlich, wie Gott uns behandelt, unser deutsches Volk. Das ist doch keine Liebe. Das ist Zorn, Hass, bitterste Feindschaft. Wenn wir uns berichten lassen, wie Gott uns in die Hand der Feinde gegeben hat, unsere Frauen, Mädchen, Säuglinge, Kranke und Greise, darin wir Gottes unversöhnlichen Hass erkennen. Verstehen, dass Tausende nur Spott und Hohngelächter haben, wenn wir von der Liebe Gottes zu uns reden.

Hat er unser Volk nicht deswegen verblendet und so hoch steigen lassen, um es desto tiefer in den Abgrund zu schleudern! Wo ist seine väterliche Liebe, wenn Millionen im Elend sind und zugrunde gehen. Wie mögen meine Amtsbrüder im Osten Worte des Trostes finden? Wie mögen sie, die dem Hungertod preisgegeben sind und zur zeit schon dahingerafft sind, von der Liebe Gottes gepredigt haben? Ist ihnen nicht angesichts des unbeschreiblichen Elends die Brust wie zugeschnürt und das Wort im Munde erstorben? Und wie viele Väter und Mütter und Frauen und Kinder auch unter uns! Wo Gottes Liebe? Er hat mir meinen über alles geliebten Mann genommen, unseren guten Vater, den besten auf der ganzen Welt. Er hat mir meinen guten Jungen genommen,

187

ja, Er hat mir meine beiden Söhne genommen und den Mann dazu. Er hat mir drei Söhne genommen und noch andere liebe Menschen hier in der Heimat. Ich sehe nur Gottes Feindschaft gegen mich, Gott ist nicht mein Freund. Mein bitterster Feind würde nicht so an mir handeln. So ist es: Wer in dem Gang der Weltgeschichte nur auf sein eigenes Leben schaut, der sieht nur Dunkel, Drangsal, Gottes unerforschlichen Rat und Willen, der uns ... Hass und Feindschaft ... Ein irdischer Vater würde nicht so handeln an seinen Kindern.

Aber wie sollen wir unser und unseres Volkes Verhalten zu seinem himmlischen Vater beurteilen? Wenn Kinder so zu ihrem irdischen Vater sein würden, er hätte sie längst verstoßen und enterbt, sich von ihnen losgesagt und dem Elend preisgegeben. Er würde sagen: Ich habe keine Kinder mehr, ich schäme mich, dass es meine Kinder gewesen sind. Wie kommen wir zurecht, wenn wir nur mit unseren irdischen Augen sehen. Wer will den verborgenen Gott in den Rätseln der Geschichte, im Leben der Völker und unserem eigenen Dasein ergründen. Dunkel, nichts als Dunkel. Ein Volk, das im Finstern wandelt!

Und dennoch Gottes Kinder. Gott dennoch unser Vater. Nicht forschen in den Dunkelheiten unseres Lebens und Gottes Liebe da suchen, wo niemand sie finden kann. Luther wird nicht müde, immer wieder zu sagen, dass wir Gott und seine Liebe nur in Seinem Sohn suchen sollen und finden werden. Nicht in gutem oder schlechten Wetter, nicht in glücklichen oder schweren Zeiten, nicht im Tod und Leben, nur in Christus. Alle Seine Verheißungen und Zusagen fest an den Heiland gebunden. In der Krippe kannst du Gott finden. Und wenn du das Christuskind anschaust, dann schaust du Gott ins Herz und erkennst seinen gnädigen guten väterlichen Willen. Wer sein Herz löst von allem, was Gott an irdischen Gaben gegeben hat, und den Blick auf die ewigen Güter richtet, der erkennt: dieser Jesus ist mehr als Mann und Söhne. Wenn eine Mutter fünf Söhne gäbe und den Mann dazu, sie wäre reich, wenn sie Jesus dadurch finden würde, reicher als je zuvor. Weil Jesus uns zum Vater führt und uns lehrt, dass alles Schwere, alles Leid und sei es noch so unvorstellbar groß, vom Vater kommt, aus Seinem liebenden Herzen, seine Erziehungswege mit uns sind, um uns reicher zu machen als wir je zuvor waren. Diese Liebe wiegt alles Leid auf, wendet es uns zum Segen und zum ewigen Gewinn. So oft uns Gottes Zorn anficht und der Kummer das Herz schwer macht, zu dem Kinde in der Krippe fliehen und zu Gott sagen: Ich nehme dich bei deinem Wort und bei deiner Zusage: dein Heiland, mein Bruder, darum du mein Vater, ich dein Kind. So auch unser ganzes Volk: alle verlassen und verachten uns. Alle stoßen uns von sich und hassen uns wie die Pest. Zu Gott fliehen.

Auch unser Volk zur Gemeinschaft mit Gott berufen. Darauf vertrauen, dass Sein Sohn auch für unser Volk auf die Erde gekommen ist, um uns zum Vater zu weisen. Wenn wir dies lernen. Uns an das Kind klammern und an den Vater hängen: Wir lassen dich nicht, du segnest uns denn. Nur so unser Jammer gewendet. Nur so ein gesegnetes Christfest. Nur so als Kinder Gottes fröhlich. ... Liebe Gottes in allem Leid. Wie groß die Gabe des Vaters: Seine Kinder, wir, unser deutsches Volk! Gott sei Dank für Seine unaussprechliche Gabe!"

Am Altjahrsabend 1945 predigt Schmidt um 17 Uhr in der Petrikirche und um 20 Uhr in der Melanchthonkirche. Der Text: Philipper 3, 13 und 14 (Das Vorbild des Apostels):

„Alle Menschen halten heute Rückschau in einer Stunde der Besinnung. Bei allen ein Rechenschaft geben, ein Überprüfen und Urteilen. Aber bei allen Menschen verschiedene Maßstäbe. Was habe ich in dem verflossenen Jahr verloren? Äußerer Besitz: Wohnung, Grundbesitz, Möbel, Hausrat, Kleidung, liebe Menschen, nächste Angehörige, Stellung im Beruf, Leben und Gesundheit. Viele Menschen über dieses persönliche Denken nicht hinaus. Nur wenige, die an die Gesamtheit des Volkes denken: wie viel Menschen verloren. Wie viel Menschen verdorben, verseucht, vergiftet. Der schwere Schaden an der Jugend. Verlorene ..., verlorene Selbständigkeit, verlorene Ehre, verlorene Zukunft. Das Konto „Verluste" in unseren Büchern übersteigen alle Vorstellungen. Wer von einer hohen Warte unser Volk betrachten könnte: Er sähe unübersehbare Friedhöfe, endlose Trümmerfelder, ungezählte zerbrochene Existenzen, kranke, hungernde, an Leib und Seele geschändete Menschen, der Verzweiflung nahe.

Die meisten Menschen halten Rückschau mit der Überlegung: Wie viel von dem Verlorenen habe ich schon wieder zusammengebracht oder kann ich in kurzer Zeit wieder zusammenbringen. Für sie das Leben ein Kampf um die Sicherung der irdischen Existenz. Mit dem Verlust von Menschenleben finden sie sich ab, fügen sich in das Unabänderliche. Sie vergessen, was dahin ist, strecken sich nach dem, was vor ihnen liegt. Wenn Gott uns etwas nimmt, will er uns Größeres dafür schenken. Das ist der Gesichtspunkt, unter dem wir Rückschau halten wollen. Gott zerschlägt uns unsere Hoffnungen in unserem Leben, um für uns ein Vielfaches zu machen und uns in ganz neuer Weise zurückzuschenken. Nur so dem Vergangenen zugewandt: Was will Gott uns damit sagen; was hat Er uns genommen und was hat er uns dafür nun gegeben. Von allen Verlusten, die uns betroffen haben, stehen die Opfer an Menschen zweifellos obenan. Gib uns unsere Toten wieder und wir wollen mit Freuden in der größten Armut unter Trümmern wohnen und mit Dank im Herzen an den Wiederaufbau unserer Städte gehen. Das die größte Wunde, die vielen Millionen, die der Krieg gefordert hat.

Eins steht fest: dafür hat Gott das Opfer der vielen Millionen nicht angenommen, wofür sie ihr Leben hingegeben haben: die Freiheit und Größe des Großdeutschen Reiches. Zu unserem großen Schmerz müssen wir das bekennen. Wer nur an das Reich und seine Größe und Herrlichkeit denkt, kann nur ein bitterschweres ‚ungerecht‘ über das Sterben ungezählter Söhne unseres Volkes schreiben. Unwiederbringliches Leben, unersetzlicher Verlust. Gott hat es uns nicht vergönnt, den irdischen Lohn für stilles, treues Heldentum in mehr als 5 Kriegsjahren zu ernten. Darum so viele Menschen unsicher ist die Bewertung des Opfers unserer Gefallenen. Viele Menschen schämen sich nicht, die Opfer der Front und der Heimat zu besudeln und ihnen ein ehrenvolles Gedenken zu verweigern. Warum hat Gott die Opfer nicht angenommen? Heute wissen wir, es wäre eine Scheingröße geworden, ganz und gar auf Ungerechtigkeit und Hass aufgebaut, ohne die festen Grundlagen und Ordnungen, die das Wort Gottes einem Volk zu geben haben. Eine Scheingröße unter dem Gerichtswort Jesu: ‚Was hülfe es einem Volke, so es die ganze Welt gewönne und nähme Schaden an seiner Seele.‘ Wie Gott den äußeren Zusammenhang mit all dem Leid und Elend geringer achtet als den Schaden an der Seele, darum hat er uns so tief sinken lassen und den Sieg nicht unserem Volke zugesprochen. Jedes Opfer, das Front und Heimat gebracht haben, hat dazu gedient, den äußeren Zusammenbruch zu beschleunigen und den Weg anzubahnen für seinen inneren Aufbau. Dafür hat Gott das Opfer der Millionen angenommen. In dieser Gewissheit dürfen wir unsere Toten ehren und mit Dank ihrer gedenken. Die besten unter ihnen haben nicht das Bild eines Reiches in ihren Herzen getragen, das seinen Bestand und seine Größe gründet auf die brutale Vernichtung anderer Völker. Wenn es anders ist, dürfen wir ihr Opfer nicht annehmen. Gott selbst achtet dieses Opfer so groß, dass Er unserem Volk viel Größeres dafür schenken möchte als ein Reich in äußerer Größe und Herrlichkeit, im Inneren jedoch kalt und niedrig. Seine Gedanken mit uns zielen auf sein Reich, äußerlich arm und gering, innerlich aber mächtig und stark. Paulus nennt es ein Kleinod, die himmlische Berufung Gottes in Christo Jesu.

Nur so soll Gemeinde Rückschau halten: Ist der Weg frei für die himmlische Berufung. Strecken wir uns aus nach dem Kleinod, das mehr ist als alle irdische Größe und Reichtum. Geben wir in unserer Gemeinde Raum, dass wir nicht zurückgewandt sind, immer wieder alte Botschaften auftragen und kaum vernarbte Wunden wieder aufreißen. Sind wir reicher geworden statt ärmer, haben wir gewonnen statt verloren? Dürfen wir von Sieg bekennen und nicht von Niederlage? Bezeugen wir das Leben in Christo, statt uns unter die Gewalt des Todes zu bringen? Wissen wir von der Nähe des Reiches Gottes statt dem zerschlagenen Großdeutschen Reich nachzutrauern? Sind wir aus der Obrigkeit der Finsternis versetzt in das Reich Seines lieben Sohnes? Wer seine Hand an den Pflug legt und sieht zurück, der ist nicht geschickt zum Reich Gottes! Frieden mit allen Menschen, soweit es an uns ist? Frieden mit Gott? Die Last der Not und Schuld ins neue Jahr mitnehmen?"

Überblickt man diese Predigten im Katastrophenjahr 1945, so wird man zunächst sehen müssen, dass diese Predigten eine große intellektuelle und kerygmatische Leistung im Kontext der Probleme der ersten Monate nach Kriegsende gewesen sind. Diese Predigten geben einen Einblick in die realen Lebenssituationen ihrer Hörer und in ihre zerrissenen Seelenhaushalte. Alle hatten die gleiche Zeit erlebt, aber ganz unterschiedlich. Alle hatten ihre geistigen und psychologischen Probleme, aber auch wieder in unterschiedlicher Dichte und Tiefe. Was alle in den Kirchenbänken verband, war die Hoffnung, aus der Verkündigung und aus den Gebeten Hilfe und Kraft für ihren Alltag zu bekommen. Und sie alle waren hellhörig, ob nun ihr Pfarrer, der die NS-Zeit und den Krieg hautnah erlebt hatte, eine hilfreiche Deutung der Vergangenheit und eine hoffnungsvolle Perspektive für die Zukunft habe.

(Dem Leser kann nur empfohlen werden, diese Predigten in Ruhe zu lesen. Eine solche Predigtsammlung ist einmalig und ein spannungsgeladenes kirchengeschichtliches Zeugnis aus der Zeit tiefster politischer Depression und der mit ihr verbundenen Suche nach Hilfe aus christlicher Verkündigung und Seelsorge.)

Gemeindepredigten im Jahre 1946

Die Predigten im Jahre 1946 sind weiterhin unter der Anleitung von Schriftworten ausgezeichnet durch den Versuch, weiterhin die aktuellen und grundsätzlichen Fragen zur Sprache zu bringen, die die Menschen in den Kirchenbänken Tag für Tag umtrieben. Der Prediger flüchtet sich nicht in eine fromme Oasenmentalität, sondern nimmt aktuelle Fragen in seine theologischen Reflexionen auf und eröffnet seinen Zeitgenossen Horizonte des Verstehens der gegenwärtigen Ereignisse, die er immer wieder zugleich in ihren Zusammenhängen mit der unmittelbaren Vergangenheit aufzeigt.

Drei Predigtbeispiele können den damaligen Bewusstseinshaushalt dieses Predigers widerspiegeln:

20. Januar 1946, Melanchthonkirche (Joh. 2, 1–11)

„Seit einigen Monaten in der Welt wird die Rede von der Atomzertrümmerung. Die furchtbare Wirkung der Atombombe beruht darauf. Dass die geheimnisvollen Kräfte, die die Elemente dieser Erde zusammen halten, gelöst werden. Atomteilchen werden in Energie umgewandelt. Die Wissenschaft in den allerersten Anfängen. Man spricht davon, dass mit winzigen Mengen Atomenergie große Städte mit Elektrizität oder Wärme versorgt werden können. Bisher die freiwerdenden Energien zu Kriegszwecken verwandt. Die Atombombe die größte Gefahr für die Menschheit. Die Völker schon jetzt in Furcht und Schrecken vor den unvorstellbaren Zerstörungen durch die Atombombe. Die Zeit noch fern, in der die Energien der Atomumwandlung zum Nutzen und Segen der Menschheit angewandt werden. …

Unser Trost, dass unser Herr und Heiland, der die Herzen der Menschen lenken und wandeln kann, auch vor der … und ihren Gefahren nicht kapitulieren muss, sondern in göttlicher Vollmacht über die Kräfte der Natur herrscht, zu dessen Herrschaft auch dies gehört, dass die geheimen Bande des Kosmos in Seinen Händen sind. Und das ist besonders wichtig: Er benutzt seine göttliche Vollmacht über die Kräfte der Natur, um den Menschen Freude zu bereiten …"

24. März 1946, Petrikirche und Melanchthonkirche (Luk 11, 14–23)

„Der Weisheit letzter Schluss bei allen Menschen, die nicht vom Geist Gottes regiert werden: den Teufel durch Beelzebub auszutreiben! So war es 1918. So war es auch 1933. So ist es auch nach diesem verlorenen Kriege, sowohl im Innern Deutschlands als auch von außen her. Eines wird deutlich: Ein furchtbarer Ernst. Der Teufel und sein Reich keine fixe Idee, eine nicht wegzuleugnende Wirklichkeit. Viele Menschen, das kann ich nicht glauben, deutsche Menschen bringen so etwas nicht fertig. Berichte aus dem Osten: Nicht Menschen, sondern Bestien. Aus vielen Bildern die Teufelsfratze, satanische Werke. Hass durch größeren Hass, Brutalität durch größere Brutalität, Un-

gerechtigkeit durch größere Ungerechtigkeit überboten. Nach dem alten Gesetz der Blutrache: ‚Ich habe einen Mann erschlagen für meine Hunde und einen Jüngling für meine Beute‘. Wer Wind sät, wird Sturm ernten. Auf die Sturmessaat folgte nun Orkan-Ernte. Höher können die Wogen des Hasses doch kaum noch schlagen. Ohne die ordnende Hand der Besatzungsmacht unser Volk ... wilde Tiere. Aus menschlichen Leidenschaften nicht zu ertragen. Ein Heer von Dämonen unter der persönlichen Führung Beelzebubs, des obersten aller Teufel, treibt sein satanisches Werk im unserem Volke. Wer sonst wohl über das, was die Kirche vom Teufel und seinen Werken sagte, gelächelt hat in seinem aufgeklärten Denken, wird heute angesichts der Ereignisse in Deutschland aufs tiefste erschüttert sein über die unheimlichen Mächte aus dem Abgrund. Es gibt kein Entrinnen mehr für unser Volk. Der beständige Wechsel von Unterdrückern und Unterdrückten im Innern unseres Volkes wie in unserem Verhältnis zu den anderen Völkern hat uns mehr und mehr in einen ... Abgrund geführt. Wer noch von Parteiprogrammen und politischen Reden Rettung erhofft, lebt in einer grausamen Täuschung über die wirkliche Lage unseres Volkes.

Wenn Deutschland und die Welt Tummelplatz der Dämonen, wie ihnen begegnen? Wie treibt Jesus Teufel aus? Er heilt die Menschen von ihren Gebrechen zugleich ... Austreibung des Teufels. Er hilft den Menschen wieder zurecht. Jesus treibt den Teufel aus vom Menschen, macht die Menschen frei von den Banden des Bösen, führt sie zurück in die Gemeinschaft der Menschen. Die Welt versucht den Teufel zu vernichten und weiß keinen anderen Weg als den, die vom Teufel Besessenen zu vernichten, dadurch immer mehr in die Hände des Teufels, immer mehr in Satanswerke verstrickt. Gott seine Gemeinde einen langen Weg geführt und erzogen, Teufel auszutreiben. Gegenüber dem Gesetz der Blutrache, die ... immer mehr Opfer fordert, gebietet Gott die Vergeltung nach dem Maß der Schuld: Auge um Auge, Zahn um Zahn. Welch ein gewaltiger Fortschritt, wenn danach heute in Deutschland gehandelt würde. Auch an Deutschland! Aber Jesus geht noch weiter. Er will nicht nur die Sturmflut menschlicher Leidenschaften eindämmen, sondern verebben lassen.

‚Bittet für die, so euch beleidigen und verfolgen; segnet, die euch fluchen, tut wohl denen, die euch hassen.‘ Dem Geist des Hasses und der Rache den Geist der Vergebung und der Liebe entgegenstellen. Jesu Geist. Er ist allein der Stärkere, der die Dämonen bändigen kann. Jesus in dem Verdacht, der Teufel Oberster zu sein. Das nimmt uns nicht wunder. Als in Seinem Namen

die Kirche das Unrecht im 3. Reich mit Namen nannte, bezichtigt man sie der Zerstörung der Einheit des Volkes. Heute die unbegreifliche Erfahrung, dass die Kirche wieder für die Leidenden eintritt und Unrecht mit Namen nennt. Und wieder nicht der Geist begriffen, aus dem sie handelt. Das Reich mit sich uneins, weil Christus am Werk und die Werke des Teufels zerstört. Einheit da, wo alle ihre Knie vor Baal beugen oder aber vor dem Vater unseres Herrn Jesu Christi. Die Kirche nicht für schuldig erklären an der Zerrissenheit unseres Volkes, wenn die Handlanger des Satans ihr Werk treiben und Gottes Reich nicht kommen lassen wollen, des Teufels, der Welt und unseres Fleisches Wille. Jesu ganz klare Weisung: ‚Wer nicht mit Mir ist, der ist wider Mich und wer nicht mit Mir sammelt, der zerstreut.‘ Damit alle Neutralität und Gleichgültigkeit gerichtet. Auf diesem Kampfplatz keine interessierten und uninteressierten Zuschauer. Wir sind Streiter oder wir werden geritten. Wir sind auf der Seite des Siegers oder wir sind Besiegte. Wer nicht mit Jesus sammelt, der zerstreut. Wie wahr ist das heute wieder. Wer gegen Christus ist, steht gegen sein eigenes Volk, gegen seine Familie, gegen sich selbst. Eine Beleidigung für jeden, der seinen Dienst am Volke ernst nimmt. In den letzten Jahrzehnten besonders erfahren, wer nicht mit Christus sammelt, der zerstreut, der ist ein Feind unseres Volkes. Der Kampf an dieser Front geht aber nicht nur mitten durch alle Völker und durch unser Volk, mitten durch unser Herz. In alten Taufordnungen der Exorzismus. Der Täufling angeblasen mit den Worten: Teufel, fahre aus! Tauffrage: Entsagest du dem Teufel in all seinen Werken und all seinem Wesen? Unsere Väter im Glauben wussten mehr als wir von der Wirklichkeit des dämonischen Lebens, darum kräftigere Erfahrungen mit Christus machen. Wer den Sohn für eine Erfindung hält, Kinder und Greise damit zu schrecken, wird auch Christus für eine Erfindung halten müssen. Wer die Welt und unser Leben so harmlos sieht, braucht den Bezwinger des Teufels nicht. Dem genügt ein frommes Gefühl und eine kleine moralische Aufbesserung. Früh die Augen geöffnet: große Schande und Laster. Aber woher (6. Bitte): ..., Verzweiflung, das die Werke des Teufels: ..., Verzweiflung und andere große Schande und Laster. Alles Verbrecherische aus dem Unglauben. Beim Glauben setzt der Teufel ein. Sein Meisterstück: die Kirche verdächtigen: Kapitalismus, Sozialismus, unliberal, international. Mit Christus im Bunde mit nichts verbündet, kennen die denn nicht die Schliche des Teufels? Müsste man nicht erkennen, dass die Kirche widerstanden hatte und heute widersteht? Dass uns die Augen aufgehen würden für Jesu Kampf zur Rechten und zur Linken gegen die Werke des Teufels!“

Altjahrsabend Melanchthonkirche (Luk. 2, 29 u. 30)

„Heute Rückschau, zunächst im Blick auf den Dienst in der Gemeinde. Ein Jahr zu zwei Pastoren in Melanchthon tätig, in brüderlicher Weise. Mein Wunsch und auch der Wunsch der Gemeinde, dass es so bleiben möchte. Trotzdem heute muss ich mit einem befreienden und ... selbstzufriedenen Bewusstsein vom alten Jahr Abschied nehmen. Ungeheuer viel Aufgaben am Wege unerledigt liegen geblieben. Bei 3000 Seelen in Melanchthon müssten zwei Pastoren die Arbeit doch spielend schaffen können, so wird jedes Gemeindeglied denken. Und doch haben Kranke wochenlang im Krankenhaus und zu Hause gelegen, ohne von uns besucht zu werden. Alte und Einsame, die nicht mehr zum Gottesdienst kommen können, sind ohne geistliche Versorgung geblieben. Der Kirche Fernstehende, die ungezählten Namenchristen. Die Wiedereingetretenen, die Ausgetretenen, besonders die Jugend konnten nicht in die Entscheidung durch das Wort Gottes geholt werden. Man könnte sich von Schuld freisprechen. Ein älterer, erfahrener Amtsbruder sagte kürzlich, dass es objektiv unmöglich sei zu erfüllen, was ein Pfarrer bei seiner Amtseinführung gelobt. Die modernen Großstadtpastoren sind kein bequemer oder träger Herr. Ungemein fleißig. Der Tag zählt 12 oder 14 Stunden oder auch noch mehr. Aber vor Gott damit nicht entschuldigt. Die Last der unerledigten Aufgaben (lasten) so auf uns, oft so quälend und niederdrückend, dass man kein Buch, auch kein theologisches Buch mehr zur Hand zu nehmen oder auch der Familie eine Stunde zu geben wagt. Manchmal unter Seufzen gewünscht, ein Beamter oder Arbeiter zu sein, der nach seinen acht Stunden sagen kann: Jetzt gehört meine Zeit mir. Der Dienst ist getan. Da liegt ein schwerkranker Mann, seine Tage sind gezählt. Vom Gericht und von der Auferstehung weiß er nichts. Müsste man nicht Tag und Nacht bei ihm sitzen und um seine Seele ringen, bis er in Frieden heimfahren kann. Wie ist der Kaufmann zu beneiden, der am Ende des Jahres Aktiva und Passiva miteinander vergleichen kann. Er kann Schulden amortisieren. Keine Schulden mit ins neue Jahr, wirklich einen Schlussstrich ziehen.

Wer im Dienst am Menschen steht, wird verfolgt von seiner Schuld, sie geht mit ins neue Jahr, sie wächst an, sie überholt uns. Wie unheimlich bei den großen Absetzbewegungen im Osten. Immer bemüht, den Feind aufzuhalten, ohne Feindberührung zurück. Noch Jahre nach unserem Tode wird man in der Gemeinde davon reden, was alles nicht geschehen, was versäumt worden ist. Können wir da in Frieden ... und ohne Vorbelastung unserer Amtsführung den Weg ins neue Jahr wagen?

Wenn wir den Dienst so sehen, dann spüren wir plötzlich, dass wir ja alle gemeint sind. Der Kaufmann, der seinen klaren Jahresabschluss macht und ohne Schulden ins neue Jahr geht, hat eine Frau, hat Kinder, hat Angestellte und arbeitet; vor allen Dingen: Er hat einen inneren Menschen, eine Seele, die sich in seine Jahresbilanz nicht mit einkalkulieren lässt. Der Lehrer und Erzieher kann den Erfolg seiner Arbeit auch in Zeugnis-Zensuren erreichen. Und wir Eltern können unsere Verantwortung für unsere Kinder nicht mit bezahlten Rechnungen für Lebensmittel und besohlte Schuhe abgelten. Was da alles an unerledigten Aufgaben am Wege liegen geblieben ist und nun als Passiva mit in das neue Jahr genommen werden muss. Noch lange nach unserem Tod werden wir in unseren Kindern …, was wir gesät. Es ist oft erschütternd zu sehen, wie Gott die Sünden der Väter heimsucht an den Kindern. Eine unheimliche Flut von Schuld, vor der wir fliehen möchten hinter schützende Dämme. Was haben wir alles unterlassen oder angerichtet im verflossenen Jahr? Hier ist nur einer der Richter: der lebendige Gott und wir alle ohne Ausnahme vor den Schranken Seines Gerichtes. Was haben wir an Ihm gesündigt! Ihn über alle Dinge fürchten gelernt, seinen Willen heilig gehalten und im Gebet angerufen? Sein Wort und die Predigt geachtet? Die Eltern und die uns von Gott gesetzten Herren geehrt, ihnen Gehorsam erwiesen? Niemanden gehasst und an seinem Leibe Schaden zugefügt? Die Ehe nicht gebrochen? Nicht gestohlen mit falschen, d.h. doch mit Schwarzhandel? Keinem Menschen durch üble Nachrede die Ehre verkürzt? Das Begehren in uns genährt und unser Herz an die Dinge dieser Welt gehängt? Wer vor Gott an zu rechnen fängt, muss in Unfrieden und Verzweiflung versinken. In Frieden dahin fahren? Eine erschütternde Bilanz. Auf der Passiv-Seite ein Posten unter dem anderen. Auf der Aktiva-Seite weißes, unbeschriebenes Papier. Vollständiger Lebensbankrott, eindeutiger Zusammenbruch. So nicht den Schritt über die Schwelle des neuen Jahres wagen. … doch in Frieden das neue Jahr beginnen, nachdem das alte Jahr in Frieden zu Ende gegangen ist? Haben wir den Heiland gesehen? Und was haben wir gesehen, wenn wir den Heiland, das Christuskind gesehen haben? Wir haben Gottes Herz geschaut und gesehen, dass es ein Herz voller Liebe und Vergebung ist. Nun das Buch des verflossenen Jahres zuschlagen und bekennen:

Ich komme damit nicht klar. Nimm du es in deine Hände und sieh' du zu, was du damit machst. Und nun … wir den königlichen Herrn und himmlischen Vater, wieder in unserem Buch des Jahres 1946 ein Blatt nach dem andern wendet, auf dass die Passiva-Seite einen dicken Strich zieht quer durch alle

Posten und wie Er auf die Aktiva-Seite auf jedes Blatt ein Wort schreibt: Christus. ... Auf jeder Seite jedes Tages den Namen: Christus, der Heiland mein Heiland. So gehen wir als getröstete Leute mit einem Herzen voller Frieden aus dem alten ins neue Jahr: ,Herr, nun lässest du deinen Diener in Frieden fahren, denn meine Augen haben den Heiland gesehen'."

Man wird sagen können, dass Schmidt mit persönlicher Leidenschaft und in reflektierter theologischer Verantwortung in den dunkelsten Monaten der unmittelbaren Nachkriegszeit gepredigt hat. Ohne Zweifel sah er im Predigtdienst die Hauptaufgabe seines Berufes. Sein Ordinationsgelübde hat er immer sehr ernst genommen. Und nie ist er unvorbereitet auf die Kanzel gegangen. Die Bindung an Schrift und reformatorisches Bekenntnis verschränkte sich bei ihm mit dem Versuch, Antworten auf die individuellen und gemeinsamen Fragen der Zeitgenossen, die seine Leidensgenossen waren, zu geben. Das verkündigte Wort Gottes sollte Menschen in der Situation einer politischen nationalen Katastrophe und in der Situation einer persönlichen Sinnkrise helfen, ihrem Leben neuen seelischen Halt zu geben und Zukunftsmöglichkeiten zu eröffnen. Und – das wurde ihm immer wichtiger – in der gemeinsamen Abendmahlsfeier, in der Vergebung zugesprochen wurde, konnte die geistliche Gemeinschaft der glaubenden Gemeinde auch zur realen Lebensgemeinschaft im täglichen diakonischen Dienst aneinander erlebbar werden. In der Gemeinschaft unter dem Wort und in der Mahlgemeinschaft sah Schmidt die Mitte der Gemeinde. Gleichzeitig war sie eine Dienstgemeinschaft, die sich den Nöten der nahen und fernen Menschen annahm. Von dieser Mitte her sollte sich nun nach Zeiten weithin fremd geleiteter Kirchlichkeit ein neuer Gemeindeaufbau vollziehen.

Wie aber waren die äußeren Bedingungen? In dem durch Bombenhagel zerstörten Stadtbezirk existierte nach Kriegsende nur eine im Krieg innerlich und organisatorisch total zerrissene Gemeinde. Um das provisorisch hergerichtete Pfarrhaus an der Königsallee 48 sah man nur Trümmer, in denen sich Menschen mit den schlichtesten Mitteln eine Unterkunft zu errichten versuchten. Die meiste Zeit des Tages verbrachten sie damit, irgendetwas zum Essen, zum Anziehen und Heizen zu ergattern. Man kann nicht genug an diese unmittelbaren Nachkriegsverhältnisse erinnern, um allein die materiellen Schwierigkeiten zu verstehen, die mit dem Aufbau eines neuen Gemeindelebens verbunden waren. Dazu kam ein Kranz von Ungewissheiten: man wartete auf vermisste Familienmitglieder, Frauen und Kinder warteten auf die

Rückkehr des Mannes und des Vaters aus der Kriegsgefangenschaft, Eltern sehnten sich nach Nachrichten über den Verbleib ihrer Töchter und Söhne. Es gab kaum einen Zeitgenossen, der nicht von den Auswirkungen des totalen Krieges betroffen gewesen wäre.

Mit dem ökonomischen und sozialen Elend verschränkte sich das seelisch-geistige wie das religiöse Elend. Man muss sich immer klar machen, dass die meisten Deutschen und auch die meisten Deutschen in der Kirche das Kriegsende nicht als Befreiung von Diktatur und Totalitarismus erlebt und verstanden haben. Sie sahen in der deutschen Niederlage eine gemeinsame nationale und persönliche Katastrophe ohne Aussicht auf eine nationale und persönliche Zukunft. Und sie haderten mit dem geschichtswaltenden Gott, den sie auf ihrer Seite gesehen hatten. Der Krieg mag für viele schlimm gewesen sein, aber die unmittelbare Nachkriegszeit war für viele noch schlimmer. Viele waren aus ihrer Heimat vertrieben worden und saßen unter primitiven Verhältnissen in Flüchtlingslagern oder wanderten über Landstraßen auf der Suche nach einer neuen Behausung und nach Arbeitsmöglichkeiten. War die Kriegszeit hart, die Nachkriegszeit war chaotisch und brutal. Das von den Alliierten eroberte Deutschland war in vier Besatzungszonen aufgeteilt und jeder eigenen Staatlichkeit beraubt. Und keiner konnte sich eine neue politische und persönliche Zukunft vorstellen.

Es war unter diesen Bedingungen schon eine intellektuelle und moralische Leistung, dass auf einer Kanzel vor einer kleinen Gemeinde nach den politischen und geistigen Ursachen der totalen Katastrophe gefragt und auch die persönliche Mitverantwortung für das Geschehen thematisiert wurde. Aber es zeigte sich, dass viele nicht bereit waren, eine eigene Mitverantwortung für das Aufkommen und für die Praxis des NS-Systems zuzugestehen. Sie verweigerten ein persönliches schuldhaftes Versagen anzuerkennen und wiesen auf den Versailler Vertrag als Ursache für den Sieg des Nationalsozialismus hin. Den politischen und militärischen Kampf sowohl gegen den westlichen Demokratismus wie gegen den östlichen Kommunismus hielten sie für legitim und geboten. Und sie wiesen hin auf die neue Gewaltpolitik der Alliierten, die ihre abgrundtiefe Feindschaft gegen Deutschland in neuer Weise zeige.

Auch Schmidt gehörte zu denen, die das Kriegsende mit der bedingungslosen Kapitulation und mit der Liquidierung der deutschen Staatlichkeit durch Bildung von Besatzungszonen für den Tiefpunkt deutscher Geschichte begriffen haben. Hatte sich doch zudem der Bolschewismus weit nach Mitteleuropa vorgeschoben und die Westalliierten versuchten, ihr demokratisches Ordnungsmodell mit erzieherischen und administrativen Maßnahmen durchzusetzen. Schlimmer hätte es auch für den Nichtnationalsozialisten Schmidt nicht kommen können. Auch er konnte die neue Konstellation nicht als Befreiung verstehen, aber sah in ihr ein Urteil des in der Geschichte handelnden Gottes. Dieser Gott gab in den Wirren der Zeit der Kirche nun eine neue Chance, sich im Chaos der Zeit eine erneuerte Gemeindekirche als an Schrift und Bekenntnis gebundene Kirche zu bauen. Die Ordnung eines neuen politischen Gemeinwesens lag für ihn in weiter Ferne.

Diskussion mit der Jugend über die Vergangenheit

Schmidt wusste, dass viele Menschen aus seiner bürgerlich geprägten Gemeinde große Schwierigkeiten hatten, sich kritischen Diskussionen über die politische und kirchliche Vergangenheit zu stellen. Hatte doch der Gemeindebezirk einen hohen Anteil von NSDAP-Wählern bei den Märzwahlen 1933 gehabt und hatte der Bezirk den höchsten Anteil von Kirchenaustritten in der Synode Bochum. Zugleich war er jahrelang eine Hochburg der Deutschen Christen gewesen. Ein Einbruch in das übliche Verschweigen und Verdrängen gelang ihm Anfang Februar 1946, als er einen Kreis von älteren Schülerinnen und Schülern und von Studentinnen und Studenten wie von anderen Jugendlichen aus verschiedenen Berufen zu regelmäßigen Diskussionen in seine Wohnung einlud. Besprochen werden sollten theologische und politische Grundsatzfragen und aktuelle Problemfelder. Es war eine Jugendgeneration, der in der Schule die NS-Weltanschauung traktiert worden war, die im Hitlerjugenddienst und im Reichsarbeitsdienst eine vormilitärische Ausbildung erfahren und die die Bombenangriffe, die Evakuierung und die Flucht am Ende des Krieges erlebt hatten, meist aus Pommern, das viele Bochumer Schulen aufgenommen hatte. Einige waren auch noch Flakhelfer und junge Soldaten geworden. Sie alle erlebten nun einen Kreis, in dem offen diskutiert werden konnte. Das Stilmittel wurde nach den Jahren von Befehl und Gehorsam der Dialog. Der Pfarrer verstand sich nicht mehr als der ständig Alleinredende, sondern als einer, der durch kleine Redebeiträge den Fluss des Gespräches förderte. Er wollte wissen, wo die Verwundungen und Probleme dieser Zwischengeneration lagen. Es waren durchaus anspruchsvolle Themen, die verhandelt wurden:

- Schicksal oder Führung?
- Woran erkennt man die Kirche?
- Die Taufe, das Bad der Wiedergeburt
- Das Mahl der Vergebung
- Von der Freiheit eines Christenmenschen
- Das Stuttgarter Schuldbekenntnis und sein Weltecho
- Die geistigen Ursachen des deutschen Zusammenbruchs
- Die Schuld der Wirtschaft am deutschen Zusammenbruch
- Evangelische Kirche im deutschen Zusammenbruch
- Erneuerung des öffentlichen Lebens
- Menschenbild und Menschenführung im Film der Gegenwart
- Die Entwurzelten unserer Zeit
- Dostojewskis Bild von der Kirche
- Die Kunst unserer Zeit
- Über Bach und seine Musik
- Die Ehe vor und nach dem Sündenfall

Dieses Beieinander von theologischer Grundsatzarbeit, von historisch-kritischer Aufarbeitung der unmittelbaren Zeitgeschichte und von aktuellen politisch-ethischen Problemfeldern war für den Pfarrer ein Teil der Einführung und Einübung älterer Jugendlicher in ihre zukünftige Mitverantwortung für Kirche und Gemeinwesen. Viele aus diesem Arbeitskreis haben hier entscheidende Weichenstellungen für ihre späteren beruflichen Entscheidungen und für ihr Engagement in Kirche, Staat und Gesellschaft gefunden.

Diskussion mit Erwachsenen über die Vergangenheit

Zusammen mit den anderen Gemeindepfarrern wurden auch Ansätze einer theologischen Arbeitsgemeinschaft für Erwachsene entwickelt. Im Konfirmandenraum der Petrikirche traf man sich, um über „grundlegende Fragen des christlichen Glaubens" zu referieren und zu diskutieren. Im Paul-Gerhardt-Haus konnte man nicht tagen, da es von der britischen Besatzungsmacht für eigene Zwecke beschlagnahmt war. Zu diesen Abenden kamen auch viele Wiemelhauser, die in der NS-Zeit aus der Kirche ausgetreten waren und nun wieder eintreten wollten. Aus dieser anfänglichen Bildungsarbeit inmitten einer Trümmerlandschaft, geboren aus der Erfahrung fundamentaler theologi-

scher, geistig-seelischer und politisch-moralischer Irrtümer entwickelte sich über viele Zwischenstationen ab 1947 ein „Schmidt-Arbeitskreis", der alle vierzehn Tage stattfand. Themen waren:
– Was ist evangelischer Glaube?
– Der Einzelne und sein Schicksal
– Der Sinn der Weltgeschichte
– Ist das Christentum noch zeitgemäß?
– Was fangen wir mit der Bibel an?
– Ist der christliche Glaube der einzige Weg zu Gott?

Hinzu kamen literarische Lesungen und Dichterlesungen.
Im April / Mai 1950 gab es eine „Geistliche Woche" mit
– Prof. Dr. Günther Bornkamm (Heidelberg): Gottes Gerechtigkeit und die Rechtfertigung des Menschen"
– Prof. Dr. Joachim Konrad (Münster): „Schicksal, Vorsehung, Führung"
– Dr. Günter Howe: „Erneuerungsbewegungen in der Evangelischen Kirche"
– Lic. Wilhelm Brandt (Bethel): „Das Menschenbild der Heiligen Schrift"
– Sup. Hermann Kunst (Bonn): „Die Bedeutung des Altarsakraments für den Aufbau der Gemeinde")

Laut Protokollaufzeichnungen haben viele Gemeindeglieder an diesen Angeboten der Gemeinde und ihrer Pfarrer teilgenommen. Der Hunger nach Orientierung durchzog alle Altersgruppen. Zudem suchte man in der Phase der beginnenden Stabilisierung der öffentlichen Ordnung nach neuen kirchlichen Angebots- und Organisationsformen über die traditionelle Praxis der geschlechtsgebundenen Kreise hinaus. Und themengebundene Vorträge wurden gekoppelt mit anschließenden Diskussionen. Miteinander zu diskutieren, aufeinander zu hören, die eigenen Ratlosigkeiten zu formulieren und gemeinsam zu Ergebnissen zu kommen, musste neu eingeübt werden. Eine Dialogkultur zu entwickeln, wurde für alle Beteiligten eine neue Aufgabe.

Martin Niemöller in Bochum

Am 27. Oktober 1947 hielt Martin Niemöller, Leiter des Kirchlichen Außenamtes der EkiD, nachmittags vor der Bochumer Pfarrerschaft einen Vortrag und abends einen Gemeindevortrag. Schmidt schrieb am folgenden Tag einen zweiseitigen Brief an ihn.

„Lieber Bruder Niemöller!

Lassen Sie mich diese Anrede beibehalten, denn so haben wir uns vor etwa zehn Jahren auch angeredet, als Sie in Lübbecke sprachen, und als wir dann im Briefwechsel während Ihrer Haft in Moabit standen. Ich hätte diese Anrede auch gewählt, wenn ich geahnt hätte, dass alle Schreiben an das Außenamt statt von ausgesuchten Kräften von Ihnen selbst in Zusammenarbeit mit Ihrer Gattin bearbeitet werden. Aber das glaubt ja niemand, wenn Sie es nicht selbst sagen, und vor allem hält es jeder Amtsbruder und jedes Gemeindeglied für untragbar und unverantwortlich, dass Sie die ganze Flut der Bittbriefe auf sich nehmen. Und wo bleiben Sie mit all ihren Erfahrungen von der Freiwilligkeitskirche in Amerika, wenn Sie, der geplagteste und am meist beanspruchte Mann der EKD, nicht einmal für diesen Dienst, der im Blick auf die Ihnen wie jedem anderen unbekannten Absender und Empfänger ebenso gut von geistlich qualifizierten Mitarbeitern geschehen kann, noch selbst tun zu müssen meinen. Ich kann Ihnen zu jeder Zeit geeignete Kräfte zur Verfügung stellen und mache Ihnen ganz ernsthaft dieses Anerbieten. Ich bin auch der Meinung, dass Sie es unserer Kirche schuldig sind, dass Sie alles, was andere Menschen tun können, auch anderen Menschen übertragen. Ich halte es so. Und darum wird Herr Blätgen, der Vorsitzende unseres Gemeindekomitees des Hilfswerkes, Ihnen für die von mir benannten Familien die Unterlagen liefern. Für Herrn Blätgen selbst muss ich dann persönlich die Begründung meines Antrages geben, ich füge sie bei. Wenn ich es nur weiß, dass es Ihnen auf die ganz bedürftigen Menschen ankommt, und dass sie keinerlei Beschränkung in der Zahl der Bittsteller vorzunehmen gedenken, dann kann ich Ihnen mit Freuden dienen, keineswegs nur mit Anschriften solcher Familien, die im Leben der Gemeinde stehen. Denn dass unser Industriegebiet, besonders auch Bochum, ein Notstandsgebiet ist, wie es kein anderes in Deutschland gibt, wissen Sie so gut wie ich. Hierzulande reicht es nicht einmal für jede Familie mit einem halben Zentner Einkellerungskartoffeln. Es wird sehr viele Familien geben, die wieder wie im vergangenen Jahre keine Kartoffeln einkellern können.

Warum ich meine, dass Sie es unserer Kirche schuldig sind, nur die Arbeit zum persönlichen Dienst zu übernehmen, die nur Sie tun können? Weil es so mit Ihrer Arbeits- und Nervenkraft nicht mehr lange weitergehen kann. Sie treiben Raubbau. Den Eindruck hat jeder Amtsbruder und jedes Gemeindeglied. Sie „arbeiten" in Hessen. Ich sehe das an meinem Freunde Paul Gerhard Schäfer in Bad Naumburg. Vor einem Jahre konnte er nur noch mit der Zigarette und mit Bohnenkaffee leben und arbeiten; ich weiß nicht, ob Sie auch von Narcotica leben, aber man merkt es Ihnen sehr deutlich an, dass Sie „arbeiten". Sie leben von der Routine, nicht aus dem innersten Gesammeltsein.

Es ist ungeheuerlich, was ich Ihnen zu sagen wage. Aber was Sie uns gestern im Kreise der Amtsbrüder zu bieten gewagt haben, das kann ich nicht unwidersprochen hinnehmen. Ich bin nach Ihren Ausführungen rausgegangen, weil ich die von Ihnen beschworene Atmosphäre nicht mehr ertragen konnte. Ihre saloppe Art erinnerte mich – es ist das Wort eines Amtsbruders, der auch dabei war – an die von Ludwig Müller unseligen Andenkens, der es auch mit dem Fluidum, mit der Atmosphäre, mit der Stimmung machte. Es gibt auch unter uns Theologen zuviel Menschen, die sich gern im Glanz großer Männer sonnen und dupieren lassen. Ich nenne Ihre Methoden Demagogie. Ein anderer Amtsbruder, der theologisch nichts mit meinem Luthertum zu tun hat, meinte: ‚So geht es nicht, so kommen wir keinen Schritt weiter.'

Wenn man in einem einstündigen Referat alles das behandeln will, was Sie gestern behandelt haben, dann kann es nur so obenhin und im propagandistischen Parteinehmen für eine bestimmte Richtung geschehen. Ich hatte auch schon vor mehr als einem halben Jahr die Absicht, zusammen mit einem Ravensberger Bruder, bei dem ich Vikar war, Ihnen zu schreiben und Sie ganz brüderlich aufmerksam zu machen auf die ungeistlichen Methoden, mit denen Sie ihre ‚Gegner' abtun. Die Dinge sind zu ernsthaft, als dass man sie en passant erledigen kann. Es ist geradezu hahnebüchen, wie Sie – dazu vor nichtsahnenden Gemeindegliedern– etwa das Gespräch über die Abendmahlsfrage, das Sie seinerseits mit einem bayrischen Amtsbruder hatten, wiedergeben und daraus Kapital schlagen für eine Stimmung gegen alles, was lutherisch denkt. Sie ahnen nicht, wie viele Brüder Sie zu Unrecht verletzen. Sie haben ein vollkommen falsches Bild von den Lutheranern. Ich will Ihnen und mir einen langen Brief ersparen. Wenn Sie aber Wert darauf legen sollten, dann will ich Ihnen anhand Ihrer Dortmunder Rede Punkt für Punkt aufzeigen, wo es nicht im Geist und in der Wahrheit, sondern in der Tendenz geredet ist, unter allen Umständen den bischöflichen und konfessionellen Bestrebungen Abbruch zu tun.

Sie haben ein falsches Bild und tun Unrecht. Ich bin Lutheraner aus Minden-Ravensberg, wenn Sie wollen, Sasse-Schüler. Ich gehe mit dem, was Sie gestern Abend der Gemeinde gesagt haben, hundertprozentig einig. Sogar unsere Gemeindeglieder, die genau wissen, dass ich Lutheraner bin, und die seit meiner Rückkehr aus der Gefangenschaft vor zwei Jahren die von Ihnen gestern vorgetragenen Gedanken aus meinem Munde immer wieder hören, spüren die Spannung, die aus Ihrem Kampf gegen die Lutheraner und für die Gemeindekirche entsteht. Besonders, seit dem Sie aus Amerika zurück sind, habe ich Ihre Erfahrungen im Gemeindeleben auszuwerten mich bemüht. Es war mir eine große Freude, dass die Gemeinde das gleiche Anliegen aus Ihrem Munde vernahm. Sie haben es meisterhaft verstanden, und Sie haben unseren Gemeinden einen nicht abzuschätzenden Dienst getan, dass Sie so die Erfahrungen Ihrer Reise den Gemeinden weitergereicht haben. Ich möchte mich dafür von ganzem Herzen bedanken und Ihnen sagen, dass ich für Sie bete, Gott möge Ihnen zu diesem Dienst die Kraft und Freudigkeit erhalten. Die Wirkung Ihres Dienstes würde gesegneter sein, wenn Sie sich alle eingeflochtene, den ‚Laien‘ völlig unverständliche Polemik verkneifen würden. Sie haben Ärger mit den Lutheranern. Ihre tiefe Sorge um den Weg der EKD sollte sich nicht in Ärger und Ressentiment Luft machen. Lassen Sie es nicht die Gemeinde spüren, dass Sie sich ärgern. Die größere geistliche Vollmacht möge entscheiden. Unsere in geistlichen Dingen so ahnungslosen Gemeindeglieder werden auf den Synoden in diesem ihren Unwissen nur als Stimmvieh missbraucht – in Synodis non quaerunt veritatem, sed victoriam. Ich würde gern mit Ihnen über die Wege reden und beten, die uns zu geistlich mündigen Gemeindegliedern verhelfen können. Aber vorerst ist es nötig, die Amtsbrüder aus dem Herdenbewusstsein eines solidarischen Kirchenverständnisses zu befreien. Solange unsere Pfarrerschaft in einer wahrhaft babylonischen Sprachverwirrung lebt, solange die Kirchenauffassungen sämtlicher nordamerikanischer Kirchen und Sekten in unseren Köpfen herumspuken, halte ich es für unverantwortlich, vor unsere Gemeinden mit unserem Pastorengezänk hinzutreten. Solange wir nicht einig sind in den Dingen des Gottesdienstes, seiner Verkündigung und Ordnung, des Sakramentes, des Unterrichtes (Katechismus) und der pastoraltheologischen Ordnungen, haben wir kein Recht, weder von lutherischer oder reformierter oder auch von Kirche Jesu Christi zu reden und vor die Gemeinden hinzutreten. So werden Sie mein Anliegen gewiss verstehen. Das wahrhaft brüderliche Gespräch würde zeitigen, dass Sie den Lutheranern näher sind als Sie meinen, Mit brüderlichem Gruß Ihr ..."

Das dürfte ein außergewöhnlicher Brief eines unbekannten Gemeindepfarrers an einen Theologen sein, der in der evangelischen Kirche nach dem Krieg für einen Großteil der Kirchenmitglieder eine große Autorität auf

Grund seiner Führungsrolle im Pfarrernotbund und seiner siebenjährigen Gefangenschaft als *„Gefangener des Führers"* gehabt hat. Schmidt hat großen Respekt vor seiner Lebensgeschichte und mit ihm als Leiter des Kirchlichen Außenamtes und mahnt ihn an, sich auf seine eigentlichen Aufgaben in diesem Amt zu konzentrieren. Vielem, was Niemöller an Konsequenzen aus seiner Amerikareise erzählt hat, kann er voll zustimmen. Aber hart ist sein Urteil über ihn als Theologen, der Stimmung macht gegen alles, was sich lutherisch versteht. Hier sieht er bei ihm mangelnde Ernsthaftigkeit und wohl auch mangelnde Kenntnisse über lutherische Theologie und über lutherisches Kirchenverständnis. Kirchenpolitisch hält er seinen polemischen Feldzug gegen alles, was nicht so denkt wie er, für verhängnisvoll. Geboten hält er eine theologische Verständigung darüber, was Verkündigung und Ordnung im Gottesdienst und was Abendmahl, Unterricht und pastoraltheologische Ordnungen bedeuten. Nach Schmidt muss zuvor sich darauf geeinigt werden, was Kirche im theologischen Verständnis ist, bevor man ihre Aufgaben in dieser Welt beschreibt. Angst hat der Gemeindpfarrer vor dem Kirchenmann, der seine theologischen Aussagen unmittelbar mit politischen Einschätzungen und Forderungen verbindet. Seine Empfehlung: er wolle sich doch einem brüderlichen Gespräch stellen, das ihn vielleicht mehr als Lutheraner zeigen könnte, als er sich selbst bewusst sei.

Deutlich an diesem Brief wird, dass Schmidt mit Niemöllers politischem Christentum, das sich zu allen politischen Zeitfragen äußert, seine Probleme hat. Nicht, dass er ihm nicht in vielem zustimmen könnte, aber er vermisst bei ihm die Konzentration auf das Kirchesein der Kirche.

Die Gemeindeakademie Melanchthon

Aus den vielseitigen Versuchen, eine offene gemeindliche Dialogkultur zu entwickeln, gründete man am 1. März 1948 – also noch vor der Währungsreform im Juli 1948 – die *„Gemeindeakademie Melanchthon"* als *„Evangelische Akademie Westfalen. Arbeitskreis Bochum"*. Zum Vorsitzenden wählte man den Initiator und Organisator Wilhelm Schmidt. Das war ein Schritt über die Gemeinde hinaus in eine größere Öffentlichkeit. Und man verzahnte sich mit der aufkommenden Akademiearbeit auf landeskirchlicher Ebene, die von der Kirchenleitung Anfang 1948 angeregt worden war. In der Gemeindeakademie gab es Einzelvorträge und Vorlesungsreihen über theologische, profan-

und kirchengeschichtliche, philosophische, psychologische und literarische Themen. Es gab allein vier Veranstaltungen über die Anthroposophie und sechs über den jungen Luther. Der junge Bochumer Pfarrer Günter Waschk stellte an zwei Abenden das Programm der *„Entmythologisierung"* bei Rudolf Bultmann vor und der Bochumer Pfarrer Reinhard Freese berichtete über den Essener Kirchentag 1950. Immer auf dem Programm standen literarische Themen. So referierte Johannes Harder über Dostojewski und die Bochumer Studienrätin Frau Weiß über Ernst Wichert. Hinzu kamen Lesungen aus der *„Heimkehr des verlorenen Sohnes"* von André Gide, aus Max Sedlmeyers *„Verlust der Mitte"* und aus vielen damals gelesenen Werken. Höhepunkte waren auch zwei Vorträge des aus der Gemeinde kommenden jungen Philosophen Günter Rohrmoser über *„Nietzsche neu gesehen"*. Und der alte Philosoph und Theologe Hans Ehrenberg – von 1925 bis kurz vor seiner Einlieferung ins Konzentrationslager Sachsenhausen 1938 Pfarrer des 6. Bezirks der Bochumer Nachbargemeinde – sprach über *„Hiob, der Existentialist"* und über *„Kierkegaard und die dialektische Theologie"*.

Weitere Themen waren:
- Persönlichkeitswert in der asiatischen Kultur
- Ist Mao Tsetung ein Genie?
- Die Faustgestalt Goethes in unserer Gegenwart
- Christliche Existenz bedeutet Glauben
- Tiefenpsychologie und christlicher Glaube
- Arbeit an unserem Charakter
- Arbeit und Arbeitsethos
- Psychotherapie und christlicher Glaube
- Strafvollzug und Betreuung der entlassenen Gefangenen
- Bühne und Kirche
- Christentum und Naturwissenschaft
- Glaube und Wissenschaft – keine Gegensätze
- Schuld und Schuldbewusstsein
- Eherecht in der Krise

Geht man die Zeitungsberichte über diese Vorträge durch, die in der Regel hohe Hörerzahlen hatten, so kann man über die intellektuelle Höhenlage dieser von einer Gemeinde getragene Bildungsarbeit nur staunen. Das hat es an anderer Stelle nirgends im Raum der Bochumer Synode gegeben. Diese

Vortragtätigkeit und Bildungsarbeit wurde ein Markenzeichen der Melanchthongemeinde in der Nachkriegszeit. Und an ihrem Anfang steht Wilhelm Schmidt, der bis zur Berufung von Gerhard Wohlers 1950 der einzige Pfarrer im Bezirk war.

Es fällt nun auf, dass in den fünf Jahren der *„Melanchthonakademie"* ganz selten aktuelle Probleme aus der Wirtschaft, Gesellschaft und Politik verhandelt worden sind. Auch die Themen aus dem *„Schmidt-Kreis"* über die politische und kirchliche unmittelbare Vergangenheit wurden randständiger. Nur Pastor Becker aus Schwelm stellte die Frage: *„Welchen Beitrag können wir evangelische Akademiker zum Aufbau einer neuen Gesellschaft leisten?"* Auch die neuen weltpolitischen Ereignisse wie der Koreakrieg, die Ost-West Spannungen, die Deutschlandpolitik, die Wiederaufrüstung und andere aktuelle Problemfelder fehlen im Angebot der Vorträge. Nur einmal spricht der Pfarrer Maldfeld über *„Christ und Wehrbeitrag"*.

Zu konstatieren ist eine auffallende und eigenartige Entpolitisierung und eine zeitgeschichtliche Enthistorisierung des Gesamtprogramms. Man zieht sich nach der Währungsreform und nach der Gründung der Bundesrepublik und der DDR immer mehr aus den aktuellen Diskussionsprozessen zurück. Die Arbeit von Parteien, Gewerkschaften und Arbeitgeberverbänden wird nicht thematisiert. Kein damals aktiver und bekannter Politiker der jungen Republik ist zu hören. Die brisanten gesellschaftspolitischen Themen dieser Jahre wie Betriebsverfassung, Montanmitbestimmungsgesetz, Lastenausgleich und die Menge von Sozialreformen liegen außerhalb des Interesses des bildungsbürgerlichen Gemeindepublikums. Nur einmal kommt ein katholischer Vikar und spricht über *„Päpstliche Enzykliken zum Mitbestimmungsrecht der Arbeitnehmer"*. Die Welt der Arbeit, die Arbeiter, Angestellten und Beamten fehlen mit ihren Berufsproblemen im Bildungsangebot völlig. Auch die damals viel verhandelten Probleme des Aufbaus einer „Sozialen Marktwirtschaft" wie die Berufsprobleme von Unternehmern, Handwerkern, Juristen, Ärzten, Technikern, Lehrern und von anderen Trägerschichten der sich bildenden neuen Wirtschafts- und Sozialordnung haben hier kein Interesse.

Die Frage ist natürlich: wie kann man sich den Rückzug aus der theologisch-ethischen Reflexion über die aktuellen politischen, ökonomischen, gesellschafts- und sozialpolitischen Fragen erklären? Einmal gab es nach den Jahren intensivster Diskussion über die deutsche Schuldfrage eine gewisse Ermüdung. Man warf sich ganz pragmatisch auf den Aufbau einer florierenden Wirtschaft und eines demokratischen Rechts- und Sozialstaates, die sich im

Schatten des Kalten Krieges schnell stabilisierten und florierten. Die Zeit einer fundamentalen Besinnung weiter Bevölkerungsteile auf Fragen des Glaubens und angewandter Ethik verflüchtete sich zusehends. Nur kleinere Kreise blieben bei den vom NS-System, vom Krieg und von der deutschen Katastrophe aufgeworfenen Fragestellungen.

Auch bei dem Leiter der Gemeindeakademie ist eine weitgehende Entpolitisierung festzustellen. Er konzentrierte sich auf theologische, literarische und geistesgeschichtliche Themen. Den ordnungspolitischen Diskussionen und den aktuellen politischen und parteipolitischen Auseinandersetzungen stand er fremd gegenüber. Auch dem neuen politischen System der Bundesrepublik als einem demokratischen Rechts- und Sozialstaat gegenüber stand er in Distanz.

In der Weimarer Zeit war er kein Republikaner, in der NS-Zeit war er nicht in der NSDAP, praktizierte theologische Widerständigkeit, aber keinen politischen Widerstand. Demokratie war ihm mit ihren aufgeklärten Grund- und Menschenrechten ein westliches liberal-individualistisches Produkt. Schmidt hat die nationalkonservativen Vorbehalte gegenüber westlichem Denken nie ganz aufgegeben. Vor allem der *„Amerikanismus"* mit seinen Lebensformen war ihm der radikale Gegensatz zur deutschen Sozialität und Moralität. Mit den deutschen Nachkriegsparteien, mit ihren Programmen und mit ihrer politischen Praxis konnte er sich nicht anfreunden. Schon am 2. September 1945 wurde die CDU in Bochum gegründet und der Vorsitzende Dr. Tillmann warb in einem Brief im Februar 1946 um Mitarbeit. Schmidt ließ sich aber auf keine parteipolitische Option ein und hat auch in seiner Gemeindearbeit nie in politischen Sachfragen öffentlich Partei ergriffen.

Auch die Arbeitswelten von Industriearbeitern und ihre gewerkschaftlichen Reformforderungen waren ihm fremd. Ob er jemals ein industrielles Produktionsunternehmen besucht hat, ist unwahrscheinlich. Auch kontinuierliche Diskussionen mit Gewerkschaftern und Sozialdemokraten, überhaupt mit *„Linken"*, hat er nie geführt. Stahlarbeiter und Bergleute waren in seiner Gemeinde Mangelware. Der Mann aus dem Agrarmilieu hat sich mit den bürgerlichen Kreisen seiner Gemeinde, ihren Lebensgefühlen und Erwartungen arrangieren können, ohne aber sich mit ihren Interessen und Lebensformen zu identifizieren. Ein gewisses Maß an Fremdheit hat zwischen ihm und etlichen hochbürgerlichen Gemeindegliedern immer existiert.

Was ihn zentral an allen Menschen ohne Unterschied interessierte, war, sie für die gottesdienstliche Gemeinde als lebendige Glieder eines reflektierten Glaubens zu gewinnen. Er konzentrierte sich in den fünfziger Jahren, als viele Theologen die politische und sozialethische Mitverantwortung der Kirche und ihrer Christen für eine humane und gerechte Welt entdeckten, noch bewusster auf seine Aufgaben in Verkündigung, Lehre und Seelsorge. Der „Typ" des politisierenden Theologen, der meinte, sich im Besitz der politischen Richtigkeiten und Wahrheiten zu befinden, war ihm eine Amtsverfehlung. Die Theologen hatten für ihn die Aufgabe, durch das Zur-Sprache-Bringen des Evangeliums und der Gebote Gottes die Gewissen derer zu unterrichten, die als Christen in weltlicher Verantwortung stehen. Diese haben in ihren Berufsfeldern in eigener Verantwortung die sach- und menschengerechten Entscheidungen zu fällen. Sie haben das Mandat für eine verantwortbare Gestaltung von Politik, Ökonomie und Gesellschaft.

Diese von Schmidt als lutherische Position verstandene Theologie, die er im schärfsten Gegensatz zum zeitgenössischen Barthianismus sah, hat er konsequent durchgehalten. Die damals zahlreichen Worte der Kirche zur Lage, die unendlich langen Diskussionen auf Pfarrkonferenzen und auf Synoden über aktuelle politische Entscheidungsfragen und die damit verbundenen Polarisierungen in der Pfarrerschaft und in den Gemeinden hat er im Blick auf die zentralen Inhalte der Verkündigung und Lehre der Kirche für verhängnisvoll gehalten. Der Verkündigung der Kirche ist die Heilsfrage anvertraut. Das Mandat für das irdische Wohl haben die Mandatare in weltlicher Verantwortung, die in ihrer Amtsführung christlicher Gewissensbildung und ethischer Grundorientierungen bedürfen. Christenmenschen in ihren weltlichen Gestaltungsaufgaben mit theologischer Reflexion und mit seelsorgerlicher Beratung solidarisch zu begleiten, war ihm die Aufgabe einer politischen Diakonie. Diese seine eigene Position hat er in mehreren Gesprächen an Akademieabenden zur Diskussion gestellt.

Die Evangelische Stadtakademie Bochum

Die Gemeindeakademie existierte bis zum 20. Juli 1953. Ihre Nachfolge trat die am 27. Juli 1953 gegründete Stadtakademie an. Der entscheidende Paragraph ihrer Satzung hieß:

„Die Evangelische Akademie Westfalen, Arbeitskreis Bochum e.V. ist eine Stätte geistiger Auseinandersetzung und der Begegnung. Sie wendet sich an alle Mitmenschen, ohne Rücksicht auf Stand und politische Überzeugung. Es

ist ihr Anliegen, im Lichte des Evangeliums Glaubens- und Lebensfragen zu klären und christliche Gemeinschaftsformen zu entwickeln. Ihr besonderes Ziel ist die Bildung von Persönlichkeiten, welche von christlichem Verantwortungsbewusstsein getragen sind."

Die Eröffnung der Stadtakademie am 25. Oktober 1953 im neu erbauten Schauspielhaus an der Königsallee in unmittelbarer Nähe des neu erbauten Ernst-Moritz-Arndt-Hauses wird für die Bochumer Öffentlichkeit ein großes Ereignis. Den Festvortrag hielt der Berliner Bischof Otto Dibelius mit dem Thema: *„Bilanz eines halben Jahrhunderts".* Am Abend sprach er im EMA-Haus über *„Kann die Welt auf Frieden hoffen?".*

Unter dem Geschäftsführer Rudolf Krüsmann wurde die Akademie mit ihren bald 2500 Mitgliedern ein Zentrum der Bochumer Kulturszene. Schmidt hat sie nur noch ein Jahr begleiten können. Er war nicht mehr ihr Kopf, Initiator und Organisator.

Übrig bleibt ein *„Melanchthonkreis",* der bis 1963 ununterbrochen theologische Grundsatzarbeit betrieben hat. Bochumer Studienräte und Pfarrer haben in der Nachfolge ihres Mentors Schmidt Themen aus der Bibelerforschung, aus der Kirchengeschichte und aus der Dogmatik kontinuierlich verhandelt. So gab es 16 Abende über die 10 Gebote, 61 Abende über die Psalmen, die Bergpredigt und die Gleichnisse, ferner Reihen über das Vaterunser, über die reformatorischen Bekenntnisschriften und über die Barmer Erklärung. Das alles waren Themen nach Schmidts Verständnis einer theologischen Erwachsenenbildung als Beitrag zur Gemeindebildung.

Probleme des Wiedereintritts in die Kirche

Ein großes Problem in der unmittelbaren Nachkriegszeit waren die Anträge von vielen in der NS-Zeit ausgetretenen Gemeindegliedern zum Wiedereintritt. Das sollte eine komplizierte Herausforderung für die Gemeinden, für die Synoden und für die neuen Kirchenleitungen werden. Es bedurfte vieler Klärungsprozesse innerhalb der Evangelischen Kirche, um einen Konsens zu finden. Erst 1946 konnte sich der Rat der EKiD und einzelne Landeskirchen mit ihren Worten in den Komplex der Entnazifizierung einschalten.

Noch vor kirchenoffiziellen Worten hat der Gemeindeausschuss versucht, eine eigene *„Ordnung für die Wiederaufnahme der aus der Kirche ausgetre-*

tenen Gemeindeglieder in der Evgl. Kirchengemeinde Bochum-Wiemelhausen" zu formulieren. Nach langen Sitzungen wurde diese Ordnung am 15. November 1945 einstimmig beschlossen. Die endgültige Abfassung stammt vom Gemeindepfarrer Schmidt. Es ist ein zu dieser Zeit einmaliges Dokument, das den theologischen Standort und die seelsorgerlichen Fähigkeiten dieser Gemeinde zeigt. Die Fragen des Wiedereintritts haben viel Zeit des Pfarrers und des Gemeindeausschusses in Anspruch genommen, da die Anträge auf Wiederaufnahme und die Bitten um Tauf- und Konfirmationsbescheinigungen in Sitzungen alle einzeln verhandelt und entschieden wurden. Diese Arbeit belastete die Ausschussleute sehr, da sie wussten, dass von ihrer Entscheidung abhing, welche Berufs- und Ausbildungschancen die Antragsteller in der Zukunft hatten. Bei den für die Entnazifizierung zunächst zuständigen Militärbehörden spielten die kirchlichen Entscheidungen eine nicht unerhebliche Rolle. Auch für deutsche Arbeitgeber nahmen kirchliche Entscheidungen einen hohen Rang ein.

Neben diesen ganz praktischen Auswirkungen ihrer Tätigkeit war natürlich die Hauptfrage, mit welchen theologischen und seelsorgerlichen Kriterien man an die Biografien herangehen und eine verantwortliche Entscheidung treffen sollte. Es liegen lange Listen mit den Namen der Antragsteller vor wie noch längere Listen mit den zwischen 1933 und 1944 ausgetretenen Gemeindegliedern. So stark die Austrittswelle war, so stark war nun die Wiedereintrittswelle. Dutzende Briefe von Betroffenen liegen vor, die erklären, warum sie damals ausgetreten sind, nun aber ihren Irrtum revidieren wollen. Es wird für den Ausschuss nicht einfach gewesen sein, hier wahre Reue und beredte Taktik zu unterscheiden.

Um nun inhaltlich und methodisch alle Fälle mit vereinbarten Kriterien anzugehen, gibt man sich eine Ordnung. Da sie einen frühesten Einblick in die Problem- und Gesprächssituation nach dem Krieg ist, sei sie voll wiedergegeben. Sie beginnt mit einer *„Theologischen Besinnung"*:

„1. Unser Christenstand ist in der heiligen Taufe begründet. Durch den Austritt aus der Kirche wird die Taufgnade nicht unwirksam gemacht oder aufgehoben. Selbst wenn ein Gemeindeglied sich öffentlich vom christlichen Glauben loslöst, den Abfall von Christus bewusst vollzieht und antichristliches Wesen annimmt, bleibt die Zusage und Verheißung Jesu in der heil. Taufe unvermindert in Kraft. Darum erkennt die Kirche in allen Getauften auch nach deren Austritt aus der Kirche noch Glieder der

Kirche und bezeugt ihre Berufung zur Gliedschaft am Leibe Jesu Christi durch die heil. Taufe.

2. *Der Austritt aus der Kirche ist in den weitaus meisten Fällen eine Folge der in den Gemeinden gehegten völlig falschen Vorstellungen vom Wesen der Kirche. Die Kirche weiß seit vielen Generationen sich selbst nicht mehr als den Leib Christi und ist darum auch untüchtig geworden, die Gemeindeglieder zur echten Gliedschaft am Leibe Jesu Christi zu führen. Die Kirche selbst fördert durch den Aufbau ihres Lebens und durch die Handhabung ihrer Ordnungen die falschen Vorstellungen von dem ‚Verein zur Pflege religiöser Bedürfnisse‘. Jeder Kirchenaustritt ist eine Anklage gegen die Kirche, die sich als unfähig erwiesen hat, das Leben Christi in Wort und Sakrament mit geistlicher Vollmacht darzustellen.*

3. *Der Kampf um die Bekenntnisgrundlage unserer Kirche war durch die geschickte weltanschauliche Tarnung des Nationalsozialismus für viele Gemeindeglieder so wenig eindeutig. Die Formen der kirchlichen Auseinandersetzungen waren auf beiden Seiten vielfach ein solches Ärgernis – nationale Gesinnung und Verantwortung schien im Kirchenkampf nicht immer gewahrt, sondern stark gefährdet, so dass die Gründe, die von daher zum Kirchenaustritt geführt haben, nicht als ein Ausweichen in einer kirchlichen Entscheidung gewertet werden dürfen. Auch darin zeigt sich mancherlei schuldhaftes Verhalten in der Kirche.*

4. *Bei der Wiederaufnahme ist alles zu vermeiden, was als Demütigung, öffentliche Strafe und Maßregelung erscheinen könnte. Die Kirche, die für ihren eigenen Abfall vom Leben Christi Buße zu tun hat, die in ihrer Gesamtheit vor der Aufgabe steht, in ganz neuer Weise Ernst zu machen mit dem Bekenntnis zu Christus und mit der Erneuerung ihres kirchlichen Lebens, weiß sich in ihrer Mitschuld verbunden mit allen denen, die innerhalb und außerhalb der Kirche die Kraft des seligmachenden Evangeliums noch nicht erfahren haben. Nur das gemeinsame Bekenntnis: ‚Komm, wir wollen wieder zum Herrn gehen‘ gibt der Kirche die Vollmacht, die verirrten Schafe zur Herde Christi zurückzuführen.*

Der unaufhebbare Charakter der Taufe lässt für alle, die sich vom christlichen Glauben und von der Kirche abgewandt haben, die Möglichkeit offen, in die Gemeinschaft der Glaubenden zurückzukehren. Von diesem fundamentalen Glaubens- und Bekenntnissatz her erhält die aktuelle Frage des Wiedereintritts in die Kirche ihre inhaltliche und konkrete Ausrichtung.

Und eine zweite fundamentale Tatsache muss genannt werden: bei vielen, die austraten, spielte auch der Zustand der Kirche eine Rolle, die sich nicht mehr als Gemeinde Jesu Christi verstand und in einen unverbindlichen Religionsbetrieb abgeglitten war. Hinzu kam, dass die Formen der Auseinandersetzungen im Kirchenkampf nicht für die Kirche sprachen. Vielen fehlte auch die klare nationale Option bei der Kirche. Was gemeint ist: die Kirchenaustritte hatten häufig nicht ihren Grund in bewussten Entscheidungen gegen die Lehre der Kirche, sondern im Erscheinungsbild der Institution Kirche. Etliche konnten dem *„Pastorengezänk"* keinen Sinn abgewinnen und erlebten eine gespaltene Kirchengemeinde mit feindlichen Lagern.

Die Konsequenz aus diesen Beobachtungen: wenn man über Wiedereintritt spricht, muss man gleichzeitig das schuldhafte Verhalten der Kirche mitthematisieren. Die Kirche hat zu der Flucht aus ihr ihren klaren Anteil gehabt. Sie kann jetzt nicht harte Richterin spielen, sondern muss sich bei den kommenden Verfahren ihrer Mitschuld an dem Dilemma, in dem sie jetzt steht, bewusst bleiben. Vor allem kann sie nicht Wege gehen, die ihre Verfahren als öffentliche Strafe und Maßregelung verstehen können. Es ist nicht wie bei den Entnazifizierungen ein gerichtliches Verfahren, das nachweisbare kriminelle Verstöße oder offenbare Mitbeteiligung an Unrechtstaten zu strafen hat. Es soll ein innerkirchliches Verfahren sein, das theologischen, bekenntnisorientierten und seelsorgerlichen Kriterien unterliegen soll. Buße ist beiden geboten: den Kirchen und den aus ihr Ausgetretenen. Ziel kann nur sein, gemeinsam zurückzufinden zum Bekenntnis zu Christus und zu einem gemeinsamen Aufbruch zu einer neuen Kirche und Kirchlichkeit. Auf dem Hintergrund dieser Vorentscheidungen werden *„Praktische Erwägungen"* entfaltet:

„Aus den dargelegten Gründen halten wir eine Probezeit für ungeistlich. Ein Gemeindeglied, dem die Gemeinschaft der Kirche ein Herzensanliegen ist, wird auch ohne Probezeit die Rückkehr in das Gemeindeleben vollziehen, – während ein Gemeindeglied, das aus Gründen der Konjunktur und Tradition zurückkehrt, auch durch eine Probezeit nicht zur Treue im kirchlichen Leben erzogen wird. Zudem muss bei einer auferlegten Probezeit die Kirche eine Kontrolle durchführen, die ein äußerliches, gesetzliches Wesen erzieht und in der Handhabung innerhalb des Gemeindegottesdienstes der Gemeinde unwürdig ist. Die Kirche kann nicht vor der Wiederaufnahme zur kirchlichen Ordnung verpflichten und zwingen, sie soll nach der Wiederaufnahme zum Gemeindeleben erziehen und helfend hinführen.

Eine feierliche Wiederaufnahme im öffentlichen Gottesdienst kann mit den wieder aufzunehmenden Gemeindegliedern vorgenommen werden, die sich freudig dazu bereit erklären. Viele Gemeindeglieder empfinden jedoch, eine solche Wiederaufnahme vor der Gemeinde als Demütigung. In der Gemeinde selbst kann durch eine solche Handhabung ein selbstgerechtes Denken gestärkt werden. Darum kann auf Wunsch die Wiederaufnahme nach dem Gottesdienst oder auch vor dem Gottesdienst in Gegenwart einiger Mitglieder des Presbyteriums vollzogen werden. Die Wiederaufnahme ist so zu gestalten, dass sie als eine Erneuerung des in der Konfirmation bekräftigten Taufbundes deutlich wird."

Man sieht deutlich das Bemühen, sorgsam und differenziert mit den Antragstellern auf Wiedereintritt umzugehen. Natürlich wussten Pfarrer und Gemeindeausschussmitglieder, dass die Gründe zum Wiedereintritt sehr verschiedene waren: Die einen hatten ihre religiösen und politischen Irrtümer und ihre schuldhafte Verstrickung in das NS-System klar erkannt und suchten nach Vergebung ihrer Schuld und nach neuer kirchlicher Gemeinschaft. Sie hatten harte Gewissenskonflikte zu bestehen, um zu einem Neuanfang ihres geistigen und religiösen Haushaltes zu kommen. Unter ihnen wiederum gab es solche, die alles mit sich selbst in aller Stille abmachen wollten und andere, die das Gespräch mit anderen verständnisvollen Zeitgenossen suchten. Dieser Minderheit standen die gegenüber, die es im Klima der unmittelbaren Nachkriegszeit aus beruflichen Gründen für vorteilhaft hielten, auf ihren diversen Fragebögen und Anträgen eine Konfessionsangabe machen zu können.

In diesem Wirrwarr von verschiedenen Lebensläufen und unterschiedlichen Gefühlen eine verantwortbare Strategie für den Prozess der Wiederaufnahme zu finden, war für die Verantwortlichen in der Gemeinde nicht einfach. Das bezeugen lange diskussionsintensive Sitzungen, ergänzt durch Vorgespräche mit den Antragstellern. Zu beachten bleibt, dass es zu dieser Zeit kaum eine Einmütigkeit im Verstehen der nationalen und der eigenen Vergangenheit gab. In Kenntnis der komplizierten Sachverhalte war der Ausschuss sich einig, verschiedene Formen der Wiederaufnahme in Übereinstimmung mit den Betroffenen anzubieten. Wie nun die *„Durchführung"* aussehen könnte, wird im letzten Teil des Ordnungsentwurfes entfaltet:

„1. Alle Gesuche um Wiederaufnahme sind persönlich und mündlich bei dem zuständigen Pastor vorzubringen unter ausführlicher Darstellung der

Gründe des Austritts und des Wiedereintrittes. Bei inhaftierten und in Gefangenschaft befindlichen Gemeindegliedern kann, wenn der Wunsch nach Wiederaufnahme schriftlich vorliegt, ein Angehöriger den Wunsch vortragen. In dem seelsorgerlichen Gespräch wird es die Aufgabe des Pastors sein, die Bedeutung der Kirche als des Leibes Christi, den Austritt aus der Kirche als Abfall von Christus und die Zugehörigkeit zur Kirche auf Grund der Taufe als Berufung zum Leben in Christo und zur ewigen Seligkeit darzustellen und zu bezeugen. In dem Gespräch muss ferner deutlich werden, dass die Kirche keine Unterschiede nach politischen Gesichtspunkten macht und den Austritt nur beurteilt nach dem Worte Jesu: ‚Wer mich verleugnet vor den Menschen, den will Ich auch verleugnen vor meinem himmlischen Vater.'

2. *Es ist ferner hinzuweisen auf die Möglichkeit einer neuen Bedrängnis der Kirche und auf die Opfer, die die Kirche für die Linderung der Nöte in Volk und Kirche und für den Wiederaufbau der zerstörten Gotteshäuser erbitten muss. Ein Versprechen zur regelmäßigen Teilnahme am Leben der Kirche ist nicht zu fordern. Jedoch sind die Bezirksfrauen der Frauenhilfe und die Vertrauensmänner des Männerdienstes anzuweisen, den Wiedereingetretenen in besonderer Weise nachzugehen.*

3. *Alle Gesuche um Wiederaufnahme legt der Pastor dem Presbyterium vor, wobei er den Eindruck, den er aus dem Gespräch mit dem Wiederaufzunehmenden gewonnen hat, darlegt. Erheben sich Bedenken, so ist ein Mitglied des Presbyteriums zu beauftragen, nähere Auskünfte über das Verhalten des Aufzunehmenden gegenüber der Kirche in den Jahren, in denen er der Kirche nicht angehört hat, einzuholen. Dem Presbyterium ist darüber zu berichten. Alle Beschlüsse über Wiederaufnahme-Gesuche sind einstimmig zu fassen.*

4. *Der Beschluss des Presbyteriums wird dem Antragsteller schriftlich mitgeteilt. Gleichzeitig ergeht die Aufforderung, sich an einem angegebenen Sonntag im Gottesdienst und nach dem Gottesdienst in der Sakristei einzufinden, wobei im Beisein einiger Mitglieder des Presbyteriums der Pastor die Wiederaufnahme vornimmt. Bei dieser Wiederaufnahme ist die in der Agende der APU 1895 Seite 37 des Teiles II für die Aufnahme von Konvertiten vorgesehene Ordnung sinngemäß anzuwenden."*

Einige Hunderte von Gesprächen haben Schmidt und nach seinem Wiederkommen aus der Gefangenschaft Niedermeier im Januar 1946 mit den

Wiedereintrittswilligen geführt, unterstützt von Gemeindegliedern, die häufig diese als Nachbarn besser gekannt haben als die Pfarrer. Sie wiederum mussten dem Presbyterium über die Gesprächsverläufe und über ihren persönlichen Eindruck des Bittstellers berichten. Diese zeitaufwendigen Verfahren zeigen, wie menschlich und seelsorgerlich bedeutsam für die Gemeinde die Wiedereintritte gewesen sind. Hätte man Aufzeichnungen über diese Gespräche, könnte man einen zusätzlichen Einblick in die Lebensläufe dieser Menschen in der NS-Zeit und in ihre geistige und religiöse Seelenlage nach der Katastrophe gewinnen.

Den kirchlichen Akt der Wiederaufnahme selbst verlegte man in die Sakristei. Für ihn formulierte man nach mehreren Entwürfen einen eigenen Agendentext:

> *„Im Namen des Vaters und des Sohnes und des Heiligen Geistes. Amen. Liebe Brüder und Schwestern in Christo Jesu!*
>
> *Ihr habt durch eure Bitte um Wiederaufnahme in die evangelische Kirche bekundet, dass Ihr Euren Austritt aus der evgl. Kirche bereut und in die Gemeinschaft unserer Kirche wieder aufgenommen zu werden wünscht und begehrt.*
>
> *Ihr wollt auch geloben, den Gnadenbund des Dreieinigen Gottes, den Christus in der heiligen Taufe mit Euch geschlossen hat, – und den Ihr in der Konfirmation bekräftigt habt, zu erneuern und nunmehr, nachdem Ihr einmal dem christlichen Glauben abgesagt habt, demselben mit Wort und Tat treu zu bleiben. Zu solchem wollen wir den Herrn um seinen Beistand bitten und also beten:*
>
> *Allmächtiger, barmherziger Gott und Vater, wir loben und preisen Dich, dass Du Dir eine Kirche unter uns gesammelt hast, in welcher uns Dein Wort als helles Licht leuchtet und die heiligen Sakramente nach der Einsetzung Deines Sohnes dargereicht werden. Wir bitten Dich demütig, Du wollest die hier versammelten Brüder und Schwestern, welche wieder in unsere Kirche aufgenommen werden wollen, in ihrem Glauben stärken und festigen und ihnen Kraft verleihen, den Glauben mit einem christlichen Wandel zu zieren und in diesem Glauben die Welt zu überwinden – durch Jesum Christum, unseren Herrn. Amen."*

Nach einer Schriftverlesung erfolgt eine kurze Ansprache, nach der man die Neuverpflichtung vornahm:

„Vor Gott dem Allwissenden und in Gegenwart dieser christlichen Zeugen frage ich Euch:

Glaubt Ihr an Gott den Vater? (Als Antwort wird gemeinsam das Glaubensbekenntnis gesprochen)

und wollt Ihr solchem Glauben gemäß wandeln und nunmehr unserer evangelischen Kirche die Treue halten, so antwortet; Ja.

Auf dieses Euer Bekenntnis und Gelöbnis nehme ich Euch wieder in die Gemeinschaft der evangelischen Kirche auf und erkläre Euch als Glieder unserer Kirche.

Gott, der himmlische Vater, bestätige und bewahre das gute Werk, das er in Euch angefangen hat und mehre in Euch die Gabe des heiligen Geistes zur Stärkung Eures Glaubens, zur Kraft in der Gottseligkeit, zur Geduld im Leiden und zur seligen Hoffnung des ewigen Lebens durch Jesum Christum, unseren Herrn. Amen."

Gebet:

„Allmächtiger, barmherziger Gott, himmlischer Vater, wir danken Dir, dass Du uns nach Deiner Gnade Dein heiliges Evangelium gegeben hast und preisen Deinen Namen, dass Du auch diese unsere Brüder und Schwestern zur Erkenntnis Deiner Wahrheit geführt hast. Wir bitten Dich, verleihe ihnen, Deinem heiligen Worte treu zu bleiben und samt uns allen standhaft bis ans Ende zu beharren, durch Jesum Christum, unseren Herrn."

Vaterunser. Segen.

Diese agendarische Ordnung mit ihren Worten an die Aufnahmewilligen und mit ihren Gebeten zeigt überdeutlich, dass hier ein kirchlicher Akt vollzogen werden soll. Es soll ein neuer Glaubensanfang und eine neue Orientierung am verkündigten Wort und in der Teilnahme am Abendmahl als Gemeinschaftsmahl der Kirche nach zugestandener Reue ermöglicht werden. Alle politischen Fragen spielen angesichts der neuen persönlichen und gemeinsamen Orientierung keine Rolle. Kirche macht in ihrer Weise das Angebot eines neuen Selbstverständnisses für Menschen, die in der Wahrheitsfrage geirrt haben. Ihre möglichen politischen Irrtümer und Irrwege und ihre möglichen schuldhaften Verwicklungen in das NS-System spielen keine Rolle. Sie können später in geschwisterlichen Gesprächskreisen thematisiert werden. Dazu macht dann die Gemeinde in der Tat ihre Angebote.

Diese Wiedereintrittsproblematik, die heute kaum noch im kollektiven Gedächtnis der Kirchengemeinden ist, dürfte eines der aufregendsten Vorgänge in der Kirchengeschichte der Nachkriegszeit gewesen sein. Inmitten der realen Trümmerwelten wurde für die sensibleren Geister die Frage zentral, wie das alles kommen konnte und in welchen Formen und Aktivitäten man selbst in diesen Irrweg deutscher Geschichte verstrickt war. Die großen Kriegsverbrecherprozesse waren das eine, aber unterhalb des höheren NS-Führungscorps gab es die Millionen von *„kleinen"* Nazis, die freudig und willig gehorcht und vollzogen hatten, was an Befehlen von oben kam. Die alliierten Gerichte richteten die offenbaren Verbrechen und verurteilten Kriegsverbrecher. Eine deutsche Justiz gab es noch nicht. Die Kirche konzentrierte sich auf ihr geistliches Mandat, mitschuldig gewordene Menschen, die getauft und konfirmiert worden waren, zur Buße und Reue aufzufordern und ihnen die allen angebotene Vergebung zuzusprechen, wenn sie bewusst zurückkehren würden zum Glauben an die Versöhnungstat Gottes in seinem Sohn Christus. Für viele Betroffene war das in der Tat ein Angebot, aus dem Teufelskreis des Mitschuldiggewordenseins herauszukommen. Sie haben das Angebot der Kirche als für sie psychologisch hilfreich angenommen. Und einige wurden in der Folgezeit aktive Gemeindeglieder bis hin zu Presbytern.

Der Umgang mit den DC-Pfarrern

Eine zentrale Frage nach dem Zusammenbruch war: Wie geht man mit den DC-Pfarrern um? Zur Erinnerung: in Melanchthon war am 21. Januar 1934 Pfarrer Dr. Klein eingeführt worden. Er war in Bochum kein Unbekannter. Bei der Eröffnung der Evangelischen Akademie Bochum am 14. November 1933 in der Verwaltungsakademie in Bochum hatte zunächst der DC-Bischof Adler die Aufgabe der Ev. Akademien formuliert:

„Die Schulung, Bildung und Erziehung zum neuen deutschen Menschen des Ditten Reiches, zum Nationalsozialismus und mit des Führers ausgesprochenem Willen zu den christlichen Kulturwerten hin."

Das Hauptreferat hielt der Plettenberger Pfarrer Dr. Otto Klein, der gerade einstimmig zum Pfarrer in Melanchthon gewählt worden war. Unter anderem führte er laut Zeitungsbericht aus:

„Der Nationalsozialismus sei ja nicht eine politische Partei, die habe eine

ganz andere Bedeutung. Atheismus, Liberalismus, Individualismus, Materialismus seien vergangen. Das Alte sei vergangen, das Neue komme herauf. Es habe ganz andere Begriffe sogar vom Leben und vom Sterben und greife tief in das Volksleben. Ein Zeitalter der Tat breche an, in dem der einzelne für das Volksganze zu stehen habe. Der Nationalsozialismus bedeute eine neue, große, deutsche Reformation. Eine Umwälzung, wie sie vor fast 2000 Jahren geistig durch Christus für die Welt eingeleitet wurde, wie sie Luther in Deutschland heraufführte, als er das Evangelium neu errang für seine Deutschen. Das deutsche Volk stehe jetzt unter Hitler vor einer großen evangelischen Aktion, die aber nichts zu tun habe mit konfessionellem Streit oder irgendwelchem Ämterschacher, sondern ihre Kraft und Bedeutung lebe allein aus dem Evangelium. Die Evangelischen Akademien sollen nichts zu tun haben mit dialektischer Theologie, auch nichts mit Wissenschaft, sondern nur mit dem tätigen Glauben, nur mit dem praktischen Leben. Ein Christ sein und zur irdischen Glückseligkeit kommen, könne man auch ohne Wissenschaft und sogar auch Theologie, nur durch den Glauben (lautes Bravo). Zu solcher Arbeit gebe Gott sein Vollbringen."

Die Evangelische Akademie, die eine Schöpfung der Deutschen Christen war, gehörte in den ersten Jahren der NS-Zeit zum öffentlichen Bild der Stadt. Das EMA-Haus war das Zentrum von auswärtigen Rednern aus der NSDAP und aus den Reihen der Deutschen Christen.

Über die Einführung von Klein berichtet der *„Bochumer Anzeiger"*:

„Zum Festgottesdienst aus Anlass der Einführung von Pfarrer Dr. Klein war die Melanchthonkirche am Sonntag in einer Weise überfüllt, wie man es höchstens bei der Weihe der Kirche selbst erlebt haben mag. Hunderte mussten sich mit Stehplätzen begnügen. Alle Gänge, alle Winkel waren besetzt. Der Vorraum musste herangezogen werden. Viele konnten überhaupt nicht mehr Einlass finden und mussten wieder zurückkehren. Altar und Kanzel waren mit frischem Grün und Blumen geschmückt. Die alten und neuen Fahnen des Reiches umgaben symbolisch das Kirchenbanner. Die SA war mit Fahnen am Altar aufgestellt ..."

Über die Predigt hieß es dann:

„Er pries Gott als die größte Wirklichkeit der Wirklichkeiten, bekannte sich als Kämpfer gegen jeden Unglauben, gegen jede Zerreißung des Evangeliums, zu dem starken Christenglauben, für den unsere Väter in der Zeit der

Bedrängnis litten und starben und den wir als Pfand zum irdischen Glück und zur ewigen Seligkeit unseren Kindern und Kindeskindern unverfälscht und mit neuer innerlicher Kraft vererben wollen und müssen, wenn das Volk und das Reich bestehen sollen.

Es bleibe das welterlösende und beglückende Wort bestehen: es ist kein anderer Name den Menschen gegeben ...

Die kraftvolle Gewissenspredigt mit ihrem starken positiven Inhalt wurde von der großen Gemeinde mit wachsender Freude aufgenommen ..."

Es gab auch noch eine Nachfeier im EMA-Haus, bei der die bekannten Grußworte der Behörden und Körperschaften, der Kirchenvertretung und der Vereine des Melanchthonbezirks gesprochen wurden, insgesamt zehn Ansprachen. Ein Rektor *„pries den echten kameradschaftlichen Frontgeist des neuen Pfarrers, der ihm die Herzen hier gewinnen werde; stehe er doch auch als geistiger Kämpfer und Führer in der neuen Front des Dritten Reiches."*

Alle Redner *„setzten große Hoffnungen in den neuen Pfarrer"*. Neben den Liedern des Melanchthonchores gab es etliche Sologesänge. *„Mit Gebet und Segen schloss die eindrucksvolle Feier."*

Klein wird Pfarrer der Gesamtgemeinde Wiemelhausen und wird Vorsitzender eines Presbyteriums, das überwiegend aus DCern besteht. Die weitaus überwiegende Zahl der Gemeindeglieder werden seine *„Anhänger"*. Er hat große Gottesdienstbesucherzahlen und große Konfirmandenzahlen. Er ist der *„Pfarrherr"*, der das *„Pfarrhaus an der Königsallee nebst Zubehör und Garten als freie Dienstwohnung hat"* (laut *„Berufsurkunde"*). Zusammen mit seiner Frau dominiert er den Gemeindealltag, bestimmt die Gemeindeangestellten und vergibt die Veranstaltungsräume der Gemeinde.

Mit seiner politischen Parteinahme hält er nicht zurück, wenn er z.B. 1934 vor dem Evangelischen Beamtenverein sagt: *„Der Staat unseres Führers Adolf Hitler ist aufgebaut auf Totalität, Stufenordnung der Staatsbürger, Artgleichheit und Volksgemeinschaft. Kurzum: der Staat, der alles Leben des deutschen Menschen in den Dienst des Staates stellt, steht auf dem Standpunkt des positiven Christentums."*

In den *„Evangelischen Nachrichten"*, dem Organ der Deutschen Christen hat er jahrelang Grundsatzartikel und Berichte über die Arbeit der DC geschrieben. Im Jahre 1940 hat er ein *„Merkbüchlein zum kirchlichen Unterricht* *für Kinder und Eltern"* herausgegeben. Es zeigt, dass Klein zu den sog. Kirchlichen DCern zu rechnen ist, der weithin den reformatorischen Bekenntnisschriften zustimmen kann, sie aber zeitgemäß interpretiert. Ein Beispiel: zur Erklärung Luthers zum 1. Artikel heißt es:

„In dieser Erklärung Luthers klingt ein großer Gedanke an, der uns heute wieder besonders wichtig ist: der Gedanke der Rasse, der Gedanke von Blut und Boden. Diese Gedanken werden religiös und darum absolut gültig unterbaut, wenn wir als Christen glauben, dass Rasse, Blut und Boden keine Dinge sind, die sich nun einmal so gebildet haben im Lauf einer langen Entwicklung, dass sie beruhen auf der Umwelt und den geschichtlichen Ereignissen vergangener Zeiten, sondern dass Gott es ist, der mir mein leiblich-geistig-seelisches Wesen, meine Heimat und mein Vaterland gegeben hat. Dann aber bin ich doppelt verpflichtet, diese Gaben rein zu erhalten und mit ihnen meinem Volk und Vaterland zu dienen. Dann sind die „Nürnberger Gesetze" nicht bloße, menschlich-irdische Zweckmäßigkeitsverordnungen, sondern Gottes Befehl und Wille an mich persönlich und an unser Volk. So verbinden sich hier Weltanschauung und religiöser Glaube aufs engste." (S. 15)

Am Ende seines 31 Seiten umfassenden Merkbüchleins empfiehlt er ein Buch von Prof. Werdermann aus Dortmund *„Der Totalitätsanspruch der nationalsozialistischen Weltanschauung und der Absolutheitsanspruch des Christentums"*, das zeige, wie sich NS-Weltanschauung und christlicher Glaube zueinander verhalten. Und Klein schließt mit dem Abschnitt:

„Und nun gebe Gott, dass wir, wie wir in unwandelbarer Treue stehen zu Führer, Reich und Volk auch stehen in derselben Treue zu dem Bekenntnis, das seit über einem Jahrtausend den deutschen Menschen begleitet hat im Auf und Nieder seiner Geschichte, in guten wie in bösen Tagen: Ich schäme mich des Evangeliums von Christo nicht, denn es ist eine Kraft Gottes, die selig macht alle, die daran glauben." (S. 31)

Was zu sehen ist: Klein will die Begegnung von Nationalsozialismus und Christentum, von christlicher Tradition und nationalsozialistischer Weltanschauung. Er will beides zur Sprache und zum Ereignis bringen: die Christusnachfolge und die Führergefolgschaft. Er will nicht die Ausschaltung von Schrift und Bekenntnis, aber die Interpretation des christlichen Glaubens unter den Bedingungen nationalsozialistischer Staatlichkeit. Er will die Symbiose von Kreuz und Hakenkreuz. Er will die Kirche Jesu Christi als Mitstreiterin für eine neue Welt ohne die neuzeitlichen philosophischen und politischen Irrtümer der Aufklärung. Er wollte eine Zuordnung und Verbindung christlicher Religiosität mit nationalsozialistischer Weltanschauung, von Christentum und Deutschtum. Er hielt diese Koexistenz im Gewissen und Leben des einzelnen Deutschen für möglich und zeitgeschichtlich-aktuell für geboten. Klein gehört nicht zu den radikalen Deutschen Christen, die für eine neue deutsche Religiosität ohne Bindung an Schrift und Bekenntnis eingetreten sind.

Klein hat den Untergang seines Gemeindebezirks durch die Bombenangriffe, besonders durch den vom 4. November 1944 erlebt. Die Beerdigungen der vielen Bombenopfer, der Tod seiner Tochter und der Soldatentod seines Sohnes ließen ihn den Antrag mit beigefügtem ärztlichen Attest bei der Kirchenbehörde um Versetzung stellen. Er bekam bis Ende Februar 1945 Urlaub und übernahm mit Zustimmung der konsistorialen Behörde eine Vertretung für einen DC-Kollegen in Herscheid, der bei der Wehrmacht war.

Am 1. September 1945 kam durch die Leitungen der Evangelischen Kirche von Westfalen und der Rheinprovinz eine *„Ordnung für das Verfahren bei Verletzung von Amtspflichten der Geistlichen"* heraus (KAW 5/1945).

In Bochum hatte der Superintendent Fortmann allerdings schon am 16. Mai 1945 die DC-Pfarrer suspendiert.

Klein schrieb am 15. August 1945 aus Herscheid einen langen Brief an den Kirchmeister Schröer – einen Gemeindepfarrer gab es in dieser Zeit noch nicht – und stellte fest, dass die Übersiedlung nach Herscheid nur vorübergehend gedacht gewesen sei und er rechtlich weiterhin Pfarrer in Wiemelhausen sei. Er erhebt *„Anspruch auf Freihaltung angemessenen Wohnraums für meine Frau, mich und meinen erwachsenen Sohn"*. Die von seiner Frau bei einem Besuch in Bochum gehörte Ablehnung durch die Gemeinde auf Rückkehr konterte er mit diesen Sätzen:

„so ändert das zunächst nichts an der Rechtslage; darüber hinaus möchte ich diese Behauptung ganz entschieden zurückweisen. Es dürfte wohl noch bekannt sein, dass ich in Wiemelhausen den weitaus größten Anhang hatte und zumal im Kriege fast die ganze Arbeit allein bewältigte. Die Statistiken beweisen das einwandfrei. Meine ganze Arbeit hatte ich schon seit längerer Zeit von aller kirchenpolitischen Bindung losgelöst."

Pfarrer Brühmann könne das bezeugen. Und Klein fährt fort:

„Wie ich bereits vor etwa 1 ½ Jahren an den Leiter der Westf. DC geschrieben hatte, von weiteren Einladungen an mich zu Sitzungen usw. abzusehen, so waren auch meine Versuche, zwischen Kirche und Partei ein tragbares Ver-

hältnis herzustellen, umsonst, weshalb ich je länger je mehr zu der letzteren in Opposition trat. Mein ebenfalls in dieser Richtung liegender Versuch, durch Eintritt in die SA am 1. November 1933 versöhnend wirken zu können, wurde durch meinen Ausschluss aus derselben vereitelt. Auf allen Gebieten habe ich nur das Beste für die Kirche gewollt und viele bei der Kirche gehalten, was hoffentlich auch bei meiner Abwesenheit nicht vergessen wird!

Wie ich nach wie vor Wohnrecht in meinem Hause beanspruche und alle der Wahrheit und den Tatsachen nicht entsprechenden Gerüchte zurückweise, so verlange ich auch die Auszahlung meines Gehaltes durch den Gesamtverband."

Und am Schluss berichtet er, dass er in die Pfarrstelle Herscheid berufen werden könne, wenn die Kirchenbehörden einverstanden wären. Das wäre für beide Seiten doch eine annehmbare Lösung.

Dieser Brief, vier Monate nach der Kapitulation der Deutschen Wehrmacht geschrieben, beginnt mit einer in der Folgzeit immer wieder angewandten Argumentationsstruktur. Einmal weiß sich der Beurlaubte und nun in Herscheid Festsitzende kirchenrechtlich immer noch als legaler Pfarrer von Wiemelhausen und stellt in der Wohnungsfrage und vor allem in der Gehaltsfrage Forderungen an die Gemeinde und an die Synode Bochum. Auf der anderen Seite bestreitet er im Blick auf seine Beliebtheit als Pfarrer eine mögliche vorgesehene Entfernung aus dem Bochumer Amt. Es beginnt seine große Apologie über seine Amtsführung und über seine Gesinnung. Er findet kein selbstkritisches Wort über seine kirchenpolitische Tätigkeiten. Er interpretiert sie als ein Versuch, vor allem die Jugend nicht ganz der NS-Ideologie verfallen zu lassen. Auch seine Mitgliedschaft in der SA interpretiert er als einen Versuch, versöhnend zwischen Kirche und Nationalsozialismus zu wirken. Und er weist auf seine zunehmende Distanz zu den Deutschen Christen und auch zur Partei hin. Er kann sich selbst sogar als Oppositionellen bezeichnen und hat immer der Kirche Bestes gesucht. Diese Linie führt er auch im nächsten Brief vom 17. September 1945 an „Bruder Schmidt" aus:

„Herr Schröer hat mir mitgeteilt, dass Sie nun wieder Ihre Arbeit übernommen haben. Ich freue mich, dass Sie alles hinter Ihnen liegende gut überstanden haben, so dass Sie nun mit neuem Mut wieder anfangen dürfen. Meine Wünsche begleiten Sie hierbei. Diese Wünsche sind meinerseits durch die Erinnerung an meine 11-jährige Tätigkeit in Bochum und durch die Tatsache, dass ich ja auch z. Zt. immer noch rechtlich dort Pfarrer bin, so dass mir alles, was sich auf die Gemeinde bezieht, am Herzen liegt.

Nun haben ja die Verhältnisse unter Vergangenes einen dicken Strich ge-
zogen und haben auch mich nicht unbeteiligt gelassen. Da hat es mich sehr
gefreut zu hören, dass auch Sie für mich eintreten wollen, indem sie bei den
maßgebenden Stellen meine Haltung und meine Arbeit begutachten. Ich
glaube es nicht nötig zu haben, mich zu verteidigen, aber ich möchte doch das
Tatsächliche festgestellt sehen; und ich bin Ihnen sehr dankbar, wenn Sie das
Ihrige dazu beitragen wollen.

So hoffe ich denn, rehabilitiert zu werden und dann freiwillig mich ver-
setzen zu lassen. Sie wissen, dass ich schon immer auf dem Standpunkt ge-
standen habe, dass ein Pfarrer an Melanchthon genüge und das ist ja wohl
jetzt durch die Verhältnisse zwingend geworden. Und so will ich gern zurück-
treten und woanders neu anfangen, sei es hier oder anderswo; das wird sich
dann in 2. Linie ergeben, wenn erst das Verfahren als solches abgeschlossen
sein wird.

Ich möchte nicht auf dies oder jenes hinweisen, was vielleicht gesagt
werden könnte, um mein Wollen und meine Haltung zu rechtfertigen; Sie
werden das ja selbst am besten zu beurteilen vermögen. Nur das möchte ich
grundsätzlich betonen, dass ich in keiner Weise etwa der NSDAP zuliebe han-
delte, sondern wie allgemein bekannt ist, ihr Kritiker war, der furchtlos seine
Sache vertrat. Sondern dass ich an das christliche Volk und vor allem an un-
sere Jugend dachte, die ja doch völlig in nationalsozialistischen Kategorien
lebte und sie bei Christentum und Kirche dadurch zu halten suchte – und auch
weithin hielt –, dass ich mich gewissermaßen in ihre Denkweise einschaltete,
um sie zu korrigieren und positiv christlich zu beeinflussen. So hatte ich be-
reits vor längerer Zeit dem Leiter der DC geschrieben, dass ich zu keinerlei
Sitzungen usw. mehr eingeladen zu werden wünschte; nur von der Geistlichen
Leitung des Pfr. F. hatte ich mich nicht gelöst, weil sie einmal praktisch völ-
lig bedeutungslos war und weil ich zweitens glaubte, als man das ungünstige
Kriegsende kommen sah, dass sich die Sache sowieso erledigen würde. Ich
dachte natürlich nicht an die Folgen, die eintreten würden und nun leider ein-
getreten sind, hoffentlich nur vorübergehend, was mich anbetrifft.

So hoffe ich denn, dass Sie mir helfen werden, alles wieder in Ordnung
zu bekommen. Sollte Br. Niedermeier wieder da sein, wird er auch so freund-
lich sein, das Seine zu tun. G.F. bitten Sie ihn darum!

Ob ich nun hier bleibe, ist natürlich noch ungewiss. Die Gemeinde hat ei-
nen derartigen Antrag gestellt, schon ehe meine Beurlaubung herauskam. Nun
hat sie ihn erneuert. Ich habe mich aus den Dingen, soweit das bei den hie-

sigen engen Verhältnissen menschlich möglich ist, herausgehalten. An sich gehe ich natürlich auch an eine andere Stelle, aber ich habe mich hier nun schon eingelebt gehabt, und dann möchte ich auch nicht gerne wieder wandern, sondern endlich einmal Ruhe finden, zumal ja alles, was ich an Schwerem während des Krieges und bis jetzt erlebt habe, mir auch nicht an den Kleidern hängen geblieben ist.

Auf alle Fälle will ich nun in den Jahren, die mir noch bleiben, nichts anderes mehr, als meinen Dienst zu tun, ohne mich noch einmal in Dinge zu stürzen, die abliegen.

Hoffentlich dauert nun die Wartezeit nicht mehr so lange! Das erzwungene Untätigsein ist doch sehr niederdrückend. Vielleicht können Sie auch Ihre Stimme dafür erheben, dass Fälle, die wie der meinige doch wohl harmlos und klar liegen, möglichst bald erledigt werden? Die Nerven halten eine allzu lange Belastungsprobe sonst nicht leicht mehr aus! Wenn Wiemelhausen und Herscheid mir ein Unbedenklichkeitszeugnis ausstellen, dann sollen wohl keine großen Schwierigkeiten mehr der baldigen Erledigung im Wege stehen. Ich erinnere auch noch an mein „Merkbüchlein", in dem ja auch meine Haltung (2. Auflage berücksichtigen!) skizziert ist, wenn auch seitdem (1940) ich über dies und jenes anderer Meinung geworden bin. Sollte es nötig sein, so schicke ich der Kommission einige Exemplare zu, von denen auch noch welche im Keller liegen, wenn Sie einmal nachsehen wollen!? Oder Sie können es selbst tun, wenn Sie es für erforderlich und richtig halten ..."

(Es folgen dann in dem Brief die Erörterung einiger praktischer Fragen)
Er schließt mit den Worten:

„Ihnen im Voraus besten Dank für Ihre Bemühungen in meiner Sache! Und nun herzliche Grüße und alle guten Wünsche!"

Dieser Brief zeigt eingangs, dass er von der Position Schmidts in der Frage des Umgangs mit den beiden DC-Pfarrern von Wiemelhausen schon einiges gehört haben muss. Er bedankt sich, dass Schmidt bei einem künftigen Verfahren, das von der Landeskirche durchgeführt werden soll, sich für ihn im Sinne einer für ihn günstigen Weise einsetzen wolle. Er hofft auf seine Rehabilitierung, um sich freiwillig versetzen zu lassen. Bei einem für ihn gutes Ende des Verfahrens ist er auch bereit, auf seinen Anspruch auf die alte Pfarrstelle zu verzichten. Und wieder kommt die Behauptung, dass er ein bekannter Kritiker der NSDAP gewesen sei und sich von den Deutschen Christen distanziert habe. Er habe sich immer als Vertreter der Kirche verstanden.

Und in bewegten Worten beschreibt er seine geistig-seelische Situation und die Sehnsucht nach persönlicher Ruhe und nach dem kirchlichen Dienst. Er bittet die Gemeinden Wiemelhausen und Herscheid, ihm ein *„Unbedenklichkeitszeugnis"* auszustellen. Als Erweis seiner Bindung an das Evangelium und an die kirchlich-reformatorische Lehre weist er auf sein *„Merkbüchlein"* in 2. Auflage hin.

Schmidt antwortete auf diesen Brief am 2. Oktober 1945:

„Lieber Herr Amtsbruder!

Sie werden auf eine Antwort von mir warten. Noch bin ich allein in Wiemelhausen, und Sie können sich denken, was ich da alles zu tun habe.

Inzwischen sind die Gutachten fertiggestellt und werden nun dem Ausschuss in Bethel überreicht. Ich habe versucht, für Sie ein Unbedenklichkeitszeugnis zu erreichen. Herr Schröer hat mich dabei nach Kräften unterstützt. Es ist aber nicht geraten. Aus dem Gutachten geht jedoch hervor, dass Ihrer Weiterverwendung im kirchlichen Dienst unsererseits nichts in den Weg gelegt werden soll. Es wird Sie interessieren, dass wir auch in dem Gutachten für Bruder Bertelsmann dem Ausschuss nahegelegt haben, eine Weiterverwendung im kirchlichen Dienst zu erwägen.

Ich bin dankbar, dass die Verfahren nach rein kirchlichen Gesichtspunkten durchgeführt werden und dass die Besatzungsbehörden – bisher jedenfalls – uns darin keine Vorschriften gemacht haben. Nach meinem Eindruck wird bis auf ganz wenige Fälle wohl allen DC Amtsbrüdern die Möglichkeit zu einem Neuanfang in einer anderen Gemeinde geboten werden.

Was Sie im Einzelnen an Wünschen haben, will ich gern berücksichtigen. Ihr Merkbüchlein senden wir dem Ausschuss mit ein. Wenn möglich, wird Bruder Niedermeier nach seiner Rückkehr noch an den Ausschuss herantreten, vielleicht, dass einer von uns beiden an den Beratungen teilnehmen kann. Sie dürfen die Gewissheit haben, dass ich bemüht sein werde, Ihren Fall möglichst bald in Ordnung zu bringen. Wenn auch Ihr Weggang aus der Gemeinde bei manchen Ihrer Gemeindeglieder Enttäuschung hervorgerufen hat, so werde ich noch gelegentlich nach Ihrem Verbleib und Ihrem Dienst gefragt. Und ich möchte dann mit gutem Gewissen sagen können, dass von Seiten unserer Gemeinde nichts geschieht, was Ihren kirchlichen Dienst unmöglich macht. Die Kämpfe waren hier in der Gemeinde so schwer, und die Spaltung ist nicht zu überwinden, wenn Sie hier bleiben würden. Die Synode hat darum auch beschlossen, dass wegen der Härte der Kämpfe in unserer Synode alle DC Amtsbrüder die Gemeinde zu wechseln haben. Ihrer kirchlichen Haltung wegen hätten Sie an sich wohl bleiben können. Ich erinnere mich genau eines Gesprächs mit Ihnen in meinem letzten Urlaub Nov. 1943, dass Sie damals schon mit dem militärischen/politischen Zusammenbruch Deutschlands rechneten, in einer Zeit, in der ich noch fest mit unserem Sieg rechnete. Ihre Abrückung von den DC in den letzten Jahren ist mir bekannt. Wir haben in unserem Gemeindeausschuss auch davon gesprochen, dass Sie von schwerem Leid betroffen wurden und nun innerlich ein Anrecht darauf haben, dass Sie zur Ruhe kommen ... .

Für Ihre guten Wünsche sage ich Ihnen Dank und möchte Ihnen im Blick auf Ihren Dienst in unserer Kirche das Beste wünschen. Mit brüderlichem Gruß

Ihr ...“

Am Anfang steht die Nachricht, dass die Gemeindegutachten an den zuständigen Ausschuss der Kirchenleitung abgeschickt seien. (Der Plural bezieht sich auf das gleichzeitige Gutachten über Pfarrer Bertelsmann). Aber Schmidt gesteht, dass es ihm nicht gelungen sei, ein Unbedenklichkeitszeugnis für ihn durchzusetzen, das Gutachten aber deutlich sage, dass Wiemelhausen seine Wiederverwendung im kirchlichen Dienst empfehle. Nur eine Wiederverwendung in Wiemelhausen sei angesichts der harten inneren Gemeindekämpfe in der zurückliegenden Zeit nicht möglich.

Dieser Brief kündigt an, dass sich Wiemelhausen so verhält, wie es der Bitte ihres elf Jahre in Melanchthon amtierenden Pfarrers entsprach. Klein hat diese Entscheidung sehr zu würdigen gewusst. Dass Schmidt so schreiben konnte, wie er geschrieben hat, deutet er als Beleg dafür an, dass das Verfahren nach kirchlichen Gesichtspunkten ablaufe und nicht nach politischen.

Bedeutend konkreter als der Brief von Schmidt an Klein vom 2. Oktober ist nun das am 1. Oktober an die Superintendentur geschickte Gutachten des Gemeindeausschusses, dessen Redaktion natürlich bei dem vorsitzenden Pfarrer lag. Empfänger war Pastor Lic. Frick, in der neuen Kirchenleitung in Bethel zuständig für die Fragen der Weiterbeschäftigung von DC-Pfarrern:

„Der Pfarrer Dr. Klein kam im Jahre 1934 in unsere Gemeinde. Er galt damals als der theologische Führer der DC in der Synode Bochum. Bis in die ersten Jahre des Krieges hat er zu den westfälischen DC gehört. Er hat sich zwar stets gegen die Thüringer DC abgegrenzt, hat aber im Presbyterium zusammen mit den Thüringer DC einen scharfen Kampf gegen die BK geführt.

Freiwerdende Presbytersitze konnten nur durch behördliche Anordnung mit einem Vertreter der BK besetzt werden. Seinem Betreiben ist es in erster Linie zuzuschreiben, dass die Pfarrstelle der BK im Melanchthonbezirk 4 Jahre von einem Hilfsprediger verwaltet wurde. Er hat wiederholt versucht, den BK Hilfsprediger aus der Gemeinde zu entfernen. Die Wahl von Männern für das Amt des Presbyters traf er ausschließlich nach politischen und kirchenpolitischen Gesichtspunkten. So konnte es vorkommen, dass ein Presbyter bei dem Ausscheiden aus dem Presbyterium von ihm mit Dank verabschiedet wurde, obwohl der Presbyter schon vor seinem Ausscheiden aus dem Presbyterium seinen Austritt aus der Kirche erklärt hatte. Die DC Presbyter besaßen mit einer Ausnahme keinerlei kirchliche Qualifikation, waren auch zum Teil monatelang nicht in den DC Gottesdiensten. Die Presbytersitzungen waren fast regelmäßig Skandalsitzungen, bei denen die BK Pfarrer und der neutrale Kirchmeister ebenso regelmäßig unter Protest ausschieden. Verschiedentlich drohte es zu Schlägerein zu kommen.

Herr Pfarrer Dr. Klein hat in den ersten Jahren des Kirchenkampfes die BK Amtsbrüder und die gesamte BK in öffentlichen Versammlungen politisch diffamiert, z.B. hat er die Behauptung aufgestellt, die BK bezöge ihre Direktive aus Moskau. Seine Kampfesweise war besonders gewalttätig. Seine Zugehörigkeit zur SA – Auftreten in Uniform bei gottesdienstlichen Feiern am Kriegerehrenmal – nutzte er ohne Bedenken aus, die BK politisch zu verdächtigen.

Unter dem Vorsitz von Pfarrer Dr. Klein wurde das E.M. Arndthaus allen Parteiveranstaltungen geöffnet, mehrere Räume wurden der NSV vermietet. Er duldete es, dass der Kirchmeister für die kirchlichen Gebäude, Lackmann, wiederholt erklären konnte: In diesem Hause hat die Partei den Vorrang. Danach wurde auch gehandelt. Es kam sehr oft vor, dass während der Gottesdienstzeit die HJ mit Hunderten von Jungen und Mädchen im E.M. Arndthaus versammelt war und durch Gesang und Musik den Gottesdienst störte.

Herr Pfarrer Dr. Klein hatte einen DC Frauendienst und betrieb die Verbreitung des DC Gemeindeblattes. Für die äußere Mission lehnte er die Mitarbeit ab, Jugendarbeit betrieb er nicht. Hausbesuche machte er nicht oder nur ganz selten. Den Hinweis auf die Besuchstätigkeit seines BK Amtsbruders tat er mit der Bemerkung ab, er sei kein Briefträger. Seinen Unterricht gestaltete er nach seinem von ihm selbst verfasstem Merkbüchlein, das wir zur Einsichtnahme beifügen. An seinem Unterricht ist zu beanstanden, dass er nur Teile des Katechismus als Lernstoff aufgab, Bibelsprüche und Gesangbuch-

lieder seien Aufgabe der Schule. Er könne sich nicht daran stören, wenn die Schule ihre Aufgabe nicht erfülle. Seine überaus geringen Hausaufgaben bewirkten einen erheblichen Zulauf zu seinem Unterricht.

Zu den diffamierenden Äußerungen über die BK und ihre Pfarrer verweisen wir auf das DC Gemeindeblatt Jahrgang 1934 ff.

In der Liturgie hielt Pfarrer Dr. Klein sich an die Agende, ersetzte jedoch das „Halleluja" regelmäßig durch „Großer Gott, wir loben Dich."

Seine Verwaltungstätigkeit in der Gemeinde hat zu schweren Beanstandungen Anlass gegeben. Wir verweisen auf das diesbezügliche Disziplinarverfahren und auf die Vorgänge in Plettenberg vor seiner Wahl in Wiemelhausen.

Seine Verkündigung war seit Jahren frei von aller Anlehnung an das politische Geschehen, er hielt sich auch frei von der DC Verkündigung und unterließ seit 1938 jede kirchenpolitische Polemik. Wiederholt erklärte er öffentlich, dass er neutral sei.

Der Weggang von Pfr. Dr. Klein nach dem letzten schweren Luftangriff am 4.11.1944 hat einen großen Teil seiner DC Anhänger schwer enttäuscht. Wenn auch formal die von ihm vorgebrachten Gründe: Krankheit, Beurlaubung, Unkenntnis der Verordnung des EOK über das Verbleiben der Pfarrer in den Gemeinden, den Tatsachen entsprechen, so hätte er doch mit der psychologischen Wirkung seines Wegganges rechnen müssen. Noch unverständlicher war, dass er nach Ablauf seines mehrmonatigen Urlaubs im März 1945 nicht nach Bochum zurückkehrte, sondern die Verwaltung der Pfarrstelle in Herscheid übernahm.

Bei der dargestellten Sachlage hält der Gemeindeausschuss eine weitere Tätigkeit von Pfr. Dr. Klein in unserer Gemeinde für untragbar. Wenn sein Dienst in unserer Gemeinde während der letzten Jahre auch zu keinen Beanstandungen mehr Anlass gegeben hat, würde sein Verbleiben doch der Überwindung des kirchenpolitischen Zwiespaltes und der Rückführung zu einem in sich geschlossenen Gemeindeleben hindernd im Wege sei. Der Gemeindeausschuss stellt dem Ausschuss zur Wiederherstellung eines an Schrift und Bekenntnis gebundenen Pfarrerstandes anheim, für Herrn Pfarrer Dr. Klein die Möglichkeit zum Dienst in einer anderen Gemeinde zu erwägen."

In diesem Gutachten, das lange Diskussionen erforderte, werden zunächst einige Fakten aus dem Gemeindekirchenkampf erinnert:
 – Klein hat zusammen mit seinem Amtsbruder, der Thüringer deutscher Christ war, einen unerbittlichen Kampf gegen die BK geführt.

– Er hat vier Jahre gegen die Einrichtung einer Pfarrstelle mit Schmidt opponiert.
– Er hat die Gemeinde und ihr Presbyterium nach seinen politischen und kirchenpolitischen Überzeugungen geführt.
– Er hat öffentlich die BK-Mitglieder politisch diffamiert.
– Bei gottesdienstlichen Feiern ist er in SA-Uniform aufgetreten.
– Er hat das E.M. Arndthaus für Versammlungen der Partei zur Verfügung gestellt und Teile von ihm an Parteiorganisationen vermietet.
– Während der Gottesdienstzeit versammelten sich Jungen und Mädchen im Gemeindehaus.
– Er hatte einen DC Frauendienst, der für die Verbreitung des DC Gemeindeblattes sorgte.
– Er lehnte Mitarbeit in der Äußeren Mission ab.
– Jugendarbeit betrieb er nicht.
– Hausbesuche machte er selten.
– Seinen Unterricht gestaltete er mit ausgesuchtem Stoff aus dem Katechismus und ließ wenige Bibelsprüche und Gesangbuchlieder auswendig lernen.
– Seine Verwaltungstätigkeit führte zu vielen Beanstandungen.

Diese kritischen Hinweise, die wir noch einmal aufführen, dürften im Blick auf die Kenntnisse, die wir über Kleins erste Jahre als DC Pfarrer haben, sehr moderat formuliert sein. Nichts wird gesagt über seine Rolle als prominenter DC Mann und Gauobmann in Bochum und Westfalen. Seine Aufsätze in den *„Evangelischen Nachrichten"* werden nur kurz erwähnt. An seinen Einführungsgottesdienst mit dem NS-Fahnenwald um den Altar herum wird nicht erinnert wie auch nicht an seine anfänglichen SA-Gottesdienste mit den Massentrauungen. Unerwähnt bleibt der Beschluss des Presbyteriums, alle bestehenden Jugendvereine in die HJ und das BDM einzugliedern. Das Versammlungsverbot für Bekenntnisbibelstunden und für andere Veranstaltungen der BK wie die Denunziationen des Pfarrers Engelbert an die Gestapo kommen in der Liste nicht vor. Auch Kleins unentwegtes Schreiben an die Kirchenleitung in Personalfragen wie die Einzelheiten seines erbitterten Kampfes gegen den Amtsbruder Walter Engelbert und dann gegen den Hilfsprediger Wilhelm Schmidt kommen nicht vor. Ebenso nicht Kleins Mitarbeit an den *„Grundsätzlichen Erklärungen zu den kirchlichen Aufgaben"* auf der westfälischen Gautagung in Bochum, die eine radikale Abrechnung mit der Barmer Bekenntnissynode bedeuteten und seine Werbung für die Reichstagswahlen 1936. Die Diffamierung von Niedermeier 1938 als *„Volksschädling"* und die Unterstützung des Kirchentages der DC in Dortmund 1938 und vieles mehr fehlt in dem Gutachten. Schmidt hat alles ausgelassen, was er in dem nicht abgeschickten Brief 1938 über ihn gesagt und wie er über in geurteilt hat. Er musste seine vielen Vorträge in den Räumen des CVJM und der Stadtmission halten, weil ihm das Gemeindehaus verwehrt blieb. Und schließlich musste Klein nur durch das Einschreiten der oberen Kirchenbehörden den jungen Amtsbruder akzeptieren.

Dieses und noch vieles mehr wird in dem Gutachten nicht gesagt. Ist das bewusstes Schweigen oder ist es Taktik, den ganzen Fall Klein niedrig zu halten und schnell einen Abschluss des Verfahrens zu finden?

Es wird auch nicht beachtet, dass dieser Pfarrer jahrelang in der Gemeinde Melanchthon und im Presbyterium Wiemelhausen eine Praxis entwickelt hat, die keinerlei Toleranz gegenüber anderen theologischen und kirchenpolitischen Richtungen gezeigt hat. Er war doch ein kleiner gemeindlicher Diktator, der alles in seiner Hand hatte. Er hat doch etliche Jahrgänge von Schülern ermuntert, in das Jungvolk und in die Hitlerjugend zu gehen. Er hat doch keine spezifisch christliche Jugendarbeit in seiner Gemeinde betrieben. Der Gemeindebetrieb war doch geprägt durch volle Anpassung an das politische System. Deutsche Christen waren für ihn doch die eigentlichen Christen, die eine Versöhnung von Christentum und Volkstum wollten. Es war doch ein reduziertes Verständnis von Christentum und Kirche, das er betrieben hat.

Im Gutachten kommt nicht der ganze Klein zur Darstellung. Es sieht alles nach kleinen Verstößen und persönlichen Eigenarten aus, was da aufgezählt wird. Seine Mitverantwortung für die Entwicklung bestimmter Teile der Kirche als Stabilisator des totalitären Systems und seiner Politik wird nicht thematisiert. Das Thema der persönlichen Mitschuld an der schließlichen Katastrophe wird nicht einmal zaghaft gestreift. Dass sein anfänglicher Enthusiasmus viele Menschen aus der Gemeinde mitgerissen hat, für ihren Führer absoluten Gehorsam zu schwören und zu praktizieren, dass viele durch seine Parteinahme für die Innen- und Außenpolitik Hitlers mit gutem Gewissen die antijüdische Gesetzgebung und die Verfolgung der Juden akzeptiert und schließlich mit bestem Gewissen am Vernichtungskrieg gegen den Bolschewismus und gegen den demokratischen Westen teilgenommen haben, dass viele seiner Konfirmanden radikale Exekutoren nationalsozialistischer Rassepolitik wurden – das alles und noch viel mehr haben die Gutachter nicht reflektiert. Man kann aber nicht davon ausgehen, dass sie es nicht gewusst hätten.

Umso dringlicher wird die Frage: Warum schweigen sie und verfassen ein harmloses Papier? Warum blenden sie die Wirklichkeit einer durch das Denken und Handeln von Klein zerrissenen Gemeinde und die politischen Folgen seiner nationalsozialistischen Parteinahme aus?

Schmidt dürfte einen Hinweis gegeben haben, warum das Gutachten so ausfällt, wie es ausgefallen ist: Das Verfahren gegen ihn wird nur nach kirchlichen Gesichtspunkten betrieben. Das kirchliche Verfahren ist keine Entnazifizierung, sondern Teil einer *„Selbstreinigung"* der Kirche. Politische Irrtümer stehen nicht zur Debatte, sondern nur theologisch-kirchliche Irrlehre in der Wahrnahme des Pfarramtes. Damit aber wird der e i n e Mensch geteilt in einen homo politicus und einen homo religiosus. Aber genau dieses entsprach nicht dem bezeugten Selbstverständnis von Klein. Er wollte die Verschränkung von NS-Politik und kirchlicher Existenz. Er wollte eine Kirche und eine Pfarrerschaft, die sich mit ihren religiösen Mitteln in den Dienst am Aufbau des totalitären Führerstaates stellte. Für ihn standen die antiaufklärerische, antiliberale, antidemokratische und antisemitische Orientierung der NSDAP in Übereinstimmung mit christlich gebotenen Grundorientierungen und Ordnungsvorstellungen. Seine DC-Theologie hatte klare politische Konsequenzen. Nun im Gutachten eine strikte Trennung zwischen dem Theologen und dem bekennenden Nationalsozialisten Klein vorzunehmen, dürfte getragen sein von dem Wunsch, ihn im kirchlichen Dienst halten zu können. Seine politischen Irrtümer, die Rechtsstaatlichkeit aufhoben und der Rechtswillkür eines totalen Staates Tür und Tor öffneten, werden nicht untersucht im Hinblick auf die möglichen Grundlagen in seiner deutsch-christlichen Theologie. Dass diese aus sich selbst heraus völkisches und rassistisches Denken für göttlichen Schöpfungsauftrag hielt und völkische Gleichschaltung für einen politischen Auftrag hielt, mit einem Wort, dass diese Theologie mitverantwortlich für den Marsch in ein innen- und außenpolitisch aggressives Verhalten war – dieses wird nicht thematisiert. Aber genau diese Ausblendung der politischen Folgen der DC-Theologie machte den Fall Klein, wie er selbst es auch meinte, für die Kirche zu einem harmlosen und schnell zu erledigenden Fall.

Für das kommende Verfahren gab es im Vorfeld zwischen Gemeinde und ihrem alten DC-Pfarrer im wesentlichen eine gemeinsame Lesart. Es wird behauptet, dass Klein etwa seit 1938 nicht mehr DC-Theologie betreibe und jede kirchenpolitische Polemik unterlassen habe. Man übernimmt damit voll die Selbstdarstellung von Klein, der sich vom überzeugten Parteigänger und

DC-Theologen zu einem „*Neutralen*" im Kirchenkampf und zu einem „*Oppositionellen*" zur Partei entwickelt haben will. Über diesen Wandel gibt es (bis jetzt) keine Belege. Sein Merkbüchlein von 1940 beschließt Klein mit den Worten:

„*Und nun gebe Gott, dass wir in unwandelbarer Treue stehen zu Führer, Reich und Volk, auch stehen in derselben Treue zu dem Bekenntnis, das seit über einem Jahrtausend den deutschen Menschen begleitet hat im Auf und Nieder seiner Geschichte, in guten wie in bösen Tagen: Ich schäme mich des Evangeliums von Christo nicht, denn es ist eine Kraft Gottes, die selig macht alle, die daran glauben! (Röm. 1, 16)*"

Hier schreibt noch einmal der Klein, den wir von den Quellen her kennen: Führergefolgschaft und Christusnachfolge gehören für ihn zusammen.

Am 27. November 1940 gibt es eine Trauerfeier auf dem Friedhof am Freigrafendamm für den „*im Bombenkrieg umgekommenen Oberschullehrer Dietrich Winter*". Der Bochumer Anzeiger schreibt:

„*Fürs Vaterland gekämpft und gefallen ..., Bei der Trauerfeier in der großen Trauerhalle hielten Kameraden der SA. Totenwache am Katafalk. Weihevolle Choralmusik leitete über zu der tiefdurchdachten Gedächtnisrede des Pfarrers Dr. Klein, der den Blick der Trauernden hinlenkte zu dem allmächtigen Lenker der Geschichte, bei dem allein Trost und Kraft zu finden sei. Heldischer Glaube überwinde das Schicksal, der Tod werde verschlungen in den Sieg. Nach Gebet und Einsegnung wurde unter Orgelspiel der mit der Hakenkreuzfahne bedeckte Sarg hinausgetragen, mit brennenden Fackeln schritten die Träger daneben ...*

Nachdem der Totenschrein in das Grab gesenkt, vier Fahnen sich über sie geneigt, würdigte Pfarrer Dr. Klein, anknüpfend an das Wort ‚Sei getreu bis in den Tod, so will ich dir die Krone des Lebens geben', die Persönlichkeit des Heimgegangenen, der zeitlebens ein Kämpfer war, als Soldat, als Streiter für das neue Deutschland, als Lehrer seine Pflicht erfüllte bis zum Tod. Es war ein Leben der Treue. Nach der Einsegnung wurden zahlreiche Kränze niedergelegt ..."

Das dürfte eine übliche DC-Beerdigung von Klein Ende 1940 gewesen sein. Für eine kirchenpolitische und politische Umorientierung fehlen Belege. Er selbst und seine Gutachter behaupten das. Es kann aber durchaus sein, dass an dieser behaupteten Distanzierung etwas wahr ist. Natürlich hatte Klein erkannt, dass der NS-Staat an der Bewegung der Deutschen Christen schon lange kein vitales Interesse gehabt hat und sehr bald selbst eine Weltanschauung entwickelte, die sich bewusst von der christlichen Tradition absetzte. Er musste erleben, dass nach den Masseneintritten 1933 ab etwa 1935 die Massenaustritte folgten, auch in seiner Gemeinde. Und die Sportpalastkundgebung von 1938 kann er auch kritisch gesehen haben. Es gibt Gründe, dass er durch die Entwicklungen in der Theorie der NS-Weltanschauung und in der staatlichen Religionspolitik immer mehr enttäuscht war. Seine anfänglichen Hoffnungen auf ein Miteinander von Kirche und Nationalsozialismus wurden enttäuscht. Dass er in Distanz zu den immer bedeutungsloser werdenden Deutschen Christen ging und auch partiell mit der Politik der Partei und des NS-Staates nicht mehr konform ging, wäre durchaus verständlich.

Das Gutachten bringt keine konkreten Fakten für diesen Gesinnungswandel, behauptet ihn nur im Vertrauen auf die Aussagen von Klein. Die Kritik an seinem Verhalten nach dem Novemberangriff 1944 auf Bochum ist verständlich, spielt aber für das Endurteil keine Rolle. Man hält ihn für untragbar für die eigene Gemeinde, aber für den kirchlichen Dienst weiterhin fähig.

Bei Schmidt kommt noch eine weitere Überlegung hinzu, trotz aller vergangener Kämpfe gegeneinander miteinander amtsbrüderlich umzugehen: er will einen Neuanfang in Gemeinde und Kirche und einen Schlussstrich unter die Vergangenheit ziehen. Er weiß nur zu gut, dass auch BK-Pfarrer, die schrift- und bekenntnisgemäß gepredigt und gelehrt haben, den Volkskanzler Hitler als Kämpfer gegen Demokratie, Republik, Sozialismus und Bolschewismus dankbar begrüßt und auch seiner Versailler Revisionspolitik und seiner Expansionspolitik zugestimmt haben. Mitverantwortlich für Hitlers Aufstieg waren nicht nur die Deutschen Christen, sondern auch weite Teile des nationalkonservativen Protestantismus. Eine politische Aufarbeitung des mehrheitlichen Verhaltens der Gesamtkirche hätte gezeigt, dass es die Wirklichkeit verzerrte, sich nur auf die Deutschen Christen zu konzentrieren. Er selbst hat als streng kirchlicher Mann lutherischer Prägung, der entschieden gegen deutschchristliche oder deutschgermanische Religiosität gekämpft hat, es für seine vaterländische Pflicht gehalten, den Krieg in strengstem obrigkeitlichen Gehorsam gegen den Weltfeind Bolschewismus und gegen den Weltverderber des demokratischen Westens bis zum erhofften Endsieg mitzutragen. Politisch stand er an dieser Stelle seinem DC-Amtsbruder durchaus nahe. Die Konsequenz: lassen wir die politische Aufarbeitung und wenden uns zentral den im engeren Sinn kirchlichen und theologischen Fragen zu. Und noch ein weiteres kam bei Schmidt hinzu: er will den Kirchenkampf endgültig beenden und Frieden in Gemeinde und Kirche bringen. Er will nicht das Gericht der Sieger über die Verlierer. Zusammen sollen sie ein Neues aufbauen.

Es hat noch eine längere Zeit gedauert, bis die Fricke-Kommission ihr Gutachten fertig hatte. Eine Reihe von Briefen zwischen Klein, Schmidt und Fricke, die die Aufgeregtheit bei Klein und die Ungeduld bei Schmidt zeigen, gingen hin und her, bevor am 8. Februar 1946 der *„Beschluss"* des landeskirchlichen Ausschusses verkündet wurde: *„Der Pfarrer Dr. Klein, geb. 28.10.1891, wird von seiner Pfarrstelle in der Evgl. Kirchengemeinde Wiemelhausen in eine andere Stelle versetzt."*

Die Begründung lautet:

„Pfarrer Dr. Klein – seit 1932 Angehöriger der D.C. (westfälische Richtung) – hat sich seit Übernahme der Pfarrstelle in der Evgl. Kirchengemeinde Wiemelhausen im Jahre 1934 längere Zeit hindurch recht aktiv als D.C. betätigt. Er galt zeitweilig als der führende Theologe der D.C. in der Synode Bochum. Etwa seit 1938 hat er sich jedoch aus der kirchenpolitischen Arbeit zurückgezogen und immer mehr eine neutrale Haltung eingenommen, ohne aber bei den D.C. auszutreten.

Verstöße gegen Schrift und Bekenntnis sind ihm aus dieser Zeit trotz seiner kirchenpolitischen Betätigung nicht nachzuweisen.

Seit Februar 1945 war Pfarrer Dr. Klein bis zu seiner Beurlaubung im August 1945 mit der Verwaltung der Pfarrstelle in Herscheid beauftragt. Dort hat er sich um den Wiederaufbau eines geordneten kirchlichen Lebens, das unter nationalkirchlicher Führung völlig zum Erliegen gekommen war, mit Hingabe und auch mit sichtbarem äußeren Erfolg bemüht, so dass das aus kirchentreuen Gliedern gebildete Presbyterium bereits seine Versetzung nach dort erbeten hat. Von seiner Verkündigung dort wird ausdrücklich bezeugt, dass sie biblisch fundiert sei. Nach seiner vor dem Ausschuss abgegebenen Erklärung betrachtet er auch die Barmer Sätze nunmehr als für sich verbindlich.

Wenn auch gegen die Verkündigung des Pfarrers Dr. Klein von Schrift und Bekenntnis her Bedenken nicht erhoben werden und wenn auch Pfarrer Dr. Klein nicht nur seine kirchenpolitische Tätigkeit i. S. der D.C. schon seit Jahren aufgegeben hat, sondern sich auch, wie seine Amtsführung in Herscheid zeigt, nunmehr für einen geordneten kirchlichen Aufbau verantwortlich weiß, so würde doch nach den Erklärungen seiner Gemeinde Wiemelhausen seine

frühere aktive Tätigkeit auch jetzt noch der Überwindung des kirchenpoliti-
schen Zwiespalts und der Rückführung zu einem in sich geschlossenen Leben
in dieser Gemeinde hinderlich sein. Damit scheint eine gedeihliche Fortführung
seines Amtes in seiner Gemeinde Wiemelhausen nicht mehr gewährleistet.
Der Ausschuss (Spruchkammer) erklärt deshalb gem. §§ 1 u. 4 der Ordnung
für das Verfahren bei Verletzung von Amtspflichten der Geistlichen seine
Versetzung von dieser Stelle in eine andere für erforderlich, aber auch für aus-
reichend."

Damit ist der Fall des prominenten westfälischen DC-Pfarrers abgeschlossen. Der landeskirchliche Ausschuss übernimmt die Empfehlungen
des Gemeindeausschusses von Wiemelhausen, der begleitet war von einem
intensiven Briefwechsel aller am Verfahren Beteiligten und Interessierten.
Auch in diesem Letztentscheid wird das praktische unbrüderliche Verhalten
von Klein gegenüber den Pfarrern Engelbert, Niedermeier und Schmidt nicht
erwähnt, ebenso nicht seine Verweigerung, das DC-Presbyterium durch BK-
Anhänger zu ergänzen wie auch die Weigerung, BK-Veranstaltungen in den
Gemeinderäumen stattfinden zu lassen. Auch eine Zusammenarbeit mit der
Polizei – dieses und noch vieles mehr, was den Charakter dieses Pfarrherrn
ausgezeichnet hat, bleibt unberücksichtigt. Man übernimmt auch ungeprüft
die Aussage von Klein, er sei etwa seit 1938 in Distanz zu den DC gegangen.
Die Geschichte der Besetzung der zweiten Pfarrstelle zeigt überdeutlich,
dass er zumindest bis 1942 handfeste DC-Kirchen- und Pfarrstellenbesetzungs-
politik gemacht hat.

Der Ausschuss geht sehr großzügig mit dem Verhalten von Klein in der
NS-Zeit um. Die vorhandene Quellenlage spricht eine andere Sprache. Zu behaupten, dass er in der Frühzeit des NS-Systems nicht gegen Schrift und Bekenntnis verstoßen habe, kann man nur dadurch erklären, dass der Ausschuss
einfach nicht genau orientiert war, was in Wiemelhausen und Bochum auf Seiten der DC abgelaufen ist. Und man kann es damit erklären, dass man einen
Schlussstrich unter den Kirchenkampf ziehen wollte, um die Bahn frei zu machen für einen kirchlichen Neuanfang. Hatten die Gutachter nicht die Bochumer Erklärung des westfälischen Gautages von 1936 gelesen? Hier hieß es u.a.:

„Das Barmer Bekenntnis lässt ein tieferes Verständnis für das mit dem
Dritten Reiche dem deutschen Volk zuteil gewordene Geschenk Gottes nicht
aufkommen.

1. *Die erste Barmer These verhindert es, den Anbruch des Dritten Reiches als Gottes Werk zu würdigen.*

2. *Dieser Anbruch wird nur als „Wechsel der jeweils herrschenden weltanschaulichen und politischen Überzeugungen" bezeichnet und damit entwertet. Man verkennt die in ihm vollzogene Rückkehr zum deutschen Staat.*

3. *Die auf die Erhaltung und Gesundung des Volkes abzielende Gesetzgebung des Dritten Reiches wird nicht im Zusammenhang mit der göttlichen Offenbarung gesehen.*

4. *Die Ordnungsgewalt des Staates auch über die Kirche wird nicht anerkannt.*

5. *Der Totalitätsanspruch des Staates wird falsch gedeutet und daher mit Unrecht abgelehnt."*

In diesem Sinne hat Klein gepredigt und gelehrt: 1933 ist eine Offenbarung Gottes in der Geschichte. Die NS-Gesetzgebung, basierend auf der Rassenlehre mit der Ausschaltung der Juden aus dem gesellschaftlichen Leben und die Nürnberger Gesetze entsprechen dem Schöpfungswillen Gottes. Der totale Staat, der auch die Ordnungsgewalt über die Kirche hat, ist echter Staat.

Dieser kleine Einblick in die Positionen der DC lässt sich kaum als schriftgemäß erweisen. Man lese das ganze Dokument und wird auf Schritt und Tritt auf Aussagen treffen, die deutsch-christlichen Zeitgeist treffen, aber kaum auf bibelorientierte Theologie und reformatorisches Bekenntnisgut. Deshalb bleibt die Frage: warum hat der Ausschuss sich mit dem Anteil der DC-Theologie an der bekennenden Zustimmung zum totalen Staat und seiner gesetzgeberischen und dann praktischen Praxis nicht befasst? Weder die Mitverantwortung für die geistig-seelische Festigung des Hitlerstaates in den Köpfen und Herzen evangelischer Menschen noch die Mitverantwortung für den Ausbau eines totalitären Systems werden thematisiert. Das Wort und die Sache des Schuldiggewordenseins kommen nicht vor. Die große Exkulpation für die DC-Pfarrer, die die Priester des Systems gewesen sein dürften, läuft ungehemmt. Die Betroffenen werden vor den Ausschuss geladen und – was verständlich ist – betreiben ihre Selbstrechtfertigung.

Auch Klein geht einen überraschenden Schritt: er erklärt für sich die Barmer Erklärung für verbindlich. Der große Barmenkritiker von 1936 stellt sich 1945 auf den Boden der BK-Theologie!

Klein, der in den *„Evangelischen Nachrichten"* für die Rubrik *„Aus der Bewegung"* zuständig war, berichtet, dass die Deutschen Christen, Gau Westfalen, in Bochum ins Vereinsregister eingetragen worden seien und schreibt:

„Die Satzung soll der festgefügte äußere Rahmen sein, in dem Jeder nach seinen Gaben und Kräften arbeiten kann und soll an der Verwirklichung unseres Ziels: der Einen Deutschen lutherischen Reichskirche, die in ihrer ganzen Haltung steht auf dem Boden des Dritten Reiches und der national-sozialistischen Weltanschauung.

Immer wieder höre ich Fragen nach unserem Wollen. Nachdem ich es eben gekennzeichnet habe, will ich es noch ergänzen durch die Bekanntgabe eines Aufrufes, den unsere Reichsleitung in Berlin kürzlich herausgegeben hat. Er lautet: Wir wollen das positive Christentum im Dritten Reich!

1. Die volle Christusbotschaft – gehört dazu auch nicht der 1. Glaubens-artikel, der das Evangelium d e u t s c h verlangt. Darum weg mit aller jüdischen, aller undeutschen Form.

2. Diese volle Christusbotschaft positiv verbunden mit der nationalsozialistischen Weltanschauung, weil hier unser Gott seine Schöpfungsordnung neu hindurchbrechen lässt – ja Gott spricht selber im völkischen Aufbruch zu uns! ‚Blut und Boden‘ sind sein Schöpfer-Wille.

3. Diese volle Christusbotschaft verkündet in einer umfassenden Volks- und Reichskirche! Darum fort mit den antiquarischen Kirchen! Fort mit dem ‚Pfaffentum‘! Und erst recht keine Winkelkirche!

Jeder, der diese Ziele als sein Wollen anerkennt, trete in unsere Reihen. Er mache sich frei von allem unfruchtbaren Wenn und Aber. Sind wir einig, dann wird die kommende Kirche ‚unsere Kirche‘ sein.

Und wenige Zeit später bekennt er:

„Als Nationalsozialisten kämpfen wir unentwegt für die innere und prak-tische Verbindung der nationalsozialistischen Weltanschauung mit dem christ-lichen Glauben, um dadurch den äußeren und inneren Zusammenhang zwischen Ev. Kirche und Drittem Reich herzustellen ... In treuer Kampfverbundenheit! Heil Hitler! Gez. Dr. Klein, Pfr., Gauobmann"

Und zur Reichstagswahl am 29. März 1936 erlässt er diesen Aufruf:

„Der Führer hat uns an die Wahlurne gerufen. Er braucht unser freudi-ges ‚Ja‘ zu dem, was er bisher unter dem Segen Gottes hat leisten dürfen zum Wohl unseres Vaterlandes. Er braucht unser „Ja‘ für eine erfolgreiche Wei-terarbeit auf allen Gebieten der äußeren und inneren Wohlfahrt. Großes hat er bisher erreicht – ich brauche es nicht aufzuzählen. Größeres muss noch er-reicht werden. Der Friede steht auf dem Spiel! Eine feindliche Welt rüstet ge-

gen uns. Das Weltjudentum und der mit ihm einige Weltbolschewismus holen zum Schlag gegen uns aus. Siegen diese Mächte, dann ist unser Schicksal besiegelt. Demgegenüber gilt es, der Welt zu zeigen, dass wir ein einiges Volk sind; das aber zeigen wir dadurch, dass wir geschlossen hinter dem Führer stehen und ihm unser „Ja‘ geben bei der Wahl am kommenden Sonntag. … Gerade wir als Christen haben allen Grund, dem Führer dankbar zu sein und diese Dankbarkeit und Liebe wollen wir üben durch die Tat! Vorbehaltlos stehen wir hinter ihm und seiner Arbeit, die er tut für uns alle …"

So hat der Nationalsozialist und Pfarrer gedacht, gesprochen und geschrieben! Wie soll man nun Kleins Beteuerungen in vielen Briefen und vor dem Ausschuss, dass er anderen Sinnes schon in der NS-Zeit geworden sei, bewerten? War das Taktik oder war es eine radikale Korrektur seiner Positionen? Es kann durchaus sein, dass er nicht nur seine kirchenpolitische Position als DCer hin in eine *„neutrale"* Position verändert hat, sondern sich auch eine theologische Wandlung ereignet hat. Leider fehlen zum letzteren (bisher) schriftliche Belege.

Als Beleg für seine Umorientierung im Sinne kirchlicher Ordnung wird vom Ausschuss die Tatsache bewertet, dass er vor Kriegsende das von nationalkirchlichen Presbytern beherrschte Presbyterium in Herscheid auflösen ließ und durch kirchentreue Gemeindeglieder ersetzen ließ. Dabei dürfte zu bedenken sein, dass dies wenige Wochen vor der Kapitulation geschah. Klein wusste natürlich, dass die absehbare Niederlage des NS-Systems auch die Niederlage der DC-Bewegung bedeuten würde. Sie waren so miteinander verschränkt, dass die nationalreligiöse Bewegung keine Chance mehr nach der Niederlage haben würde. Auch die Selbstauflösung eines DC-Presbyteriums kurz vor der Katastrophe lässt sich als taktischen Schritt bezeichnen. Es dürfte unerfindlich bleiben, wie die Männer im Untersuchungsausschuss sein spätes Barmenbekenntnis wie sein spätes Aufheben eines nationalkirchlichen Presbyteriums als Indiz für seine Schrift- und Bekenntnisgebundenheit werten können.

Dieser Einblick in die Oberflächlichkeit einer kirchlichen Entscheidungsbehörde dürfte zeigen, dass die sog. *„Selbstreinigung"* der Kirche in diesem Fall wenig faktenorientiert gewesen ist. War es *„falsche Barmherzigkeit"* gegenüber einer Person und einem möglichen ungewissen Schicksal oder überlegtes Handeln, möglichst wenig beschädigt aus dem eigenen Versagen gegenüber dem Dritten Reich herauszukommen? Und noch dieses: es hat vor der Niederlage des Dritten Reiches keine Lehrzuchtverfahren gegen Deutsche Christen in Westfalen gegeben. Nur der Sieg der Alliierten und ihre Entnazifizierungspolitik machten es dringlich, dass die Kirche sich mit ihren bekennenden Nationalsozialisten im Pfarramt befassen musste.

Klein und seine Anwälte hatten nun erreicht, was sie bei der kirchlichen Letztinstanz erreichen wollten: die Bestätigung seiner Bindung an biblisch-reformatorische Theologie trotz seines Engagements in der DC und damit seine Wahlfähigkeit für ein neues Pfarramt. Kleins Wunsch war, als Gemeindepfarrer der Gemeinde Herscheid gewählt zu werden. Es ist wieder Wilhelm Schmidt, der ihm dabei behilflich ist. So schreibt er am 26. März an das Mitglied der Kirchenleitung, den Superintendenten Hermann Kunst in Herford, den er von einem Lehrgang 1943 in Reval her kannte:

„... Als derzeitiger Präses von Wiemelhausen möchte ich Ihnen in der Sache Dr. Klein noch einmal zu überlegen geben, ob die Kirchenleitung für Pfarrer Dr. Klein nicht doch noch eine Verwendungsmöglichkeit schaffen kann. Das Verfahren gegen Pfarrer Dr. Klein ist mit einer Versetzung im Interesse des Dienstes zum Abschluss gekommen. Nachdem nun die Einspruchsfrist abgelaufen ist, bekommt Pfarrer Dr. Klein die Mitteilung, dass er seine Pensionierung erwägen möchte. Soviel mir bekannt ist, möchte die Gemeinde Herscheid Herrn Pfarrer Dr. Klein gern wählen. Mit dem Freiwerden der dortigen Pfarrstelle ist auch wohl in absehbarer Zeit zu rechnen. Unser Gemeindeausschuss ist der Ansicht, dass nach den Erfahrungen, die wir in den letzten Jahren mit Pfarrer Dr. Klein gemacht haben, seine vorzeitige Pensionierung bei dem gegenwärtigen Mangel an Kräften nicht zu rechtfertigen ist. Wenn seiner Weiterverwendung in der Gemeinde Herscheid schwerwiegende Gründe entgegenstehen sollten, bitten wir, ihm in einer anderen Gemeinde die Möglichkeit des pfarramtlichen Dienstes zu schaffen. Abgesehen von den Schwierigkeiten, die sich im Blick auf Gehalt und Wohnung ergeben, ist in diesen schweren Jahren besonders die Tatsache zu bedenken, dass eine erzwungene Untätigkeit zu den schwersten seelischen Belastungen zu rechnen ist, die diese Zeit mit sich bringt. Nachdem wir wohl alle gelernt haben, unser Amt ganz neu von der Ordination her zu sehen, sollten wir keinem Bruder den Verzicht auf das Amt auferlegen, wenn nicht ganz zwingende Gründe im Blick auf Lehre und Wandel vorliegen.

In diesem Sinne möchte ich Sie noch einmal herzlich bitten, aufgrund des in Arbeit befindlichen neuen Gesetzes zur Pfarrstellenbesetzung Pfarrer Dr. Klein in eine neue Gemeinde einzuweisen."

Klein bekundet immer wieder, wie dankbar er seinem *„Bruder"* für seinen Einsatz für ihn ist. Aber erst nach einigen Hilfsdiensten, u. a. als Religionslehrer am Gymnasium Lüdenscheid, wird er 1955 als Pfarrer in Herscheid eingeführt, kommt 1961 in den Ruhestand und lebt bis 1974.

Dieses Pfarrerleben dürfte exemplarisch sein für den Umgang der Nachkriegskirche mit ihren DC-Pfarrern, die durch ihre politische Parteinahme für den Führerstaat und durch ihren Versuch, Christentum und Nationalsozialismus in Kombattantenschaft zu bringen, die Gemeinden und Landeskirchen gespalten und einen unbarmherzigen inneren Kirchenkampf geführt haben. Weitaus die meisten der *„SA Jesu Christi"* sind nach kurzen Verfahren wieder in ein Amt gekommen. Bei Klein hat es länger gedauert. Im Zuge der aufkommenden Forschung hat die Landeskirche doch wohl erkannt, dass die Gutachten von 1945 sich durch Auslassungen, Verharmlosungen und wohlwollende Interpretationen ausgezeichnet haben.

Der Fall Bertelsmann

Die Gemeinde Wiemelhausen hatte noch einen zweiten Fall zu bearbeiten: Den Fall Hans Bertelsmann, der seit Juli 1934 Pfarrer im Petribezirk war. Ihn hatten Niedermeier von Anfang an und Schmidt seit 1938 hautnah erlebt. Schon am 15. August 1945 verfügt Präses Karl Koch vom neuen Sitz der Westfälischen Kirchenleitung in Bethel die Beurlaubung von Bertelsmann und kündigt eine Untersuchung seines kirchlichen Verhaltens in der NS-Zeit an. Es ist wieder Schmidt, der das unmittelbare Gespräch mit dem beurlaubten Pfarrer sucht. Am 28. Dezember 1945 schreibt er ihm diesen Brief:

„Lieber Bruder Bertelsmann!

... ich möchte Sie herzlich bitten, mir auf meine Fragen mündlich oder schriftlich noch vor Ablauf dieses Jahres zu antworten:

1. Stehen Sie grundsätzlich noch auf dem Standpunkt, dass Ihre theologische Anschauung und ihre pfarramtliche Praxis richtig waren und darum auch weiterhin von Ihnen beibehalten werden sollen?

2. Sind Sie bereit, grundsätzlich sich von der deutsch-christlichen Theologie abzuwenden und von dazu berufener Stelle in die Theologie der von Ihnen in der Ordination beschworenen Bekenntnisse sich einführen zu las-

sen? Haben Sie den Willen, wenn Sie wieder Gemeindearbeit tun dürfen, diese Arbeit in dem Gehorsam gegen Schrift und Bekenntnis und in der Verbundenheit mit den Brüdern zu treiben?

3. *Können Sie mir die Versicherung geben, dass Sie seit unserer Besprechung keinerlei Amtshandlungen vollzogen und auch keinerlei Gemeindearbeit – auch in ganz kleinem Rahmen – getrieben haben, und dass Sie künftig jede Fortsetzung Ihrer gemeindlichen Tätigkeit unterlassen werden.*

4. *Sind Sie zusammen mit Ihrer Gattin bereit, mit uns gemeinsam alles zu tun, den Riss in der Gemeinde zu überwinden? Ich denke besonders an die Vereinigung der beiden Frauenvereine und an die Nutznießung des Eigentums des Frauendienstes durch die Frauenhilfe.*

5. *Sind Sie bereit, alles Gemeindeeigentum, Dienstsiegel und Kirchenschlüssel auszuhändigen?*

… es liegt mir persönlich viel daran, Ihnen den Weg ins Pfarramt offen zu halten. Wenn Sie den aufrichtigen Wunsch zu einem Neuanfang haben, dann möchte ich Sie bitten, mit mir zusammen an einem Lehrgang für zurückgekehrte Amtsbrüder in Bethel teilzunehmen. …

Ich möchte auch gern in Ihrer Sache klar sehen und die entscheidenden Dinge getan haben, bevor Bruder Niedermeier wieder da ist … Sie können sich denken, dass die Situation für Sie nicht leichter wird, wenn Bruder Niedermeier, der in all den schweren Jahren kirchenpolitischer Kämpfe Ihr Gegenüber war, manche Erinnerungen wieder aufleben lässt …

Ihr Verbleiben in Wiemelhausen ist im Blick auf alle beteiligten Amtsbrüder und auf die Gemeinde nicht tragbar. Solange Sie selbst das für möglich halten, ist Ihnen die Schwere der Schuld, die Sie als Nationalkirchler auf sich geladen haben, nicht deutlich. …

Darf ich Sie nun noch einmal brüderlich bitten, sich für den Ihnen von mir gewiesenen Weg zu entscheiden? Sie sprechen sich selbst das Urteil. Wenn Sie mir abschlägig Bescheid geben, sehe ich mich gezwungen, das Votum in dem Gutachten unseres Gemeindeausschusses zu korrigieren und zu erklären, dass wir Ihre Wiederverwendung im kirchlichen Dienst für völlig unmöglich halten. Das würde mir sehr schwer werden."

Dieser Brief zeigt, dass Schmidt eine Brücke bauen will mit dem Ziel, Bertelsmann für eine Wiederverwendung im kirchlichen Dienst zu empfehlen, allerdings erst nach einem Gespräch, für das er Fragen formuliert. Er fordert die klare Abwendung von der DC-Theologie und den Verzicht auf jede Gemeindetätigkeit. Er hält ein Schuldbekenntnis für geboten, um neu beginnen zu können. Er will nicht die billige Vergebung, sondern den Neuanfang auf der Basis des Ordinationsgelübdes. Die gemeinsame Bindung an die Schrift Alten und Neuen Testaments wie an die reformatorischen Bekenntnisschriften begründet die pfarramtliche Bruderschaft wie die Verantwortlichkeit für Verkündigung und Lehre in der Gemeinde. Zunächst wird wieder der Gemeindeausschuss tätig, der eine Stellungnahme über seine Amtsführung verfasst:

„Wenn der Gemeindeausschuss sich über die Amtsführung des Pfr. Bertelsmann äußern soll, dann muss man an die Zeit der kirchenpolitischen Auseinandersetzung denken. Wie viel geistige und seelische Not ist in den Jahren über so viele Evangelische Gemeindeglieder gekommen und wie viel Trübsal und Opfer hat dieser Kampf gefordert. Die äußere Ursache dieses Geschehens war der Einbruch der D.C. Bewegung aus einem missverstandenen Führerprinzip und die völlige Missachtung der Bekenntnisse unserer Väter, die dadurch in die Gemeinden hineingetragene Unruhe war der Nährboden, auf dem Personen, wozu auch Herr Pfr. Bertelsmann gehört, gedeihen konnten.

Herr Pfr. Bertelsmann wurde im Juni 1934 von der Gemeinde Bochum-Wiemelhausen gewählt und am 5. August 1934 in sein Amt eingeführt. Herr Pfr. Bertelsmann wurde als ein D.C. Mann von einem D.C. Presbyterium gewählt. Er hat sich denn auch sehr bald an den kirchenpolitischen Auseinandersetzungen beteiligt und ist den Wünschen des D.C. Presbyteriums sehr entgegengekommen. So hat Herr Pfarrer Bertelsmann am 26. November 1934 einem Beschluss des Presbyteriums zugestimmt, der folgendermaßen lautete: ‚Presbyterium stellt sich einmütig hinter die Reichskirchenregierung und erkennt die Ziele der ‚Deutschen Christen‘ als maßgebend für seine kirchliche Arbeit an.‘ Auch war Herr Pfr. Bertelsmann mit einigen Presbytern zu einer Begrüßung des Reichsbischof Müller nach Berlin gesandt worden. Aus allen diesen Punkten ergibt sich, welche Stütze Herr Pfr. Bertelsmann für die D.C.-Bewegung war.

Dementsprechend hat sich Herr Pfr. Bertelsmann dauernd Abweichungen von der Liturgie zuschulden kommen lassen, um den Wünschen des D.C-Presbyteriums nachzukommen. Herr Pfr. Bertelsmann hatte den eitlen Wunsch, mit seinen Predigten ‚zeitgemäß‘ zu sein. So stellte er sehr oft neben das Wort Gottes einen Ausspruch von Naziführern. Bewusst hat Herr Pfr. Bertelsmann Wortbildungen und Hinweise auf das jüdische Volk vermieden und statt des-

sen neue Wortbildungen aus der Gegenwart gebraucht. So z. B. hat Pfarrer Bertelsmann anstelle des Wortes ‚Zebaoth' von dem ‚Gott unserer Väter' gesprochen und anstatt des ‚Halleluja' ‚Großer Gott wir loben Dich' singen lassen. Auch hat Herr Pfarrer Bertelsmann teilweise den apostolischen Segen durch andere Formulierungen ersetzt. Seinen Predigten war deutlich das Bemühen anzumerken, ‚etwas anderes' zu sein als die anderen Geistlichen und insbesondere der Versuch, die Predigten zeitgemäß zu gestalten, um damit den Wünschen von Partei und D.C.-Bewegung zu entsprechen.

Nach der Kirchenordnung wird ein Pfarrer namens der Kirche zum Dienst an Wort und Sakrament berufen. Die Kirche erwartet von ihm, dass er das Wort Gottes, wie es in der Heiligen Schrift des Alten und Neuen Testaments erfasst ist, nach dem Bekenntnis der Kirche und dem Bekenntnisstande der Gemeinde verkündigt. Diese Verpflichtung hat Herr Pfr. Bertelsmann u. E. nicht erfüllt und damit die Ursache gegeben, dass die Gemeinde Bochum-Wiemelhausen gespalten und ein Unruheherd von weitgehendem Ausmaße geworden war. Wir müssen ihm zum Vorwurf machen, dass er das Wort Gottes nicht lauter und rein verkündigt hat, sondern auch dazu Reden und Aussprüche von Naziführern in seiner Predigt mit herangezogen und dogmatisch verwertet hat.

Dabei ist aber zu bekennen, dass Herr Pfr. Bertelsmann auch ganz anders sprechen konnte und zwar so, wie es von einem Geistlichen der B.K. nicht besser sein konnte. Wir haben feststellen müssen, dass Herr Pfr. Bertelsmannschwach im Charakter und stets geneigt ist, sich den Umwelteinflüssen zu ergeben und danach zu handeln. So haben wir die Meinung, dass Herr Pfr. Bertelsmann stark unter dem Einfluss des verstorbenen Herrn Kirchmeisters Gustav Lackmann gestanden hat. Herr Lackmann war eine starke Position für die D.C.-Bewegung, der keine Gelegenheit verpasste, um die Bewegung voran zu treiben und ihre Programmpunkte zur Geltung zu bringen. So wurde z. B. auf Betreiben des Herrn Lackmann nie ein Geldbetrag für besondere kirchliche Zwecke freigegeben, wenn nicht ein Betrag in gleicher Höhe der N.S.V. oder dem Winterhilfswerk zur Verfügung gestellt wurde.

Weiter vermuten wir, dass auch der Einfluss der Ehefrau Bertelsmann auf das Tun und Lassen des Herrn Pfr. Bertelsmannrecht ungünstig ist. Die Ehe ist kinderlos und daraus scheinen sich Gemütsregungen besonderer Art herausgebildet zu haben. Frau Bertelsmann wird von einem Drang nach Äußerlichkeiten bewegt, der sie anscheinend auch veranlasst hat, früh der Frauenschaft beizutreten und sie muss in dieser Bewegung eine ziemlich be-

herrschende Rolle gespielt haben. Dem Vernehmen nach soll Frau Bertelsmann Leiterin des Kulturamtes in der Ortsgruppe gewesen sein. Sie ist eine starke Verfechterin des Nationalsozialismus gewesen.

Über die Verwaltung der Sakramente durch Herrn Pfr. Bertelsmann lassen sich keine Feststellungen treffen, ebenso nicht über die Handgabe der Haustaufen, weil der Riss in der Gemeinde so tief ging, dass Glieder der B.K. ostentativ die Amthandlungen des Herrn Pfr. Bertelsmann gemieden haben.

Allgemein bekannt war, dass Herr Pfarrer Bertelsmann jede Beerdigung übernahm, gleichgültig um welche Person es sich dabei handelte und zu welchem Bezirk er gehörte. Beerdigungen, die von anderen Geistlichen abgelehnt wurden, hat Herr Pfr. Bertelsmann ohne Bedenken ausgeführt.

Über seine Methodik im kirchlichen Unterricht liegen keine bestimmten Angaben vor. Aber nach den Feststellungen über sein Verhalten im Kindergottesdienst, im Jungmädelkreis und in der Frauenhilfe kann man nur sagen, Herr Pfr. Bertelsmann ist kein Pädagoge und die Pflege der Jugend ist kein Gebiet für ihn. So konnte es auch nur möglich werden trotz aller Vorstellungen seines Presbyteriums, dass der Kindergottesdienst ausschließlich von dem B.K.-Pfarrer Herrn Niedermeier gehalten wurde und nach dessen Einberufung von seinem Vertreter Herrn Pfr. Kuhlmann. Der unheilvolle Riss in der Gemeinde war auch die Ursache, dass Frauenhilfe und Männerdienst sich trennten und die B.K.-Gemeinde eine eigene Frauenhilfe und einen eigenen Männerdienst ins Leben gerufen hat.

Das Verhalten des Herrn Pfr. Bertelsmann gegenüber seiner Gemeindeschwester lässt sich mit der Würde des Pfarrerstandes nicht gut in Übereinstimmung bringen. Bertelsmann hat wenige Wochen nach seinem Amtsantritt nichtige Dinge in wenig angenehmer Weise aufgebauscht und dem Mutterhause schriftlich mitgeteilt, um auf diese Art eine erfahrene und tüchtige Gemeindeschwester mit einem Makel zu belegen. Das Betheler Mutterhaus kannte aber seine Schwester besser und hat auch nicht gezögert, die Schwester zu schützen. Andererseits hat die Gemeindeschwester in all den Jahren der Zusammenarbeit keinerlei Diakoniegeld erhalten. Die Schwesternarbeit hatte durch die kirchenpolitischen Auseinandersetzungen stark zu leiden und manche Tür blieb ihnen verschlossen und manche Trübsal ist dabei über die Schwestern gekommen. Die Schwesternstation der Petrigemeinde war ehedem mit 3 Schwestern besetzt. Die 3. Schwester war als technische Schwester tätig und leitete in hervorragender Weise u. a. Nähkurse, die von den Frauen und Mädchen der Gemeinde fleißig besucht wurden, so dass aus den daraus erzielten Einnahmen ein wesentlicher Teil von Ausgaben für die Schwesternstation getragen werden konnten. Wir machen Herrn Pfr. den Vorwurf, dass er die Interessen dieser wichtigen und sozialen Einrichtung nicht genügend gewahrt hat, so dass es dem D.C.-Presbyterium möglich war, die Einrichtung zu zerschlagen.

Als besonders erschwerend ist die Einführung eines neuen Gesangbuches anzusehen. Ein Stück dieses Buches ist beigefügt. Die Einführung dieser Liedersammlung ist zweifellos auf Betreiben des D.C.-Presbyteriums zurückzuführen, welches gewiss auch die finanziellen Mittel zur Beschaffung der Bücher zur Verfügung gestellt haben wird. Das Gesangbuch ist gravierend für den nationalkirchlichen Kurs des Presbyteriums und des Pfr. Bertelsmann.

U. E. ist Herr Pfarrer Bertelsmann ein Psychopath, der jedem äußeren Einfluss unterliegt. Dabei hat er gewiss auch Gaben, die nicht zu übersehen sind. Pfr. Bertelsmann gehört in eine zweite Pfarrstelle und unter die Leitung eines zielbewussten, klaren und eindeutigen Geistlichen, um die Gaben in ihm freizumachen zum Lobe Gottes und zum Segen der Gemeinde.

Die kirchenpolitischen Auseinandersetzungen sind in unserer Gemeinde von solcher Entschiedenheit, jedoch nicht nur im theologischen Sinne gewesen, dass ein Verbleiben des Herrn Pfarrer Bertelsmann in Bochum unmöglich und untragbar ist. Der Gemeindeausschuss erwartet daher von dem Ausschuss zur Wiederherstellung einen an Schrift und Bekenntnis gebundenen Pfarrerstandes, dass Herr Pfr. Bertelsmann aus einem Amt als erster Pfarrer der Gemeinde Bochum-Wiemelhausen-Petri entfernt wird und empfiehlt, Herrn Pfr. Bertelsmann in eine andere Stelle zu berufen."

Diese Ausarbeitung hat nicht den damals einzigen Gemeindepfarrer Wilhelm Schmidt als Verfasser, sondern ist von Presbytern aus dem Petribezirk in zwei vorliegenden Versionen verfasst worden. Sie beschreiben ihn so, wie sie ihn in Nähe und Distanz gesehen haben. Bertelsmann gehörte zur „*Glaubensbewegung Deutsche Christen*", entwickelte aber eine Nähe zu den radikalen Deutschen Christen, die sich „*Nationalkirchliche Einung*" nannten. Welches Selbstverständnis diese Bewegungen gehabt haben, wird nicht in dem Gutachten entfaltet. Deshalb sei aus einer Kundgebung vom 6. August 1941 zitiert:

„Unser Volk steht in einem beispiellosen Kampf um die Ordnung Europas und der Welt. Der Kampf, den wir heute ausfechten, ist im tiefsten Sinne ein Kampf zwischen den göttlichen und satanischen Mächten der Welt, zwischen Christus und dem Antichrist, zwischen Licht und Finsternis, zwischen

Liebe und Hass, zwischen Ordnung und Chaos, zwischen dem ewigen Deutschen und dem ewigen Juden. In diesem Kampf haben sich englische und amerikanische Priester, die Vertreter eines internationalen Weltkirchentums, mit dem Satan verbrüdert. Sie haben durch den Bruderkuss, den sie dem bolschewistischen Judas gaben, Christus abermals verraten und erneut ans Kreuz geschlagen ...

Wir erklären ... vor Adolf Hitler und Deutschland, vor Gott und der Welt:

Wir stehen gegen ein Christentum, das sich mit dem Bolschewismus verbündet, in den Juden das auserwählte Volk sieht und unser Volk und unsere Rasse als Gottesgaben leugnet ...

Wir bekennen uns bedingungslos zum Führer und zu Deutschland.

Wir bekennen uns zu einem artgemäßen deutschen Glauben.

Wir bekennen uns zu Gott, dem Allmächtigen, dem Schöpfer Himmels und der Erde und geloben, seine Mitschöpfer und Mitarbeiter zu werden.

Wir bekennen uns zu Christus und zu seiner Botschaft, dass Gott der Vater ist und geloben, mit ihm gläubig und tapfer wie der Ritter zwischen Tod und Teufel durch alle Dunkelheiten zu schreiten wie in ein großes Licht.

Wir bekennen uns zu dem allmächtigen Gottesgeist, der heute unser Volk besonders berufen hat, und geloben, nicht zu rasten und zu ruhen, bis es wirklich ein einig Volk von Brüdern werde: Volk vor Gott.

Wir gedenken in Ehrfurcht der Männer, die für Führer und Reich das letzte Opfer brachten, und geloben, uns durch ihr Opfer bis zum letzten Atemzug für Deutschland verpflichten zu lassen.

Wir gedenken in Ehrfurcht aller, die um sie trauern.

Wir gedenken dankbar unserer gesamten Wehrmacht und ihres Führers und bitten den Allmächtigen, dass er sie bald mit dem Endsieg kröne.

Uns alle vereint die feste Zuversicht:
Und wenn die Welt voll Teufel wär
Und wollt uns gar verschlingen,
so fürchten wir uns nicht so sehr,
es soll uns doch gelingen!
Das Reich muss uns doch bleiben!"
(KJ, S. 476f)

Im Gutachten wird die DC-Theologie und die mit ihr verbundene politische Parteinahme und Programmatik von Bertelsmann nicht entfaltet und bewertet. Die Auflösung der Theologie und des christlichen Glaubens in nationale

Religiosität ist kein Thema. Dass er nicht nur ein gläubiger Nationalsozialist gewesen ist, sondern Kirche und Gemeinde in den Dienst politisch-messianischer Ziele gestellt hat, ist auch kein Thema. Dass er Antijudaist im theologischen und Antisemit im politischen Sinn gewesen ist, wird auch nicht thematisiert. Aufgezählt werden, verglichen mit den eigentlichen Problemen der Existenz eines führer- und volksgläubigen Pfarrers, kleine Vergehen im täglichen Gemeindebetrieb und Charakterfehler des Amtsinhabers. Dass dieser Gemeinde zerstört hat und einen harten Kurs gegen seine BK-Amtsbrüder geführt hat, dass er seinen Nachbarn Niedermeier als *„Volksschädling"* in einem Presbyteriumsbeschluss charakterisieren ließ, dass er nicht die Spur einer Toleranz gegen theologische und politische Gegner geübt hat – dieses und vieles andere wird ausgelassen. Auch wird nicht das von Bertelsmann herausgegebene Gesangbuch auf seinen Geist und auf seine kirchenpolitischen Absichten untersucht.

Aber noch viel beklemmender ist, dass der Betheler Untersuchungsausschuss wieder in seinem Urteil die Schilderungen und Wertungen des Gemeindeausschusses weithin übernimmt, ohne eigene Recherchen angestellt zu haben. Und er kommt wie bei Klein zu dem Ergebnis, ihn seines Amtes in Wiemelhausen zu entheben und ihn in ein anderes Pfarramt zu wählen. Hier dürfte sich endgültig zeigen, dass diese Ausschüsse keinen Mut zu realen disziplinarischen Konsequenzen für die gehabt haben, die eindeutig die kirchliche Lehre aufgelöst und Gemeinden zerstört haben. Am Ende findet sich der größere Teil der christlichen Irrlehrer und der politischen Irrläufer in anderen Pfarrämtern wieder. Bertelsmann wird 1948 Pfarrer in Oberhausen-Osterfeld, geht 1969 in den Ruhestand und stirbt 1974.

Schmidt wird die Gutachten gekannt und in ihren Konsequenzen gebilligt haben. Er hat in den folgenden Monaten und Jahren immer wieder mit Klein und Bertelsmann korrespondiert und sie auch 1950 zur Einweihung der neuerbauten Melanchthonkirche eingeladen. Er hatte mit ihnen seinen Frieden gemacht. Er war eben an Neuanfängen in der Kirche mehr interessiert als an der Aufarbeitung der Vergangenheit von Amtsbrüdern. Auch wenn diese Haltung angesichts der eigenen Biografie verständlich ist, so bleibt als Ergebnis, dass die DC-Theologie mit ihren Reduktionen und Uminterpretierungen der biblischen Botschaft, mit ihren nationalreligiösen Interpretationen der NS-Weltanschauung, mit ihrem Antisemitismus und mit ihrem vorbehaltlosen Eintreten für die Führerdiktatur und seine Unterdrückungspraxis im Innern und die imperiale Eroberungspolitik nach außen nicht oder nur wenig in die Problematik eines Neuanfangs einbezogen wurden. Die von ihnen mitverantworteten totalitären Folgen ihrer religiösen und politischen Entscheidungen blieben am Ende eines kurzen Irritationsprozesses folgenlos im Blick auf ihre weitere berufliche Existenz.

Zu bedenken bleibt für die Jahre 1945/46, dass die Mehrheit der Deutschen und auch die Mehrheit in den Kirchen das Kriegsende als nationale Katastrophe und nicht als Befreiung empfunden und interpretiert haben. Für die nationalkonservative Führungselite in der Kirche, die den Krieg mehrheitlich als patriotische Pflicht für den Christen gehalten haben, war der Zusammenbruch eine schmerzliche Sache. Die Alliierten teilten Deutschland nach der Abtrennung der Ostprovinzen in vier Besatzungszonen auf und nahmen Deutschland jede staatliche Souveränität. Und im Westen begannen die Sieger mit der Entnazifizierung, die erst später an deutsche Spruchkammern abgegeben wurde. Keine Institution stellte so viele „*Persilscheine*" für die Angeklagten aus wie die Kirche. Die Ausschaltung der Deutschen Christen aus den Führungspositionen hatte aber zur Voraussetzung den Zusammenbruch des Dritten Reiches. So wie die Deutschen nicht selbst das NS-System überwunden haben, so hatte auch die BK es nicht vermocht, durch eigene Initiative und Leistung die Führung der Kirche vor der Kapitulation zu übernehmen. Nur die besondere Kirchenpolitik der Westalliierten gab den Kirchen in der Nachkriegszeit eine besondere Rolle. Auch innerkirchlich gab es Widerstand, in Parallele zur alliierten Entnazifizierung eine kirchliche „*Selbstreinigung*" zu vollziehen. Unter keinen Umständen wollten die Männer der kirchlichen Ausschüsse, die das Leben und Denken von Deutschen Christen werten mussten, in den Verdacht kommen, ihrerseits nun eine kirchenpolitische „*Siegerjustiz*" zu betreiben.

Dass ein Mann wie Schmidt, der nie Nationalsozialist, aber immer auch ein treuer Soldat des Führers gewesen ist – übrigens wie die Mehrheit auch der BK-Pfarrer, unter denen sich kaum Kriegsdienstverweigerer und Männer des konspirativen politischen Widerstandes befanden –, sich so vehement nach ihren fundamentalen theologischen Irrlehren und nach ihrem von der nationalsozialistischen Ideologie bestimmten Handeln trotz allem für eine Wiederverwendung im Amt einsetzte, dürfte nicht nur motiviert sein von einer besonderen christlichen Vergebungsbereitschaft, sondern auch von einer tiefen Distanz gegenüber dem Geist und der Praxis der westlichen Demokratien, die als Sieger das Konzept einer „*Umerziehung*" der Deutschen gestartet und die Kirchen als besondere Akteure einzuschalten versuchten.

Schmidts Eintreten für die beiden DCer geht auch nach den Urteilen der Untersuchungskommission weiter. Vor allem Bertelsmann gab keine Ruhe und schaltete einen Wiemelhauser Rechtsanwalt ein. Es ging um die Absicht des Presbyteriums, für Bertelsmann einen besonderen Gottesdienst mit Abendmahl in der Adventszeit 1948 als Versöhnungsgottesdienst zu halten. Voraussetzung sollte sein, dass die beiden einst verfeindeten Pfarrer Niedermeier und Bertelsmann offene Worte sprechen sollten. Schmidt wollte sich zuvor mit Bertelsmann über seinen damaligen und heutigen theologischen Standort aussprechen. Hin und her gehen Briefe, die zeigen, dass es große Schwierigkeiten gab, die nicht konsensual zu überwinden waren. Die Gemeinde war noch zu zerrissen – für die einen war Bertelsmann ein beliebter Pfarrer und Christ der Tat, für die anderen der brutale Zerstörer der Gemeinde –, um zum inneren Frieden zu kommen.

Der gemeinsame Gottesdienst mit gegenseitiger Erklärung der Pfarrer und mit einem gemeinsamen Abendmahl ist zur Enttäuschung von Schmidt nicht mehr zustande gekommen. Bertelsmann hat die Brücken, die Schmidt und Niedermeier ihm angeboten haben, nicht betreten können und wollen. Es blieb, wie Schmidt schrieb, *„keine andere Lösung (übrig) als die, den Dingen ihren Lauf zu lassen und die Zeit die Wunden heilen zu lassen."*

Jugendarbeit in der Christlichen Pfadfinderschaft

„Wir haben den unbändigen Willen, das Land zurückzuerobern, aus dem wir vertrieben worden sind, nicht für uns, sondern um eines gesunden und vernünftigen Dienstes an unseren Jungen willen!"

So schrieb Schmidt im *„Pfad"* 1934 in dem Aufsatz *„Neuordnung der evangelischen Jugendarbeit"*. Jetzt war für ihn die Zeit gekommen, die Pfadfinderarbeit wieder aufzunehmen. Das war anfangs nicht so einfach, da im Gegensatz zur sog. Gemeindejugend die alten selbständigen Jugendbünde für ihre Arbeit der Genehmigung durch die britische Besatzungsmacht bedurften und innerhalb der Kirche selbst auf große Vorbehalte stießen. Schmidt hat korrespondiert und gesprochen mit sog. Jugendoffizieren, mit kirchlichen Stellen und mit Jugendpfarrern von Rheinland und Westfalen.

Schon Ende 1946 wird für Bochum die Anerkennung der kirchlichen Jugendarbeit durch die Besatzungsmacht erreicht. Der CVJM unter Fritz Zaretzke und die CP unter Schmidt werden als *„förderungswürdig"* anerkannt.

Das bedeutete auch, dass die Engländer tatkräftige Hilfe bei der Durchführung von Fahrten und Lagern leisteten. So stellten sie Zelte zur Verfügung und füllten die Verpflegung auf. Die ersten Gau- und Landesmarklager der CP wären ohne die vielfache Hilfe der Engländer kaum möglich gewesen.

Schmidt hatte schon früh nach dem Krieg in der eigenen Gemeinde mit dem Aufbau von bündischen Pfadfindergruppen begonnen. Aus der Schar der ersten Nachkriegskonfirmanden der Melanchthon- und Petribezirke wurden Jungen für ein Mitmachen gewonnen. Er selbst arbeitete in der ihm gegebenen systematischen Weise ein erstes theologisches und pädagogisches Grundsatzpapier mit dem Titel *„Grundlinien unserer Arbeit"* aus:

„A.

1. Unser Bund ist eine Lebensgemeinschaft. An erster Stelle steht das Elternhaus, an zweiter Stelle stehen Schule und Beruf, an dritter Stelle steht unser Bund. Mit Elternhaus, Schule, Beruf und Bund leben wir in unserem deutschen Volke und in unserer evangelischen Kirche.

2. Unser Bund ist Erlebnisgemeinschaft. Er führt uns in unser Jugendland und stellt uns in eine lebendige Kameradschaft hinein, in der wir ein jungengemäßes Gemeinschaftsleben gestalten.

3. Unser Bund ist Erziehungsgemeinschaft. Auf der Grundlage des freiwilligen Zusammenschlusses fügen wir uns ein in die Ordnungen des Bundes, der uns hilft, die Jugendzeit zu nutzen mit der Zurüstung für die Lebensaufgaben in Familie, Beruf, Volk und Kirche.

B.

1. Die Mitte unserer Jungengemeinschaft ist Christus. ‚Der Knappe ist gottesfürchtig und hört auf Gottes Wort.' (Knappenordnung I) ‚Wir wollen Gottes Willen aus der Bibel kennen lernen und alles treulich nützen, was in dieser Erkenntnis fördern kann.' (Spähergesetz II).

2. Wir sind Gemeindejugend und wollen uns bewusst als junge Gemeinde in das Leben und in den Dienst der Gemeinde hineinstellen. ‚Wir wollen lebendige Glieder der Kirche werden und uns jederzeit zur Gemeinde halten.' (Spähergesetz III)

3. In unserem persönlichen Leben bemühen wir uns, den Befehlen Gottes gehorsam zu sein und in der Kraft Seines Evangeliums rechte Jünger Jesu zu werden. ‚Wir wollen mit allen Kräften danach streben, Christen der Tat zu werden, an Gott gebunden, dem Nächsten zum Dienst.' (Spähergesetz I)

C.

1. *Christus selbst ordnet und regiert durch sein Wort unsere Jungengemeinschaft. Er fordert uns ganz und formt unser Jungenleben. Die ganze Weite und mannigfache Fülle unseres Lebens gehört in das Leben unseres Bundes hinein: Bibelarbeit und Singen, Spiel und Sport, Fahrt und Lager, praktisches Pfadfindertum, Dienst am Nächsten, Vorbereitung auf alle Lebensaufgaben.*

2. *Von Christus, dem lebensspendenden und alles beherrschenden Mittelpunkt, empfängt all unser Tun seine rechte innere Einordnung und Bezogenheit. Alle leidenschaftlich betriebenen Sonderwünsche zerstören die Gemeinschaft. Christus setzt in allen Gebieten unseres Lebens rechtes Maß und Ziel.*

3. *Der Bund übernimmt an seinem Teil volle Verantwortung für unser Leben. Er stellt uns in eine Gemeinschaft, die uns bindet und trägt und uns aus einem Geiste prägen will. Darum ist die Zugehörigkeit zu einem anderen Jugendverband nicht möglich.*

4. *Der Bund umfasst alle Berufe und ist keine Standesorganisation. Er führt uns aus allen sozialen Schichten zu einer lebendigen Gemeinschaft zusammen und erstrebt auch darin die ganze Vielfalt des Lebens.*

D.

1. *Die Arbeit des Bundes geschieht in der Form fester Bindung und Ordnung, die vom Bund her durch die Führung geprägt wird. Der Bund will bewusst Jungenführung nach den uns geschenkten Erkenntnissen und im Blick auf die Aufgaben der Gegenwart.*

2. *Die kleinste und wichtigste Erlebnis- und Erziehungsgemeinschaft des Bundes ist die Sippe, in der bis zu 15 Jungen mit ihrem Sippenführer zusammenleben. Die Sippe ist die Lebenszelle des Bundes.*

3. *Unsere Jungenführer sind die Kameraden ihrer Jungen. Jeder Sippenführer hat nur seine Sippe. Darum kann er jedem Jungen nachgehen, mit den Eltern in Verbindung stehen und sich mit der ganzen Welt seiner Jungen vertraut machen.*

4. *Führung und Sippe sind in ihrem Zusammenleben darauf ausgerichtet, die Jungen zu Selbständigkeit und Verantwortungsbewusstsein zu führen. Die Jungen tragen und gestalten gemeinsam das Leben ihrer Sippe und helfen einander in der Förderung ihres Lebens.*

E.

1. Die Sippenstunden tragen das Gepräge des Bundes. Nicht die Wünsche des Jungen, nicht sein Spiel- und Unterhaltungstrieb bestimmen das Zusammensein, sondern der feste Wille zur zuchtvollen und planmäßigen Gestaltung des Gemeinschaftslebens.

2. Wie in der Sippe jeder Junge besonders genommen und beachtet wird, so können in einer planvoll entfalteten Arbeit die kleinen Dinge des Lebens zur Geltung kommen. Treue im Kleinen bestimmt den Geist der Arbeit. Fernab von allem oberflächlichen, propagandistischen, schnell organisierten und gemachten Betrieb will alles echte und beständige Leben von Grund auf und langsam wachsen.

3. Die Gliederung in die Stände der Knappen, Späher und Kreuzpfadfinder, Bewährungszeiten und Leistungsproben lassen jeden kleinen Schritt wichtig werden und jedes Stück Weg durch das Jungenland bewusst durchschritten sein. Klare, erreichbare Ziele werden gesteckt, der Wille der Jungen wird gelenkt, er lernt, sein Jungenleben ernst zu nehmen und freudig zu bejahen in der Geduld eines langsamen Wachsens und Reifens.

F.

1. Fahrt und Lager sind für unser Gemeinschaftsleben unentbehrlich. Das einfache Leben reißt alle falschen Schranken zwischen den Jungen nieder und lässt echte, natürliche Gemeinschaft entstehen.

2. Entbehrungen und Härte auf Fahrt und im Lager machen tüchtig für den Lebenskampf. Alles weichliche Wesen, das auf billige Genüsse und fragwürdige Eintagsfreuden aus ist, wird überwunden durch das Erleben einer starken Gemeinschaft, in der das Leben mit klarer Nüchternheit gesehen und mit seinen Aufgaben tapfer angefasst wird. Nur die Freude, die eine Frucht eigener Mühe ist, wird tief und von bleibendem Wert sein.

3. Im Hören auf das Wort Gottes, im Lauschen auf die Spuren Gottes im Leben Seiner Kirche und in Seiner Schöpfung werden wir in die Stille geführt, lernen das Schweigen und lassen uns bereiten für die echte Begegnung mit Gott und dem Bruder.

G.

1. Das Waldläufertum lehrt uns die Liebe zu den verborgenen Schönheiten in der Schöpfung Gottes und erzieht uns zu Demut und Ehrfurcht vor den Geheimnissen des Lebens.

2. *Von der Jugendbewegung haben wir gelernt, alle falsche Uniformierung zu verabscheuen, das persönliche Leben zu achten und die wahren Werte des Lebens zu suchen.*
3. *Durch das Pfadfindertum werden wir hingewiesen auf die besonderen Gaben, die uns geschenkt sind, lernen, unsere Fähigkeiten zu erkennen, zu entfalten und in den Dienst an unseren Mitmenschen zu stellen.*

H.
1. *Unser Bund ist ein Glied der Evangelischen Jugend Deutschlands. Alle Jugend, die mit uns gemeinsam das Christuskreuz (Kreuz auf der Weltkugel) trägt, ist uns brüderlich verbunden. Verbundenheit in Christus führt uns auch mit den katholischen St. Georgs-Pfadfindern zusammen.*
2. *Wir wissen uns als lebendiges Glied in der Gemeinschaft aller deutschen Jugend, die in echter Verantwortung vor unserem Volke sich ihren Weg bahnt durch die Not der Zeit.*
3. *Als Pfadfinder gehören wir zur weltweiten Bewegung des internationalen Pfadfindertums und suchen die Gemeinschaft mit der Jugend aller Völker."*

Wir haben diese Ausarbeitung von Schmidt kurz nach dem Krieg vor der Gründung der Bundesrepublik und der Gründung der Evangelischen Kirche Deutschlands zitiert, um den anderen Schmidt zu zeigen: er war neben seinem Amt als Pfarrer ein leidenschaftlicher Jugendpädagoge. Er hatte den Mut, in der Nachkriegssituation Traditionen des Pfadfindertums und der Jugendbewegung abzurufen. Natürlich wusste er, dass die bündische Tradition von der nationalsozialistischen Jugendarbeit formal aufgenommen und durch die Verschränkung mit der nationalsozialistischen Weltanschauung ihres ursprünglichen Inhalts beraubt worden war. Auch der Führerbegriff war im Sinne eines Befehl-Gehorsamsprinzip missbraucht worden.

Schmidts Konzeption eines Jungenbundes zeichnet sich aus durch die Verbindung mehrerer Wirklichkeiten: die kirchlich-religiöse Hinführung der Jugend zum persönlichen Glauben und zur Gemeinschaft der Kirche ergänzt durch ein jugendgemäßes Gemeinschafts- und Selbsterziehungsprogramm. Jugendzeit sollte ein langsames, werteorientiertes Hineinwachsen in die späteren Aufgaben in Gesellschaft und Kirche werden. Durch tätige zielgerichtete Selbstverantwortung und Mitverantwortung im verpflichteten Leben einer Kleingruppe sollten sich Fähigkeiten auf ein zu gelingendes Leben entwickeln und einüben. Fahrt und Lager gaben in einer geordneten Tagesstruktur die Möglichkeit, die Schönheiten der Natur zu entdecken und ihren Schutz als Lebensaufgabe zu erkennen. („*Der Pfadfinder schützt Tiere und Pflanzen*" – so hieß es im internationalen Pfadfindergesetz.)

Die Klammer für das eigene Alltagsleben und für das Gemeinschaftsleben war die geistliche Ausrichtung auf die Christusverkündigung, wie sie in der Kirche geschah. Klar wurde ausgedrückt, dass man sich als Glied der Kirche und der Evangelischen Jugend verstand. Das aber gleichzeitig in Offenheit zu anderen Jugendverbänden und zur internationalen Pfadfinderbewegung.

Es gibt kaum Dokumente jugendpädagogischer Art in der Nachkriegskirche, die ein ähnlich klares Programm formuliert haben mit dem Ziel der Heranbildung einer neuen Jugendgeneration nach den Zeiten der Erziehung der Jugend zu Kampf und Krieg.

Auch innerhalb der Kirche gab es starke Vorbehalte gegen die Neuaufnahme der Arbeit der Christlichen Pfadfinderschaft. Exemplarisch lässt sich das beleuchten an einem mehrjährigen Konflikt, den Schmidt mit der evangelischen Rheinischen Jugendkammer führen musste. Die CP hatte den Antrag auf die Aufnahme in diese Jugendkammer gestellt. Doch diese verweigerte der CP die Anerkennung als kirchliche Jugendarbeit.

Am 12. Oktober 1948 trafen sich Vertreter der Jugendkammer mit Wilhelm Schmidt und dem Wuppertaler Kurt Hensche zu einer Aussprache, die kein Ergebnis brachte. Über die Gründe schreibt Schmidt am 1. Advent 1948 in einem Rundbrief:

„Man sagt uns, dass wir mit dem internationalen Pfadfindergesetz dem heidnischen Idealismus in unserem Bunde Raum geben. ... Und doch ist es keine Böswilligkeit, die Ablehnung hat theologische Gründe ... Man befürchtet, dass es uns um eine durch Gesetze und Ordnungen bestimmte, geprägte, geformte, d. h. vom Menschen her gestaltete Jungengemeinschaft geht und nicht um das Hören auf das Wort Gottes. Man sieht in unserer Arbeit deutschchristliche Züge. ..."

Schmidt weiß natürlich, dass es in dieser Diskussion um die theologische Grundsatzfrage ging „*Gesetz und Evangelium*" oder „*Evangelium und Gesetz*". Er nimmt diese Diskussion an und führt eine umfangreiche Korrespondenz mit dem Jugendpfarrer Bopp. Dieser fragte in einem Brief vom 5. März 1949 die „*Leiter und Mitarbeiter der CP*":

„Steht in unserer Arbeit an den Jungen unser Herr Christus, der Gekreuzigte und Auferstandene, sein Evangelium, seine Gnade allein, an erster

Stelle und an alles bestimmender Stelle? Geht es um Buße, Bekehrung, um
Glauben und Gehorsam junger Menschen, die an Gottes Gesetz sterben und
aus Christi Heilstat leben sollen? Soll aus dieser Wurzel allein die Gestal-
tung des Lebens junger Menschen erwachsen?"

Schmidt schrieb am 22.3.1949 einen recht polemischen Antwortbrief an
den Jugendpfarrer Bopp. Er hält die vorgesehene Untersuchung der CP auf
ihre Theologie und ihre pädagogische Praxis hin angesichts ihrer Geschichte
und ihrer Grundsätze wie ihrer gegenwärtigen Verankerung in den Gemeinden für völlig unverständlich. Ein Jahr später versucht er noch einmal, theologisch gegen die Vorwürfe der Jugendkammer, in der die Vertreter des
CVJM-Westbundes und die Vertreter der Gemeindejugendarbeit die Mehrheit
hatten und ihre theologischen und evangelistischen Positionen und ihre pädagogischen Methoden in einer evangelischen Jugendarbeit für die allein
maßgebenden hielten. Schmidt schreibt:

„Der junge Mensch wird unmittelbar vor das Ziel seines Weges gestellt,
er wird in unmittelbare Berührung mit Christus gebracht, er wird zur Ent-
scheidung aufgefordert. Zweifellos kann Gott sich zu diesem ‚Weg' bekennen
und Er hat es in segensreichem Maße getan. Diesem Weg soll nichts ange-
merkt werden als nur dieses, dass er ein Weg ist, nicht der alleinige Weg.
Christus selbst ist der Weg. Das Gesetz ist der Pädagoge zu Christus hin ..."

Für Schmidt gibt es verschiedene Formen von Jugendarbeit. Er hält die
vom rheinischen Pietismus und von Karl Barths Theologie geprägte Position
in der Erziehungsaufgabe an jungen Menschen nicht für die allein richtige und
gebotene. Vor allem ist ihm die offene Gemeindejugendarbeit ohne konkrete
Verpflichtungen in der Gemeinschaft und ohne praktische Orientierungen in
den weltlichen Strukturen nicht hilfreich für die Heranbildung junger Christen für die Mitarbeit in Kirche und Gesellschaft. Auch gegenüber den vielen
hauptamtlichen Sekretären in der Jugendarbeit hat er seine pädagogischen Bedenken. Sie dominieren die Jugendlichen und verhindern eine eigenständige
Entwicklung der Jungen in selbstverantwortlicher und eigenständiger, ihrem
Alter entsprechenden Lebensgemeinschaften.

Es hat nach dem Kriege lange gedauert, bis es zu einer Anerkennung ver-
schiedener Arbeitsformen in der Evangelischen Jugend gekommen ist. Viele
Pfarrer aus der BK favorisierten die Gemeindejugendarbeit und lehnten die
Wiederaufnahme der bündischen Organisationen mit ihren pädagogischen

Methoden und Zielen ab. Mit eigenständiger Jugendarbeit, die nicht in ihrer Regie stand, hatten sie ihre Probleme. Ihre theologischen Vorbehalte aus erwecklicher Tradition und aus Barthscher Theologie machten es ihnen schwer, einen Jungenbund in ihren Kirchenräumen zu akzeptieren, der einen anderen Stil entwickelte als die üblichen, vom Gemeindepfarrer oder von hauptamtlichen Sekretären geleiteten Kreise der Gemeinde.

Jahrzehnte seines Berufslebens hat Schmidt gegen den Monopolanspruch der auf Erweckung und Bekehrung von jungen Menschen zielenden Amtsbrüder gekämpft. Auch mit dem im Westen Deutschlands dominierenden Westbund hat er manchen Konflikt austragen müssen. Auch die Kirchenleitungen hatten in der Jugendarbeit ihren Favoriten: die Schülerbibelkreise, von denen man die Heranbildung des Pfarrernachwuchses erwartete.

Schmidts Arbeitszimmer war bis zu seinem Weggang aus Melanchthon 1955 die Kanzlei der CP Westfalen. Auf seiner kleinen Schreibmaschine schrieb er als *„Landesmarkführer"* von Westfalen regelmäßig Rundbriefe an die Verantwortlichen in den Gauen, in den Stämmen und Siedlungen. Hier erledigte er die umfangreiche Korrespondenz mit einzelnen Pfadfindern und mit Amtsbrüdern, die den CP-Gruppen Schwierigkeiten machten. Als Mitglied der Ev. Jugendkammer Westfalen setzte er sich konstruktiv-kritisch mit der Arbeit der Evangelischen Jugend und ihrer Jugendpfarrer auseinander. Von hier aus bereitete er Landesmarklager und Führerkurse vor. Für angehende Kreuzpfadfinder gab es besondere Wochenendrüsten, die sich mit Grundfragen des persönlichen Glaubens, mit theologischen Fragen und kirchlichen Problemen befassten. Auch an den Jugendpfarrerkonferenzen nahm er teil, um den Kontakt zur landeskirchlichen Jugendarbeit zu halten. Viel reiste er auch in Westfalen herum, um CP-Gruppen zu besuchen. Besondere Tagungen behandelten die Frage, wie Jugendliche Bibelarbeiten für Jugendliche betreiben können.

Schmidts CP-Arbeit erforderte viel Zeit, intellektuellen und physischen Einsatz. Trotz seiner gesundheitlichen Kriegsschäden schlief er in Zelten und Jugendherbergen. Persönlich war er sehr anspruchslos, was Kleidung und Essen anging. Seine besondere Liebe galt neben den Bibelarbeiten und Morgenandachten dem Singen mit eigener Blockflötenbegleitung oder mit dem Gitarrespiel anderer.

Schaut man sich die Nachkriegsaktivitäten dieses Pfarrers im Ganzen an, so ergibt sich das Bild eines hart und diszipliniert arbeitenden Mannes.

Ununterbrochen war er gefordert: im Predigtdienst, im Katechumenen- und Konfirmandenunterricht, bei Bibelstunden für verschiedene Gemeindekreise, im Unterricht an einer Höheren Schule, in der Akademiearbeit, als Krankenhausseelsorger im nahegelegenen Bergmannsheil und in vielem mehr. Und er war immer vorbereitet. Hunderte handschriftliche Predigten und Andachten, Hunderte von Vortragentwürfen zeigen eine ungewöhnliche Kraft des Geistes, der Schreibe und des Redens. Wenn die Zeit es erlaubte, las er theologische Literatur, ergänzt durch aktuelle allgemeine Literatur. Und das konnte er alles nur leisten, weil seine Frau ihn in seinen Aktivitäten verstand und unterstützte.

Theologischer und kirchenrechtlicher Streit um die „Grundartikel" einer neuen Kirchenordnung

Um die folgenden Vorgänge auf Gemeinde- und Synodalebene zu verstehen, sei kurz die kirchliche Entwicklung nach 1945 in Westfalen skizziert: Schon am 24. April 1945 hat der Präses der Provinzialsynode D. Karl Koch die vorläufige Kirchenleitung der alten westfälischen Provinzialkirche, die Teil der ApU (Altpreußischen Union) war, für die seit 1922 die *„Verfassungsurkunde für die Evangelische Kirche der altpreußischen Union"* galt, einberufen.. Schon am 13. Juni 1945 berichtet Koch über *„Bildung einer Kirchenleitung für die Evangelische Kirche von Westfalen"* und teilt die Namen der Kirchenleitungsmitglieder mit, unter denen keine Laien waren. Diese waren ab Januar 1946 in einem *„Beirat"* vertreten. Die entscheidenden Weichenstellungen für die Struktur der kommenden Kirche wurden vor der Einberufung der Synode im Juli 1946 mit Hilfe von *„Notverordnungen"* vorgenommen. Auch die *„Selbstreinigung der Kirche"* wurde zusammen mit der *„Evangelischen Kirche der Rheinprovinz"* durch eine *„Ordnung für das Verfahren der Verletzung von Amtspflichten der Geistlichen"* vom 1. September 1945 geregelt. Vorher am 29. Juni 1945 hatte die Kirchenleitung einen fünfköpfigen *„Ausschuss zur Wiederherstellung eines an Schrift und Bekenntnis gebundenen Pfarrerstandes"* eingesetzt, der über Weiterverwendung oder Entlassung der 53 DC-Pfarrer letztinstanzlich entscheiden sollte. (Nur fünf wurden aus dem Dienst entlassen.)

Wie nun eine neue Kirchenverfassung aussehen sollte, darüber wurde in den nächsten Jahren heftig und sehr kontrovers gestritten. Die einen forder-

ten eine bekenntnisgegliederte Kirchenleitung in einem konfessionell ge-
gliederten Kirchenwesen. Die anderen wollten eine Union von lutherischen,
reformierten und unierten Gemeinden und Synoden mit jeweiligen konfessionellen Konventen.

In Westfalen und im Rheinland drängte man auf die Aufhebung oder
Schwächung der Abhängigkeit von Berliner Kirchenleitungen. Auf der *„Kir-
chenführerkonferenz"* in Treysa am 31. August 1945 setzen die Vertreter der
alten Provinzialkirchen ihre Selbständigkeit durch. Die Altpreußische Union
wurde lediglich ein Dachverband und nannte sich seit 1953 *„Evangelische
Kirche der Union"* mit jährlich wechselndem Vorsitz. In Westfalen wurden die
Notverordnungen und Beschlüsse der vorläufigen Kirchenleitung durch *„Pro-
vinzialsynoden"* im Juli und Oktober 1946 bestätigt. Sie waren aber nicht aus
allgemeinen Kirchenwahlen hervorgegangen, sie bereiteten die Einberufung
der ersten ordnungsgemäßen *„Landessynode"* 1948 vor, die mit den Beratungen über eine neue Kirchenordnung begann, die dann am 26. März 1953
von der Leitung der Evangelischen Kirche von Westfalen verkündet wurde
und am 1. April 1954 in Kraft trat. Am Anfang stehen vier Grundartikel:

I.

*Die Evangelische Kirche von Westfalen ist gegründet auf das Evangelium
von Jesus Christus, dem Fleisch gewordenen Worte Gottes, dem gekreuzigten,
auferstandenen und wiederkommenden Heiland, der das Haupt seiner Gemeinde und allein der Herr ist.*

*Das prophetische und apostolische Zeugnis der Heiligen Schrift Alten und
Neuen Testamentes ist in ihr die alleinige und vollkommene Richtschnur des
Glaubens, der Lehre und des Lebens. Darum gilt in ihr die Lehre von der
Rechtfertigung des Sünders allein aus Gnaden durch den Glauben.*

II.

*Aus diesem Grunde sind in der Evangelischen Kirche von Westfalen evan-
gelisch-lutherische, evangelisch-reformierte und evangelisch-unierte Gemeinden in Verantwortung vor ihrem Bekenntnisstand in einer Kirche verbunden,
die gerufen ist, Jesus Christus einmütig zu bezeugen und seiner Sendung in
die Welt gehorsam zu sein.*

*In allen Gemeinden gelten die altkirchlichen Bekenntnisse, das Aposto-
lische, das Nicaenische und das Athanasianische Glaubensbekenntnis. In
den Gemeinden lutherischen Bekenntnisstandes gelten die Augsburgische*

Konfession, die Apologie der Augsburgischen Konfession, die Schmalkaldischen Artikel, der Kleine und Große Katechismus Martin Luthers. In den Gemeinden unierten Bekenntnisstandes gilt der Heidelberger Katechismus.

In den Gemeinden unierten Bekenntnisstandes vollzieht sich die Bindung an das Zeugnis der Heiligen Schrift in Verantwortung vor den altkirchlichen Bekenntnissen und den Bekenntnissen der Reformation.

In allen Gemeinden wird die Theologische Erklärung der Bekenntnissynode der Deutschen Evangelischen Kirche von Barmen als eine schriftgemäße, für den Dienst der Kirche verbindliche Bezeugung des Evangeliums bejaht.

III.

Die Evangelische Kirche von Westfalen achtet den Bekenntnisstand ihrer Gemeinden und gewährt der Entfaltung ihres kirchlichen Lebens gemäß ihrem Bekenntnisstand freien Raum.

Zum Dienst am Wort in einer Gemeinde kann nur berufen werden, wer sich verpflichtet, den Bekenntnisstand der Gemeinde zu achten und zu wahren. Der gelegentliche Dienst am Wort darf einem innerhalb der Evangelischen Kirche in Deutschland ordnungsgemäß berufenen Diener nicht deshalb verwehrt werden, weil er einem anderen als dem in der Gemeinde geltenden Bekenntnis angehört; er ist jedoch verpflichtet, den Bekenntnisstand der Gemeinde zu achten.

Die Verwaltung der Sakramente geschieht in den Gemeinden gemäß ihrem Bekenntnisstand. In allen Gemeinden werden jedoch die Glieder aller evangelischen Kirchen ohne Einschränkung zum heiligen Abendmahl zugelassen.

IV.

Die Evangelische Kirche von Westfalen pflegt die Gemeinschaft der in ihr verbundenen Gemeinde. Sie ruft ihre Glieder, in der Beugung unter Gottes Wort von ihrem Bekenntnis aus der Einheit der Kirche zu dienen und darum auch auf das Glaubenszeugnis des anderen reformatorischen Bekenntnisses zu hören.

In dieser Bindung an Schrift und Bekenntnis, die auch für die Setzung und Anwendung ihres Rechtes grundlegend ist, gibt sich die Evangelische Kirche von Westfalen die folgende Ordnung: ...“ (KAW 5/1954)

Den Grundartikeln folgen dann 227 Artikel. Nach „*einleitenden Bestimmungen*" folgen Abschnitte über „*Die Kirchengemeinde*", über „*den Kirchenkreis*", über „*Die Landeskirche*", über „*Die Rechtsausschüsse*", über den

„Dienst an Wort und Sakrament" mit den Unterartikeln: Der Gottesdienst, die Sakramente, die Seelsorge, die Evangelische Unterweisung und die Konfirmation, der Dienst der Gemeinde an ihrer konfirmierten Jugend, die kirchliche Trauung, die kirchliche Beerdigung, die Ordination und die Visitation.

Der letzte Artikel 227 bringt „Übergangs- und Schlussbestimmungen". Die Organisationsstruktur sieht so aus: Das Fundament bilden die Gemeinden mit einem Presbyterium, das den Pfarrer wählt und den auf acht Jahre gewählten Presbytern. Den Vorsitz hat der Pfarrer. Daneben gibt es einen *„Gemeinde-beirat"* mit dem Pfarrer als Vorsitzenden oder einem Presbyter.

Die Einzelgemeinden bilden eine Kreissynode, die jährlich tagt und je zur Hälfte aus Theologen und Nichttheologen besteht. Gebildet wird ein Kreissynodalvorstand, der aus dem Superintendenten, einem Assessor, einem Scriba (alles Theologen) und aus 2 – 5 Ältesten besteht. Aus der Kreissynode heraus werden die Landessynodalen gewählt. Die Landessynode wird vom Präses geleitet, sie besteht aus Theologen und Nichttheologen etwa im Verhältnis von 2:1. Alle Superintendenten gehören zur Landessynode wie Vertreter der Theologischen Fakultäten und der Kirchlichen Hochschule und aus bis zu 20 von der Kirchenleitung berufenen Personen.

Vorsitzender der Kirchenleitung ist der Präses mit zwei Vizepräsidenten, drei Oberkirchenräten und 18 Mitgliedern der Landessynode. Das Landeskirchenamt mit dem Präses an der Spitze und mit Landeskirchenräten und Landesoberkirchenräten besetzt führt die laufenden Geschäfte aus. Zu beachten ist in dieser Ordnung die dominierende Position des Präses: er ist Vorsitzender der Landessynode, Vorsitzender der Kirchenleitung und Chef des Landeskirchenamtes. Und es dominieren auf allen Ebenen die Theologen.

Es ist Wilhelm Schmidt, der als Ravensberger Lutheraner einer der schärfsten Kritiker dieser Westfälischen Kirchenverfassung und den Verfassungen der Evangelischen Kirche in Deutschland wird. Am 1. September 1948 schreibt er an Präses Koch, dass er *„die Verbindlichkeit der Eisenacher Beschlüsse für mich und meine Amtsführung nicht anerkennen kann."* Die Hauptgründe sind: Für ihn ist die EkiD nicht Kirche im Sinne von CA VII/VIII (Confessio Augustana von 1530). Der Artikel VIII, auf den Schmidt sich immer wieder berufen wird, heißt:

„Es wird auch gelehrt, dass alle Zeit müsse eine heilige christliche Kirche sein und bleiben, welche ist die Versammlung aller Gläubigen, bei welchen das Evangelium rein gepredigt und die heiligen Sakrament laut des Evangelii gereicht werden.

Denn dies ist gnug zu wahrer Einigkeit der christlichen Kirchen, dass da einträchtiglich nach reinem Verstand das Evangelium gepredigt und die Sakrament dem göttlichen Wort gemäß gereicht werden. Und ist nicht not zur wahren Einigkeit der christlichen Kirche, dass allenthalben gleichformige Ceremonien, von den Menschen eingesetzt, gehalten werden, wie Paulus spricht zu Ephesern am 4.: „Ein Leib, ein Geist, wie ihr berufen seid zu einerlei Hoffnung euers Berufs, ein Herr, ein Glaube, ein Tauf.“ ( )

Weiter argumentiert er:

„Die leitenden Organe der EkiD sind nicht Kirchenregiment nach dem Verständnis der lutherischen Bekenntnisse. Die theologische Erklärung von Barmen hat in der Lutherischen Kirche keine Gültigkeit, so lange die in Barmen geforderte Auslegung durch einen lutherischen Konvent nicht vorliegt und von der Lutherischen Kirche nicht zum Bekenntnis erhoben ist.“

Interessant ist der Vermerk, den Kirchenrat Dedeke für Koch über Schmidt macht: er gehört zu den *„konfessionellen Lutheranern der strengsten Richtung“*, der für eine neue Kirche, für eine *„Kirche auf dem Wege“* kein Verständnis habe, *„zumal er auch im Kampfe der BK abseits gestanden hat.“* Und:

„Schmidt ist sonst in seiner Gemeinde eifrig, er ist vor allem in der Jugendbewegung der ‚Pfadfinder‘ tätig. Mir will es jedoch scheinen, als wenn er sich im Industriegebiet, wo für die strenge konfessionalistische Richtung kein Boden ist, nicht sonderlich wohl fühlt und besser in einer lutherischen Landeskirche am Platze wäre.“

Dies dürfte eine klare Verkennung von Schmidts Rolle im Kirchenkampf sein. Ob der Kirchenrat von dem Bochumer Gemeindekirchenkampf in Wiemelhausen noch nichts gehört hatte? Er hatte natürlich nicht ganz Unrecht, wenn er unter BK nur die bruderrätliche BK in Westfalen verstand. Jedenfalls hat er Schmidts Position einer bekennenden Bekenntniskirche nicht als eine andere Möglichkeit zur eigenen Position begreifen können. Besser wäre es, wenn er in eine lutherische Landeskirche wechselte. Dieses kirchenrätliche *„Gutachten“* jedenfalls gibt einen kleinen Einblick in die Arbeitsweise der neuen Kirchenoberen.

Mit diesem Kirchenrat Dedeke, der als ehemaliger Pfarrer in Bochum nun Dezernent für die Bochumer Synode in der Kirchenleitung ist, kommt es bei den Verhandlungen der Kreissynode am 8./9. Juni 1952 in Altenbochum zu einem schweren Zusammenstoß mit Schmidt. Dedeke hatte anfangs wie üblich ein Grußwort gesprochen, das leider nicht im Wortlaut vorliegt. Anschließend ging es um die *„Beratung über das Proponendum der Kirchenleitung: Entwurf der Kirchenordnung der ev. Kirche von Westfalen."* Nach einem Vortrag des Pfarrers Flentje über die *„Grundartikel"* wurde Punkt für Punkt des Entwurfs diskutiert und abgestimmt. Dann vermerkt das Protokoll:

> *„Im Anschluss an die Aussprache über die Grundartikel gibt Pfr. Schmidt, Wiemelhausen, eine Erklärung zu Protokoll. Er legt schärfsten Protest ein dagegen, dass der Vertreter der Kirchenleitung zu Beginn dieser Synode das geistliche, brüderliche Gespräch nahezu unmöglich macht dadurch, dass durch kirchenpolitisch tendenziöse, sachlich unrichtige Ausführungen die kirchenpolitischen Leidenschaften wachgerufen wurden und die Würde der Synode schwer beeinträchtigt worden ist."*

In der sich anschließenden bewegten Aussprache kann die sachliche und theologische Meinungsverschiedenheit nicht überbrückt werden. Die persönlichen Gegensätze werden dadurch bereinigt, dass Schmidt erklärt, es habe ihm ferngelegen, Herrn LKR Dedeke persönlich anzugreifen und zu beleidigen. Die sachlichen Angriffe aber halte er aufrecht. Er bäte ausdrücklich darum, dass diese Dinge morgen auf der Synode verhandelt würden. Außerdem erklärt sich Pfr. Schmidt mit folgender Neuformulierung seiner Erklärung einverstanden: *„Herr Pfr. Schmidt kann sich mit verschiedenen Ausführungen von LKR Dedeke nicht einverstanden erklären und behält sich seine Stellungnahme zur gegebenen Zeit vor, möglichst morgen."* In der Tat wird dafür die Zeit ab 17 Uhr vorgesehen, aber nur dann, wenn die übrigen Anträge entschieden seien.

Dass mit diesem Konflikt jedoch grundsätzliche Fragen aufgeworfen worden sind, zeigt die abschließende Erklärung von Schmidt: *„Es geht nicht um den formalen Dissensus. Es geht mir um den ganzen Tenor der Synode, wie er auf allen anderen Synoden auch zum Ausdruck gekommen ist. Es wird durch Abstimmungen entschieden und wesentliche geistliche Anliegen werden unter den Tisch gestimmt."*

Das synodale Verhandlungsprotokoll – ein zurechtgestutztes Ergebnisprotokoll – gibt nicht wieder, was ein anderer Teilnehmer schreibt:

> *„Als Pfr. Schmidt aufgefordert wurde, seine Erklärung zu begründen und diese Begründung vortragen wollte, wurde er immer wieder durch den Vertreter der Kirchenleitung unterbrochen und mit Vorwürfen überhäuft, so dass ihm ein ungestörtes Sprechen unmöglich war. Als ein Pfarrer von ‚Beleidigung'*

sprach, entstand Bewegung unter den Laien, die Synode nahm tumultuarische Formen an und drohte auseinander zu laufen. Pfr. Schmidt richtete am 9.6. ein Schreiben an die Synode und blieb der Synode fern."

Dieses unmittelbar nach einem turbulenten Synodentag in der Nacht auf den 8./9. entworfene Schreiben ist nicht im Original vorhanden, aber eine Thesenreihe von Schmidt für das Gespräch mit dem Kreissynodalvorstand am 27.6.1952. Sie ist für das Selbstverständnis des Schreibenden und für unser Verstehen der synodalen Vorgänge und auch der späteren Auseinandersetzungen so wichtig, dass sie ganz abgedruckt sei:

„Zum Grundsätzlichen:
1. *Die Bochumer Kreissynode ist Glied der EKW und damit auch der EKD als eines Bundes bekenntnisbestimmter Kirchen. Darum sind alle Verhandlungen im Geist der Verbundenheit mit allen Gemeinden der EKW und allen Gliedkirchen der EKD zu führen. Die Bochumer Kreissynode kann sich nicht aus der Gemeinschaft der EKD lösen und einen Weg gehen, der dem Geist des Bundes von Eisenach entgegensteht.*
2. *Die Bekenntnisbindungen, denen sich die lutherischen und reformierten Kirchen verpflichtet wissen, gelten in gleicher Weise auch für lutherische und reformierte Gemeinden in der Union. Bekenntnisbindung hat in Westfalen die gleiche Verbindlichkeit wie in Bayern. Was für bayrische Lutheraner nicht tragbar ist, kann auch für westfälische Lutheraner nicht tragbar sein.*
3. *Für die Lutherische Kirche ist Union möglich, wenn im Zusammenleben von Gemeinden verschiedenen Bekenntnisstandes das lutherische Bekenntnis in Lehre, Leben und Ordnung der Gemeinden und ihrer Pfarrer auf dem Weg über Bekenntniskonvente uneingeschränkte Geltung behält.*
4. *Der Geist der Wahrheit und der Liebe hat alle Verhandlungen einer Synode zu regieren. Der Geist der Wahrheit kommt dadurch zur Geltung, dass im Hören auf das Wort Gottes die gewissensmäßige Bindung an die Bekenntnisse der Kirche geachtet und anerkannt wird: Niemand darf gegen das eigene Gewissen handeln. Der Geist der Liebe kommt darin zur Geltung, dass trotz verschiedener Bekenntnisbindung das Band brüderlicher Verbundenheit fest bleibt: Niemand darf gegen das Gewissen des Bruders handeln und sich zum Herrn seines Glaubens setzen. Nur wo der Geist der Wahrheit und der Geist der Liebe in gleicher Weise Raum haben, können*

Wahrheit und Liebe ihre volle Kraft entfalten. Die Vernachlässigung der Wahrheit zieht eine Beeinträchtigung der Liebe nach sich und umgekehrt. Evgl. Welt 1952 Seite 312: ,Das Ergebnis der ökumenischen Bewegung bestehe heute darin, dass die theologischen Unterschiede nicht beseitigt, sondern verschärft worden seien. – Diese gereifte Selbsterkenntnis erfolgte als ein Stück gemeinsamen Wachstums in der Liebe.'

5. *Die Lutherische Kirche kann es nicht hindern, wenn Pfarrer und Gemeinde die Bindung an die reformatorischen Bekenntnisse zugunsten einer ,unmittelbaren Bindung' an die Heil. Schrift oder zugunsten neuer Bekenntnisbildung zurückstellen. Sie muss aber innerhalb der Kirchen, die einer Consens-Union zustreben, für die lutherischen Pfarrer und Gemeinden, die sich dem lutherischen Bekenntnis existentiell verpflichtet wissen, die volle Freiheit für uneingeschränkte Entfaltung des Gemeindelebens aus Schrift und Bekenntnis erbitten."*

Zu beachten ist: Diese Position will nicht die westfälische Kirche lutherisch machen, auch nicht zum Austritt aus der ApU aufrufen und auch nicht die EkiD zur Debatte stellen, sondern lediglich – und das deutlich – für ein selbstverständliches Existenz- und Entfaltungsrecht einer von den lutherischen Bekenntnisschriften bestimmten Amtsführung und einer Gemeindepraxis kämpfen. Dieses Recht wird als Gewissensrecht verstanden, das nicht auf dem Weg über Mehrheitsabstimmungen in Synoden aufgehoben werden kann. In der Beantwortung der Wahrheitsfrage kann keine Gewalt ausgeübt werden. Die miteinander lebenden Pfarrer und Gemeinden können sich nur nach dem Gebot der Liebe, das heißt der gegenseitigen Tolerierung verhalten. Jedem muss die Freiheit gegeben werden, auch und gerade wenn er in der Minderheit ist, seiner Glaubensüberzeugung zu leben und ein ihr entsprechendes gemeindlich-kirchliches Leben entfalten zu können.

„Zum Tatsächlichen:
1. *Der ,Geist der Mäßigung und der Milde' hat in der ApU praktisch zur Einebnung der Bekenntnisse geführt. Pietismus und Rationalismus haben mitgewirkt. Die Bevölkerungsbewegung im Industriegebiet hat die Grenzen der Bekenntnisse fast vollständig verwischt. Die meisten Gemeinden sind praktisch consens-uniert, ohne dass darüber theologische Klarheit herrscht. Der Kampf der BK hat im Industriegebiet nicht zu einer klaren Besinnung auf die reformatorischen Bekenntnisse geführt. Der radikale*

Flügel der BK hat besonders seit 1945 bewusst auf die Consens-Union hingearbeitet. Im Gemeindebewusstsein ist die Union als volle Kirchengemeinschaft fest verankert. Auch in der Pfarrerschaft herrscht weithin Ablehnung der bekenntnisgemäßen Ausrichtung ihres Dienstes. Bei Pfarrern und Gemeindegliedern wird die bekenntnisgemäße Ausrichtung des Gemeindelebens als Störung der Einheit in der Union verstanden.

2. *In der Bochumer Kreissynode ist unter der Leitung von Sup. Bach die Besinnung auf die reformatorischen Bekenntnisse bewusst unterbunden worden. Auf der Kreissynode 1948 in Bochum-Hamme ist versucht worden, die Synode Bochum als consens-unierte Synode zu proklamieren. Unter der Leitung von Sup. Bach hat der Kreissynodalvorstand die Entfaltung des Gemeindelebens in Wiemelhausen als einer lutherischen Gemeinde mit Befremden beobachtet und sich eingemischt, z. B. in der Frage des Umbaues der Melanchthon-Kirche, bei der Wahl von Pfr. Wohlers, in der Frage der liturgischen Erneuerung und grundsätzlich in der Frage der Feststellung des Bekenntnisstandes in der Gemeinde Wiemelhausen. Auf den Zusammenkünften der Synodalen Arbeitsgemeinschaft und auf Presbyter-Rüsttagen ist Wiemelhausen wegen seiner bekenntnisgemäßen Gemeindearbeit wiederholt öffentlich kritisiert und als Gefahr für die Einheit der Synode hingestellt worden.*

3. *Die Tagungen der Bochumer Kreissynode sind eine Kette von einseitiger, kirchenpolitisch ausgerichteter Unterdrückung einer bekenntnisgebundenen Minderheit. Die Form der Verhandlungen, Vorbesprechungen in besonderen Gremien, Versuche, die Aussprache im Plenum zu unterbinden und auf wenige Minuten einzuengen, über entscheidende Dinge satzweise zu referieren und abzustimmen und die Aussprache zum Ganzen zu verhindern, lässt deutlich erkennen, dass die Minderheit nicht zur Geltung kommen soll. Vom Bekenntnis vorgetragene Bedenken werden nicht anerkannt, sondern überstimmt. Sorgfältige theologische Arbeit zur sachgemäßen Unterrichtung der Laien wird nicht geleistet, so dass die Stimmen der Laien trotz bestehender Unkenntnis abverlangt und gewertet werden. An die Stelle klarer Sachkenntnis tritt das Moment der allgemeinen Stimmung. Die Verhandlungen werden in solcher zeitlicher Gedrängtheit geführt, dass echte, geistliche Arbeit nicht geleistet werden kann. Die Ungeduld der Laien und der Unwille über theologische Arbeit, wenn sie in die Tiefe gehen soll und darum Zeit beansprucht, beeinträchtigen die Synode in ihrer geistlichen Verantwortung.*

4. Alle diese Momente traten auf der Kreissynode am 8. Juni klar zu Tage. Durch die kirchenpolitisch tendenziösen, sachlich unrichtigen Ausführungen von Herrn Landeskirchenrat Dedeke, die vor Beginn der Verhandlungen das Ziel der Verhandlungen klar beschrieben und eine kirchenpolitische Atmosphäre schufen, wurden diese Momente verstärkt.

Eine Synode, die die Würde der Haushalterschaft über Gottes Geheimnisse preisgibt, zur kirchenpolitischen Machtgruppe absinkt, und den Geist der Wahrheit und der Liebe durch machtpolitischen Ungeist vertreibt, begibt sich selbst der geistlichen Vollmacht."

Schmidts Vorwürfe gegen die herrschende Praxis haben zum Hintergrund seine nun langjährigen Erfahrungen mit Synoden und Kirchenleitungen. Und natürlich weiß er, dass die meisten Gemeinden im Ruhrgebiet kein besonderes Verständnis für theologische Grundsatzfragen haben und für sie die reformatorischen Bekenntnisschriften nicht von Relevanz für ihren Glauben und für ihre Kirchlichkeit sind. Sie sind ein günstiges Feld, nicht Wahrheitsfragen in die Mitte zu stellen, sondern sich in ihrem Gewissen und in ihrem weltlichen Handeln am unmittelbar verkündigten Wort aus der Bibel zu halten. Viele Pfarrer und Gemeinden haben kein vitales Interesse mehr an den Aussagen reformatorischer Theologie, sie leben aus der Unmittelbarkeit des heute verkündigten Wortes und von zeitgenössischen Bekenntnisaussagen. Eine Consens-Union auf dem Hintergrund ihrer unmittelbaren Existenz mit ihren zeitgenössischen und aktuellen Erfahrungen ist für die meisten kein besonderes Problem. Ihre Probleme haben sie mit den Bekenntnissen aus dem 16. Jahrhundert, die inhaltlich und sprachlich zu ferner Kirchengeschichte gehören. Schmidt weiß, dass hier bei den meisten Synodalen ein Problem für das Verstehen seiner Position liegt. Was er anklagt, ist das Sichverweigern der Synode mit dem Superintendenten an der Spitze, mit einer qualifizierten Minderheit, für die die reformatorische Theologie immer noch das Fundament des eigenen zeitgenössischen theologischen Verständnisses und der Auffassung von den in erster Linie geistlichen Aufgaben der Kirche ist, ein ruhiges Gespräch zu führen, stattdessen durch geschickte Leitung der Synode schnell zu Abstimmungen im Sinne der Mehrheit zu kommen versuchen. Seine Frage: Wie gehst du Kirche mit der Minderheit in dir um?

Schmidt meint sagen zu können, dass es auf der Bochumer Synode schon lange nicht mehr um einen gegründeten Dialog theologischer und kirchlicher Probleme geht, sondern um das Durchziehen einer Tagesordnung, die von ihrer zeitlichen Struktur her keinen Raum mehr bietet für ruhige theologische Arbeit. Und das andere, was er meint sehen zu können: es geht im Kern um eine kirchenpolitische Machtfrage. Die neue Kirchenleitung, die mehrheitlich aus BK-Theologen besteht, will die Kirchenordnung im Sinne ihrer Theologie bestimmen. Sie will nicht die Selbständigkeit und Gleichberechtigung lutherischer Minderheiten, sondern alles und alle in einen großen umfassenden Kompromiss bringen. Sie will Einheit ohne Verschiedenheit. Die Kirchenleitung, repräsentiert durch einen Landeskirchenrat, sagt schon im Grußwort, was sie von der Synode will. Für Schmidt ist das die Entmündigung einer Synode, bei der der Superintendent im Sinne der Vorgaben der Kirchenleitung voll mitspielt.

Am Ende geht Schmidt ein auf das Verhalten der ApU, die für ihn entgegen dem Eisenacher Bündnis und der EkiD-Verfassung dabei ist, die Consens-Union zu erzwingen. Das ist *„für die lutherischen Pastoren und Gemeinden innerhalb der Unionskirchen und für die lutherischen Kirchen eine kaum noch zu tragende Belastung."*

Schon am 11. Juni 1952 hat Dedeke einen langen Brief an Schmidt geschrieben, in dem er sich zunächst für seine harten Worte entschuldigt, dann aber einen Überblick über die Diskussionslage in der Nachkriegszeit gibt, wie Kirche zu verstehen sei. Er verteidigt seine Position gegenüber dem bayrischen Bischof Hans Meiser, den lutherischen Professoren Paul Althaus und Werner Elert, in deren Schlepptau er Schmidt sieht. Sein eigenes Verhalten auf der Bochumer Synode hält er für verantwortlich und Schmidts Darstellung über sie für nicht richtig. Schlimm ist für ihn, dass Schmidt der Synode die geistliche Vollmacht abgesprochen hat und fragt zurück, ob *„Sie zu solch einem Urteil die geistliche Vollmacht haben."* Und er weist darauf hin: *„Sie sind trotzdem von uns immer gehört und getragen worden und es ist nicht recht, von Ihnen, den Brüdern ... einfach die geistliche Vollmacht abzusprechen."*

Schmidt antwortet schon am 14. Juni dem *„Bruder Dedeke"*, auch sehr ausführlich. Anfangs steht die unter Theologen wohl übliche Versicherung, dass er mit seinen Worten nicht *„das Band brüderlicher Verbundenheit"* gestört sieht. Und er wiederholt seine Einwände gegen die Position des Kirchenrates:

Die kirchliche Gemeinschaft von Lutheranern und Reformierten ist keine Kirche nach CA VII. Im Klartext: die ApU kann keine Kirche sein. Das schließt selbstverständlich nicht aus, dass *„der Herr der Kirche Seine Gemeinde in den Gemeinden der ApU hat."* Und *„ganz brüderlich"* empfiehlt er dem Adressaten, sich wirklich ernsthaft mit CA VII und seinen wirklichen Aussagen zu befassen. Es folgen bei Schmidt dann Aussagen, die seine Ferne zu bestimmten kirchlichen Nachkriegsentwicklungen zeigen:

„Seit 1945, zeitweise schon seit Oeynhausen-Dahlem, vollzieht sich in der EKD die Machtergreifung des radikalen Flügels der BK, zum Teil unter Formen, die denen der politischen Machtergreifung 1933 ff ähnlich sind." Auch Treysa und Eisenach sind für ihn *„unter einem ungeistlichen Druck zustande gekommen."* Die Neuwahlen der Superintendenten im Industriegebiet hätten ihm gezeigt, mit welchen *„ungeistlichen Methoden"* gearbeitet werde. Auch Superintendent Bach sei unter der Leitung von Dedeke nicht *„durch eine echte, geistlich bevollmächtigte Synode ins Amt gekommen."*

Und dann sein Geständnis: *„Ich war anfangs für ihn, aber als ich sah, wie alles gehandhabt wurde, habe ich einen heiligen Zorn bekommen, ich übrigens nicht allein. Diese Dinge sind noch nicht ausgeräumt. Was wir in diesen Jahren erleben, ist der Ausbau der Macht, der Wille zur Macht."*

Bei den Diskussionen auf den Synoden, wenn es *„um Gewissensentscheidungen im Gehorsam gegen Schrift und Bekenntnis geht"*, würden Majoritätsbeschlüsse herbeigeführt und Gewissen vergewaltigt. Das sei der gleiche Vorgang, den wir unter den DC erlitten haben.

Und zu Bochum heißt es:

„Es wird ... ganz zielstrebig die Consensunion gefördert unter bewusster einseitiger Führung der Laien. Durch Mehrheitsbeschlüsse werden die Bekenntnisbindungen einer Minderheit ‚niedergeknüppelt‘, das ist nicht Synode, sondern ein ungeistlicher Räuberhaufe. Wer will das verantworten, dass die Kirchenführung, die mich 1938 auf das lutherische Bekenntnis ordiniert hat, jetzt mir den Stuhl vor die Tür setzt! ... Im Entwurf der KO werden Bekenntniskonvente der Landessynode vorgesehen. Wie kann man in den Kreissynoden gegen den Geist handeln, der diesen Bekenntniskonventen in der Landessynode Raum geben will. Von daher halte ich auch heute noch meine Ausführungen aufrecht, dass ich der Synode geistliche Vollmacht nicht zuerkennen kann. Einen wesentlichen Anteil daran, dass die Synode nicht mehr bereit war, die gewissensgebundenen Gründe eines Mitgliedes der Synode zu hören, haben Sie durch Ihr Verhalten, das einen für mich geradezu unfassbaren Vorgang darstellt. So kommt Stein auf Stein. ‚Lutheraner‘ ist längst – nicht nur hier in Bochum – zu einem Schimpfwort geworden. Eine allgemeine Stimmungsmache, bar jeder klaren theologischen Einsicht, sorgt dafür, dass die Laien die richtige Marschroute nehmen. Das ist das presbyterial-synodale Prinzip! ..."

Dieser Briefwechsel unmittelbar unter dem Eindruck eines harten Konfliktes in der Synode dürfte auf beiden Seiten in seinem Kern unvermittelbare Positionen zeigen. Jeder schreibt sich noch einmal von der Seele, dass er in der Sache die besseren Argumente habe und der andere Inbegriff einer persönlichen und sachlichen Verirrung sei. Bei Schmidt zeigt sich überdeutlich, dass hinter seinem Auftreten auf der Synode Erinnerungen und Erfahrungen aus der NS-Zeit und der unmittelbaren Nachkriegszeit stehen. Er hatte erlebt, wir rigoros die Bruderräte mit Abweichlern von ihrer harten Linie umgingen. Er hatte BK-Pfarrer erlebt, die andersdenkenden Amtsbrüdern, die nicht zur DC gehörten, die Bruderschaft nicht zugestanden. Vor allem hatte er Probleme mit der Leitung der Westfälischen Bruderschaft, die sich gegenüber lutherisch orientierten Theologen, die sich selbst als Männer der großen BK-Familie verstanden, aber sich nicht der Kirchenleitung von Dahlemiten unterstellten, wenig tolerant gezeigt hatten. Für Schmidt haben die führenden Leute der Bruderschaften ohne Legitimation durch eine Wahlsynode die Kirchenleitung übernommen und faktisch eine neue Herrschaft ihrer kirchenpolitischen Gruppe begründet. Es war eine Neuordnung, die sich ohne Mitsprachemöglichkeiten der Gemeinden von „oben" vollzog und erst nachträglich nach vollzogenen Fakten um die synodale Legitimierung warb. Er scheut sich nicht, eine Parallele zur Machtergreifung 1933 durch die DC zu ziehen. Auch jetzt geht es für ihn wieder um Führungsmacht im neuen Kirchensystem und um den Versuch der Gleichschaltung der kirchlichen Ebenen unterhalb der Kirchenleitung. Der Vorrang der kirchenpolitischen Machtinteressen verdrängt das Wahrheitsproblem an den Rand des kirchenleitenden Interesses. Die Kirchenleitung schickt ihre Synodaldezernenten in die einzelnen Kreissynoden, um von oben ihre Linie durchzusetzen. Das Mittel ist nicht offene Diskussion, sondern Durchdrücken des kirchenleitenden Willens. Man will Mehrheitsbeschlüsse, die einer Diskussion mit Minderheiten ein Ende setzt.

In einer späteren zweiseitigen Ausarbeitung schreibt Schmidt noch schärfer:
„Auf den Synoden geht es je länger, desto mehr nach dem Wort: ‚In synodis non quaerunt veritatem, sed victoriam' (Auf den Synoden suchen sie nicht die Wahrheit, sondern den Sieg) Die Abstimmungsmaschinerie unserer Synoden arbeitet wie zur Zeit der französischen Revolution die Guillotine... Das Erbe der politischen Machtkämpfe ist auf uns gekommen. ... Die BK ist hundertprozentig zum Zug gekommen. Die Männer unserer Kirchenleitungen sind aus den Bruderräten hervorgegangen und waren vom Vertrauen derer getra-

gen, mit denen sie die Hitze des Kampfes geteilt hatten. Trotzdem beobachten wir eine schleichende Vertrauenskrise. Die Männer in den Kirchenleitungen können sich von den Gesetzen der von ihnen besetzten Institutionen nicht freihalten und sie werden von den Männern im Lande nicht mehr verstanden. Auch hier handelt es sich um Vorgänge, die wir im System Hitlers schon beobachteten: Die Männer an der Macht proklamieren die Evolution, der Mann auf der Straße will die Revolution. Er will sie nur solange, bis er auch an der Macht ist. Die Macht ist uns nur dann unbequem, wenn nicht wir, sondern andere sie ausüben."

Man kann sich vorstellen, wie wütend Männer in kirchenleitenden Ämtern werden konnten, wenn sie solche Sätze lasen. Schmidt sprach sogar von *„totalitärer Kirchengewalt"*:

„Denn was der Geist nicht bindet, muss die Gewalt zusammenhalten, damit der sich gegenseitig befehdende Haufe nicht auseinander bricht. Es wird vom ‚Unrecht in der Kirche' gesprochen. Es gibt nur ein Unrecht in der Kirche: Dass Pastore gehindert werden, ihrem Ordinationsgelübde treu zu sein, ja dass sie gezwungen werden, beständig gegen Wissen und Gewissen zu handeln und dass Menschen sich zum Herrn ihrer Gewissen aufwerfen … Es wird keinen anderen Weg geben, den tiefen Schaden zu heilen als den, dass die Bekenntnisse unserer Väter, deren sammelnde Kraft noch unerschöpft ist, sich auch jetzt noch ungehindert und voll auswirken darf."

Für Schmidt ist das presbyterial-synodale Prinzip, das eigentlich die kirchliche Willensbildung von unten nach oben kennen müsste, längst in der Wirklichkeit abgeschafft. Es ist für ihn eine Farce, wenn man sieht, welche Übermacht die Kirchenleitung in allen wichtigen Fragen gegenüber den Gemeindepresbyterien und den Kreissynoden hat. Und mit Hilfe eines interessegeleiteten Kirchenrechts wird ohne Rücksicht auf Minderheitenpositionen durchgedrückt, was man *„oben"* für richtig hält.

Bei näherem Zusehen kann überdeutlich werden, dass Schmidt längst mit der angeblich presbyterial-synodalen Kirchenordnung gebrochen hat. Großen Respekt hat er nach seinen konkreten Erfahrungen mit den Herren Kirchenräten, Oberkirchenräten, Superintendenten und Präsides nicht mehr gehabt. Sie repräsentierten für ihn eine Ordnung, die ihre Herkunft aus obrigkeitlichen Vergangenheiten (schon allein ihre Titel) nicht verleugnen konnten. Kamen sie mal nach Bochum, so fuhren sie in Dienstwagen mit Privatfahrern vor und spulten ihre Anweisungen ab. Sollten sie mal auf Widerstand stoßen, so hatten sie Möglichkeiten genug, gegen Renitente vorzugehen oder sie zu isolieren. Nach dem Debakel auf der Kreissynode war Schmidt für die Kirchenleitung ein ewiger Querulant als Bekenntnislutheraner, dessen Weggang aus Westfalen gern gesehen worden wäre.

Aber Schmidt ging nicht, sondern machte weiter. Es spricht für die Bochumer Pfarrer, dass sie mit ihm auf der Pfarrkonferenz am 24. Juni 1952 über die Vorkommnisse auf der Synode noch einmal diskutierten. Ein fünfseitiges Wortprotokoll zeigt, dass man bemüht war, miteinander klar zu kommen. Einige Wortbeiträge versuchten, Verständnis für die Angriffe Schmidts auf die Synode zu zeigen, andere aber hielten in barschen Worten eine Diskussion mit ihm für überflüssig.

Schon am 27. Juni gibt es eine weitere Diskussion im erweiterten Kreissynodalvorstand. Das Wortprotokoll von sieben Seiten zeigt, dass man willens und in der Lage ist, ein ernsthaftes Gespräch miteinander zu führen. Die Argumente gehen hin und her. Man will das Gespräch weiterführen. Aber es zeichnet sich in der kommenden Zeit kein versöhnliches Ende ab. Schmidt nimmt trotz eines freundlichen Briefwechsels mit Bach an der Synodaltagung am 29. September 1952 nicht teil. Seine Nichtteilnahme begründete er in einem Brief vom 20. September an den Präses Ernst Wilm. Er wiederholt in Kurzform seine Sicht des Konfliktes. Und Dedeke schrieb am 22. September einen Brief an Bach. Dort heißt es kurz und knapp: *„Schmidt brauchen Sie nicht zu Wort kommen zu lassen. … Es ist nicht nötig, dass ihm jetzt noch einmal eine Gelegenheit geboten wird. …"*

Am Ende konstatiert er im Blick auf sein Verhältnis zu Schmidt:

„Immerhin muss ich es mir also gefallen lassen, dass ich als der Vertreter einer unierten Kirche von einem Gnesiolutheraner angegriffen werde, ohne dass dieser auch nur die geringste Veranlassung sieht, für seine Beschuldigungen Beweise beibringen zu müssen. Ich muss das eben hinnehmen als die verwilderte Art des Kampfes der fanatisierten Lutheraner gegen Angehörige der BK, die in ihren Augen bekanntlich Kirchenpolitik betreibt. Dass diese Art und Weise die Gnesiolutheraner in der Gefolgschaft Meisers mir und anderen nicht empfiehlt, liegt auf der Hand. Ob die Synode es sich gefallen lassen will, dass ihre Gäste von den Lutheranern so behandelt werden, ist allerdings ihre Sache."

Der Dezernent empfiehlt eindeutig, Schmidt nicht mehr auf der Synode reden zu lassen. Für ihn ist dieser ein fanatisierter Lutheraner. Härter kann das Urteil eines Kirchenleitungsmitgliedes nicht sein. Bach aber, der trotz allem, was geschehen war, das Gespräch mit Schmidt nicht aufgeben wollte, musste sich nicht für oder gegen eine Redezeit für Schmidt auf der nächsten Synode entscheiden, da Schmidt von sich aus ihr fern blieb. Vorher schrieb dieser aber noch unter dem 22. September einen Brief an Bach, der folgenden Passus enthält:

„Es belastet mich außerordentlich, dass ich vielleicht den Eindruck eines rechthaberischen Querulanten erwecke, und wenn ich einsehen könnte, dass ich ungeistlich gehandelt habe, dann würde ich ... die Akten schließen und still alles seinen Lauf nehmen lassen. Aber ich darf das um unserer Synode und auch um Ihretwillen nicht tun, so gern ich es menschlich gesprochen tun würde. Ich passe sehr schlecht zum Michael Kohlhaas. Wenn wir uns an diesem Punkte nicht verstehen, dann steht einer von uns beiden nicht in der rechten Bruderschaft Christi. Das muss zwischen uns beiden geklärt werden."

Es ist in der Tat Bach, der immer wieder versucht, Brücken zu bauen. Wie schwer ihm das fällt, bekennt er in einem Brief an bekannte westfälische Lutheraner:

„Ich sehe mit Besorgnis, wie er (Schmidt) sich immer mehr in eine Isolierung hineinsteigert. Bemühungen innerhalb unser Pfarrbruderschaft, mit ihm im Gespräch zu bleiben, stoßen auf immer größere Schwierigkeiten. Darum die herzliche Bitte: helfen Sie ihm und uns und helfen Sie damit auch der lutherischen Sache. Denn ich beobachte mehr und mehr, wie die überspitzte Art von Br. Schmidt eine Reaktion vor allem bei den Synodalältesten hervorruft ..."

Bach schickte einen Durchlag des Briefes von Schmidt an den Präses und bittet um Gespräch und Hilfe. Man wird sagen müssen, dass Bach den Konflikt mit Schmidt sehr ernst genommen hat. Er hatte von dessen Brief an den Präses Kenntnis bekommen und schreibt nun seinerseits einen sechsseitigen Bericht aus seiner Sicht an den Präses. Die Kontroverspunkte dürften sachgerecht dargestellt sein. Wichtig sind seine eingestreuten Wertungen von Schmidt:

„Hier muss zur Sprache kommen, was dem Gespräch mit Br. Schmidt unnötige Schärfe gibt: er verabsolutiert seine Auffassung. ... An seiner apodiktischen Art findet ein gemeinsames Suchen und ein echtes brüderliches Ringen allzu schnell seine Grenze. ... Nicht so sehr seine Haltung haben die Schock-

*wirkung auf der Synode hervorgebracht, sondern sein anmaßender bzw.
überheblicher Ton. … Br. Schmidt nimmt seine Schau für absolut."*

Und Bach sagt zum Schluss: *„Ich befürchte, mich einer Pflichtversäum-
nis schuldig zu machen, wenn ich nicht jetzt aus meiner Zurückhaltung her-
austrete."*

Schmidt ist nun auch vor der Kirchenleitung durch seinen Superintendenten charakterlich abgestempelt. Eine alte Verfahrensweise wird angewandt:
Wenn man nicht mehr auf der intellektuellen Ebene miteinander reden und
sich einigen kann, werden charakterliche Defizite vorgetragen, die die Aus-
sichtslosigkeit eines weiteren Verständigungsgespräches begründen sollen.

Es gab einen alten Bochumer Pfarrer, der die Diskussion in der Synode
über *„Bekenntnis und Union"* bei seinen Besuchen in Bochum sehr intensiv
verfolgt hat: Pfarrer Dr. Dr. Hans Ehrenberg, der ab 1947 nach seiner Rückkehr aus England mit Schmidt häufiger geredet hat. Als Gast hat er auch an
der Synode teilgenommen. Er schreibt am 17. September 1952 an den Superintendenten:

*„… Nun Wilhelm Schmidt! Zuvörderst bitte ich, mein Gespräch mit ihm
nicht im Rahmen der nicht privaten synodalen Veranstaltungen nicht zu nennen. Im Privatgespräch ist Schmidt schon zugänglich, zumal ich sein Anliegen zwar relativiere, aber nicht abweise. Kein Zweifel, dass Schmidt viel zu
weit gegangen ist; kein Zweifel, dass er durch Dedeke grundlos provoziert
war; kein Zweifel, dass der Beifall der meisten Synodalen zu Dedekes Worten ihm das Gefühl der Isolierung beibringen musste. Es wird also zunächst
darauf ankommen, ihm dies Gefühl zu nehmen, durch persönlichen Austausch
und auch durch synodale Weiträumigkeit. Ob letztere unser Schicksal oder unser Bekenntnis ist, weiß ich nicht, aber sie scheint mir eine conditio sine qua
non unserer kirchlichen Existenz als Union zu sein. Eine Union schließt immer auch solche ein, die nicht mit Begeisterung dabei sind. Der Consensus-
bekenntnisstand Bochums war auch mir s. Z. ein Ärgernis, aber einerseits war
die Lage noch nicht durch den Bekenntniskampf hindurchgegangen, andererseits bin ich in einem viel relativeren Sinne konfessionell als Schmidt,
obschon auch ich heute in der Bochumer Synode mit Widerständen zu rechnen haben würde. Sowohl Schmidt wie ebenso Ihr alle könnten die Lage der
Union nicht genug ‚ökumenisch' interpretieren. Insofern kann ich nicht anders als alle mitschuldig an der eingetretenen Lage ansehen. In meiner Broschüre ‚Luthertum, deutsch und ökumenisch' (1947) habe ich ja mit schwa-*

chen Kräften versucht, diese Lage theologisch zu fassen. Also: Vor allem Schmidt das bedrängende Gefühl nehmen, dass viele Hunde auch eines Lutheraners Tod sind, wenn die Hunde unioniert sind. Ich glaube nicht, dass seine Gemeindearbeit die Synode mehr als bloß theologisch stören kann; das tun aber manche, jeder auf seine Weise. In einem Gespräch zu wenigen, falls das erwünscht erscheint, bin ich am 5., 6. oder 7. November sehr gerne bereit; wir sehen uns ja zuvor noch bei der Landessynode, wenn ich auch hier nicht dauernd dabei sein werde. Seht nun, dass er und ebenso einige seiner Gegner nicht beschwert erscheinen! Ist nicht Br. Brühmann ein guter Sekundant? –

Ihr habt weiter eine große Sorgenzeit. Von ganzem Herzen wünschen wir beide, dass Gott auch seine tröstlichen Zeiten gibt und eure Gebete erhört werden. Euch beiden und dem Kranken herzlichste Grüße in Verbundenheit Dein Hans Ehrenberg."

Ehrenberg weiß nach seinen Englanderfahrungen und nach seinem Kennenlernen der ökumenischen Bewegung, dass auf deutschen Synoden traditionelle deutsche kirchengeschichtliche und theologische Themen hart diskutiert werden, aber ein Blick auf ökumenische neue Erfahrungen selten vorkommt. In der Tat: auf den Bochumer Nachkriegssynoden kommt die ökumenische Bewegung mit ihren theologischen und ekklesiologischen Bemühungen nur am Rande vor.

Ehrenberg, der Lutheraner, hat sich inzwischen von der konfessionalistischen Tradition getrennt und fragt nach dem möglichen Beitrag Luthers für ein ökumenisches Zeitalter. Die Bochumer Debatte, die er von der eigenen Biografie her gut verstehen kann, muss ihm aber wie ein Nachhutgefecht vorgekommen sein. Sowohl Dedeke wie Schmidt waren für ihn vorökumenische Traditionalisten.

1953 findet die Kreissynode am 20. April in Bochum-Altstadt statt. Diskutiert und zur Abstimmung gestellt werden die Grundartikel, Ordination und Visitation der Kirchenordnung. Pfarrer Werner Flentje hält das Einführungsreferat. Und dann heißt es im Protokoll: *„Dem Referat folgte eine kurze Aussprache, in der vor allem Pfr. Schmidt Wiemelhausen gegen einzelne vorgeschlagene Formulierungen Stellung nimmt."*

Das Protokoll verzeichnet nicht, was er gesagt hat. Aber es wird später von der Synode dem Vorgehen des Kreissynodalvorstandes zugestimmt, der den Antrag des Presbyteriums Wiemelhausen noch vor der Kreissynode an die

Landessynode geschickt hatte. Damit erübrigte sich eine Verhandlung auf der Kreissynode.

Das dürfte wieder ein Beispiel sein, wie man lästig gewordene Anträge, hinter denen ein lästig gewordener Pfarrer steht, von der Tagesordnung der Synode absetzt. Es sollte Schmidts letzte Teilnahme an einer Bochumer Kreissynode sein. Es kann kein Zweifel sein, dass er sich danach resigniert zurückgezogen hat. Die Bochumer Kreissynode mit ihrem Übergewicht uniert denkender Pfarrer und Laien war nicht mehr seine kirchliche Heimat. Der Entfremdungsprozess hatte so radikale Züge angenommen, dass sich nur noch ein Wechsel in eine andere Gemeinde in einer anderen Synode nahe legte.

Im Zentrum: die Gemeindearbeit

Doch es blieb zunächst die Gemeindearbeit, die das Zentrum seiner theologischen und pastoralen Existenz blieb. Wie intensiv er in der Gestaltung von Gottesdiensten gewesen ist, zeigt ein von ihm verfasster Überblick vom 16. Juli 1951 *„Berichte über das gottesdienstliche Leben im Melanchthon-Bezirk"*: Es existiert ein *„Gottesdienstlicher Arbeitskreis"* von 40 – 50 Gemeindegliedern, der sich monatlich zu *„Vorträgen, Aussprachen und liturgischen Übungen"* traf. Seit 1947 wird der Kindergottesdienst nach der Ordnung von 1945 gestaltet.

„Seit der Neuweihe der Melanchthon-Kirche am 7.5.1950 halten wir den sonntäglichen Gottesdienst 10 Uhr wieder streng nach der in allen Bochumer Gemeinden üblichen altpreußischen Ordnung" nach der von Präses Koch herausgegebenen Agende. Auch der 8-Uhr-Frühgottesdienst wird nach der Ordnung von 1945 gehalten. In allen Gemeindekreisen sind die *„Grundsätze der gottesdienstlichen Erneuerung und die praktische Durchführung"* besprochen worden. Auch die Jugend wurde mit den neuen Ordnungen vertraut gemacht. Die Besucherzahl war zunächst gering, stieg aber bald kontinuierlich an.

Monatlich an einem Mittwochabend gab es einen besonderen Beichtgottesdienst. Neben den geordneten Abendmahlsfeiern in Verbindung mit dem 10-Uhr-Gottesdienst wurden die Feiern des Heiligen Mahles monatlich einmal an einem Sonntagabend als ein selbständiger Abendmahlsgottesdienst begangen. Von 1945 – 1950 wurde eine Vervierfachung der Zahl der Kommunikanten erreicht. *„Unsere Kommunikantenzahl liegt bei etwa 30 v. H. an der*

Spitze aller Bochumer Gemeinden." Natürlich hat es Befürworter wie Kritiker des neuen gottesdienstlichen Lebens gegeben.

Am Mittwoch gibt es einen Wochengottesdienst, der nach der verkürzten altpreußischen Ordnung gehalten wird. An jedem Montagmorgen gibt es für die beiden Oberschulen Schulgottesdienste wie an jedem Donnerstag im Bergmannsheil einen Gottesdienst, der an jedes Krankenbett übertragen wird. Nach der westfälischen Metten- und Vesperordnung wird von Dienstag bis Freitag ein Morgen- und Mittagsgebet gehalten und für die Katechumenen und Konfirmanden werden vor dem Unterricht Andachten in der Kirche gehalten.

Dieser Bericht zeigt deutlich, dass für Schmidt das gottesdienstliche Leben im Zentrum der Gemeinde steht. Seine Arbeit als Prediger nimmt zeitlich einen großen Raum ein. Das Feiern des Abendmahls als Buß- und Vergebungsgottesdienst ist für ihn ein wichtiger Baustein zur geistlichen Gemeindebildung. Hinzu kommt, dass er ununterbrochen theologische Bildungsarbeit für den Aufbau eines von möglichst vielen Gemeindegliedern akzeptiertes liturgisches Leben betreibt. Der Gottesdienstbesucher muss verstehen, worum es in der Liturgie geht.

Sieht man sich die jährlich in den *„Verhandlungen der Kreissynode"* aufgeführten Überblicke über die Kommunikantenzahlen an, so gehört Wiemelhausen immer zur Spitzengruppe der Bochumer Gemeinden.

In dem oben genannten Bericht, der im Presbyterium durchgesprochen und gutgeheißen war und von der Kreissynode der Kirchenleitung zugeleitet wurde, wird die Kirchenleitung gebeten, bei der Erneuerung des gottesdienstlichen Lebens folgende Gesichtspunkte zu berücksichtigen:

„1. Es darf keinerlei Zwang ausgeübt werden. In allen Gemeinden, die sich um die Erneuerung des gottesdienstlichen Lebens bemühen, sollten nur freiwillige Kreise in Nebengottesdiensten die neuen Ordnungen erproben. Es muss großer Wert auf gründliche Vorbereitung gelegt werden.

2. Den Bemühungen um die Erneuerung des gottesdienstlichen Lebens muss in unseren Gemeinden Raum gegeben werden. Das neu aufbrechende gottesdienstliche Leben ist gegen Unkenntnis und daraus erwachsende Versuche der Unterdrückung zu schützen.

3. Aller Willkür ist dadurch ein Ende zu setzen, dass der in unseren Gemeinden übliche Gottesdienst streng an die von Herrn Präses D. Koch herausgegebene Agende und dass alle Erneuerung der gottesdienstlichen Ordnung an die in Arbeit befindliche Agende gebunden wird."

Es zeigt sich, dass der Bezirk Melanchthon größten Wert auf eine von allen Gemeinden gemeinsam getragene Reform gottesdienstlicher Formen und Inhalte legt. Er will hier keinen lutherischen Sonderweg gehen. Aber die Einübungen müssen in Freiheit und ohne äußeren Zwang geschehen.

Drei Ereignisse waren in der unmittelbaren Nachkriegsgeschichte beim Aufbau eines neuen Gemeindelebens von besonderer Bedeutung:
– Die Neuweihe der Petrikirche am 12. März 1948
– Die Neuweihe der Melanchthonkirche am 5. Mai 1950
– Die Wiedereinweihung des Ernst-Moritz-Arndthauses

Der Bezirkspfarrer für Petri Gerhard Niedermeier hat keine monetären und praktischen Anstrengungen gescheut, noch vor der Währungsreform im Juni 1948 die beschädigte Petrikirche wieder aufzubauen. Ein eigener Gemeindebericht hat den Verlauf der Neuweihe der Petrikirche festgehalten:

„Die evgl. Kirchengemeinde B.-Wiemelhausen durfte nach fünf Jahren in die jetzt wiederhergestellte und erneuerte Petrikirche ihren Einzug halten. Im Frühlingswinde wehten die Kirchenfahnen und Sonnenglanz lag über der riesigen Menge, die dem Rufe der Glocken gefolgt war, um in Dankbarkeit und Freude diese Stunden als einen neuen guten Anfang mitzuerleben. Im Paul-Gerhardt-Haus ging eine kurze geistige Rüstung voraus, dann ging es unter dem Geläute der Glocken zur Kirche, vor deren Haupttür die feierliche Schlüsselübergabe erfolgte. Das Gotteshaus vermochte die Besucher kaum zu fassen, die an der Tür von Pfarrer Niedermeier begrüßt wurden. Er hat die Gemeinde, selbst aus der Gefangenschaft zurückkehrend, mit Mut und Tatkraft in verhältnismäßig kurzer Zeit zusammengefasst und ihr in der Paul-Gerhardt-Kantorei ein geistiges Geschenk zu machen verstanden, dessen Wert und Segen ganz zu ermessen die Gemeinde bei dieser Kirchenweihe Gelegenheit hatte.

Eine ganz besondere Freude wurde der Gemeinde dadurch zuteil, dass der ehrwürdige Leiter der westfälischen Kirche, Präses D. Koch die Weiherede hielt. Erschütternd sei das Bild der zerstörten Stadt als die Hinterlassenschaft einer Zeit, die da meinte, sie könne ohne Gott fertig werden. Das Kreuz Christi sei das lebende Symbol, das durch kein anderes Kreuz zu ersetzen sei. Es werde als Symbol in der ganzen Welt verstanden. Unser Heil hänge auch heute von ihm ab. Es müsse Mittelpunkt der evangelischen Predigt bleiben, dann sei unsere Zukunft nicht dunkel. Wenn uns das Wort vom Kreuz eine Torheit sei, so gingen wir verloren, wem es aber eine Gotteskraft sei, der werde gerettet. Mit Segensworten für die ganze Gemeinde schloss die Predigt. Die Altstadt-Muttergemeinde ließ durch ihren Amtssenior Pastor Klose Gruß und Glückwunsch übermitteln.

In seiner Ansprache ließ P. Niedermeier Lob und Dank gegen Gott für das Werk erklingen und dankte von Herzen allen, die ihm halfen, die Kirche wieder zu errichten und bat um die Kraft, festzuhalten am Glauben unserer Väter unter dem Kreuze. Was Chor, Orchester und Einzelstimmen während des Gottesdienstes geleistet haben, unter der Führung ihres Pfarrers verdient besondere Hervorhebung. Mit Ergriffenheit lauschte man den Gesängen und der Verlesung der Gefallenen der Gemeinde, deren Namen zu bleibendem Gedächtnis an den Seitenwänden des vorderen Altarraumes ihre Stätte fanden." (Brau III, S. 56)

Wir können uns heute kaum vorstellen, was die Renovierung dieser Kirche in der unmittelbarsten Nachkriegszeit für eine Leistung gewesen ist. 1950 hat die Gemeinde Wiemelhausen eine Broschüre herausgebracht mit dem Titel: *„Evangelische Kirche Bochum-Wiemelhausen 1900 – 1950".* Gerhard Niedermeier berichtet in einem längeren Artikel *„Aus der Geschichte der evangelischen Kirchengemeinde Wiemelhausen"* und Wilhelm Schmidt über *„Unsere Melanchthon-Kirche im Wandel der Zeit".* Beide Beiträge zeigen Autoren, die sich in die Geschichte ihrer Gemeinde eingearbeitet hatten.

Schmidt berichtet über den nicht unkomplizierten Prozess, der zum Aufbau der Melanchthon-Kirche führte. Er berichtet über den Bau der Notkapelle und ihre Erweiterung auf 300 Sitzplätze, die am 31.8.1947 von Landeskirchenrat Dedeke eingeweiht wurde. Er berichtet weiter über die langsame Wiederherstellung und Veränderung des übrigen Kirchenbaus in ihren Etappen. Viele Menschen – Architekten, Baudezernenten, Unternehmer, Handwerker und ehrenamtliche Helfer – haben mitgeholfen, aus den Trümmern eine neue Kirche zu bauen. Besonders verdienstvoll war die Arbeit des Architekten August Schröder. Ein Kirchbauverein wurde gegründet, der half, die notwendigen Gelder zu beschaffen. Der Kirchmeister Wilhelm Schröer machte sich besonders um die Finanzierung verdient.

Allenthalben war man sich einig, dass es nicht um den Wiederaufbau der alten Kirche, die eine reine Predigtkirche gewesen war, gehen konnte. Ausführlich bringt Schmidt seine Gründe, warum man sich auf eine Raumgestaltung einigte, die die Einheit von Wort und Sakrament zur künstlerischen Darstellung bringen sollte:

„Und es wird die Aufgabe der Prediger sein, die Gemeinde unter das Wort Gottes zu rufen und allen Menschen das Wort so zu sagen, dass es ihnen ans Herz greift ... Aber die wichtigste Aufgabe der Predigt ist die Einladung zum Sakrament. Der Gottesdienst der Glaubenden besteht im Hören des göttlichen Wortes, in Lob, Dank und Anbetung. Aber die wichtigste Aufgabe der Predigt ist die Einladung zum Sakrament."

Über den Tag der Einweihung der Melanchthonkirche berichtet die WAZ:
„Mit Posaunenklängen der vereinigten Chöre des Kirchenkreises Bochum und dem Festgeläute vom Turm der Melanchthonkirche überreichte ... Architekt Lowin den Schlüssel zum wiedererstandenen Gotteshaus an Altpräses Koch, der ihn an Superintendent Bach weitergab. Pfarrer Schmidt, der den Schlüssel aus den Händen des Superintendenten erhielt, öffnete einer der großen Kirchentüren, während die Gemeindeglieder, die sich schon lange vor den Feierlichkeiten vor der neuen-alten Kirche versammelt hatten, gemeinsam sangen ‚Tut mir auf die schöne Pforte'.

Der helle Raum konnte nicht alle Gemeindeglieder fassen, eine Lautsprecheranlage auf der Straße, im Gemeindesaal und im Ernst-Moritz-Arndt-Haus ermöglichte auch denen Teilnahme an den Feierlichkeiten der Kirchweihe, die keinen Einlass mehr finden konnten. Der Melanchthonchor und Orchester der Paul-Gerhardt-Kantorei unter Herrn von zur Mühlen gestalteten die Feier zu einem würdigen Gottesdienst.

Präses Koch nahm die Weihe der Altargeräte und des Gotteshauses vor. Er erinnerte daran, dass hinter dem neuen Gotteshaus ein fester Glaube stehen müsse. Die feierliche Liturgie wurde vom Superintendent Bach verlesen.

Im Wechsel der Gebete und Gesänge der Gemeinde, der Chöre und des Orchesters lag ein Gelöbnis aller, dieses neue Gotteshaus zu einer wahren Stätte des Dienstes vor Gott zu erhalten. So sprach auch Pfarrer Schmidt in seiner Predigt die Jakobusworte ‚Alle gute Gabe und alle vollkommene Gabe kommt von oben herab von dem Vater des Lichtes, bei welchem ist keine Veränderung noch Wechsel des Lichts und der Finsternis.'

Nach weiteren feierlichen Gesängen und nach dem Segen sang die Gemeinde zum Abschluss ‚Großer Gott, wir loben Dich' und in diesem mächtigen Schlussgesang klang eines der schönsten Gelöbnisse der Kirchweihfeier. Während auf dem Vorplatz noch einmal der Posaunenklang der vereinigten Chöre ertönte, lag auf den Gesichtern aller, die diese erhebende Feier erleben konnten, ein Glanz der Freude." (Brau III, S. 222f)

So konnte damals eine säkulare Tageszeitung über ein kirchliches Ereignis berichten! Die Feiern dieser Art hatten in Westfalen immer die gleiche „*Liturgie*": der Präses kommt und nimmt die Einweihung vor, der Superintendent assistiert, der Präses und der Gemeindepfarrer predigen. Die Weihe eines Gotteshauses ist immer auch ein kirchenmusikalischer Höhepunkt. Die Gemeindemitglieder sind nur am gemeinsamen Gesang beteiligt, existierende Gemeindegruppen können sich nicht artikulieren. Das Laienelement spielt keine Rolle. Die Presbyter tragen Altargeräte und Kerzen zum Altar. Es zelebriert sich die Pastorenkirche mit ihrer Hierarchie.

Alles sieht nach einer großen Harmonie aus. Doch im Hintergrund gibt es scharfe Auseinandersetzungen zwischen dem Petribezirk und dem Melanchthonbezirk. Kleinere Konflikte und Ärger hatte es immer schon gegeben. Nach der feierlichen und eindrucksvollen Einweihung der Melanchthonkirche schreibt der Vorsitzende des Presbyteriums Pfarrer Schmidt am 22. Juli 1950 einen eng geschriebenen Brief „*An die Herren Pfarrer und Presbyter der Kirchengemeinde Wiemelhausen*":

„*Die Hintergründe des Etatbeschlusses in der letzten Sitzung bedürfen einer Klärung. Die Verhandlungen ließen bei den Petri-Presbytern eine Erregung erkennen, der eine einseitige Information vorausgegangen ist, und die für die brüderliche Gemeinschaft unseres Presbyteriums eine nicht tragbare Belastung bedeutet. Es ist zum Tatsächlichen folgendes zu sagen:*

1. *Die Instandsetzung der Petrikirche geschah unter erheblicher finanzieller Mitwirkung des Melanchthonbezirkes unter dem Gesichtspunkt, dass die Gemeinde zunächst mit vereinten Kräften in dem am wenigsten zerstörten Teil wieder in Ordnung gebracht werden sollte. Danach sollte dann – wie Herr Pfarrer Niedermeier in den Sitzungen des Gemeinde-Ausschusses wiederholt betonte – mit vereinten Kräften dem Mel. Bez. wiederaufgeholfen werden. Auch bei den Feierlichkeiten anlässlich der Petri-Kirchweihe ist die feste Zusage der Hilfe für den Mel. Bez. öffentlich erklärt worden.*

2. *Diese feierlich versprochene und als brüderliche Pflicht nicht zu leugnende Hilfe ist ausgeblieben. Während der Petri-Bezirk Kirche und Gemeindehaus in Ordnung hatte, fehlte es im Mel.-Bezirk für Gottesdienst und Wochenarbeit an notwendigem Raum. Petri hat ‚stillgestanden‘, das ist kein Ruhmesblatt, Melanchthon ist restlos im Stich gelassen worden. Petri hat dadurch das uns als Gemeinde bindende Band und brüderliche Verbundenheit gelöst.*

3. *Petri hat nicht nur ‚stillgestanden', sondern hat seit der Währungsreform in jedem Rechnungsjahr die dem Petri-Bezirk zustehenden Etatmittel überschritten, so dass der Mel. Bezirk mit den für die Mel. Kirche aufgebrachten Darlehensbeträgen und Geldern aus den Sammlungen einspringen musste. Diese Beträge, die für die Beschaffung einer kleinen Orgel in der Melanchthon-Kirche ausreichen würden, fallen im Blick auf die Gesamtsumme der für die Melanchthon-Kirche erforderlichen Gelder weniger als die Tatsache ins Gewicht, dass der Petri-Bezirk dem schwer kämpfenden Mel. Bezirk neue Belastung statt Hilfe brachte, Darüber herrscht im Mel. Bez. tiefe Enttäuschung und Erbitterung.*

4. *Auch nach der Wiederherstellung der Melanchthon-Kirche ist der Mel. Bez. ja keineswegs dem Petri-Bezirk voraus. Unser Gemeindehaus liegt noch in Trümmern. Der so dringend notwendige Kindergarten kann noch nicht eingerichtet werden. Unsere Jugend haust noch teilweise in Bunkerräumen ohne Tageslicht und Luft. Das Pfarrhaus Königsallee hat im Treppenhaus erst seit März dieses Jahres Verputz, an den Anstrich vorerst nicht zu denken. Das Restgebäude E.M.Arndt-Haus ist in einem Zustande, der baupolizeiwidrig ist. Der Mel. Bez. steht immer noch weit hinter dem Petri-Bezirk zurück. Es besteht für den Petri-Bezirk keinerlei Grund, sich über angebliche Benachteiligung zu beklagen.*

Es gibt im Bereich der Evgl. Kirche von Westfalen wohl keine bombengeschädigte Gemeinde, die nicht zu einer fröhlichen Selbsthilfe geschritten und durch Sammlungen Gelder für den Wiederaufbau aufgebracht hat. Wertvoller als die aufgebrachten Gelder sind die in ihrer Liebe zur Gemeinde erweckten Herzen der Gemeindeglieder. Was in Petri noch an Schäden an den kirchlichen Gebäuden zu beheben ist, hätte durch Selbsthilfe lange behoben werden können. Es sind unter gesamtkirchlich verantwortlich denkenden Menschen keinerlei Unklarheiten darüber, wie das Verhalten des Petri-Bezirkes dem Mel. Bez. gegenüber zu beurteilen ist.

Ich schreibe Ihnen diese für Melanchthon schlechterdings undiskutierbaren Gesichtspunkte, damit in Petri verstanden wird, dass wir für irgendwelche Erregungs- und Beunruhigungszustände in Petri nicht das geringste Verständnis aufbringen können. Wir in Melanchthon hätten allen Grund, unserer bitteren Enttäuschung Ausdruck zu verleihen. Es ist meine herzliche Bitte, dass wir unsere Sitzungen nunmehr nicht mit diesen Erörterungen belasten, wir können uns nur noch weiter auseinandersetzen. Ich bitte insbe-

sondere die Presbyter von Petri, unser Vertrauensverhältnis nicht zerbrechen zu lassen. Mit brüderlichem Gruß!"

In den folgenden Protokollen der Presbyteriumssitzungen finden sich keine Hinweise, dass man über diesen Brief von Schmidt diskutiert hätte. Etatfragen werden in fast allen Sitzungen verhandelt, aber protokolliert sind nur die Beschlüsse, nicht eventuelle Diskussionen vor ihnen. Es lässt sich schlechterdings nicht rekonstruieren, wie die Gewichte in Geldfragen zwischen den Bezirken tatsächlich gewesen sind. Dieser Brief signalisiert aber Kontroversen, die verständlich sind. Der Petribezirk hatte bedeutend weniger Bombensschäden erlitten als das fast total zerstörte Ehrenfeld. Das Paul-Gerhardt-Haus war schnell wieder funktionsfähig. Es wurde aber nicht nur kirchlich genutzt, sondern wurde in der unmittelbaren Nachkriegszeit ein kulturelles Zentrum für Bochum. Theaterstücke wurden hier aufgeführt und Symphoniekonzerte gegeben. Und die Petrikirche wurde unter dem Organisten Werner von zur Mühlen, immer in Kooperation mit Niedermeier, ein kirchenmusikalisches Zentrum für die Synode. Petri hatte mit seiner Kirche und mit seinem Gemeindehaus eine besondere Bedeutung für das säkulare und kirchliche Leben. In Melanchthon waren die Verhältnisse anders. Dieser Gemeindebezirk konnte sich erst langsam, was die alten Gemeindegebäude anging, aus den Trümmern neu erbauen. Aber es erstand in ihm früher als in den meisten Gemeinden Bochums ein reges intellektuelles Leben durch die Bildung von Arbeitskreisen, in denen Grundfragen des Glaubens, Fragen der Aufarbeitung der NS-Zeit und Fragen einer neuen theologischen und kirchlichen Grundorientierung verhandelt wurden. Die *„Gemeindeakademie Melanchthon"* wurde die Wiege der Evangelischen Stadtakademie. An den Anfängen einer *„Una sancta"*, eines dialogischen Austausches von katholischer und evangelischer Theologie und Frömmigkeit im ökumenischen Geist ist dieser Bezirk entscheidend beteiligt.

Die e i n e Gemeinde Wiemelhausen spielte in der Bochumer Synode und im städtischen kulturellen Leben eine besondere Rolle. Aber beide Bezirke, in ihrer soziologischen Struktur anders zusammengesetzt – Ehrenfeld galt als großbürgerliches Viertel, Petri war mehr von kleinbürgerlichen Schichten, von Bergleuten, Industriearbeitern und kleinen Landwirten durchsetzt. Entsprechend verschieden waren die Mentalitäten der Gemeindeglieder. Man hatte immer seine Probleme mit dem jeweils anderen Bezirk. Auch die beiden Pfarrer Schmidt und Niedermeier waren nicht immer ein Herz und eine Seele. Sie hatten eine gemeinsame Geschichte im Kirchenkampf hinter sich, standen sich theologisch sehr nahe und unterstützten sich gegenseitig, wo sie nur konnten. Aber diese „*Amtsbruderschaft*" schloss gelegentliche Scharmützel zwischen ihnen nicht aus, die sich zu teilweisen Entfremdungen steigern konnten. In Schmidts Brief kommt ein wunder Punkt zur Sprache: die unterschiedliche Verwendung des Geldes für beide Bezirke. Dass Petri in der Restaurierung seiner Gebäude schneller war, lag nicht nur an den geringeren Bombenschäden, sondern auch an den persönlichen Eigenarten von Niedermeier. Er war ein handfester Pragmatiker und bestens geübt im Umgang mit Handwerkern und Unternehmern. Und er beherrschte alle ökonomischen Fertigkeiten. Die andere Seite seiner Persönlichkeit: er war ein begnadeter Musiker, Chor- und Orchesterleiter. Schmidt mag sich vor ihm immer etwas unterlegen vorgekommen sein und nun sogar von ihm übervorteilt. Seine Reaktion auf die angeblichen Ungleichheiten ist hart, aber am Ende wieder auf brüderliche Zusammenarbeit hoffend.

Man kann vermuten, dass die beiden Pfarrer und ihre Presbyter ihre Konflikte schnell wieder gelöst haben. Jedenfalls lassen sich keine bleibenden Spuren der Zwietracht (bis jetzt) finden. Eine Rolle mag dabei gespielt haben, dass es in den nächsten beiden Jahren um den Neuaufbau des Ernst-Moritz-Arndt-Hauses an der Königsallee ging. Das Presbyterium hat am 11.9.1952 einmütig den Wiederaufbau beschlossen. Wieder ging man in größter Sorgfalt vor. Am 26. Februar 1953 legte es eine „*Begründung für den Wiederaufbau des E.M.Arndt-Hauses*" vor. Vorgesehen waren die Einrichtung eines Kindergartens und die Vermietung eines Büros für eine Außenstelle des Städtischen Gesundheitswesens, ein Jugendheim im Kellergeschoss mit eigenem Eingang, ein großer Emporensaal mit einem Vorsaal mit einer Bestuhlung für ca. 350 Teilnehmer, verschiedene kleine Funktionsräume und ein Wohngebäude an der Schellstraße mit eigenem Eingang. Der neue Bau sollte kleiner sein als der alte, dafür aber vorrangig für gemeindliche Veranstaltungen und mit einer Reihe von Räumen für die verschiedenen Gemeindekreise konzipiert. Eingebaut werden sollte auch eine Küche. An Tischreihen sollten etwa 150–170 Personen Platz nehmen können.

Das Ganze war geplant als neue Heimat
– für einen Kindergarten
– für die 245 Mitglieder der Frauenhilfe
– für den Evangelischen Arbeiterverein mit 120 Mitgliedern
– für die Evangelische Akademie Melanchthon

- für den Melanchthonchor
- für den Jugendchor
- für den Frauenchor
- für den Kinderchor
- für das Collegium Musicum mit seinem Arbeitskreis für Hausmusik
- für den Mütterkreis
- für eine Nähstube
- für Mädchenkreise mit 45 Mädchen
- Pfadfinderinnen mit 52 Mädchen
- Mädchenjungschare mit 85 Mitgliedern
- für einen Jungenkreis mit 10 Mitgliedern
- für Pfadfinder mit 120 Jungen
- für den CVJM mit 40 Jungen
  (Das sind etwa 350 Jungen und Mädchen)
- für einen Volkstanzkreis mit 20 Jungen und Mädchen
- für einen Jugendchor mit 15 Jungen und Mädchen
- für einen Kinderchor mit 35 Kindern

Man wird sagen können, dass sich in Melanchthon seit 1945 ein reges Gemeindeleben mit einer Vielfalt, die es kaum in anderen Bochumer Gemeinden gab, entwickelt hat. Neben den beiden Pfarrern – Günter Wohlers kam 1950 als Pfarrer hinzu – ist es eine große Zahl von Mitarbeitern in den einzelnen Gemeindegruppen, die das Gemeindebild entscheidend mitgeprägt haben. Die kooperative Arbeit der Hauptamtlichen und der Ehrenamtlichen kann man nur mit größtem Respekt wahrnehmen. Es gab in dieser Nachkriegsgeneration eine große Sehnsucht nach Gemeinschaft, gepaart mit Leistungsbereitschaft und mit Freude am gemeinsamen Erleben. Schmidt hat sich in seiner Arbeit für diesen Kosmos von Gemeindeaktivitäten immer als Inaugurator und Helfer verstanden. Er hat auf Dauer nirgends als Vorsitzender agiert. Er hat nie versucht, sich bewusst und zielstrebig eine gemeindliche Hausmacht zu schaffen. Wo er konnte, hat er Führungsaufgaben delegiert und die Arbeit der einzelnen Gruppen konstruktiv-kritisch begleitet. Er konnte stundenlang zuhören und dann seinen Rat geben. Er konnte aber auch stundenlang schweigen und den Raum mit kurzem Gruß verlassen.

Am 25. Oktober 1953 kam nun der große Tag. Die WAZ schreibt:

„Plan wurde Wirklichkeit. Ernst-Moritz-Arndt-Haus eingeweiht, Kindergarten und Gesundheitsstelle übergeben. Haus der Jugend und Stätte der Be-

gegnung. Mit einem Festgottesdienst in der Melanchthonkirche wurde die feierliche Weihe ... am Sonntagvormittag eingeleitet.

Pfarrer Schmidt schilderte in seiner Predigt die Schwierigkeiten vor der Errichtung des neuen Hauses. ‚Wie ein Wunder kommt es uns noch vor, dass der Plan Wirklichkeit wurde.‘ Es solle ein Haus der Jugend sein, die es mit Leben füllen müsse. Vor allem solle es der Begegnung dienen, aus der eine echte Gemeinschaft erwachse.

Nach dem Gottesdienst zog die Gemeinde, an der Spitze der Posaunenchor der Stadtmission und die Pfarrer, hinüber zum neuen Hause. Vor dem Portal übergab Architekt Lowin den blumenbekränzten Schlüssel dem Vertreter der Evangelischen Kirche von Westfalen, Vizepräsident Lücking. Aus seiner Hand empfing ihn Superintendent Bach. Pfarrer Schmidt als Vorsitzender des Presbyteriums der Kirchengemeinde Wiemelhausen schloss dann das Tor auf.

Im Saal vollzog der Vizepräsident durch die Verlesung des Wortes Gottes und durch ein Gebet die Weihe des Hauses. Er übergab als Festgeschenk von der Landeskirche 500 Mark für die weitere Innenausstattung der Räume. Gemeindehäuser seien Denkmäler der Gemeinde. In ihnen solle die Gemeinschaft gefördert werden. Hier könne sich die Gemeinde in ihrer Mannigfaltigkeit entwickeln. Die Grüße der Kirchengemeinden sprach Superintendent Bach aus, der an die Zeiten der Begegnung im alten Haus erinnerte.

Bereits am Samstagvormittag hatten die Kleinsten der Gemeinde ihren neuen Kindergarten mit Gesang und Vorträgen in Besitz genommen. Pastor Schmidt sprach allen beteiligten Firmen und Handwerkern den Dank für die gute Arbeit aus. Er dankte vor allem der Stadt für die Unterstützung. Oberbürgermeister Heinemann drückte seine Freude darüber aus, dass die Stadt dem Stadtteil Ehrenfeld etwas Besonderes präsentieren könne: einen modernen schönen Kindergarten, dazu neue Räume für die Außenstelle des Gesundheitsamtes.

Stadtrat Dr. Audim und Fürsorgerin Fräulein Stratmann übernahmen anschließend diese Außenstelle, in der, wie Dr. Audim ausführte, Tuberkulosenfürsorge, Mütterberatung, Schulbetreuung und Krüppelfürsorge betrieben werden. Pastor Schmidt betonte die gute Zusammenarbeit, die bereits in den alten, behelfsmäßigen Räumen mit der Kirchengemeinde geherrscht habe."
(Brau IV, S. 263f)

Das neue Gemeindehaus, nahe an der Altstadt gelegen, wurde das Haus, in dem die meisten Vorträge auf kirchlicher Ebene in der kommenden Zeit gehalten wurden. Die im Juli 1953 gegründete Evangelische Akademie hat hier unter ihrem Geschäftsführer Rudolf Krüsmann eine intensive Vortrags- und Dialogkultur entwickelt. Viel Prominenz aus Politik und Wirtschaft, aus dem Literaturbetrieb, aus dem Wissenschaftsbetrieb und natürlich aus den Kirchen kamen nach Bochum. Bald hatte die Stadtakademie als Verein Tausende von Mitgliedern.

Schmidt, der die Melanchthonakademie nach dem Kriege ins Leben gerufen hat, hatte gegenüber der neuen übergemeindlichen Arbeit seine Vorbehalte. Nicht, dass er grundsätzlich dagegen gewesen wäre, aber es war nicht sein Stil der kontinuierlichen Arbeit und Diskussion im kleineren Kreis. „Seine" Gemeindeakademie machte in Parallele zum großen Bruder weiter. Hinzu kam, dass er gegenüber Krüsmann als Person und gegenüber seinem Konzept grundlegende Bedenken hatte. Dieser betrachtete „seine" Akademie nicht als eine kirchliche Gemeindinstitution, sondern in protestantischer Laienfreiheit als öffentlichen Freiraum im Auftrag der Synode. Schmidt hat die Arbeit dieser Stadtakademie nur noch ein gutes Jahr verfolgen können. Führend mitgearbeitet hat er in ihr nicht mehr.

Die Mitarbeit am Bau des Gemeindehauses war die letzte größere bauliche Leistung des leidenschaftlichen Gemeindepfarrers Schmidt. Das neue Haus brachte die Früchte seiner Tätigkeiten auf verschiedenen Gebieten ein. In zäher disziplinierter Tagesarbeit hat er in wenigen Jahren eine Gemeinde zur Entfaltung bringen können, die aus tiefster Zerrissenheit in der NS-Zeit kam und Zug um Zug sich zu einer gottesdienstlichen Gemeinde entwickelte, die sich zudem auszeichnete durch eine Vielfalt eigener Gemeindekreise. Zentral aber blieben für ihn die Predigt und die Feier des Abendmahls.

Abschied von Bochum

Es gibt kein Zweifel, dass Schmidt in den unmittelbaren Nachkriegsjahren eine überdurchschnittliche Leistung als Gemeindepfarrer erbracht hat. Verfolgt man anhand der Archivbestände seine Aktivitäten vor Ort und als Führer der CP in Westfalen, so muss er ein disziplinierter und asketisch lebender Mensch gewesen sein. Persönlich drängte er sich nie in den Vordergrund. Für ihn galt es, die anliegenden Aufgaben ohne Rücksicht auf sich selbst zu erledigen. Das musste zu kleineren und auch größeren Konflikten mit Amtsbrüdern, Presbytern und Gemeindegliedern führen. Viele empfanden ihn als Pfarrherrn, der sich als Zentrum der Gemeinde wusste und die Handlungslinien vorgab. Viele empfanden ihn aber auch als Vorbild im einmal eingegangenen Engagement und in seinem zielstrebigen Handeln. Viele empfanden ihn als konservativen Lutheraner, der kompromisslos an den reformatorischen Bekenntnisschriften festhielt und wenig Sinn für *„neue Theologie"* hatte. Viele wiederum empfanden ihn als Theologen, Prediger und Katecheten, als Mann mit geformtem Charakter, der sich nicht durch modische Trends und durch Anbiederung an den Zeitgeist aus der Spur bringen ließ. Wie häufig: sein Pfarrerbild in der Gemeinde schwankte zwischen Ablehnung und Verehrung.

Und dieses kam hinzu: die rein physischen und nervlichen Belastungen beim Wiederaufbau der Melanchthonkirche und des EMA-Hauses, die pausenlosen Gespräche mit den zuständigen kirchlichen und städtischen Behörden und ihren Vertretern, mit den Künstlern und Handwerkern führten zu einem *„Dauerstress"*, der nicht ohne gesundheitliche Schäden blieb. Kontinuierlich war er in ärztlicher Behandlung bei einem *„prakt. homöop. Arzt"* wegen *„vegetativer Dystonie"*. Dieser Dr. Lennemann stellte ihm ein *„ärztliches Zeugnis"* für einen längeren Urlaub vom 5.–25. Januar 1954 aus.

Nach dem bisherigen Quellenstand ist Schmidts Verhältnis zu seinem Amtsbruder Günter Wohlers, der seit dem 8. Januar 1950 nach langer Kriegsgefangenenschaft im besten Einverständnis mit Schmidt – wie der beiderseitige Briefwechsel vor der Berufung von Wohlers zeigt – nur unvollständig zu rekonstruieren. Theologisch hatten beide große Gemeinsamkeiten, aber in der praktischen Amtsführung gab es einige Unterschiede. Wohlers hatte einen besonderen Sinn für ausgebaute Liturgien im Sinne der Berneuchener und für literarische und künstlerische Probleme. Er gründete eine *„Spielschar"*, die eine Reihe von modernen Stücken aufführte und bald einen guten Namen im Lande hatte. Immer in der Kleidung als Geistlicher erkennbar war er ein ausgeprägter Ästhet und ein auf Distanz bedachter Gemeindepfarrer, der gute Predigten und Andachten hielt. In der Gemeinde hatte er viele Anhänger wie auch zu ihm Distanzierte. Wie häufig in Gemeinden mit mehreren Pfarrern gab es auch in Melanchthon zwei „Lager".

Wie das Verhältnis zwischen beiden auch im Einzelnen gewesen sein mag, Schmidt überlegte schon länger den Wechsel in eine andere Pfarrstelle. Am 9. Juli 1954 schrieb ihm ein Studienrat Dr. Wegge aus Paderborn einen ersten Brief. Wegge war Presbyter, der als Mitglied des Lutherischen Konvents in der Landessynode oppositionelle Positionen vertrat. Er berichtet dem umworbenen Schmidt, dass ihr Gemeindepfarrer Hans Mittorp die Landeskirche verlasse und man nun einen Nachfolger suche. Im Einvernehmen mit Mittorp frage er an, ob sich Schmidt in die 1. Pfarrstelle in Paderborn bewerben könne. Die Synode und die Gemeinde charakterisiert er so:

„Die Kreissynode ist rein lutherisch. Es gilt, den bekenntnismäßigen Charakter der Gemeinde zu wahren, unser gottesdienstliches Leben weiterhin schrittweise gegen unionistisch-pietistische Tendenzen zu behaupten und zu bestärken, für die Mittorp 17 Jahre gekämpft hat. Ich könnte mir denken, dass Sie der richtige Mann für eine solche Aufgabe wären und würde Sie mit allen Kräften unterstützen. Der 1. Pfarrbezirk steht mit seinen Presbytern geschlossen hinter seinem Pastor Mittorp und würde auch mit Ihnen gehen."

Und der Schreiber bietet ihm an, sich in Soest zu einem Gespräch zu treffen. Schmidt aber sagte ab. Wegge aber machte im Brief vom 1.9.1954 noch einen weiteren Versuch, Schmidt, der den jungen Pfarrer Gerd Blätgen empfohlen hatte, doch noch zu gewinnen und bittet um eine mündliche Aussprache. Und in der Tat: Wegge macht am 12. September einen Besuch bei Schmidt in Bochum und schreibt ihm am 13. September, dass er angesichts der Leistungen von Schmidt in seiner Gemeinde seine „Mission" für gescheitert halte, fährt dann aber fort:

„Sicherlich, Sie geben viel auf, begeben sich zu neuen Ufern, die Ihnen allerdings durch das hier wie dort geltende Bekenntnis vertraut sind. Was Sie geschaffen haben, steht und wird auch weiterleben. Was hier geworden ist, bedarf der Pflege und Weiterentwicklung, wenn es nicht eingehen soll. Dazu der Kontakt mit der römischen Welt und die Leitung einer lutherischen Synode! Das sind drei Aufgaben, die Sie nach Ihren Kräften und Erfahrungen fesseln und auch erfreuen dürften. Und die Änderungen des gesamten ‚Milieus'. Der Pulsschlag des kirchlichen wie des weltlichen Lebens ist hier langsamer, ruhiger, aber deshalb auch kräftig. Sie werden hier manche Arbeit abschließen können, zu der Sie in Bochum nicht gekommen sind."

Und er lädt den Pfarrer und seine Frau zum Gespräch und zur Besichtigung nach Paderborn ein. Diesmal hat der Werber Erfolg. Am 23. September schreibt ihm Schmidt, dass er bereit wäre, nach Paderborn zu kommen. Aber er will auf jeden Fall abwarten, bis seine Nachfolge geregelt ist:

„Ich hätte sonst nicht die Freiheit, aus der Gemeinde Wiemelhausen fortzugehen. Pfarrer und Presbyter von Wiemelhausen vertreten einmütig die Auffassung, dass die in Melanchthon begonnene Arbeit weitergeführt werden muss."

Wichtig zu sehen ist, dass Schmidt nicht aus seinem Pfarramt in Bochum herausgedrängt worden ist, sondern seine eigenen Überlegungen ihm einen Wechsel in ein anderes kirchliches Umfeld nahe legten. Die Vorbereitungen dafür geschahen in offener Absprache mit den Gemeindeorganen, mit der Kreissynode und mit der Kirchenleitung.

Doch dann kam der 6. Oktober 1954. Schmidt selbst schreibt in einem Rundbrief über ihn am 20. November:

„Zwischen den beiden Dörfern Blasheim, dem Geburtsort meiner Frau, und Holzhausen, eine knappe Stunde Fußweg von unserer Heimatstadt Lübbecke entfernt, trägt das freie Feld links und rechts der Landstraße die amtliche Bezeichnung ‚die Hölle'. In diese ‚Hölle' fuhren meine Frau und ich am 6.10. in der Mittagszeit. Unser Ziel war Lübbecke, wo wir den 75. Geburtstag der Mutter meiner Frau mitfeiern wollten. Durch einen entgegenkommenden Lastwagen, der nicht auswich, und durch einen Personenwagen, der ganz unvermutet und verkehrswidrig den Lastwagen überholen wollte, wurden wir mit unserem Wagen von der Fahrbahn auf den seitlichen Grünstreifen abgedrängt, gerieten ins Schleudern und rutschten bei dem Versuch, die Fahrbahnmitte wiederzugewinnen, quer über die Straße gegen einen Baum auf der linken Straßenseite. Nach etwa einer Stunde befanden wir uns im Krankenhaus Lübbecke. Meine Frau erlitt einen Unterschenkelhalsbruch links, einen verhältnismäßig unbedenklichen Schädelbruch und eine leichte Gehirnerschütterung. Bei mir waren die Verletzungen schwerer: Einige Brüche im Brustkorb, Splitterung des rechen Oberschenkels und eine leichte Gehirnerschütterung. Meine Frau war während der ganzen Zeit bei vollem Bewusstsein. Sie konnte mir daher den Hergang des Unfalls genau beschreiben, während ich selbst viele Stunden bewusstlos war und jede Erinnerung an den Unfall verloren habe."

Schmidt beschreibt dann die gemeinsamen Tage im Krankenhaus. Die Ärzte überlegten, ob sie nicht bald Frau Schmidt zu ihren Eltern in Lübbecke entlassen könnten. Aber völlig überraschend ist Frau Else Schmidt im Alter von 47 Jahren am 29. Oktober an einer Embolie gestorben und am 2. November von Gerhard Niedermeier auf dem Lübbecker Friedhof beerdigt worden. Dutzende von Briefen zeigen die Anteilnahme von Gemeindegliedern aus Lübbecke und Bochum an ihrem Schicksal.

Niedermeier schreibt noch vor seiner Abfahrt von Bochum nach Lübbecke einen Brief an den Paderborner Studienrat Wegge, in dem er die körperliche und seelische Situation von Schmidt, der nicht an der Beerdigung seiner Frau teilnehmen konnte, einfühlsam beschreibt. Und am Schluss heißt es:

„Wir müssen – wie ich meine – Herrn P. Schmidt jetzt Zeit lassen, zur Klarheit zu kommen, und dürfen ihn nicht allzu sehr bedrängen, weder von Wiemelhausen noch von Paderborn her. Wie viel ungelöste Fragen sind für ihn erst noch zu klären, und wie müssen wir darum beten, dass ihm die nötige Geduld für die Heilung geschenkt werde und ihn die Schmerzen nicht allzu sehr zusetzen."

Schmidt erwägt auf seinem wochenlangen Krankenlager, was denn wohl der Wille Gottes sei: Bleiben in Wiemelhausen oder Gehen nach Paderborn. Er widerruft nicht seinen vor dem Unfall gefassten Entschluss. Schriftliche Zeugnisse über seine Reflexionen in diesen Wochen am Ende des Jahres existieren nicht. Am 31. Dezember 1954 schreibt die Kirchenleitung durch ihren Vizepräsidenten Lücking diesen Brief über die Superintendentur an das Presbyterium Wiemelhausen:

„Unter Bezugnahme auf das Gespräch mit den Herren Pfarrer Niedermeier und Kirchmeister Blätgen im Landeskirchenamt teilen wir mit, dass wir Herrn Pfarrer Wilhelm Schmidt zum 1. Pfarrer der Kirchengemeinde Paderborn präsentieren.

Wir halten Herrn Pfarrer Schmidt für besonders geeignet, die Aufgaben in der evangelisch-lutherischen Kirchengemeinde Paderborn zu bewältigen. Herr Pfarrer Schmidt hat uns mitgeteilt, dass er an seiner Zusage, die er den Presbytern von Paderborn gegeben habe, festzuhalten gedenke.

Zwar verkennen wir die Schwierigkeiten nicht, die für die dortige Gemeinde durch den Fortgang von Herrn Pfarrer Schmidt entstehen, und wünschen sehr, dass die Frage des Nachfolgers in der rechten Weise gelöst wird. Auf der anderen Seite aber bitten wir für unsere Entscheidung zugunsten der besonderen Aufgaben in der Gemeinde Paderborn um Ihr Verständnis."

Offiziell endet Schmidts Pfarramtszeit in Bochum am 11. Juni 1955, nachdem er selbst ordnungsgemäß am 18. Februar 1955 beim Presbyterium Wiemelhausen gekündigt hatte. Am 12. Juni hält er nach 17 Jahren Amtszeit seine Abschiedspredigt in der Melanchthonkirche über 1. Johannes 4, 16: *„Und wir haben erkannt und geglaubt die Liebe, die Gott zu uns hat. Gott ist Liebe und wer in der Liebe bleibt, der bleibt in Gott und Gott in ihm":*

„Welche Aufgabe hat das evangelische Predigtamt? Zu verkündigen, dass Gott die Liebe ist. Diese Liebe mitten unter uns, überall da, wo Gott ist, unabhängig von dem Kommen und Gehen der Menschen und Generationen. In diesen Monaten das Denken in Melanchthon beherrscht von dem Pfarrerwechsel. Viel die Rede vom Bleiben und Gehen. Keineswegs so, dass die ganze Gemeinde sich einig wäre in dem Wunsch, ihr Pfarrer möchte bleiben. ... verständlich und unchristlich: warum gehen Sie eigentlich nicht! Wir Menschen alle umstrittene Leute. Nur wenige Begnadete, denen alle Herzen ungeteilt zugewandt sind und die einmütig und inständig gebeten würden – zu bleiben. Die anziehenden und abstoßenden Kräfte unter uns Menschen wie die Gezeiten im Kommen und Gehen von Ebbe und Flut, weil unter uns nicht die Gottesliebe, sondern die sehr menschliche Menschenliebe wirksam ist. Beschreiben als Zuneigung, Anerkennung, Sympathie, Verherrlichung, Erotik und Begehrlichkeit. Nur Spielformen mit anderen Vorzeichen, was uns als Gegensatz zu dieser menschlichen Menschenliebe begegnet: Gleichgültigkeit, Ablehnung, Verachtung, Eifersucht, Hass. Für diese Menschenliebe die leibliche Nähe und Gemeinschaft entscheidend, für die Gottesliebe eine sehr untergeordnete, letztlich keine Bedeutung. Menschliche Liebe leidet und stirbt am Abschied. Gottesliebe erfährt durch Scheiden und Trennung keine Einengung und Schmälerung. Gott ist nicht umstritten. Wer Ihn kennt, kann Ihn nur bejahen, lieben, ehren, anbeten. Wer Gott und Seine Liebe ablehnt, kennt Ihn und Seine Liebe nicht. Nein, Gott nur bei den Unwissenden umstritten. Wir Menschen umstritten, weil wir uns kennen oder auch weil wir uns nicht hinreichend kennen. Weil wir uns kennen oder auch weil wir uns nicht hinreichend kennen. Weil wir uns kennen oder auch weil wir uns nicht genügend ineinander auskennen, darum bitten sie einen zu bleiben und die andern fordern zu gehen. Das Ende der Gemeinde. Denn in der Gemeinde ist man sich einig, auch darin, dass ein Pfarrerwechsel nicht das Ende der Gemeinde ist. Nicht dass Menschen bei uns bleiben und wir in ihnen, sondern dass Gott in uns bleibt und wir in Ihm. Da ist und bleibt Gemeinde, über allem Kommen und Gehen von Menschen. Aller Hunger nach menschlicher Liebe, aller Wunsch nach Sympathie, Anhänglichkeit, Beliebtheit, kann verstanden werden als ungestilltes Sehnen nach der bleibenden Liebe Gottes unter den wechselnden Sternen menschlicher Liebenswürdigkeit und Unwürdigkeit. So kommt nun alles darauf an, dass wir in Gott bleiben und Er in uns, dass wir in der Gottesliebe bleiben. In der Liebe bleiben, in der Gottesliebe! Sind wir denn in dieser Liebe? Wir sind darin, ob wir es wissen oder nicht, ob wir diese

*Liebe in unser Leben hinein nehmen oder nicht. Wie die Luft, die uns umgibt,
wie das Licht, das uns umflutet. Die Liebe, die in Christus Fleisch und Blut
wurde, in Seinem Wort und Sakrament, in Seiner Gemeinde immer neu auf uns
zukommt, nicht um wieder kometartig zu schwinden, sondern um zu bleiben.
Des Vaters und des Sohnes Wille, bei uns zu wohnen. Wo wir aber völlig beherrscht werden von der menschlichen Menschenliebe, sind wir nicht in Gott
und Seiner Liebe. Das Verhältnis der Gemeindeglieder untereinander, ebenso das Verhältnis zum Pfarrer und des Pfarrers zur Gemeinde beständig gefährdet durch die Verwischung der Grenze zwischen Gottesliebe und Menschenliebe. Beständig dadurch angefochten, dass wir uns mit Gott, unsere
Liebe mit Gottesliebe verwechseln und die Grenze überschreiten. Von einem
unbeliebten Pfarrer kann mehr Gemeinde bildende Kraft ausgehen, als von
einem allseitig beliebten Pfarrer. Gott ist Liebe, Gott ist die Mitte. Dass wir
an Ihm bleiben, dem treuen Heiland!*

*Gott ist Liebe, Gott ist Christus, Gott ist heiliger Geist. Agape: das Mahl
der Liebe Gottes. Gott ist im Heiligen Mahl.*

*Beim Abschiednehmen oft viel törichte Dinge gesagt mit Worten der Ver-
legenheit. Einige wenige Worte, die man sagen kann, ohne vor Gott und den
Menschen zu erröten: Man kann sagen: Vergib! Man kann sagen: Ich danke
Dir. So möchte ich Abschied nehmen. Heute mit besonderer Aufmerksamkeit
und Betonung beten:*

*Vergib uns unsere Schuld, wie wir vergeben unseren Schuldigern.
Die Gottesgnad alleine steht fest und bleibt in Ewigkeit."*

Diese Predigt, wie immer handschriftlich und nie ganz ausformuliert,
zeigt einerseits überdeutlich, wo sein Herz in der Gemeindearbeit geschlagen
hat: im Verkündigen des Wortes Gottes und in der gemeinsamen Abendmahlsfeier. Was Gemeinde als auf Gottes hörende und Christus bekennende
Gemeinde ist, wie Menschen zum Glauben an Gott, an seinen Sohn und an
den Heiligen Geist kommen – dies treibt ihn an in seinen Predigten und im
gemeinsamen Feiern des Mahles um. Es gilt, Gott in seiner Liebe zu erkennen und von ihr her zu leben. Gott in seiner Liebe bildet die Kontinuität der
Kirche. Die Zeiten kommen und gehen, die Pfarrer kommen und gehen. Alles und alle gehen ein in die Geschichte, die Gottesliebe allein ist überzeit-
lich und immer gegenwärtig.

Aber in eine Abschiedspredigt gehören auch persönliche Einschätzungen
der real vorfindlichen Gemeinde und des eigenen Dienstes in ihr. Und hier

zeigt sich der Realist Schmidt. Er weiß, dass es in seiner Gemeinde immer Glieder gegeben hat, für die die Sympathie zu einem bestimmten Pfarrer von zentraler Bedeutung für ihr Verhalten gewesen ist. Er hat sie zur Genüge gekannt: die Kritiker, die Gegner und die Todfeinde gegenüber dem Pfarrer, der nicht so war, wie man möchte, dass er gewesen wäre. Er hat zur Genüge erfahren, wie man über ihn geredet und was man ihm unterstellt hat. Das Gerede in der Gemeinde über einen ungeliebten Pfarrer blüht immer. Aber er hat auch das Gegenteil erfahren, wie unkritisch und verehrend sich Gemeindeglieder ihm gegenüber verhalten haben. Ob nun Antipathien oder Sympathien, beide basierten nicht in der Gottesliebe, sondern in der Liebe zu Menschen.

Schmidt hält keine einseitige Anklagerede gegen seine auch an diesem Tage in den Kirchenbänken sitzenden Kritiker und Feinde, sondern ruft alle zur Rückkehr zum Glauben an die Liebe Gottes, die allein zerstörtes Leben heilen und die es verhindern kann, dass in einer Gemeinde ein Geist herrscht, der nur sich selbst kennt.

Der kritische Realist Schmidt weiß auch, dass er sich selbst nicht immer so verhalten hat, wie er gepredigt hat. Er weiß, dass das eigene pastorale Verhalten nicht immer vom Verstehen des anderen getragen war und er selbst zum Unfrieden in der Gemeinde beigetragen hat, dass er selbst Andersglaubende und Andershandelnde nicht immer verstanden und die Gemeinschaft zu bestimmten Gemeindegliedern nicht immer verstehend gesucht hat. Er weiß nicht nur von seiner Theologie und Anthropologie her, sondern auch von der Selbstbeobachtung her, dass niemand dem gerecht wird, was der Gott der Liebe von den Christusgläubigen erwartet. Seine Bitte um Vergebung der Schuld am Ende der Predigt ist nicht eine fromme religiöse Floskel, sondern kommt aus dem Herzen eines Mannes, der um die Notwendigkeit der Vergebung Gottes auch und gerade für ihn als Prediger und als Diener der Gemeinde weiß. Auch er weiß sich am Ende von 17 Amtsjahren als einer, der schuldig geworden ist und öffentlich um Vergebung für sich und alle anderen bittet.

Der Abschied aus Wiemelhausen geschah in seltener Nüchternheit – alle Zuhörer werden gewusst haben, wovon er gesprochen hat. Aber sie werden auch verstanden haben, wenn er die Bitte um die Vergebung der Schuld verschränkte mit dem Dank für die gemeinsame Zeit.

Schmidt hat in seinen Paderborner Jahren immer wieder Kontakt zu seiner alten Gemeinde in Bochum gehalten. Blieb sie doch für ihn die Gemeinde, in der er die wirren Zeiten eines Gemeindekirchenkampfes und die nicht einfachen Nachkriegsjahre im Aufbau einer neuen Gemeinde erlebt hat.

Beide Zeiten und die dazwischen liegende Soldatenzeit haben ihn zu einem unverwechselbaren, eigengeprägten Mann der Kirche gemacht.

Ein kurzer Blick auf die kommenden Jahre sei angefügt: in Paderborn an der Abdinghofkirche ist er von 1955 bis 1972 Gemeindepfarrer gewesen. Begonnen hat er seine Paderborner Zeit mit der Heirat der langjährigen leitenden Diakonisse des Krankenhauses Lübbecke Hildegard Schumacher am 25. Juni 1955. Sie war eine alte Freundin von Else und Wilhelm Schmidt, die nach langem eigenen Bedenken und nach dem Widerstand des Diakonissenmutterhauses Bethel in die Ehe eintrat und für Wilhelm Schmidt und seine drei unmündigen Kinder den Alltag meisterte. Schmidt hat sich aus Krankheitsgründen 1972 frühzeitig pensionieren lassen, zog mit seiner Frau Hildegard nach Bad Salzuflen und starb dort am 21. Januar 1976. Am 26. Januar ist er in Lübbecke von Pfarrer Dr. Meuß (Herford), der ihm als Jugendlicher in Bochum und auch später viel verdankt hat, beerdigt worden.

Ein persönliches Nachwort

Die Melanchthongemeinde lud am 8. Februar 1976 zum *„Gedenk- und Dankgottesdienst für Pfarrer Wilhelm Schmidt"* ein. Ich wurde gebeten, die Predigt zu halten. Den Predigttext *„Gedenket an eure Lehrer, die euch das Wort Gottes gesagt haben"* (Hebr, 13, 7) habe ich sehr bewusst ausgewählt. 1947 hatte ich *„unsern Wilhelm"* in der Jugendarbeit der Christlichen Pfadfinderschaft kennen gelernt. Jahrelang war er für viele von uns ein väterlicher Freund und Berater und zugleich ein uns fordernder Pädagoge. In vielen Stunden bei ihm im Pfarrhaus oder in Jugendfreizeithäusern oder auf längeren Lagern hat er uns in biblische Texte oder in theologische und anthropologische Grundfragen eingeführt und hat mit uns Lieder gesungen, Kirchen- und Fahrtenlieder. Er lebte uns vor, was verantwortlicher Umgang mit der Zeit, was Selbstverantwortung und Mitverantwortung und was *„Zucht und Ordnung"* für heranwachsende Jugendliche bedeuten kann. Dass ich nach dem Abitur 1952 Theologie studiert habe, war ein Ergebnis seiner jugendgerechten Einübung in praktisches Verantwortungschristentum und Ergebnis seiner Vermittlung reformatorischer Theologie und Anthropologie. In der Studienzeit riss der Kontakt nicht ab, zumal ich Aufgaben in der *„Jungmannschaftsarbeit"* der CP in Westfalen übernahm. Nach dem Examen wurde ich sein Vikar in Paderborn. 1959 bis 1962 wurde ich sein Nachfolger als *„Landesmarkführer"* Westfalen.

In dieser Zeit haben wir viele theologisch-kirchliche Kontroversen ausgefochten und harte politische, sozial- und gesellschaftspolitische Auseinandersetzungen miteinander gehabt. Aber wir sind nicht auseinander gegangen, wir haben uns unsere Verschiedenheiten zugestanden. Auf der Basis bleibender großer Übereinstimmungen sind wir Freunde und Brüder geblieben. Und für mich blieb er der, ohne den ich nicht geworden wäre, was ich geworden bin. Deshalb gilt für mich bis heute: Gedenket der Lehrer …

Die vorliegende Dokumentation seines Lebens ist für mich ein kleiner Dank an diesen meinen Lehrer. Bei der Aufarbeitung des Archivmaterials habe ich Daten und Fakten aus seinem Leben kennen gelernt, die ich vorher nicht gekannt habe. Er hat nur ganz selten und dann nur wenig über den Kirchenkampf in der Gemeinde und über seine Zeit als Frontsoldat erzählt. Es war eine Zeit, in der er sehr gelitten hat, in der er versucht hat, sein Christsein in dem ihm gegebenen Verständnis durchzuhalten. Die Spannung, bekennender Christ und gleichzeitig gehorsamer Staatsbürger zu sein, in der Nachfolge Christi und gleichzeitig in der Gefolgschaft des Führers zu stehen – die innere Unmöglichkeit dieser Doppelexistenz ist ihm erst nach Kriegsschluss aufgegangen.

Seine Irrtümer in dramatischer Zeit deutscher Geschichte gehören zu ihm wie seine gelungenen Seiten in dem Versuch einer verantwortlichen christlichen Existenz als Pfarrer, als Pädagoge und Staatsbürger. Unsere Aufgabe ist es, mit historisch-kritischer Genauigkeit und in verstehender Distanz unsere Lehrer in ihren Größen und Grenzen gegenwärtig zu halten.

Literatur

Baucks, Friedrich Wilhelm: Die evangelischen Pfarrer in Westfalen von der Reformationszeit bis 1945, Bielefeld 1980

Beckmann, Joachim (Hg.):
– Kirchliches Jahrbuch für die Evangelische Kirche in Deutschland 1933–1944, Gütersloh 1976
– Hg.: Kirchliche Jahrbücher bis 1955, Gütersloh

Besier, Gerhard: „Selbstreinigung" unter britischer Besatzungsmacht. Die Evangelisch-lutherische Landeskirche Hannovers und ihr Landesbischof Marahrens 1945–1947. Göttingen 1986

Besier, Gerhard / Thierfelder, Jörg / Tyra, Ralf (Hg.): Kirche nach der Kapitulation, 2 Bde., Stuttgart 1989 u. 1990

Besier, Gerhard / Eckhard Lessing (Hgg.): Die Geschichte der Evangelischen Kirche der Union, Band 3, Leipzig 1999

Brakelmann, Günter:
– Hg.: Kirche im Krieg. Der deutsche Protestantismus am Beginn des Zweiten Weltkriegs, München 1979
– Hg.: Kirche im Ruhrgebiet. Ein Lese- und Bilderbuch von 1945 bis heute, Essen 1991
- Der freiwillige Arbeitsdienst (FAD) in Bochum, in: Belitz/Brakelmann/Friedrich (Hgg.): Aufbruch in soziale Verantwortung, Waltrop 1998
– Protestantismus im Ruhrgebiet, in: Faulenbach/Jelich (Hgg.): Literaturwegweiser zur Geschichte an Rhein und Ruhr, Essen 1999
– Hans Ehrenberg. Ein judenchristliches Schicksal in Deutschland, 2 Bde., Waltrop 1999
– Eine Reise durch die Bochumer Kirchengeschichte: der Evangelische Kirchenkreis Bochum 1913–1919, Kamen 2011
– Die Bochumer Synoden 1919–1933, Kamen 2013
– Evangelische Kirche im Entscheidungsjahr 1933/34: Der Weg nach Barmen, Berlin 2010
– Hitler und Luther 1933. Zum Festkalender der Synode Bochum 1933, Dortmund 2008
– Der Kirchenkampf in Harpen, Bochum 2011
– Evangelische Kirche in Bochum 1933. Zustimmung und Kritik, Dortmund 2013
– Kreuz und Hakenkreuz: Christliche Pfadfinderschaft und Nationalsozialismus in den Jahren 1933/34, Kamen 2013
– 100 Jahre Melanchthonkirche 1913–2013, hg. von Ellen Strathmann von Soosten u. Martin Röttger, Bochum 2013 (darin: Günter Brakelmann: Die Gemeinde Wiemelhausen in der Zeit des Nationalsozialismus)

Braumann, Georg:
- Die evangelischen Kirchengemeinden 1933–1945, Bochum (I), (darunter Kirchengemeinde Wiemelhausen)
- Evangelisches Bochum 1945–1950, Bochum 2009 (II)
- Evangelisches Bochum 1945–1948. Die Deutschen Christen, Bochum 2008 (III)
- Evangelisches Bochum 1951–1960, Bochum 2010 (IV)
- Einiges über Bochum im Zweiten Weltkrieg 1939–1945, Bochum 2007

Brinkmann, Ernst – Steinberg, Hans (Hgg):
- Die Verhandlungsniederschriften der Westfälischen Provinzialsynode vom Juli 1946, Bielefeld 1970
- Die Verhandlungsniederschriften der Westfälischen Provinzialsynode vom Oktober 1946, Bielefeld 1971
- Die Verhandlungsniederschriften der 1. (ordentlichen) Tagung der 1. Westfälischen Landessynode vom November 1948, Bielefeld 1972

Danielsmeyer, Werner:
- Kirchenordnung und kirchliche Gesetzgebung. Der Aufbau der presbyterial-synodalen Ordnung seit 1945. In: Kirche im Aufbau, Witten 1969
- Die Evangelische Kirche von Westfalen. Bekenntnisstand, Verfassung, Dienst am Wort und Sakrament, Bielefeld 1978

Denkschrift zur Einführung in die neue Ordnung für die Wahl der Presbyter in der Evangelischen Kirche von Westfalen und in der Evangelischen Kirche der Rheinprovinz, Minden 1946

Engelbert, Ruth: Widerstehen aus christlichem Glauben – Pfarrer Walter Engelbert im Kirchenkampf in Bochum und Detmold, Kamen 2009

Evgl. Kirchengemeinde Bochum-Wiemelhausen 1900–1950, Bochum 1950 (mit Beiträgen von: Gerhard Niedermeier über „Aus der Geschichte der evangelischen Kirchengemeinde Wiemelhausen; Grußwort des Presbyteriums und des Beirats der Gemeinde; Wilhelm Schmidt: Unsere Melanchthon-Kirche im Wandel der Zeit

Grabsky, Horst (Hg.): 100 Jahre Evang. Kirchengemeinde Wiemelhausen, Bochum 2000

Hahn, Wilhelm: Erneuerung der Kirche aus dem Evangelium. Versuch einer Wegweisung für die lirchliche Neuordnung in Westfalen, Gütersloh1946

Heidtmann; Günter (Hg.): Hat die Kirche geschwiegen? Das öffentliche Wort der evangelischen Kirche aus den Jahren 1945–64, Berlin 1964

Hey, Bernd: Die Kirchenprovinz Westfalen 1933–1945, Bielefeld 1974

Kampmann, Jürgen:
- Barmen – Bochum – Burgsteinfurt. Zut theologischen Ortsbestimmung der DC in Westfalen, in: Jahrbuch Westfälische Kirchengeschichte 92 (1998), S. 253 ff. Darin: Grundsätzliche Erklärungen zu den kirchlichen Aufgaben unserer Zeit

Bochum 1936, S. 280 ff und Entschließungen des Westfälischen Theologentages in Münster 1938, 293 ff
- „Anzeichen einer Erneuerung des christlichen Lebens sind nirgends zu sehen". Die Gemeindeberichte über Kirchenkampf und erster Nachkriegszeit (1933–1947) im Kirchenkreis Lübbecke, Lübbecke 1998
- Von der altpreußischern Provinzial- zur westfälischen Landeskirche (1945–1953), Bielefeld 1998
- Alter Anspruch – neuer Name. Der Weg zur ersten Westfälischen Landessynode im November 1948

KAW: Kirchliches Amtsblatt der Evangelischen Kirche von Westfalen, Bielefeld 1946–1955

Keller, Manfred (Hg.): Gott und der Welt begegnen. 50 Jahre Evangelische Stadtakademie für Bochum, Bochum 2003 (darin: Günter Brakelmann: Die Evangelische Stadtakademie Bochum. Vorgeschichte und Geschichte bis 1993)

Kirchenordnung der Evangelischen Kirche von Westfalen, Bielefeld 1954

Kirchliches Jahrbuch 1933–1944 (KJ), hg. von Joachim Beckmann, Gütersloh 1948

Klügel, Eberhard: Die Lutherische Landeskirche Hannovers und ihr Bischof 1933–1945, Berlin und Hamburg 1964

Kreuzer, Clemens (Hg.):
- Union in Bochum. Ein Beitrag zur politischen Geschichte dieser Stadt, Bochum 1985
- „Wir Bochumer wollen leben und wir werden leben. Glückauf zur Tat!" Demokratischer Neubeginn im zertrümmerten Bochum, in: Bochumer Zeitpunkte Nr. 18, 2006

Kupisch, Karl (Hg.): Quellen zur Geschichte des deutschen Protestantismus von 1945 bis zur Gegenwart, 2 Teile, Hamburg 1971

Lessing, Eckhard: Zwischen Bekenntnis und Volkskirche. Der theologische Weg der Evangelischen Kirche der altpreußischen Union (1922–1953), Bielefeld 1992

Lücking, Karl: Die Grundlinien der Kirchenordnung, In: Verhandlungen der 2. Westfälischen Landessynode. 3. (ordentliche) Tagung vom 18.–24. Oktober und am 30. November und 1. Dezember 1953, Bielefeld 1954

Marahrens, August: Zur Lage der Kirche. Die Wochenbriefe von Landesbischof D. August Marahrens 1934–1947, hg. Thomas Jan Kück, Göttingen 2009

Merzyn, Oberkirchenrat (Hg.): Kundgebungen. Worte und Erklärungen der Evangelischen Kirche in Deutschland 1945–1959, Hannover 1993

Niemöller, Wilhelm:
- Chronik des Kirchenkampfes in der Kirchenprovinz Westfalen, Bielefeld 1962
- Bekennende Kirche in Westfalen, Bielefeld 1965
- Westfälische Kirche im Kampf, Bielefeld 1970

Noormann, Harry: Protestantismus und politisches Mandat 1945–1949, 2 Bde., Gütersloh 1985

Norden, Günter van: Der deutsche Protestantismus im Jahr der nationalsozialistischen Machtergreifung, Gütersloh 1979

Rahe, Wilhelm (Hg.): Das Wort der Kirche. Verlautbarungen der Evangelischen Kirche von Westfalen zu wichtigen Fragen des kirchlichen Lebens, Bielefeld 1952

Rau, Manfred: Geschichte des Zweiten Weltkriegs, Teil 2: Der europäische Krieg, Teil 3: Der Weltkrieg, Berlin 1995 u. 1928

Rosowski, Martin (Hg.): Albert Schmidt 1993-1945, Bochum 1994

Schmidt, Kurt Dietrich (Hg.):
– Die Bekenntnisse des Jahres 1933, Göttingen 1934
– Die Bekenntnisse des Jahres 1934, Göttingen 1935
– Die Bekenntnisse des Jahres 1935, Göttingen 1936
– Dokumente des Kirchenkampfes II. Die Zeit des Reichskirchenausschusses, zwei Teile, Göttingen 1964 u. 1965

Schmidt, Wilhelm: Bedrohte Einheit. Das Handeln der Kirche in der Krise. Gütersloh 1963

Tofahrn, Klaus W.: Chronologie des Dritten Reiches, Darmstadt 2003

Vollnhals, Clemens: Entnazifizierung und Selbstreinigung im Urteil der evangelischen Kirche, München 1989

Werbeck, Wolfgang:
– Acht Vorträge über die geschichte des Kirchenkreises Bochum, Bochum 1990
– Von der Ortsgemeinde über den Kirchenkreis zur Landeskirche. Berichte und Vorträge zur Bochumer Kirchengeschichte Bochum 2001 (darin: Chronik der Gemeinde Wiemelhausen-Petri)
– Geschichte der Mittelebene des Evangelischen Kirchenkreises Bochum, Bochum 2007

Die benutzten Archive

– Archiv der Kirchengemeinde Melanchthon

– Synodalarchiv der Kreissynode Bochum

– Archiv der Ev. Kirche von Westfalen

– Lübbecker Synodalarchiv

– Archiv des Verbandes der Christlichen Pfadfinderschaft Kassel

Predigt anlässlich der Beerdigung von Pfarrer Wilhelm Schmidt am 26. Januar 1976 in Lübbecke, gehalten von Pfarrer Dr. Gerd Meuß, Herford

„Das Wort der Schrift, das für diese Stunde bestimmt ist, ist der Konfirmationsspruch des Entschlafenen aus dem Hebräerbrief, Kapitel 13, Vers 9: ‚Es ist ein köstlich Ding, dass das Herz fest werde, welches geschieht durch Gnade.‘

Liebe Trauernde, liebe Trauergemeinde!

Zu Beginn möchte ich eine Sprachregelung treffen, damit Verständigung geschehen kann. Ich werde im folgenden von dem Entschlafenen als von unserem Bruder sprechen, und ich möchte nicht, dass dieses Wort formelhaft missverstanden wird; denn ich glaube, wenn wir uns ihn in seinem Leben vorstellen, so wie wir ihn gekannt haben, dann war dies eigentlich eine Grundlinie seines Daseins, dass er Bruder sein wollte. In all den anderen menschlichen Beziehungen, in denen er gestanden hat, ob als Sohn und leiblicher Bruder, ob als Verwandter in seiner Familie, als Vater und Gatte, als Freund und Kamerad, in dem all war doch wohl das tiefste Bestreben seines Lebens, Bruder zu sein – älterer Bruder oder auch wohl jüngerer Bruder. Bruderschaft hat das Leben dieses Mannes gekennzeichnet entsprechend dem Wort des Herrn: ‚Einer ist euer Meister, ihr aber seid alle Brüder.‘ Entsprechend dem Wort auch des Galaterbriefes, das uns zur Einheit durch die Heilige Taufe bestimmt.

Wenn wir ihn in dieser Stunde hinausbringen zum Friedhof, dann steht seine Gestalt uns vor Augen; nicht groß von Körpermaß, aber mit einem von der Anstrengung und Konzentration des Gebetes geprägtem Gesicht. Dieses Wort aus dem Hebräerbrief hat ihn begleitet und ist sein Leben lang gewiss nicht aus seinem Gedächtnis gekommen, auch nicht aus seinem Leben. Wenn er es zur Verwendung in dieser Stunde selber bestimmt hat, dann ist dies ein persönliches Bekenntnis, und es ist unsere Aufgabe zu versuchen, die Stimme dieses Bekenntnisses jetzt und hier zu begreifen.

Was also ist das, dass einem Menschen ein festes Herz durch Gottes Gnade gegeben werden soll und kann? Offensichtlich ist das nicht das feste Herz, das ein Mensch sich selber beschafft durch verkrampfte Selbstdisziplin, Selbstzucht oder Unterdrückung des eigenen Menschseins. Solche Herzensfestigkeit wird schnell zur Erstarrung des Herzens und ein totes und nicht

301

mehr mitfühlendes, nicht mehr mitlebendes Herz ist das Ende. Nein, die Festigkeit des Herzens, die die Gnade verleiht, ist die Festigkeit im Angesicht des Gesetzes Gottes. So, meine ich, hat unser Bruder in seinem brüderlichen Dienst, der sein Leben ausgefüllt hat, das große Luther-Thema unablässig bedacht und bewegt: das Thema von Gesetz und Evangelium, von den Zeiten seiner Jugend hier in Lübbecke bis über die prägenden Jahre des Studiums und später in den reifen Mannesjahren. Seine große Sorge um den Weg der Kirche und ihrer Verkündigung hat hier ihren eigentlichen Kernpunkt gehabt, dass die Kirche versäumen möchte, das Gesetz Gottes als das Gesetz ernst zu nehmen und darum und deswegen auch das Evangelium zu verlieren, das Evangelium kraftlos zu machen. Es ist in Wahrheit Gottes Gnade, wenn ein Herz die Kraft bekommt, im Angesicht des Gesetzes fest zu sein. Denn die Herzen der Menschen sind von Natur aus weich und verweichlicht, feig, eng und ängstlich, und sind nicht in der Lage, der Strenge des Gesetzes Gottes standzuhalten. Um diese Gnade, fest zu sein mit dem Herzen vor dem Gesetz Gottes, muss man ringen und beten. Ich glaube, dass das Leben des Entschlafenen, als ein Leben des Gebetes, hiervon Zeugnis ablegt. Wem aber das geschenkt wird, das feste Herz aus der Gnade, der beginnt das Gesetz anders zu verstehen. Der beginnt es zu lieben. Weil das so selten geworden ist, dass Menschen da sind, die das Gesetz lieben, mit einer wahren und echten Liebe, weil es das Gesetz Gottes ist, darum war wohl auch das Wort unseres Bruders ein so seltener Ton in den vielen Worten, die wir hören und gehört haben. So hat er um das Gesetz sein Leben lang gerungen. Ich glaube, auch dieses – ,er hat gerungen' – muss ganz ernst genommen werden. Den leichtesten Weg hat unser Bruder niemals gewählt.

Weil so sein Herz in der Gnade gefestigt wurde, darum vermochte er Gottes Gesetz in vielfacher Gestalt zu erkennen und dafür einzutreten. Ob er das tat als Diener der Kirche und Gemeinde, indem er um die rechte Gestalt des Gottesdienstes sich mühte und das Verhältnis der Kirchen und Gemeinden zueinander, ob es geschah im Familienleben oder als Soldart, da er eintrat mit Leib und Leben für die Gottesordnung der Menschengemeinschaft, ob er es tat als Pfadfinder in der Mühe darum, junge Menschen richtig zu erziehen. Und ganz gewiss auch in seinem eigensten Geschick, das immer wieder unter dem Schatten des Todes gewesen ist, bis hin zu den letzten Wochen, in denen er mit dem aus Gnade geschenkten festen Herzen zugehen konnte auf die eigene letzte Stunde. Wir dürfen das mit Dank in dieser Stunde sagen und bekennen: auch an ihm ist das Wort wahr geworden, das wir so oft bewahrheitet finden – dass einer so stirbt, wie er gelebt hat.

Diese feste und tapfere, dieses zu Erschütterungen und Mitfühlen so tief fähige Herz hat die Gnade Gottes ihm bis in die letzte Stunde seines Lebens geschenkt. Deswegen aber kann und darf dieses Wort nicht nur Bekenntnis, persönliches Bekenntnis dieses nun irdisch beendete Leben sein, sondern deswegen muss und kann dieses Wort auch Predigtzeugnis für uns sein, die wir nun hier versammelt sind. Auch Trost und Mahnung in den nun folgenden Tagen und Stunden soll und kann dieses Wort für uns sein, und es soll als Testament von unserem entschlafenen Bruder mit uns gehen, auf dass wir es nicht vergessen, sondern dass in diesem und mit diesem Wort, beglaubigt durch ein Leben, auf uns der Segen zukomme, den Gott in dieses Wort gelegt hat, dass nämlich die rechte Verkündigung des Gesetzes erst im Evangelium lebendig wird. Das können mit mir viele Tausende seiner Predigthörer sagen, das können mit mir manche aus seelsorgerlichen Nathanael-Stunden sagen, da er in der Stille des Studierzimmers das Herz von Menschen durch Gottes Gnade und Kraft leiten und formen durfte. Das Herz, welches die Gnade vor dem Gesetz fest gemacht hat, dieses Herz kann zum Halt und zur Kraft werden, wenn es die Barmherzigkeit Gottes in Christus vollmächtig bekennt. Gerade als das vor dem Gesetz feste Herz ist es vollmächtig im Bekenntnis und in der Verkündigung und im Zuspruch der Gnade unseres Gottes. Nicht die Werke des Gesetzes machen gerecht, sondern der Glaube an Jesus Christus, den Herrn, der für uns gestorben ist. Er ist nicht der Herr der billigen Gnade, aber er ist gerade deswegen der Herr der Liebe, die in allem das Heil der Menschen sucht, gerade auch da, wo wir dem Gesetz begegnen. Und so war es ernste Fröhlichkeit, die aus dem Wesen des Entschlafenen uns entgegentrat. Es war nimmermüde Bereitschaft zum Helfen und die Mühe um stete Erneuerung und Erhaltung der Bruderschaft. Das alles Frucht des Evangeliums, das alles Frucht der Liebe und der Barmherzigkeit, die von Jesus Christus allein her kommt, und die sich verwirklichen will, wenn auch immer nur stückweise, wenn auch immer nur gradweise im Leben von Menschen. So wollen wir in dieser Stunde darum beten, dass unser Herr und Heiland auch unsere Herzen durch die Kraft seiner Gnade festige, dass wir die Wege unseres Lebens mit ihm und vor ihm gehen möchten in der Bruderschaft, die uns geschenkt worden ist und die nicht beendet ist, wenn der Leib in die Erde gesenkt wird, sondern die einen wahren Zielpunkt erst da hat, wo wir als die

Brüder und Schwestern unseres Heilandes Jesus Christus in einem neuen Leben sein werden. Auferstehung, das große Rätsel und Geheimnis der Schrift, will sich verwirklichen und bewahrheiten an denen, die aus der Gnade ihr Leben entgegennehmen, es führen und enden. Selbst da noch, wo wir Wege geführt werden, die wir allein gehen müssen, weil wir Schmerzen und Leiden tragen, die niemand uns abnehmen kann. Selbst und gerade da noch wird die Gnade des festen Herzens uns angeboten und geschenkt sein. Das kommt allein aus der Gewissheit der Auferstehung, des Sieges unseres Herrn über Sünde, Tod und Teufel, der uns den Weg gehen lässt, den Gott uns bestimmt hat. Es ist wahrlich ein köstlich Ding um ein festes Herz, das uns die Gnade Gottes schenkt. Amen.

Predigt aus Anlass des Gedenk- und Dankgottesdienstes für Pfarrer Wilhelm Schmidt am 8. Februar 1976 in der Melanchthon-Kirche Bochum, gehalten von Prof. Dr. Günter Brakelmann

„Am 21. Januar 1976 starb in Bad Salzuflen kurz vor seinem 65. Geburtstag der Pfarrer i. R. Wilhelm Schmidt, von 1938 – 1955 Pfarrer in dieser Gemeinde. – Wir wollen uns zu einer stillen Gedenkminute erheben –

‚Gedenket an eure Lehrer, die euch das Wort Gottes gesagt haben.' So steht es in Vers 7 des letzten Kapitels des Hebräerbriefes. Gedenket ihrer, haltet die Erinnerung an sie wach, lasst sie ein Teil von euch selbst sein! Denn ohne sie wäret ihr nicht das, was ihr jetzt seid! Ohne die Lehrer in der Vergangenheit gäbe es nicht unsere Gegenwart. Sie sind die, die uns ein Fundament gegeben haben, in dem wir in eigener Verantwortung weiterbauen. Wir verdanken ihnen – uns. Deshalb gehören Gedenken und Danken zusammen.

Die Lehrer, von denen unser Vers spricht, hatten eine besondere Aufgabe: die Verkündigung des Wortes Gottes. Das Zur-Sprache-Bringen des Evangeliums, das Proklamieren des in Jesus Christus angebrochenen Reiches Gottes, die Unterrichtung der Gewissen, das Ermahnen zu tätiger Liebe – dieses und noch vieles mehr war die Aufgabe, der Beruf, das Mandat der Lehrer. Sie selbst standen nicht für sich selbst, sondern eben für eine Sache, für einen Inhalt. Und dieser Inhalt ist im folgenden Vers 8 unüberbietbar präzis formuliert: „Jesus Christus gestern und heute und derselbe auch in Ewigkeit!'

Wilhelm Schmidt hat sich und sein Leben in den Dienst der Verkündigung und Interpretation dieser Aussagen gestellt. Wenn man gehörte Predigten von ihm im Ohr oder Teile eines Gespräches mit ihm in der Erinnerung oder von ihm Geschriebenes, etwa in seinem Buch ‚Bedrohte Einheit‘ vor Augen hat, so lässt sich die folgende theologische Position festmachen:

Die Verkünder des Wortes sind es, die uns an den Grund unseres Glaubens erinnern. Es ist ein Ereignis der Geschichte, die geschichtliche Inkarnation Gottes in Jesus von Nazareth, die so zu verkündigen ist, dass es in Herzen und Gewissen von Gegenwärtigen angenommen wird. Im Vorgang der Verkündigung des Angebotes Gottes an uns kann das Vergangene, das Geschehene in Kreuz und Auferstehung, zum lebendigen Geschehen für uns hier und heute werden. Unser Glaube kann Antwort sein auf das Vor-uns und Außerhalb von uns Geschehene. In unserer Antwort aber wird es ein Geschehen für uns ganz persönlich. Um dieses Bei-uns-Ankommen des Ereignisses Gott in Jesus Christus geht es in der Verkündigung des sonntäglichen Gottesdienstes. Im Dienste dieses Geschehens steht das Amt des Predigers. Und im Dienste dieses Geschehens steht die Kirche. Beide – Kirche und Amt – haben keine Bedeutung für sich selbst, aber sie sind auf Grund ihres Auftrages von fundamentaler Bedeutung für die Heilsabsichten Gottes mit uns und der Welt. Sie sind Institutionen, die das Angebot Gottes im Evangelium und die Forderungen Gottes im Gesetz dieser Welt gegenüber repräsentieren. Die Kirche ist es, die durch die Zeiten hindurch Gottes Gesetz und Gottes Evangelium, sein Gebot und sein Angebot, zur Sprache bringen und damit geschichtlich anwesend halten. Und mit diesem Auftrag dient sie der Welt am besten. Einer Welt, die sich von sich selbst und ihren Möglichkeiten her verstehen möchte, die in sich selbst ihr Grund sein möchte und eben dadurch ihr eigener Abgrund wird. Eine Kirche, die im Zentrum ihres unverwechselbaren Auftrages bleibt, Gesetz und Evangelium zu verkündigen, ist das stärkste Anathema über eine Praxis von Welt, die sich selbst zu zerstören droht und zugleich steht sie im Dienste dieser selben Welt als der Schöpfung Gottes, der mit ihr seine Absicht hat, der ihre Geschichte an ein Ende bringen will – an sein Ende bringen will, das Reich Gottes heißt.

Dieses Nein u n d Ja, dieser Zorn und diese Gnade Gottes stehen in einer unaufhebbaren Spannung zueinander und kommen bei uns als Gericht und Erlösung an. Gott als Vater ist unendlich barmherzig und zugleich ein har-

ter Herr. Er lädt ein, und er lädt aus. Er bietet Heil, und er droht mit Unheil. Er schafft Leben, und er verordnet den Tod. Er lässt gelingen, und er lässt scheitern. Dieser Gott ist nicht der von menschlichen Bedürfnissen gemachte Gott, die Projektion eigener Wünsche und Erwartungen an den Himmel, dieser Gott ist der in der Bibel bezeugte Gott, der sich nur in diesen Spannungen beschreiben lässt. Es ist ein Gott, der sich nicht in den Dienst menschlicher Sehnsüchte, ob religiöser oder politischer, nehmen lässt, sondern der als der Herr in seiner Gnade und in seinem Richten von uns angebetet sein will. Diesem Gott kann man sich nur nähern in der Furcht des Glaubens, nicht in der Anmaßung selbst erdichteter Gläubigkeit. Zu ihm als dem Herrn zu beten, ihn zu bitten, die offenen, leeren Hände zu ihm auszustrecken – das ist die Weise des Zugangs von uns Menschen zu ihm. In Demut auf seine Gnade zu hoffen und um sie zu bitten, in die Knie zu gehen und zu schweigen – das ist der Mensch vor Gott.

Der Gottesdienst ist der Ort, wo dieser Gott in seiner Majestät und in seiner Hinwendung zum Menschen zur Sprache gebracht, wo dieser Gott in seiner ferne und in seiner Nähe angebetet und wo zu diesem Gott im Vertrauen gebetet wird. Zur Wortverkündigung, zum Anbeten und Beten tritt das Feiern der Sakramente hinzu. Taufe und Abendmahl sind die beiden anderen Weisen der Gegenwart Christi. Durch die Taufe in den Leib Christi aufgenommen, findet die Gemeinschaft der Glaubenden ihre Mitte im Abendmahl. Hier unter der Realpräsenz Jesu Christi wird Gemeinde des Herrn, werden Christen Brüder, bilden Christen Bruderschaft. Die Gabe der Vergebung der Sünden wird zur Aufgabe eines neuen Lebens in der Nachfolge des Herrn sowohl innerhalb der communio der Gemeinde wie außerhalb in Arbeit und Beruf, in Staat und Gesellschaft.

Dies, liebe Gemeinde, waren in notwendiger Kürze und damit Verkürzung einige der glaubensmäßigen und theologischen Dimensionen und Themen unseres Verstorbenen. Wilhelm Schmidt war ein konsequenter Theologe, geschult an der Bibel und den reformatorischen Bekenntnisschriften, geformt durch einen eigenen, intensiv gelebten Lebensweg. In einer Zeit, die dazu neigt, Glaube und Theologie zu einer gefälligen Ware zu machen, die paradoxen Zumutungen des Evangeliums möglichst zu entschärfen, dem Umgang mit der Geschichte der Kirche möglichst aus dem Wege zu gehen, das Hören auf die Väter des Glaubens und das nachdenkliche Bedenken der geistlichen

Erfahrungen der Generationen vor uns möglichst als unwesentlich für uns zu umgehen – in einer solchen Zeit ist ein Mann wie Wilhelm Schmidt mit seinen Anliegen nicht immer verstanden worden. Sein theologischer Denkstil, dieses ständige Umsinnen, dieses dauernde Bedenken von inhaltlichen Spannungszonen wie Gesetz und Evangelium, Gericht und Gnade, Kirche und Staat, Gemeinde und Volk – seine Art, diese Wirklichkeiten in Beziehung zu setzen, in ihrer Zuordnung als Gegeneinander und als Zueinander zugleich zu erfassen, hat nicht immer nur Zustimmung finden können. Nicht jeder hat seinen Kampf um eine ‚bekennende Bekenntniskirche‘ und seinen Kampf um eine gleichgewichtige Interpretation unserer drei Glaubensartikel verstehen können. Er hat jene für ihn theologische Unmöglichkeit, die sog. Schöpfungsordnungen Gottes (wie Volk, Nation und Staat) in die Mitte des theologischen und volkskirchlichen Interesses zu stellen, genauso abgelehnt, wie alles nur vom zweiten Artikel her verstehen zu wollen. Beides hat er als je auf seine Art als gefährliche Verkürzung für christliche und kirchliche Existenz angesehen und in der ihm eigenen Weise scharf abgelehnt. Das hat ihn in der Praxis dazu befähigt, klaren, eindeutigen Widerstand gegen die Vergötzung von Volk, Nation und totalen Staat zu leisten und in der Verkündigung des solus Christus die zentrale Bekenntnisaufgabe zu sehen, ohne aber dabei zu vergessen und anzuerkennen, dass die Ordnungen als notwendige Institutionen ihr Eigenrecht haben und die Menschen in ihre Pflicht nehmen können. Konkret: er ist dem weltanschaulichen und politischen Rausch des Nationalsozialismus nie erlegen gewesen, aber er hat es für seine Pflicht angesehen, auch unter den Verzerrungen dieses Systems dem Vaterland zu dienen, auch als Soldat. Das aber hat Gewissenskämpfe gekostet! Im Gehorsam gegen Gottes Ordnung dem selbsternannten und plebiszitären Abgott Hitler um des Gutes des Vaterlandes willen den Eid zu geben – das waren Spannungen des Gewissens, die man nur durchleiden konnte. Entschied man sich für aktiven Widerstand oder trotz allem im vollen Bewusstsein für pflichtgemäßen ‚weltlichen Gehorsam‘ – unter den damaligen Bedingungen wurde man in jedem Fall schuldig. Die Rundbriefe von Wilhelm Schmidt an den bekennenden Gemeinderat in Bochum aus den Jahren 1941–1944, geschrieben zumeist an der nördlichen Ostfront, lassen erkennen, in welche Gewissensnot Männer wie er geraten waren und wie das Schicksal der Front und der Heimat den ganzen Menschen belastet. Und in dieser Situation versuchte er zu sein, was er immer sein wollte: Pastor der Gemeinde, Partner der Angeschlagenen, Helfer der Gewissen, Bruder der Ratlosen. Und das nicht in der Pose des Wissen-

den und Besitzenden, sondern in der Haltung des Selbstbetroffenen und des nach geistlicher Orientierung Suchenden.

So hat ihn die kleine Kriegsgemeinde in Melanchthon erlebt, im Schriftwechsel und auf kurzen Heimaturlauben. Sie hat ihn erlebt als einen Mann, den die tiefe Bindung an Schrift und Bekenntnis nicht zur Gemeindemehrheit der Deutschen Christen treiben konnte und der in der Rolle der Minderheit die Bedrängungen des Systems und die Widerwärtigkeiten eines Gemeindekirchenkampfes durchgestanden hat. Wer auch nur einen flüchtigen Blick in den Nachlass dieser Zeit wirft, wird ermessen, wie auf der einen Seite Krieg und Kampf die Menschen physisch und psychisch bis an den Rand der Belastbarkeit gebracht haben, wie aber auf der anderen Seite das Wirklichkeit geworden war, was man Gemeinde, aktive Bruder- und Schwesternschaft nennen kann. Gemeinde war hier Bekenntnisgemeinde und Lebensgemeinschaft zugleich, Einheit im Bekennen und Gemeinsamkeit in den Bedrängnissen des Lebens. Weil Wilhelm Schmidt mit vielen anderen zusammen diese Wirklichkeit von bekennender und bruderschaftlicher Gemeinde erlebt hat, deshalb hat er auch nach dem Kriege an dieser Gemeinde weiterzubauen versucht. Und da gab es in der Tat viel Arbeit! 1945 kannte nicht nur zerstörte Städte, sondern ebenso die verstörten Gemüter der Menschen. Man weiß nicht, was schlimmer ist. Nicht nur Trauer um Tote, Trauer um den Verlust von Heimat und Habe gab es, sondern ebenso getäuschte und enttäuschte tote Seelen der Überlebenden des Grauens. Der politisch-militärischen Katastrophe drohte der endgültige innere Bankrott zu folgen.

In dieser Situation der geistig-moralischen Leere wuchs der Kirche und ihren Gemeinden eine neue Bedeutsamkeit zu. Die Frage nach dem Sinn des Geschehens, die Frage nach den Ursachen der deutschen Verirrung, die Fragen nach den Möglichkeiten eines Neuanfangs in politischer und gesellschaftlicher Hinsicht und alle Fragen nach dem Sinn des eigenen Lebens – alle diese Fragen besprach man mit leerem Magen und notdürftigem Dach über dem Kopf. Die Ansprüche des Kopfes und des Herzens trieben die Menschen freiwillig zusammen. Nach einer Zeit, in der das Kommando die öffentliche Normalsprache abgab, drängte es die Menschen, in einem ganz elementaren Sinn miteinander zu reden, Gespräche zu führen, gemeinsame Denkprozesse zu durchlaufen. Das zwischenmenschliche Wort hatte seine Renaissance, das Gespräch seine Hoch-Zeit. Sprache, degeneriert zur Befehls- und Erlassübermittlung, konnte wieder ihr Gemeinschaft stiftendes und Übereinstimmung im Disput erzielende Werk betreiben.

Auch in dieser Gemeinde wurde neu miteinander gesprochen und nachgedacht. Einmal galt es, die Hypotheken der Vergangenheit abzutragen. Der Zwiespalt zwischen den Deutschen Christen und den Mitgliedern der Bekenntnisgemeinde musste überwunden werden. Unzählige bereinigende Gespräche mussten geführt werden, um Geschiedenes unter dem einen Evangelium wieder zusammenzubringen. Versöhnungarbeit im elementaren Sinn des Wortes musste geleistet werden. Was hätte in dieser Situation näher gelegen als das große Gericht zu halten? Aber der damalige Gemeindeausschuss Wiemelhausen unter seinen beiden Pfarrern Wilhelm Schmidt und Gerhard Niedermeier hat dieser Versuchung widerstanden. Sowohl mit den DC-Leuten wie mit den in der NS-Zeit Ausgetretenen hat man in des Wortes wahrster Bedeutung brüderliche Gespräche geführt, um sie in die eine Gemeinde zurückzuholen. Seiner eigenen Schuld als Gesamtkirche bewusst, hat man die Hand zur Versöhnung gereicht. Psychologisch gesehen war das im Einzelfall gar nicht so einfach, aber das geistliche Argument überwog.

An dieser Stelle konnte sich das Kirchenverständnis von Wilhelm Schmidt voll bewähren. Die Kirche der Sünder – und wer war damals in welchem Sinn auch immer reinen Gewissens? – fand sich im Abendmahl zusammen, um ein neues Leben in gegenseitiger Vergebung zu beginnen. Und in der Tat muss gesagt werden, dass die Zeit nach 1945 nicht nur ein Wiederaufbau, sondern gleichzeitig ein Neubau der Gemeinde Melanchthon gewesen ist. Klares Zentrum waren die Predigt- und Abendmahlsgottesdienste in den Notkapellen und später ab Kantatesonntag 1950 in dieser Kirche. Und um dieses Zentrum herum entwickelten sich zahlreiche gemeindliche und übergemeindliche Aktivitäten. Ob es der Anfang 1946 gegründete Gesprächskreis Melanchthon war, aus dem sich dann später die Evangelische Akademie entwickeln sollen, oder ob es der Una-Sancta-Kreis oder der CVJM oder die Christliche Pfadfinderschaft oder was auch immer gewesen ist: Wilhelm Schmidt hat mitgeholfen. Meist unauffällig, ohne sich selbst ins Gerede oder in die Zeitung zu bringen. Für ihn war aber die Gemeinde nicht die Summe ihrer Veranstaltungen, ihrer Gruppen und ihrer Außenaktivitäten, sondern alle die vielfältigen Formen gemeindlicher Aktivitäten verstand er als verschiedene Antworten auf die im Gottesdienst verkündigte und im Herrenmahl zugeeignete Gegenwart Christi. Hörende, feiernde und dienende Gemeinde – sie zur Gestalt und Gestaltung zu bringen, war die Leitlinie seines Dienstes. Martyria – Leiturgia – Diakonia, diese Äußerungsformen lebendiger Kirche zur Einheit in ihrer Unterschiedenheit zu bringen – das war seine Intention im Aufbau der Gemeinde. Der Neubau der Kirche und des Gemeindehauses standen im Dienste dieses inneren Aufbaus der Gemeinde. Bei allem Einsatz für das Bauen – und es hat harte Arbeit gekostet, unter den Nachkriegsbedingungen diese Bauten wiederherzustellen – ist es ihm nie ein Ersatz für das Zentrale der Amtstätigkeit geworden. Zu predigen, zu unterrichten, für Einzelgespräche da zu sein, unauffällig Hilfe zu geben – das alles war ihm immer wichtiger als spektakuläre Außenerfolge zu erringen. Auch der Umbau dieser Kirche war nicht von architektonischem Ehrgeiz getragen, sondern floss aus der Konsequenz seiner Theologie. Die alte Predigthalle in eine Sakramentskirche umzugestalten, war ihm eine theologische Gewissensentscheidung.

Hier in der Nachkriegszeit hat Wilhelm Schmidt, wenn ich das recht beurteilen kann, inmitten einer lebendigen Gemeinde sein ganz persönliches Charisma und sein eigengeprägtes Verständnis von Kirche und Gemeinde ausspielen können. Wer noch zurückblicken kann, wird seinem Wirken dankbar begegnen. Wer, liebe Gemeinde, als Persönlichkeit bedeutsam ist und wer als Theologe eine markante Position einnimmt, wird immer verschieden beurteilt werden. Der eine lobt als Konsequenz, was der andere als Enge auslegt. Der eine lobt als Charisma, was der andere als problematisch empfindet. Uns kann es in dieser Stunde nicht um ein volles Bild des Verstorbenen gehen – jeder hat ihn anders erlebt, aber keiner ganz –, uns geht es um das dankbare Erinnern an einen Pfarrer, der in Krieg und Nachkriegszeit sich selbst an die Sache Jesu Christi und an die Sache seiner Kirche hingegeben hat. Das ist uns Grund zum Danken! Mag man vieles anders beurteilt haben und noch beurteilen als er, eines darf hier klar und deutlich bezeugt werden: er hat Segen gestiftet in dieser Gemeinde. Das letzte Urteil überlassen wir dem, dem Wilhelm Schmidt dienen wollte: Gott und seiner Wahrheit in Jesus Christus.

Liebe Gemeinde, wir sind nicht dazu da, um Menschen zu rühmen. Wir rühmen die Taten Gottes. Aber in diesem Gotteslob dürfen wir dankbar der Lehrer gedenken, die uns geholfen haben, unseres Glaubens zu leben, ihn zu verstehen und ihn zu vertiefen. Und wir danken gerade jenen Lehrern, die es uns nicht leicht gemacht haben, die uns im Glauben und in der Reflexion über ihn etwas zugemutet haben, die uns zuweilen auch ein Ärgernis auf dem Wege zur eigenen Mündigkeit gewesen sind.

Wenn man der Lehrer gedenkt, die gestorben sind, so werden im Gedenken ihre Themen wieder unsere Themen. Nichts ist erledigt, nichts ist überholt. Ihr Glauben, ihr Reden und Handeln werden zur Herausforderung an uns Gegenwärtige. Sie fragen uns: wie haltet Ihr es mit Schrift und Bekenntnis, mit Predigt und Sakrament, mit Gesetz und Evangelium, mit Kirche und Welt? Die Lehrer können uns zur Sache zurückrufen. Sie fragen uns: seid Ihr Gemeinde Jesu Christi? Seid Ihr Familie Gottes? Wie ist Euer Beitrag, unserem Gott seine Kirche auf Erden zu erhalten und zu gestalten?

Stellen wir uns diesen Fragen, so kann aus dem Gedenk- und Dankgottesdienst für einen verstorbenen Lehrer ein Aufruf zur Buße für uns und unsere Gemeinde werden! Amen.

Zur Person: Günter Brakelmann

Günter Brakelmann wurde am 3. September 1931 in Bochum geboren.

Er studierte evangelische Theologie, Sozial- und Geschichtswissenschaften an der Eberhard-Karls-Universität Tübingen und der Westfälischen Wilhelms-Universität in Münster.

Nach seiner Promotion 1959 wurde Brakelmann zunächst Berufsschul- und Studentenpfarrer in Siegen.

Von 1962 bis 1968 war er Dozent an der Evangelischen Sozialakademie in Friedewald.

1967 wurde er Wissenschaftlicher Mitarbeiter am Institut für Christliche Gesellschaftslehre der Westfälischen Wilhelms-Universität in Münster, bevor er 1970 zum Direktor der Evangelischen Akademie Berlin berufen wurde.

1972 nahm er einen Ruf auf den Lehrstuhl für Christliche Gesellschaftslehre an der Ruhr-Universität Bochum an, auf dem er bis zu seiner Emeritierung 1996 blieb.

Von 1980 bis 1996 war er Direktor des Sozialwissenschaftlichen Instituts (SWI) der Evangelischen Kirche in Deutschland (EKD), das bis 2004 in Bochum angesiedelt war.

Brakelmann, der in verschiedenen Gremien der westfälischen Landeskirche, der Evangelischen Kirche in Deutschland und der SPD, der er seit 1957 angehört, tätig war, war Mitglied verschiedener Gremien des Westdeutschen Rundfunks und des Programmbeirats für das Erste Deutsche Fernsehen.

Seine Forschungsschwerpunkte liegen seit seiner Emeritierung in der Geschichte des Antisemitismus und der Geschichte des Widerstandes gegen den Nationalsozialismus.

2000 wurde Günter Brakelmann mit dem Hans-Ehrenberg-Preis der Hans Ehrenberg Gesellschaft und des Evangelischen Kirchenkreises Bochum ausgezeichnet.